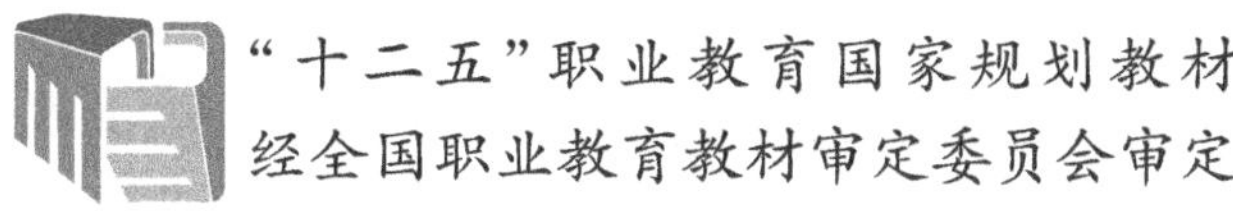

Gangkou Dianqi Shebei
港口电气设备

（第二版）

季本山　主编
张江南[南通港口集团有限公司]　主审

人民交通出版社股份有限公司
China Communications Press Co.,Ltd.

内 容 提 要

本书内容包括绪论及四个模块。绪论部分概括了电力拖动基础理论。模块一介绍港口常用低压电器；模块二介绍电气控制基本电路；模块三介绍港口机械电气设备与控制；模块四为实训，包括电气控制基本电路实训和港口机械电气控制实训。

本书作为高等职业技术院校港口电气技术专业、港口机械与自动控制（原港口物流设备与自动控制）专业教材，也可供港口电气技术人员参考。

图书在版编目（CIP）数据

港口电气设备 / 季本山主编. —2 版. —北京：人民交通出版社股份有限公司，2015.1

“十二五”职业教育国家规划教材

ISBN 978-7-114-11981-1

Ⅰ.①港… Ⅱ.①季… Ⅲ.①港口—电气设备—高等职业教育—教材 Ⅳ.①U653.95

中国版本图书馆 CIP 数据核字（2015）第 012274 号

“十二五”职业教育国家规划教材

书　　名：港口电气设备（第二版）
著 作 者：季本山
责任编辑：刘　倩
出版发行：人民交通出版社股份有限公司
地　　址：（100011）北京市朝阳区安定门外外馆斜街 3 号
网　　址：http://www.ccpcl.com.cn
销售电话：（010）59757973
总 经 销：人民交通出版社股份有限公司发行部
经　　销：各地新华书店
印　　刷：北京虎彩文化传播有限公司
开　　本：787 × 1092　1/16
印　　张：16.75
字　　数：380 千
版　　次：2006 年 1 月　第 1 版
　　　　　2015 年 1 月　第 2 版
印　　次：2022 年 12 月　第 2 版　第 4 次印刷　总第 9 次印刷
书　　号：ISBN 978-7-114-11981-1
定　　价：45.00 元

第二版前言

本教材第一版于2006年1月出版,出版后使用效果较好。2014年,本教材第二版入选教育部"十二五"职业教育国家规划教材。

本次教材的编写,结合当前高等职业教育发展和港口电气设备发展的实际情况,对第一版做了全面修订,形成了本教材第二版。

本版教材主要具备以下特点:

1. 坚持教材内容以培养学生职业能力和岗位需求为主的编写理念。教材内容难易适度,理论知识以"必需、够用"为原则,注重理论联系实际,着重培养学生的实际应用能力;体现理论与实践的结合,突出高职教材的实践性、实用性。

2. 坚持行业指导、企业参与、校企合作的教材开发机制。在教材编写过程中,编写人员走访调研了一些港口企业,对《港口电气设备》的课程模块进行分析,制定了课程标准。聘请港口企业专家参与教材的审定,切实反映职业岗位能力标准和岗位要求,丰富实践教学内容,对接企业用人需求。

3. 在教材内容的取舍和主次的选择方面,照顾广度,控制深度,力求针对专业,服务行业,对与本专业密切相关的内容予以足够的重视。

4. 教材编写时,在每一个课题中列出了知识点和技能点等学习目标要求,每模块后附有大量的练习与思考题,使学生能掌握重点、加深理解所学知识。

5. 运用信息技术,加强课程资源建设。本版教材注重运用现代信息技术创新教材呈现形式,积极开发补充了教学课件、视频等教学资料,使教材更加生活化、情景化、动态化、形象化,有助于教学实施。

本书主要内容包括:绪论、港口常用低压电器、电气控制基本电路、港口机械电气设备与控制、实训。

参加本书编写工作的有:南通航运职业技术学院季本山(编写模块二,模块三:课题一、课题二、课题五、课题六、课题七)、何惠相(编写模块一:课题三、课题四),李胜永(编写模块一:课题一、课题二,模块四),张智华(编写绪论,模块三:课题三、课题四),全书由季本山主编,南通港口集团有限公司张江南主审。

本教材在编写过程中得到交通系统各院(校)领导、教师和南通港口集团有限公司的大力支持,在此表示感谢!教材中部分章节的编写参考了有关资料,在此我们对参考文献的作者们表示感谢!

由于编者水平有限,时间仓促,书中谬误及疏漏之处在所难免,敬请读者给予批评指正。

编者

2014年11月

第一版前言

交通职业教育教学指导委员会交通工程机械学科委员会自1992年成立以来,对本学科港口机械、筑路机械两个专业的教材编写工作一直十分重视,把教材建设工作作为学科委员会工作的重中之重,在“八五”和“九五”期间,先后组织人员编写了10多种专业急需教材,供港口机械和筑路机械两个专业内部使用,解决了各学校专业教材短缺的困难。

随着港口和公路建设事业的不断发展,港口机械和公路施工机械的更新换代速度加快,各种新工艺、新技术、新设备不断出现,对本学科的人才培养提出了更高的需求。另外,根据目前职业教育的发展形势,多数重点中专学校已改制为高等职业技术学院,中专学校一般同时招收中专和高职学生,本学科教材使用对象的主体已经发生了变化。为适应这一形势,交通工程机械学科委员会于2000年5月在云南交通学校召开了二届二次会议,制定了“十五”教材编写出版规划,并确定了“十五”教材编写的原则为:

1. 拓宽教材的使用范围。本套教材主要面向高职,也可用于相关专业的职业资格培训和各类在职培训,亦可供有关技术人员参考。

2. 教材内容难易适度,改变了以往教材偏多、偏深、偏难的现象,注重理论联系实际,便于学生自学。

3. 在教材内容的取舍和主次的选择方面,照顾广度,控制深度,力求针对专业,服务专业,对与本专业密切相关的内容予以足够的重视。

4. 教材编写立足于国内工程机械使用的实际情况,结合典型机型,系统介绍工程机械设备的基本结构和工作原理,同时,有选择地介绍一些国外的新技术、新设备,以便拓宽学生的视野,为学生进一步深造打下基础。

“十五”期间公开出版的港口机械专业教材共6种,包括《内燃机构造与原理》、《港口机械修理》、《计算机绘图基础教程》、《港口起重机械》、《港口输送机械与集装箱机械》、《港口电气设备》。

《港口电气设备》是高等职业教育港口机械专业规划教材之一,主要内容包括:港口常用低压电器基础知识,电力拖动自动控制的基本线路,港口常用电气设备电路分析。书中还介绍了现代港口电气设备,包括集装箱装卸桥中使用的交流驱动系统的电气原理。

参加本书编写工作的有:南通航运职业技术学院季本山(编写第一、二、五、六、八、九、十、十一、十二章)、何惠相(编写第三、四、七章)。全书由季本山主编,江苏海事职业技术学院周涛主审。

本教材在编写过程中得到交通系统各院(校)领导和教师的大力支持,在此表示感谢!

编写高职教材,我们尚缺少经验,书中不妥和疏漏之处,敬请读者指正。

交通职业教育教学指导委员会
交通工程机械学科委员会
2004年3月

目　　录

绪　论

用电动机拖动生产机械以完成特定的生产任务称为“电力拖动”。电力拖动系统是把电能转化成机械能的装置，由电动机、控制电动机的设备和生产机械组成，称为电力拖动系统的三要素。

在港口机械中电动机作为原动力，其控制特性具有普遍性又具有特殊性，绪论部分主要是讲解电力拖动基本理论和原理。

1. 电力拖动系统负载的转矩特性、电动机的机械特性及工作状态四象限分析；
2. 掌握在磁场里运动导体产生感应电动势和载流导体受力这两个基本规律，这两个规律是直流电机工作的理论基础；
3. 了解直流电机的主要结构和各部分的主要作用，要求知道直流电机的两大组成部分：定子和转子；
4. 他励直流电动机的固有机械特性和人为机械特性；
5. 他励直流电动机的起动方法；
6. 他励直流电动机的制动方法；
7. 他励直流电动机的调速方法；
8. 三相异步电动机的基本工作原理、转差率的概念及异步电机的三种运行状态；
9. 三相异步电动机电磁转矩参数表达式和实用表达式，固有机械特性和人为机械特性；
10. 三相异步电动机的起动方法；
11. 三相异步电动机的制动方法；
12. 三相异步电动机的调速方法。

一、课题引入

电力拖动的相关知识是本课程学习的前提和基础。由于港口机械系统大多数为电力拖动系统，其电气设备的控制需要掌握生产机械的负载特性、电机的机械特性和交、直流电动机起动、制动、调速的原理及分析方法等知识，例如门座式起重机就是以电动机的原动力驱动行走机构、旋转机构、变幅机构和起升机构的操作，因此，要对这四大机构进行准确控制，需要对电机起动、制动、调速等知识具有比较深入的认识，能够运用相关知识进行基本电气控制线路的设计。

二、课题分析

本课题主要由电力拖动基本知识、直流电动机电力拖动基本原理、交流电动机电力拖动基本原理三部分内容组成,这些内容是电机及拖动课程的核心知识。本课题有针对性地学习与回顾,是为了让学生在学习港口电气设备前,掌握必要的相关知识点。

本课题中需要掌握的要点为:

(1)生产机械的负载特性、电动机的机械特性及工作状态;

(2)直流电动机的工作原理,直流电动机起动、制动、调速的原理以及与负载配合的分析方法;

(3)交流电动机的工作原理,交流电动机起动、制动、调速的原理以及与负载配合的分析方法。

三、相关知识

(一)电力拖动基础知识

电动机是生产、传输、分配及应用电能的主要设备,同时也是实现机电能量转换的重要装备。

在现代化工业生产过程中,为了实现各种生产工艺过程,需要使用生产机械,而拖动各种生产机械运转,一般都采用气动、液压传动或者电力拖动。由于电力拖动具有控制简单、调节性能好、损耗小、经济、能实现远距离控制和自动控制等优点,因此大多数机械均采用电力拖动。

采用电动机作为原动机来拖动生产机械运行的系统,称为电力拖动系统。电力拖动系统包括:电动机、传动机构、生产机械、控制设备和电源五个部分。

电力拖动主要研究电动机拖动生产机械的运动规律。当电动机的电磁转矩作为拖动生产机械的动力转矩与生产机械的阻力转矩相平衡时,系统处于稳定状态;否则处于起动、调速或制动等过程。

电动机的转速与电磁转矩的关系称为电动机的机械特性,而与生产机械的阻力转矩的关系称为生产机械的机械特性。因此,对电动机及生产机械的机械特性及工作状态的研究是研究电力拖动系统的基础。

1. 生产机械的负载特性

负载的机械特性称为负载转矩特性,是指生产机械的转速 n 与负载转矩 T_L 之间的关系,即 $n=f(T_L)$。

尽管生产机械的类型很多,但生产机械的负载转矩特性基本上可以分为三大类。

1)恒转矩负载特性

恒转矩负载特性,是指生产机械的负载转矩 T_L 的大小与转速 n 无关的特性,即无论转速 n 如何变化,负载转矩 T_L 的大小都保持不变。根据负载转矩的方向是否与转向有关,恒转矩负载又分为反抗性恒转矩负载和位能性恒转矩负载两种。

(1)反抗性恒转矩负载。这类负载的特点是:负载转矩的大小恒定不变,而负载转矩的方向总是与转速的方向相反,即负载转矩的性质总是起反抗运动作用的阻转矩性质。因此,反抗性恒转矩负载特性在第一和第三象限内,如图0-1所示。如港口带式运输机、轧钢机、机床的刀架平移和行走机构等由摩擦力产生转矩的机械都属于反抗性恒转矩负载。

(2)位能性恒转矩负载。这类负载是由拖动系统中某些具有位能的部件造成,其特点是:不仅负载转矩的大小恒定不变,而且负载转矩的方向不变。例如起重机,无论是提升重物还是下放重物,由物体重力所产生的负载转矩的方向是不变的。因此,位能性恒转矩负载特性于第一与第四象限内,如图0-2所示。

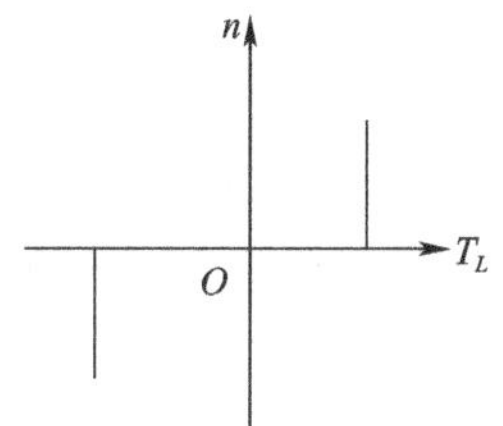

图0-1 反抗性恒转矩负载特性

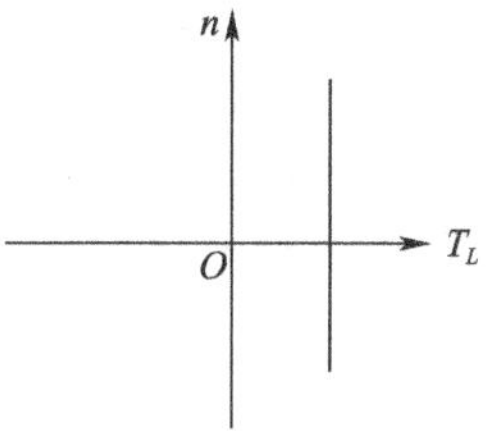

图0-2 位能性恒转矩负载特性

2)恒功率负载特性

恒功率负载的特点是负载转矩与转矩的乘积为一常数,即有负载功率 $P_L = T_L\Omega = \frac{2\pi}{60}T_L n$ = 常数,也就是负载转矩 T_L 与转速 n 成反比。恒功率负载特性为一条双曲线,如图0-3所示。

有些生产工艺过程,要求具有恒功率负载特性。例如车床的切削,粗加工时需要较大的进刀量和较低的转速,精加工时需要较小的进刀量和较高的转速;又如轧钢机轧制钢板时,小工件需要高转速低转矩,大工件需要低速度高转矩,这些工艺要求都是恒功率负载特性。

3)泵与风机类负载特性

水泵、通风机等机械的负载转矩基本上与转速的平方成正比,即 $T_L \propto kn^2$,其中 k 是比例常数。这类机械的负载特性是一条抛物线,如图0-4所示。

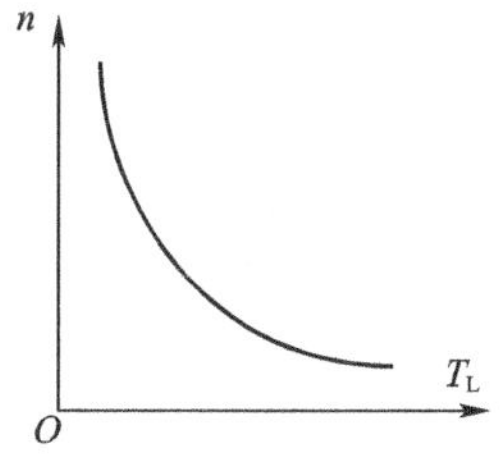

图0-3 恒功率负载特性

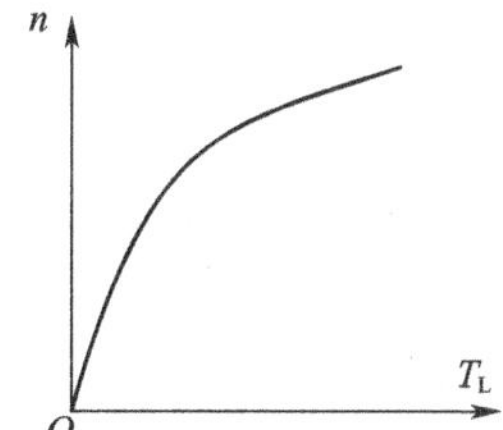

图0-4 泵与风机类负载特性

2. 电动机的机械特性及工作状态

1)电动机的机械特性

电动机的机械特性是指电动机转速 n 随电磁转矩 T_{em} 变化的规律,即有 $n = f(T_{em})$。

电动机在额定条件下,即 $U = U_N$,$\varphi = \varphi_N$,定子和转子电路中不串入电阻或其他起动变速装置时的机械特性,称为固有特性;为了适应生产需要,人为地改变电压、频率、磁通,或者在定子、转子中串入电阻，改变了的机械特性称为人为机械特性。

不同的电动机有不同的固有特性，电动机的固有特性主要分为以下三类。

(1)绝对硬的机械特性。这种机械特性如图0-5的特性曲线1所示：当电动机转矩改变时，其转速不变，例如，同步电动机的机械特性。

(2)硬特性。这种机械特性如图0-5的特性曲线2和4所示：电动机的转速虽然随着力矩增大而下降，但下降陡度不大，例如，直流并励电动机和交流异步电动机在临界转差率以上的机械特性。

(3)软特性。这种机械特性如图0-5中特性曲线3所示：电动机的转速随转矩的增加而下降，下降的陡度很大，例如直流串励电动机的机械特性。

电力拖动系统稳定运转的性能和过渡过程的特征，全部由电动机的机械特性决定，因此在选择电动机时首先应考虑电动机的机械特性，同时也需满足生产机械的拖动要求。

2)电动机的工作状态

在电力拖动系统中，电动机具有两种工作状态：电动状态和制动状态。当电动机电磁转矩方向和电机旋转的方向相同时，电动机处于电动状态；当电动机电磁转矩方向和电机旋转的方向相反时，电动机处于制动状态。当电动机处于电动状态运动时，电磁转矩为驱动生产机械的原动力，即驱动负载运行；反之，电动机的电磁转矩阻碍生产机械的运动，即阻止负载的运行，称为制动状态。

图0-6为电动机各种不同工作状态所处的象限情况。

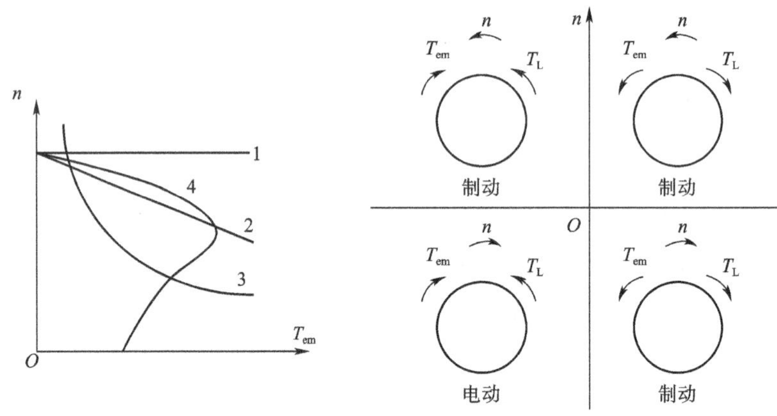

图0-5　电动机的机械特性　　图0-6　电动机四象限的工作状态图

(二)直流电动机电力拖动

直流电机有直流电动机与直流发电机之分。直流电动机优点明显，具有良好的起动和调速性能，且易于控制、可靠性高。因此，被广泛地应用于对起动、调速、控制和可靠性有较高要求的拖动系统中，例如轧钢机、电力机车、港口起重机、船舶机械、造纸和纺织机械等设备。其缺点在于换向问题，它限制了直流电动机的极限容量，又增加了维护的工作量。直流发电机则主要用作各种直流电源，为直流电动机及电解、电镀工艺等提供所需的直流电能。随着电子技术的发展，直流发电机已逐步被电力电子整流装置所取代，因此本章主要介绍直流电动机的相关知识及其拖动应用。

1. 直流电动机的工作原理和结构

1)直流电动机的工作原理

图0-7是直流电动机的简单模型。图中N和S是一对固定的磁极,磁极之间有一个可以转动的铁质圆柱体,称为电枢铁芯。铁芯表面固定一个用绝缘导体构成的电枢线圈 *abcd*,线圈的两端分别接到相互绝缘的两个半圆形铜片上,铜片称为换向片,两换向片与固定换向片的绝缘体组合称为换向器,线圈 *abcd* 通过固定滑动接触换向片的电刷 *A* 和 *B* 与外电路接通。

将外部直流电源加于电刷 *A*(正极)和 *B*(负极)上,则线圈 *abcd* 中流过电流,在线圈 *ab* 中,电流由 *a* 指向 *b*,在线圈 *cd* 中,电流由 *c* 指向 *d*。线圈 *ab* 和 *cd* 分别处于N、S极磁场中,受到电磁力的作用。用左手定则可知线圈 *ab* 和 *cd* 均受到电磁力的作用,且形成的转矩方向一致,这个转矩称为电磁转矩,且为逆时针方向。这样,电枢就顺着逆时针方向旋转,如图0-7a)所示。当电枢旋转180°,线圈 *cd* 转到N极处,*ab* 转到S极处,如图0-7b)所示,由于电流仍从电刷 *A* 流入,使 *cd* 中的电流变为由 *d* 流向 *c*,而 *ab* 中的电流由 *b* 流向 *a*,从电刷 *B* 流出。由左手定则判别可知,电磁转矩的方向仍是逆时针方向旋转,这样电动机就会沿着这个方向连续旋转下去。

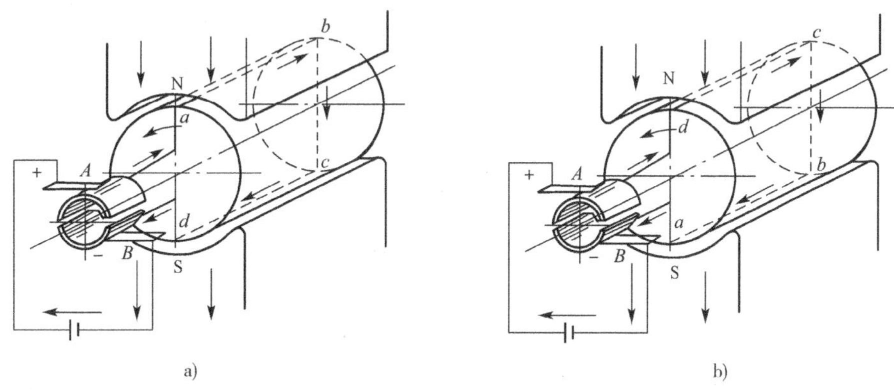

图0-7 直流电动机工作原理示意图

由此可见,加在直流电动机上的直流电源,借助于换向器和电刷的作用,在直流电动机电枢线圈中流过的电流方向是交变的,而每一极性下的线圈中的电流方向始终不变,从而确保直流电动机向着一个方向连续旋转。这就是直流电动机的基本工作原理。

一台直流电机原则上既可以作为发电机运行,也可以作为电动机使用,只是外界条件不同而已。在直流电机的电刷上加直流电源,将电能转化成机械能,是作为电动机使用;若用原动机拖动直流电机的电枢旋转,将机械能变换成电能,从电刷引出直流电动势,则可作为发电机使用,同一台电机,既可以作为电动机使用又可以作为发电机使用的原理,在电机理论中称为可逆原理。然而实际的应用中,一台电机一般只作单一用途使用。

2)直流电动机的结构

由直流电动机工作原理示意图可以看出,直流电动机的结构由定子和转子两大部分组成。直流电动机运行时静止不动的部分称为定子,定子的主要作用是产生磁场,由机座、主磁极、换向极、端盖、轴承和电刷装置等组成。运行时转动的部分称为转子,其主要作用是产生电磁转矩和感应电动势,是直流电动机进行能量转换的枢纽,所以通常又称为电枢。转子由转轴、电枢铁芯、电枢绕组、换向器和风扇等组成。装配后的直流电动机如图0-8所示,其

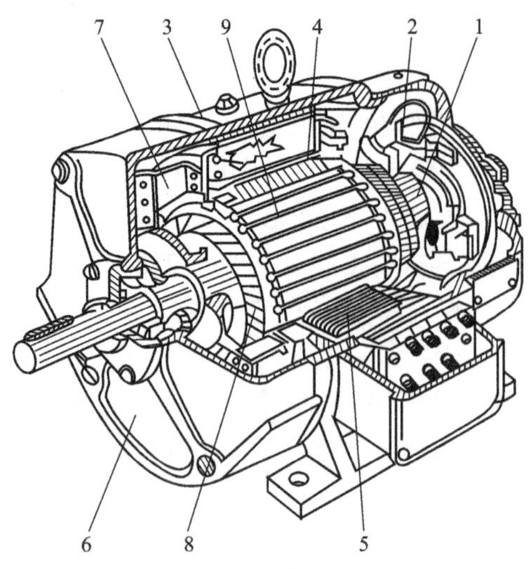

图 0-8 直流电动机装配结构图

1-换向器;2-电刷装置;3-机座;4-主磁极;5-换向极;6-端盖;7-风扇;8-电枢绕组;9-电枢铁芯

纵向剖视图如图 0-9 所示。

(1)定子

定子的作用是产生磁场和作为电动机的机械支撑,它包括主磁极、换向级、机座、端盖、轴承、电刷装置等。

①主磁极:主磁极的作用是产生恒定且有一定空间分布形状的气隙磁通密度。主磁极由主磁极铁芯和励磁绕组两部分组成。铁芯一般用 0.5 ~ 1.5mm厚的硅钢板冲片叠压紧固而成,分为极身和极靴两部分,上面套励磁绕组的部分称为极身,下面扩宽的部分称为极靴,极靴宽于极身,既可以调整气隙中磁场的分布,又便于固定励磁绕组。励磁绕组用绝缘铜线绕制而成,套在主磁极铁芯上。整个主磁极用螺钉固定在机座上,如图 0-10 所示。

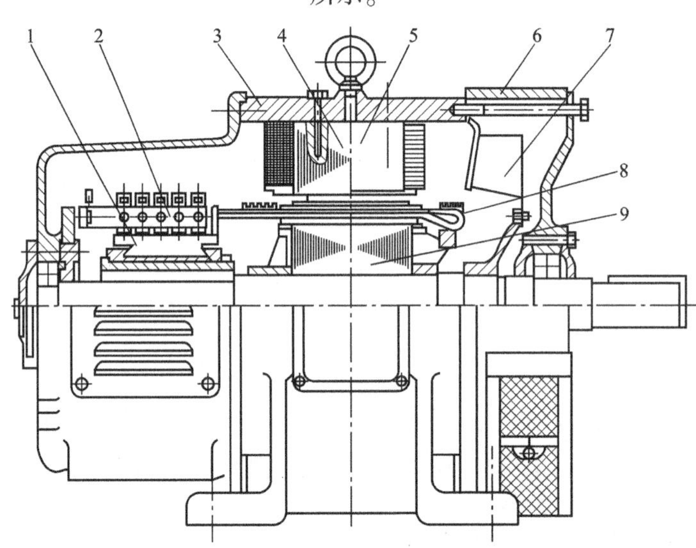

图 0-9 直流电动机纵向剖视图

1-换向器;2-电刷装置;3-机座;4-主磁极;5-换向极;6-端盖;7-风扇;8-电枢绕组;9-电枢铁芯

②换向极:换向极又称为附加极,作用是改善换向,减小电动机运行时电刷与换向器之间可能产生的换向火花,一般装在两个相邻主磁极之间,由换向极铁芯和换向极绕组组成,如0-11所示。换向极绕组用绝缘导线绕制而成,套在换向极铁芯上,换向极的数目与主磁极相等。

③机座:电机定子的外壳称为机座,见图 0-10 中的 3。机座的作用有两个:一个是用来固定主磁极、换向极和端盖,并起整个电机的支撑和固定作用;另一个是用于形成磁通路。机座本身就是磁路的一部分,借以构成磁极之间磁的通路,磁通通过的部分称为磁轭。为保证机座具有足够的机械强度和良好的导磁性能,一般为铸钢件或由钢板焊接而成。

④电刷装置:电刷装置是直流电机的重要组成部分,用来引入或引出直流电压和直流电流的,如图 0-12 所示。通过该装置把电枢中的电流与外部静止电路相连或把外部电源与电枢相连。电刷装置与换向片一起完成机械整流,把电枢中的交流电流变成电刷上的直流或把外部电路中的直流电变换为电枢中的交流电。

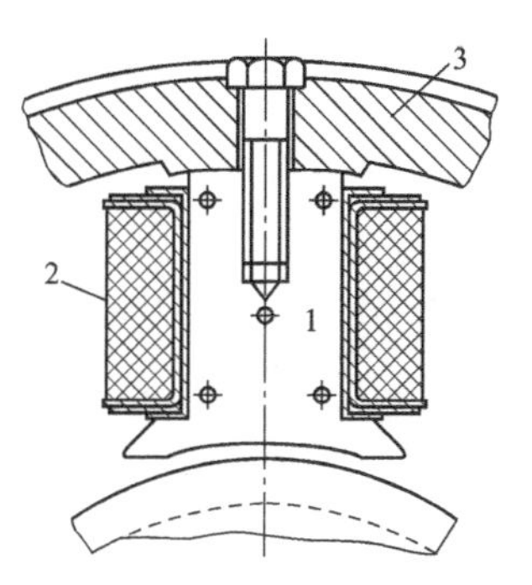

图 0-10　主磁极的结构

1-主磁极;2-励磁绕组;3-机座

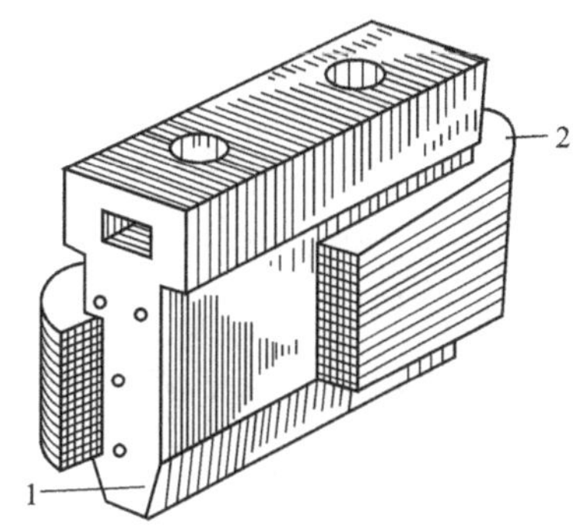

图 0-11　换向极

1-换向极铁芯;2-换向极绕组

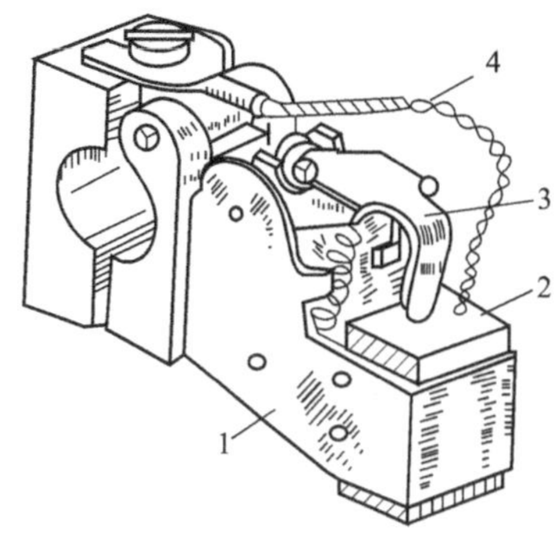

图 0-12　电刷装置

1-刷盒;2-电刷;3-压紧弹簧;4-铜丝辫

(2)转子

转子又称电枢,是用来产生感应电动势实现能量转换的关键部分。它包括电枢铁芯、电枢绕组、换向器、转轴和风扇等。

①电枢铁芯:电枢铁芯是主磁路的主要部分,同时用以嵌放电枢绕组。一般电枢铁芯采用由 0.5mm 厚的硅钢片冲制而成的冲片叠压而成(冲片的形状如图 0-13 所示),以降低电动机运行时电枢铁芯中产生的涡流损耗和磁滞损耗。叠成的铁芯固定在转轴或转子支架上。铁芯的外圆开有电枢槽,槽内嵌放电枢绕组。

a)

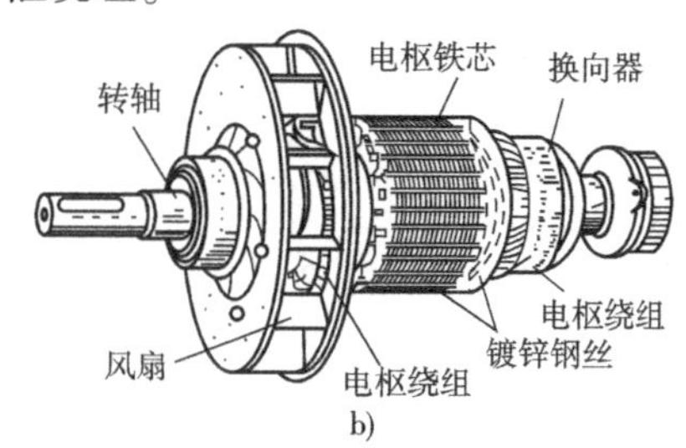

b)

图 0-13　转子结构图

②电枢绕组:电枢绕组的作用是产生电磁转矩和感应电动势,是直流电动机进行能量变换的关键部件,简称电枢。它是由许多线圈按一定规律连接而成,线圈采用高强度漆包线或铜线绕成,不同线圈的线圈边分上下两层嵌放在电枢槽中,线圈与铁芯之间以及上、下两层线圈边之间都必须妥善绝缘。为防止离心力将线圈边甩出槽外,槽口用槽楔固定,如图 0-14 所示。

③换向器:换向器又称整流子,在直流电动机中,换向器配以电刷,能将外加直流电源转换为电枢线圈中的交变电流,使电磁转矩的方向恒定不变;在直流发电机中,换向器配以电刷,能将电枢线圈中感应产生的交变电动势转换为正、负电刷上引出的直流电动势。因此,换向器与电刷一起,起转换电动势和电流的作用,如图 0-15 所示。

2. 直流电动机的机械特性

利用电动机拖动生产机械时，必须使电动机的工作特性满足生产机械提出的要求。在电动机的各类工作特性中首要的是机械特性。直流电动机的机械特性是指在电动机的电枢电压、励磁电流、电枢回路电阻为恒值的条件下，即电动机处于稳态运行时，电动机的转速 n 与电磁转矩 T_{em} 之间的关系，即曲线 $n=f(T_{em})$。

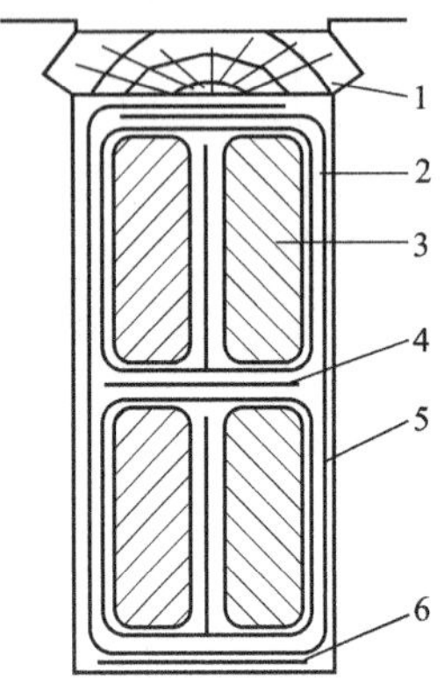

图 0-14　电枢槽的结构

1-槽楔；2-线圈绝缘；3-电枢导体；4-层间绝缘；5-槽绝缘；6-槽底绝缘

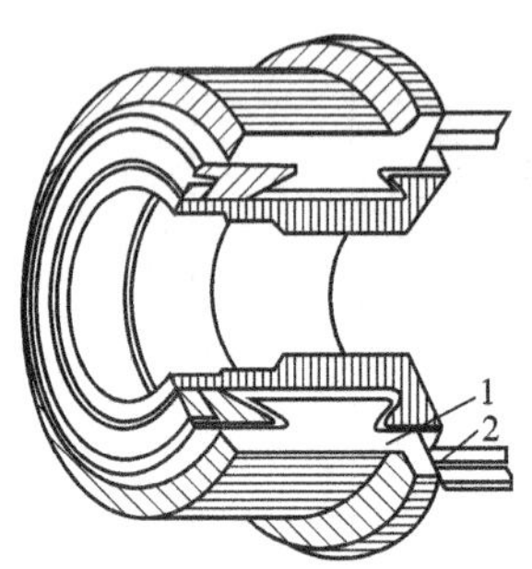

图 0-15　换向器结构

1-换向片；2-连接部分

$$n=\frac{U}{C_E\Phi}-\frac{R}{C_EC_T\Phi^2}T_{em}=n_0-\beta T_{em}=n_0-\Delta n \tag{0-1}$$

式中：U——外施电源电压；

C_E——电动势常数；

C_T——转矩常数；

R——电枢回路总电阻，且 $R=R_a+R_s$：

其中：R_a——电枢电阻；

R_s——电枢回路串入电阻；

Φ——励磁磁通；

n_0——理想空载转速(r/min)，且 $n_0=\dfrac{U}{C_E\Phi}$；

β——机械特性的斜率，$\beta=\dfrac{R}{C_EC_T\Phi^2}$；

Δn——转速降，且 $\Delta n=\beta T_{em}$。

机械特性是电动机性能的主要表现，它与运动方程相联系，在很大程度上决定了拖动系统稳定运行和过渡过程的性质及特点。

必须指出，机械特性中的转矩是电磁转矩，它与电动机轴上的输出转矩 T_2 是不同的，其间差一个空载转矩 T_0。只是由于在一般情况下，空载转矩 T_0 与电磁转矩或负载转矩 T_2 相比较小，在一般工程计算中可以略去 T_0，而粗略地认为电磁转矩 T_{em} 与轴上的输出转矩 T_2 相等。

1)固有机械特性

固有机械特性是指在额定状态下有 $U=U_N$,$\Phi=\Phi_N$,$R=R_a(R_s=0)$时的机械特性(U_N为额定电压、Φ_N为额定励磁磁通),即(0-1)方程变化为:

$$n=\frac{U_N}{C_E\Phi_N}-\frac{R_a}{C_E C_T \Phi_N{}^2}T_{em} \tag{0-2}$$

固有机械特性曲线如图 0-16 所示。

因为电枢电阻 R_a 很小,特性斜率 β 很小,通常转速降 Δn 只有额定转速的百分之几到百分之十几,所以他励直流电动机的固有机械特性是硬特性。

2)人为机械特性

在某些情况下,要根据需要将机械特性中 R、U、Φ 三个参数中,保持两个参数不变,人为地改变另一个参数,从而得到不同的机械特性,使机械特性满足不同的工作要求。这样获得的机械特性,称为人为机械特性。他励直流电动机的人为机械特性有以下 3 种。

(1)电枢串接电阻时的人为机械特性。若电枢回路串接电阻 R_s,而保持电源电压 $U=U_N$ 和励磁磁通 $\Phi=\Phi_N$ 不变,其机械特性如图 0-17 所示。

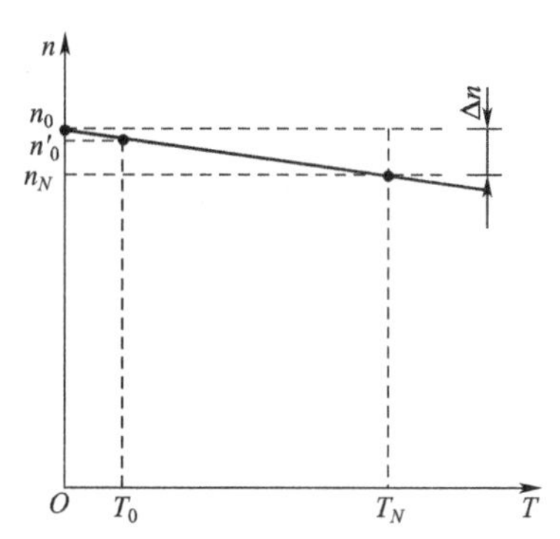

图 0-16　他励直流电动机固有机械特性

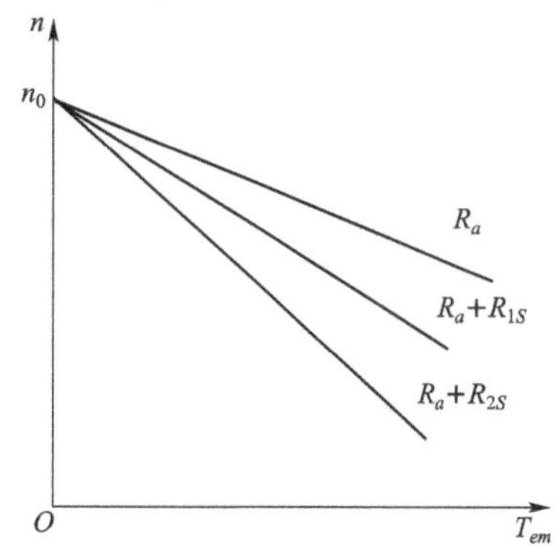

图 0-17　电动机的固有机械特性和电枢串接电阻时的人为机械特性

与固有机械特性相比,电枢串接电阻时的人为机械特性具有如下一些特点:

①理想空载转速与固有特性时相同,且不随串接电阻 R_s 的变化而变化;

②随着串接电阻 R_s 的加大,特性的斜率 β 加大,转速降 Δn 加大,特性变软,稳定性变差;

③机械特性由与纵坐标轴交于一点($n=n_0$)但具有不同斜率的射线族所组成;

④串入的附加电阻 R_s 越大,电枢电流流过 R_s 所产生的损耗就越大。

(2)降低电枢电压时的人为机械特性。保持 $R=R_a(R_s=0)$,磁通 $\Phi=\Phi_N$ 不变,只改变电枢电压 U 时,由机械特性方程,得出这时的人为机械特性如图 0-18 所示。

与固有机械特性相比,当电源电压降低时,其机械特性的特点为:

①特性斜率 β 不变,转速降落 Δn 不变,但理想空载转速 n_0 降低;

②机械特性由一组平行线所组成;

③由于 $R_s=0$,因此其特性较串联电阻时硬;

④当 $T_{em}=$常数时,降低电压,可使电动机转速 n 降低。

(3)减弱励磁磁通时的人为机械特性。在励磁回路内串联电阻 R_{sf}，并改变其大小，即能改变励磁电流，从而使磁通改变。一般电动机在额定磁通下工作，磁路已接近饱和，所以改变电动机主磁通只能是减弱磁通。减弱磁通时，使电枢回路附加电阻 $R_s = 0$；电源电压 $U = U_N$。

根据机械特性方程可得出此时的人为机械特性曲线如图 0-19 所示，其特点为：

①理想空载转速 n_0 与磁通 Φ 成反比，即当 Φ 下降时，n_0 上升；

②磁通 Φ 下降，特性斜率 β 上升，且 β 与 Φ 成反比，曲线变软；

③一般 Φ 下降，n 上升，但由于受机械强度的限制，磁通 Φ 不能下降太多。

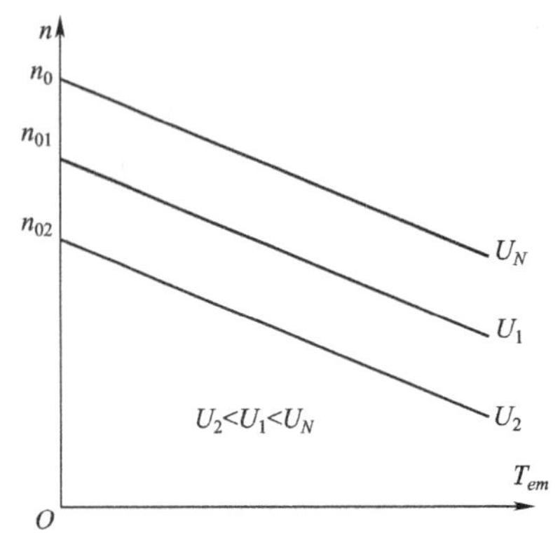

图 0-18　电动机的固有机械特性和降低电压的人为机械特性

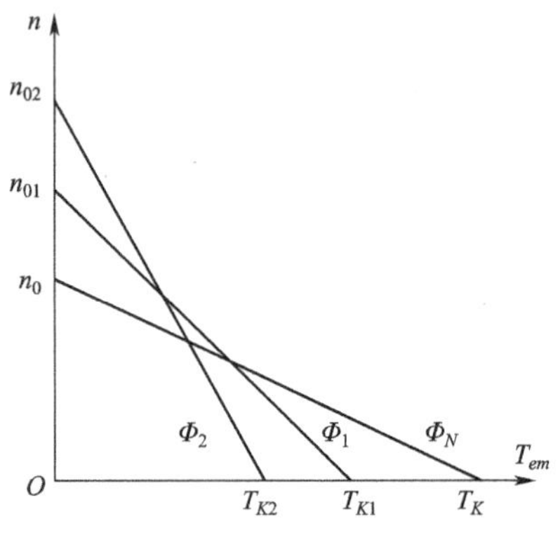

图 0-19　减弱磁通时的人为机械特性

一般情况下，电动机额定负载转矩小得多，故减弱磁通时通常会使电动机转速升高。但也不是在所有的情况下减弱磁通都可以提高转速，当负载特别重或磁通 Φ 特别小时，如再减弱 Φ，反而会发生转速下降的现象。

3. 直流电动机的起动与换向

1)直流电动机起动的要求

直流电动机的转速从零增加到稳定运行速度的整个过程称为起动过程。要使电动机起动过程达到最优的要求，应考虑的问题包括：

(1)起动电流 I_{st} 的大小；

(2)起动转矩 T_{st} 的大小；

(3)起动时间的长短；

(4)起动过程是否平滑；

(5)起动过程的能量损耗和发热量的大小；

(6)起动设备是否简单及其可靠性如何。

上述问题中，起动电流和起动转矩是主要的。直流电动机在起动过程中，要求起动电流不能很大，起动转矩要足够大，以缩短起动时间，提高生产率，对于起动频繁的系统更为重要。

直流电动机在起动之初，起动电流 I_{st} 一般都较大，可达到额定电流的 10 ~ 20 倍。这样大的额定电流会使换向恶化，产生严重的火花；电磁转矩过大，会对生产机械产生过大的冲击力。因此为了限制起动电流，一般采用电枢回路串电阻起动和降压起动。

(1)电枢电路串电阻起动

在生产实际中,如果能够做到适当选用各级起动电阻,那么串电阻起动由于其起动设备简单、经济和可靠,同时可以做到平滑快速起动,因而得到广泛应用。但对于不同类型和规格的直流电动机,对起动电阻的级数要求也不尽相同。

电动机起动时,励磁电路的调节电阻 $R_{sf}=0$,使励磁电流 I_f 达到最大。电枢电路串接附加电阻 R_{st},电动机加上额定电压,R_{st}数值应使 I_{st}不大于允许值。为了缩短起动时间,保证电动机在起动过程中的加速度不变,就要求在起动过程中电枢电流维持不变,因此随着电动机转速的升高,就应将起动电阻平滑地切除,最后调节电动机的转速达到运行值。其机械特性如图 0-20 所示。

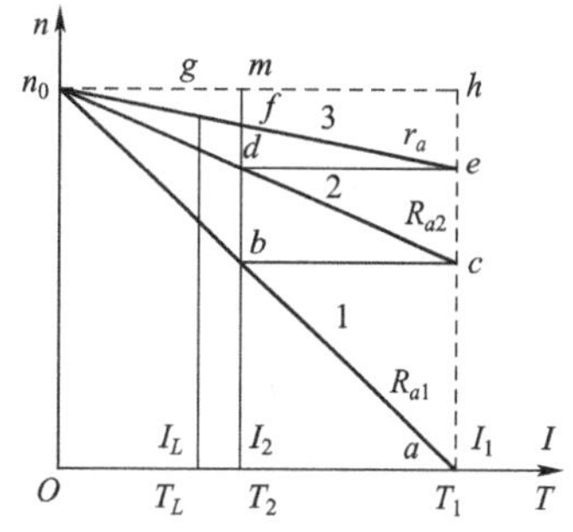

图 0-20 电枢串电阻起动机械特性

(2)降压起动

当直流电源电压可调时,可以采用降压起动。起动时先降低电源电压,起动电流会随着电压的降低而成正比减小,电动机起动后,再逐步提高电源电压,使电磁转矩维持在一定数值,保证电动机按需要的加速度升速。

降压起动虽然需要专用电源,设备投资较大,但它起动电流小,升速平稳,并且起动过程中能量消耗也小,因而得到广泛应用。

2)直流电动机的换向

在一些电力拖动设备中,由于生产的需要,常常需要改变电动机的转向。电动机中的电磁转矩是动力转矩,因此改变电磁转矩的方向就能改变电动机的转向。根据公式 $T=C_T\Phi I_a$ 可知,只要改变磁通 Φ 或电枢电流 I_a 这两个量中一个量的方向,就能改变 T 的方向。因此,直流电动机的换向方法有两种:一种是改变磁通 Φ 的方向,另一种是改变电枢电流的方向。由于磁滞及励磁回路电感等原因,反向磁场的建立过程缓慢,反转过程不能很快实现,故一般多采用改变电枢电流的方向来改变转向。

4. 直流电动机的调速

为了使产生机械以最合理的速度进行工作,从而提高生产率和保证产品具有较高的质量,大量的生产机械要求在不同的情况下以不同的速度工作。这就需求采用一定的方法来改变生产机械的工作速度,以满足生产的需要,这种方法通常称为调速。

电力拖动系统的调速可以采用机械调速、电气调速或两者配合起来调速。通过改变传动机构速度比进行调速的方法称为机械调速;通过改变电动机参数进行调速的方法称为电气调速。

改变电动机的参数就是人为地改变电动机的机械特性,从而使负载工作点发生变化,转速随之变化。因此,调速前后,电动机必然运行在不同的机械特性上。如果机械特性不变,负载变化而引起电动机转速的变化,则不能称为调速。

根据他励直流电动机的转速公式:

$$n=\frac{U-I_a(R_a+R_s)}{C_E\Phi} \tag{0-3}$$

可知,当电枢电流不变时,只要改变电枢电压、电枢回路串联电阻及励磁磁通三者之中的任意一个量，就可改变转速 n。因此，他励直流电动机具有三种调速方法：调压调速、电枢串电阻调速和调磁调速。

1）电枢回路串接电阻调速

电枢回路串接电阻，不能改变理想空载转速 n_0，只能改变机械特性的硬度。所串联的附加电阻越大，特性越软，在一定负载转矩下，转速也就越低。

这种调速方法，其调节区间只能是电动机的额定转速向下调节。其机械特性的硬度随外串电阻的增加而减小；当负载较小时，低速时的机械特性很软，负载的微小变化将引起转速的较大波动。在额定负载时，其调速范围一般是 2:1 左右。然而当为轻负载时，调速范围很小，在极端情况下，即理想空载时，则失去调速性能。这种调速方法是属于恒转矩调速性质，因为在调速范围内，其长时间输出额定转矩不变。

电枢回路串接电阻调速的优点是方法较简单，但由于调速是有级的，调速的平滑性很差。

因此，电枢串电阻调速多用于调速性能要求不高的生产机械上，如起重机、电车等。

2）降低电源电压调速

由他励直流电动机的机械特性方程式可以看出，调高电源电压 U 可以提高电动机的转速，调低电源电压 U 便可以降低电动机的转速。由于电动机正常工作时已是工作在额定状态下，所以改变电源电压通常都是向下调，即降低加在电动机电枢两端的电源电压，进行降压调速。由人为机械特性可知，当调低电枢电压时，理想空载转速会降低，但其机械特性斜率不变。它的调速方向是从基速（额定转速）向下调的。这种调速方法是属于恒转矩调速，适于恒转矩负载的生产机械。

采用调低电枢电压调速方法的特点是调节的平滑性较高，因为改变整流器的整流电压是依靠改变触发器脉冲的相移，故能连续变化，也就是端电压可以连续平滑调节，因此可以得到任何所需要的转速。另一特点是它的理想空载转速会随着外加电压的平滑调节而改变。由于转速降落不随速度变化而改变，故特性的硬度大，调速的范围也相对大得多。

这种调速方法还有一个特点，就是可以靠调节电枢两端电压来起动电动机而不用另外添加起动设备，这就是靠改变电枢电压的起动方法；其主要缺点是由于需要独立可调的直流电源，因而使用设备较只有直流电动机的调速方法来说要复杂，初始投资也相对大些。但由于这种调速方法的调速平滑，特性硬度大、调速范围宽等特点，就使这种调速方法具备良好的应用基础，在冶金、机床、矿井提升以及造纸机等方面得到广泛应用。

3）减弱磁通调速

改变主磁通 Φ 的调速方法，一般是指向额定磁通以下改变。因为电动机正常工作时，磁路已经接近饱和，即使励磁电流增加很大，但主磁通 Φ 也不能显著地再增加很多。所以一般所说的改变主磁通 Φ 的调速方法，都是指向额定磁通以下的改变。

由人为机械特性的讨论可知，在电枢电压为额定电压 U_N 及电枢回路不串接附加电阻的条件下，当减弱磁通时，其理想空载转速升高，而且斜率加大，在一般的情况下，即负载转矩不过大时，减弱磁通使转速升高，它的调速方向是由基速（额定转速）向上调。虽然弱磁升速后电枢电流增大，电动机的输入功率增大，但由于转速升高，输出功率也增大，电动机的效率基本不变，因此弱磁调速的经济性是比较好的，但升速范围不可能很大。

5. 直流电动机的制动

电动机的制动是指在电动机轴上加一个与旋转方向相反的转矩，以达到快速停车、减速或稳速。制动可以采用机械方法和电气方法，常用的电气方法有三种：能耗制动、反接制动和回馈制动。判断电动机是否处于电气制动状态的条件是：电磁转矩 T 的方向和转速 n 的方向是否相反，相反则为制动状态，其工作点应位于第二或第四象限；否则为电动状态。在电动机的制动过程中，要求迅速、平滑、可靠、能量损耗小，并且制动电流应小于限值。

1）能耗制动

能耗制动接线图如图0-21 所示，其对应的机械特性如图0-22 所示。电动机原来工作于电动运行状态，制动时保持励磁电流不变，将电枢两端从电网断开，并立即接到一个制动电阻 R_B 上。这时机械特性如图0-22 所示，电动机工作点从 A 点切换到 B 点，在 B 点因为 $U=0$，所以 $I_a=-E_a/(R_a+R_B)$，电枢电流为负值，由此产生的电磁转矩 T 也随之反向，由原来与 n 同方向变为与 n 反方向，进入制动状态，起到制动作用，使电动机减速，工作点沿特性曲线下降，由 B 点移至 O 点。当 $n=0$，$T=0$ 时，若是反抗性负载，则电动机停转。在这过程中，电动机由生产机械的惯性作用拖动，输入机械能而发电，发出的能量消耗在电阻 R_a+R_B上，直到电动机停止转动，故称为能耗制动。

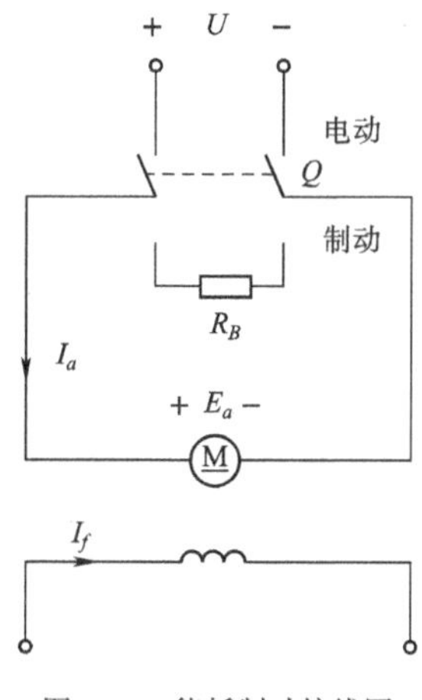

图0-21　能耗制动接线图

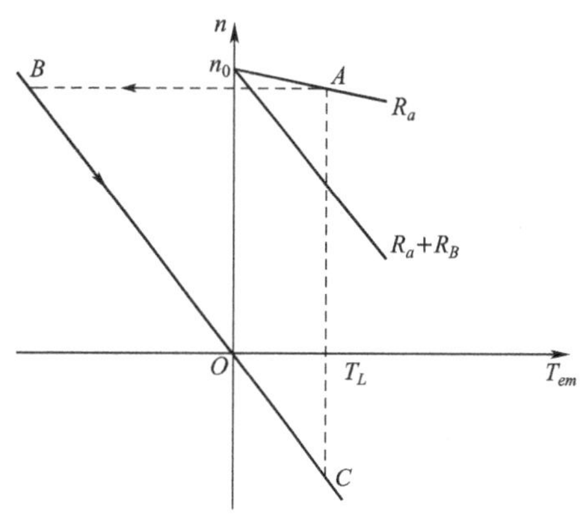

图0-22　能耗制动时的机械特性

2）反接制动

反接制动分为电压反接制动和倒拉反接制动两种。

（1）电压反接制动。电压反接制动连接如图0-23 所示：电动机原来工作于电动状态下，为使电动机迅速停车，现维持励磁电流不变，突然改变电枢两端外加电压 U 的极性，此时 n、E_a的方向还没有变化，电枢电流 I_a为负值，由其产生的电磁转矩的方向也随之改变，进入制动状态。由于加在电枢回路的电压为 $-(U+E_a)\approx -2U$，因此，在电源反接的同时，必须串接较大的制动电阻 R_B，R_B的大小应使反接制动时电枢电流 $I_a\leqslant 2.5I_N$。

机械特性曲线见图0-24 中的直线 BC。从图中可以看出，反接制动时电动机由原来的工作点 A 沿水平方向移到 B 点，并随着转速的下降，沿直线 BC 下降。通常在 C 点处若不切除电源，电动机很可能反向起动，加速到 D 点。所以电枢反接制动停车时，一般情况下，当电动机转速 n 接近于零时，必须立即切断电源，否则电动机反转。

电枢反接制动效果强烈，电网供给的能量和生产机械的动能都消耗在电阻 $R_a + R_B$ 上，其能量消耗很大。

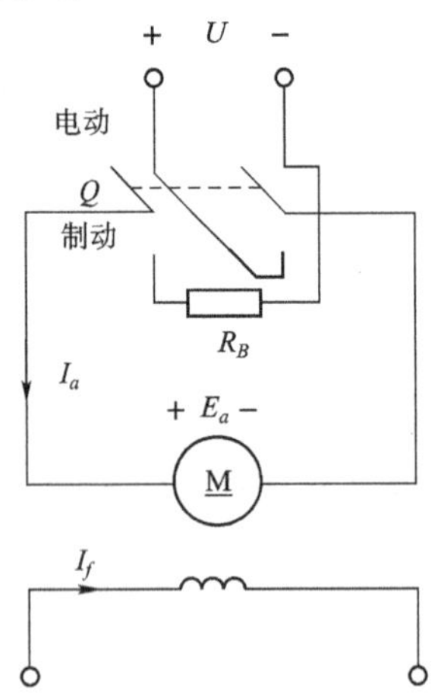

图 0-23　电压反接制动接线图

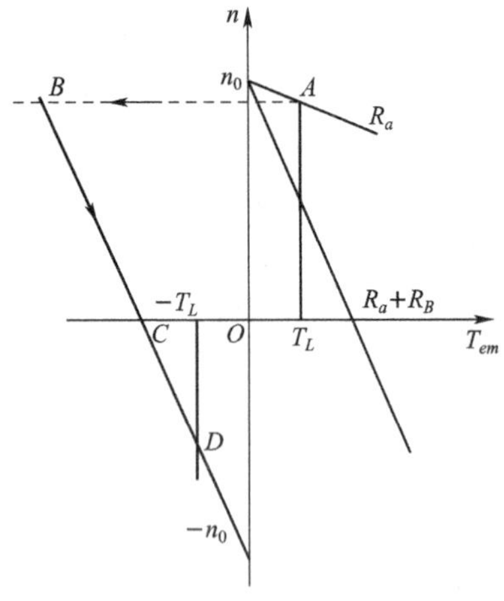

图 0-24　电压反接制动机械特性

（2）倒拉反接制动。如图 0-25 为倒拉换向反接制动接线图，图 0-26 为其倒拉换向机械特性，电动机原先提升重物，工作于 A 点，若在电枢回路中串接足够大的电阻，特性变得很软，转速下降，当 $n=0$ 时（C 点），电动机的 T 仍然小于 T_L，在位能性负载倒拉作用下，电动机继续减速进入反转，最终稳定地运行在 D 点。此时 $n<0$，T 方向不变，即进入制动状态，工作点位于第四象限，E_a 方向变为与 U 相同。倒拉反接制动的机械特性方程和电枢串电阻电动运行状态时相同。

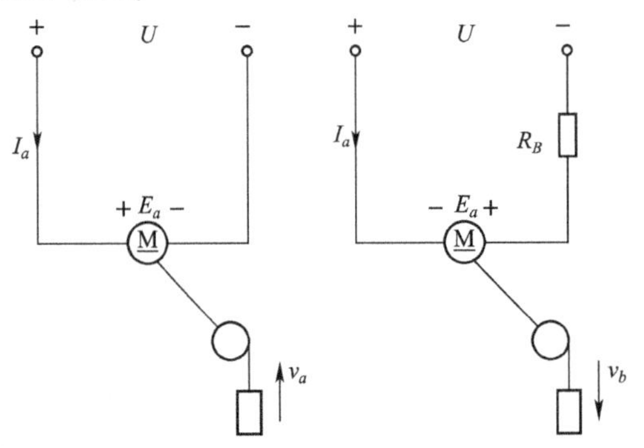

图 0-25　倒拉换向反接制动接线图

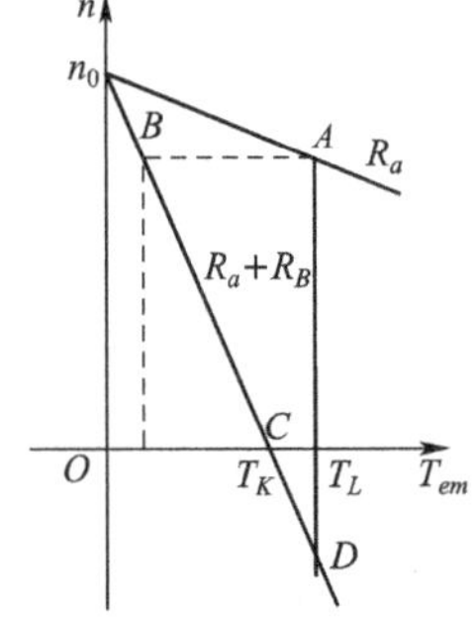

图 0-26　倒拉换向机械特性

倒拉反接制动时，电动机从电源及负载处吸收电功率和机械功率，全部消耗在电枢回路电阻 $R_a + R_B$ 上。倒拉反接制动常用于起重机低速下放重物，电动机串入的电阻越大，最后稳定的转速越高。

（3）回馈制动（再生制动）。若电动机在电动状态运行中，由于某种因素（如电动机车下坡）而使电动机的转速高于理想空载转速时，电动机便处于回馈制动状态。$n>n_0$ 是回馈制动的一个重要标志。因为当 $n>n_0$ 时，电枢电流 I_a 与原来 $n<n_0$ 时的方向相反，因磁通 Φ 不变，所以电磁转矩随 I_a 反向而反向，对电动机起制动作用。电动状态时电枢电流由电网的正端流向电动机，而在回馈制动时，电流由电枢流向电网的正端，这时电动机将机车下坡时的

位能转变为电能回送给电网,因而称为回馈制动。

回馈制动的机械特性方程式和电动状态时完全一样,由于 I_a 为负值,所以在第二象限。回馈制动可以发生在降压调速和增磁调速时,具体可以自行分析。回馈制动时,由于有功率回馈给电网,因此与能耗制动和反接制动相比,回馈制动时比较经济的。

(三)三相异步电动机电力拖动

1. 三相异步电动机的基本结构和工作原理

1)三相异步电动机的基本结构

异步电动机的结构如图0-27 所示,它主要由定子和转子两大部分组成。转子装在定子腔内,定、转子之间有一缝隙,称为气隙。

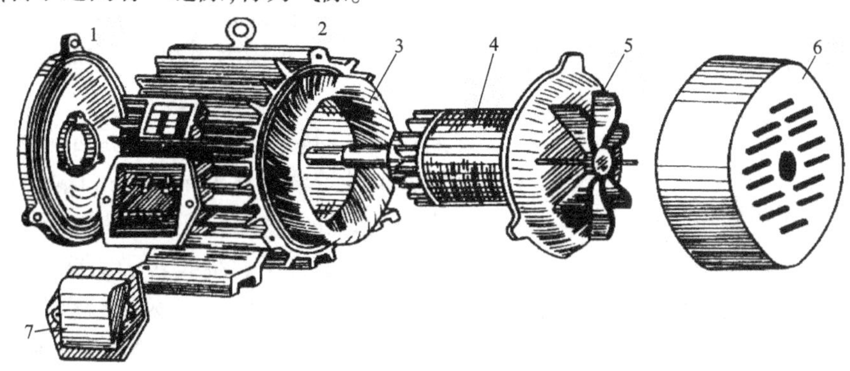

图0-27 笼形三相异步电动机的结构

1-端盖;2-机座;3-定子绕组;4-转子导条;5-风扇;6-风罩;7-接线盒盖

(1)定子部分

定子部分主要由定子铁芯、定子绕组和机座三部分组成。

①定子铁芯

定子铁芯是电机磁路的一部分,铁芯内圆上冲有均匀分布的槽,用以嵌放定子绕组,如图0-28 所示。为减少铁芯损耗,一般用导磁性能良好的0.5mm 厚的硅钢片叠成,并压装在机座内。

②定子绕组

定子绕组是电机的电路部分,为三相对称绕组,嵌放在定子铁芯的内圆槽内。定子绕组分单层和双层两种。一般小型异步电动机采用单层绕组,大、中型异步电动机采用双层绕组。

③机座

机座的作用是固定和支撑定子铁芯及端盖,因此,它应该有较好的机械强度和刚度,同时它也是电动机磁路的一部分。中小型电动机一般用铸铁机座,大型电动机的机座则用钢板焊接而成。

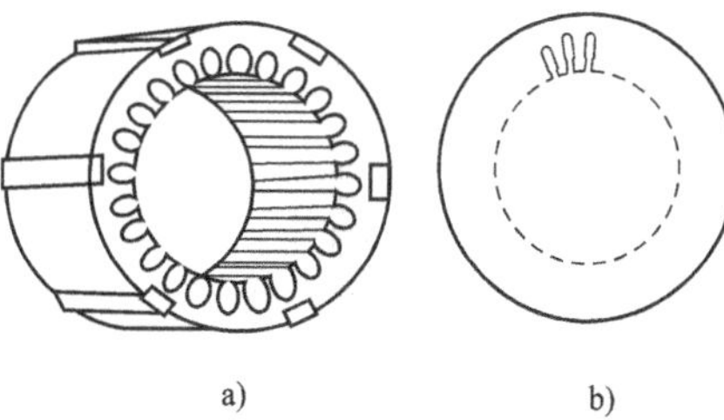

图0-28 异步电机定子铁芯及冲片

a)定子铁芯;b)定子铁芯冲片

(2)转子部分

转子主要由转子铁芯、转子绕组和转轴三部分组成,转子靠端盖和轴承支撑。转子的主要作用是产生感应电流,形成电磁转矩,以实现机电能量转换。

①转子铁芯

转子铁芯是电机磁路的一部分，同样采用0.5 mm厚的硅钢片叠成。转子铁芯叠片的外圆周冲有嵌放转子绕组的槽。转子铁芯固定在转轴（或转子支架）上，转轴用强度和刚度较高的低碳钢制成。

②转子绕组

转子绕组有两种结构形式，即笼形转子和绕线转子，据此把异步电动机分为笼形异步电动机和绕线型异步电动机。

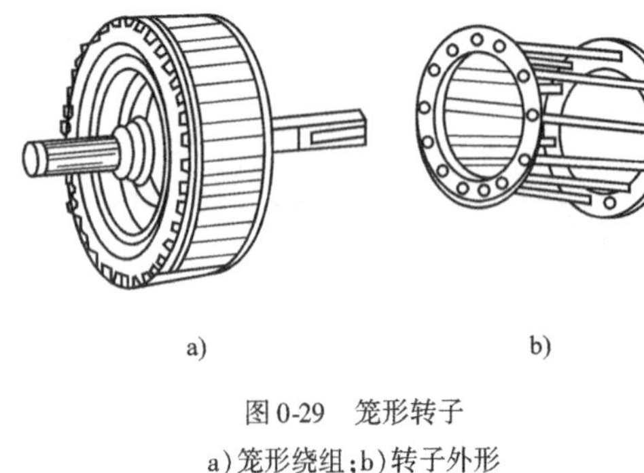

图0-29　笼形转子

a）笼形绕组；b）转子外形

a. 笼形转子。在转子铁芯的每一个槽中，插入一根裸导条，在铁芯两端分别用两个短路环把全部导条连接成一个整体，形成一个自身闭合的多相（一个槽为一相）对称短路绕组。如去掉转子铁芯，整个绕组犹如一个“松鼠笼子”，由此得名笼形转子，如图0-29所示。大型电动机的笼形转子绕组多用铜导条和铜端环组成，中小型电动机的笼形转子都采用铸铝绕组。

b. 绕线转子。绕线转子的绕组与定子绕组相似，它是在转子铁芯槽内嵌有绝缘导线组成的三相对称绕组，一般采用星形联结。三相绕组的出线端分别接在与转轴绝缘的三个滑环上，经一套电刷引出，再经串联电阻后短接，在转子回路中串联电阻，可以改善电动机的起动性能或实现电动机调速。若仅用于起动，则为了减少电刷的摩擦损耗，还装有提刷装置，如图0-30所示。

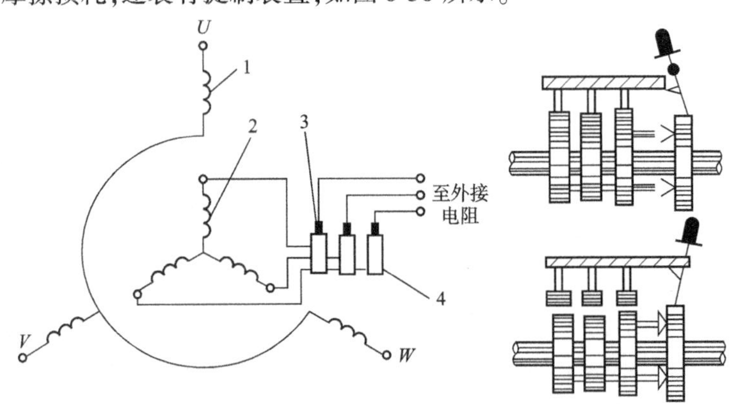

图0-30　绕线转子回路接线及提刷装置

1-定子绕组；2-转子绕组；3-电刷；4-滑环

③气隙

异步电动机的定子和转子之间的气隙大小，对电动机的性能影响很大。变压器的主磁路全部由铁芯构成，由于磁阻很小，因此，产生一定的主磁通所需要的励磁电流也很小，一般为额定电流的2%～10%。而异步电动机主磁路由定、转子铁芯和两段气隙构成，气隙虽然很小，但它的磁阻却很大，因此产生一定的主磁通所需要的励磁电流很大，一般为额定电流的20%～50%。由于励磁电流中的大部分是无功电流，因此，励磁电流过大是异步电动机功率因数较低的主要原因。为了提高异步电动机的功率因数，必须减小它的励磁电流，而最有效的方法就是减小气隙长度。异步电动机的气隙大小往往是电机制造工艺限制的最小数值。中、小型电机的气隙长度一般为 0.2～1.5mm。

2）三相异步电动机的基本工作原理

（1）基本工作原理。图 0-31 所示为一台三相笼形异步电动机的示意图。定子铁芯中嵌放着对称的三相绕组 U_1-U_2、V_1-V_2、W_1-W_2，三相绕组可接成星形或三角形，并引出三根线，电动机工作时将引出的三根线接到三相交流电源上。转子槽内放有导条，导条两端用短路环短接起来，形成一个笼形的闭合绕组。所谓异步电动机的基本工作原理，就是指异步电动机接通电源后为什么会旋转。

①定子产生旋转磁场。由旋转磁场理论分析可知，当定子三相对称绕组通入三相对称电流时，就会在电机的气隙中产生一个旋转的磁场。该磁场的转速称为同步转速，用 n_1 表示。同步转速 n_1 与电网的频率 f_1 和电机的磁极对数 p 的关系为：

$$n_1=\frac{60f_1}{p} \tag{0-4}$$

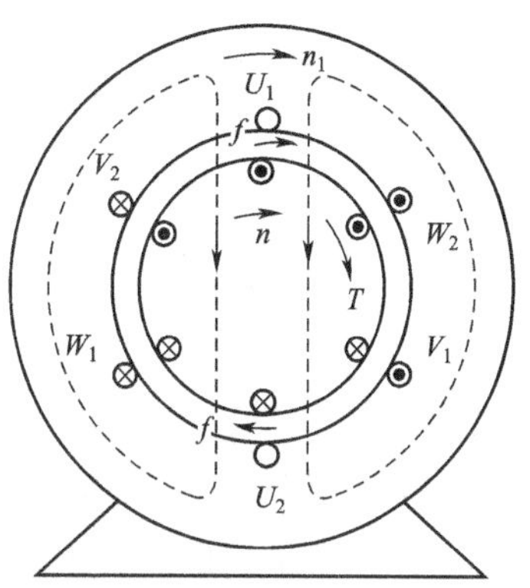

图 0-31　异步电动机工作原理图

旋转磁场的转向由三相电流相序决定，即由电流超前那一相往电流滞后那一相旋转。当定子绕组中通入 $U\to V\to W$ 相序的三相电流时，定子旋转磁场就沿 $U_1\to V_1\to W_1$ 的方向旋转，如图 0-31 所示沿顺时针方向旋转。磁通和电流方向符合右手螺旋定则，在图 0-31 所示瞬间，定子旋转磁场的方向指向下。

②转子导体产生感应电流。定子旋转磁场顺时针切割静止的转子导体，可以看成转子导体逆时针切割定子磁场，根据电磁感应定律，转子导体中将产生感应电动势，并在闭合的转子绕组内产生感应电流，其方向可由“右手定则”确定。在图 0-31 所示瞬间，转子上半周导体中的电流流出纸面，下半周导体中的电流流入纸面。

③转子导体受到电磁转矩作用而使转子旋转。载有感应电流的转子导体处在定子磁场中，根据电磁力定律，转子导体将受到电磁力作用，受力方向由左手定则确定。如图 0-31 所示，上半周的导体受到向右方向的电磁力，下半周的导体受到向左方向的电磁力。它们对转轴形成一个转矩，称为电磁转矩，其作用方向与定子旋转磁场方向一致，为顺时针方向。在电磁转矩的作用下，转子便顺着旋转磁场的方向旋转起来。

综上所述，三相异步电动机的基本工作原理可归纳以下三个关键点：

a. 定子三相对称绕组通入三相对称电流产生旋转磁场；

b. 转子导体切割定子旋转磁场产生感应电动势，并产生感应电流；

c. 载有感应电流的转子导体在定子磁场中受到电磁力并形成电磁转矩，从而驱使电动机转子顺着定子磁场方向旋转起来。

由三相异步电动机的基本工作原理分析，可得出以下两个知识点：

a. 改变电源相序，即可改变电动机的转向。

因为异步电动机转子的转向始终与定子旋转磁场方向一致，而定子旋转磁场方向取决于定子三相电流的相序。因此，改变定子三相电流的相序，即可改变定子旋转磁场的方向，从而可改变转子的转向。实际中,只要任意对调三相异步电动机的两根电源线,便可使电动机反转。

b. 异步电动机的转速恒小于同步转速。

当异步电动机的转速 n 小于定子旋转磁场转速 n_1（同步转速）时,转子绕组与定子旋转磁场之间有相对运动,转子绕组中会产生感应电动势和感应电流,并产生电磁转矩,使电动机旋转。如果 $n = n_1$,转子绕组与定子磁场之间便无相对运动,转子绕组中就不会产生感应电动势和感应电流。可见异步电动机工作时,$n < n_1$。

由于电动机转速 n 与旋转磁场转速 n_1 不同步,故称为异步电动机。又因为异步电动机转子电流是通过电磁感应作用产生的,所以又称为感应电动机。

(2)转差率。同步转速与转子转速之差 $\Delta n = n_1 - n$ 称为转差,转差 Δn 和同步转速 n_1 的比值称为转差率,用字母 s 表示,即

$$s = \frac{n_1 - n}{n_1} \tag{0-5}$$

转差率 s 是异步电机的一个基本物理量,它能反映异步电机的各种运行状况。对异步电动机而言,在起动瞬间转子尚未转动时,$n=0$,此时转差率 $s=1$;当电动机空载运行时,转子转速接近同步转速,$n \approx n_1$,此时转差率 $s \approx 0$。由此可见,作为异步电动机,转速 n 的变化在 $0 \sim n_1$,其转差率 s 的变化在 $1 \sim 0$。

异步电动机的负载越大,转速就越慢,其转差率就越大;反之,负载越小,转速就越快,其转差率就越小。故转差率的大小直接反映了转子转速的快慢或电动机负载的大小。

异步电动机的转速可表示为:

$$n = (1 - s)n_1 \tag{0-6}$$

异步电动机正常运行时,转差率的数值很小,一般在 0.01 ~0.06,即异步电动机的转速略低于同步转速 1% ~6%。空载运行时,可以近似认为转子转速等于同步转速。

3)异步电机的三种运行状态

根据转差率的大小和正负,异步电机分三种运行状态,分别为电动机状态、发电机状态和电磁制动状态,如图 0-32 所示。

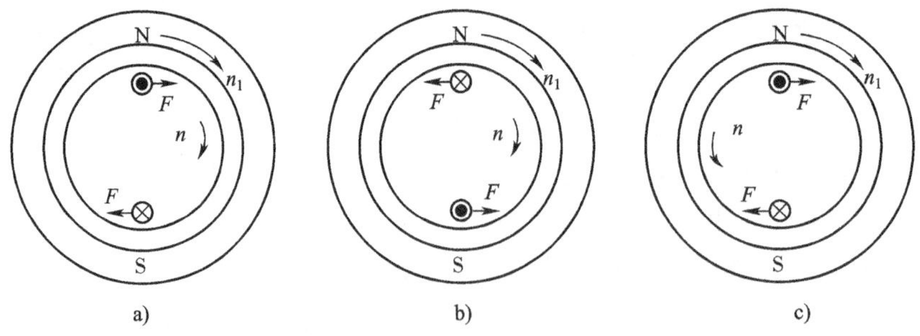

图 0-32　异步电动机的三种运行状态

a)电动状态;b)发电状态;c)制动状态

(1)电动机运行状态。异步电机定子绕组接至电源,转子在电磁转矩作用下旋转,电磁转矩为驱动转矩,转子转向与旋转磁场方向相同,如图 0-32a)所示。此时电机从电网吸收电功率并转变成机械功率,由转轴传输给负载。电动机运行状态时,转速范围为 $0 < n < n_1$,转差率范围为 $0 < s < 1$。

(2)发电机运行状态。异步电机定子绕组仍接至电源,电机的转轴不再接机械负载,而是用一台原动机拖动,并顺着定子磁场方向,以大于同步转速旋转,即 $n > n_1$,如图0-32b)所示。显然,此时电磁转矩方向与转子转向相反,起制动作用,即电磁转矩为制动转矩。为了克服电磁转矩的制动作用,保持转子以 $n > n_1$ 的速度继续旋转,电机就必须不断从原动机吸收机械功率。这时,电机将把机械功率转变为电功率输送给电网,而成为发电机运行状态。此时,$n > n_1$,$s < 0$。

(3)电磁制动状态。异步电机定子绕组仍接至电源,如果用外力拖着电机转子逆定子磁场方向转动。此时电磁转矩方向与电机转向相反,起制动作用。电机定子仍从电网吸收电功率,同时转子从外力吸收机械功率,这两部分功率都在电机内部以损耗的方式转化成热能消耗掉。这种运行状态称为电磁制动运行状态。这种情况下,$n < 0$,$s > 1$,如图0-32c)所示。

异步电机的三种运行状态总结如下:

①电动机状态:$0 < n < n_1$,$0 < s < 1$,电磁转矩为驱动转矩,将电能转换成机械能。

②发电机状态:$n > n_1$,$s < 0$,电磁转矩为制动转矩,将机械能转换成电能。

③电磁制动状态:$n < 0$,$s > 1$,电磁转矩为制动转矩,吸收电能和机械能,并全部转变成电机损耗。

虽然异步电机有三种运行状态,但异步电机主要是工作在电动机运行状态,作为各种生产机械的动力设备。异步发电机很少使用。电磁制动是异步电机在完成某一生产过程中出现的短时运行状态,例如,起重机下放重物时,为了安全、平稳,需限制下放速度时,就使异步电动机短时处于电磁制动状态。

2. 三相异步电动机的机械特性

三相异步电动机的机械特性是指电动机的转速与电磁转矩之间的关系,由于电机的转速与转差率之间存在一定的关系,所以异步电动机的机械特性通常用 $T_{em} = f(s)$ 表示。

1)机械特性表达式

(1)参数表达式。由异步电机T型等效电路及相关参数可求得机械特性表达式为:

$$T_{em} = \frac{m_1 p U_1^2 \frac{R'_2}{s}}{2\pi f_1 \left[\left(R_1 + \frac{R'_2}{s}\right)^2 + (X_1 + X'_2)^2\right]} \tag{0-7}$$

说明:电磁转矩与电源参数(U_1、f_1)、结构参数(R、X、m、p)和运行参数(s)有关。定子相数 m_1、极对数 p、定子相电压 U_1、电源频率 f_1、定子每相绕组电阻 R_1 和漏抗 X_1、折算到定子侧的转子电阻 R'_2 和漏抗 X'_2 等都是不随转差率 s 变化的常量。当电动机的转差率 s(或转速 n)变化时,可由式计算出相应的电磁转矩 T_{em},因而可以画出如图0-33所示的机械特性曲线。

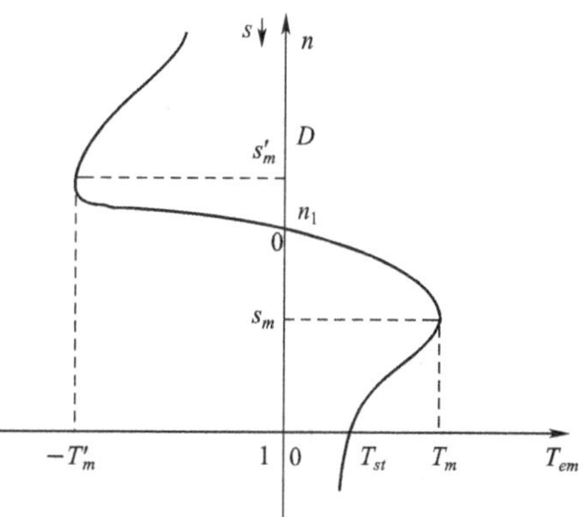

图0-33　三相异步电机的机械特性

当同步转速 n_1 为正时,机械特性曲线跨第一、二、四象限。在第一象限时,$0 < n < n_1$,$0 < s < 1$,

n 、T_{em} 均为正值，电机处于电动机运行状态；在第二象限时，$n > n_1$ ，$s < 0$ ，n 为正值，T_{em} 为负值，电机处于发电机运行状态；在第四象限时，$n < 0$ ，$s > 1$ ，n 为负值 T_{em} 为正值，电机处于电磁制动运行状态。

（2）实用表达式。机械特性曲线的参数表达式清楚地表示了转矩与转差率、参数之间的关系，用它分析各种参数对机械特性的影响是很方便的。但是，针对电力拖动系统中的具体电动机而言，其参数是未知的，欲求得其机械特性的参数表达式显然是困难的。因此希望能够利用电动机的技术数据和名牌数据求得电动机的机械特性，即机械特性的实用表达式

$$T_{em} = \frac{2T_m}{\frac{s}{s_m} + \frac{s_m}{s}} \tag{0-8}$$

式中的 T_m 和 s_m 可由电动机额定数据方便地求得，因此，在工程计算中是非常实用的机械特性表达式。

2）固有机械特性

三相异步电动机的固有机械特性是指电动机在额定电压和额定频率下，按规定的接线方式接线，定子和转子电路不外接电阻或电抗时的机械特性。当电机处于电动机运行状态时，其固有机械特性如图 0-34 所示。下面对固有机械特性上的几个特殊点进行说明。

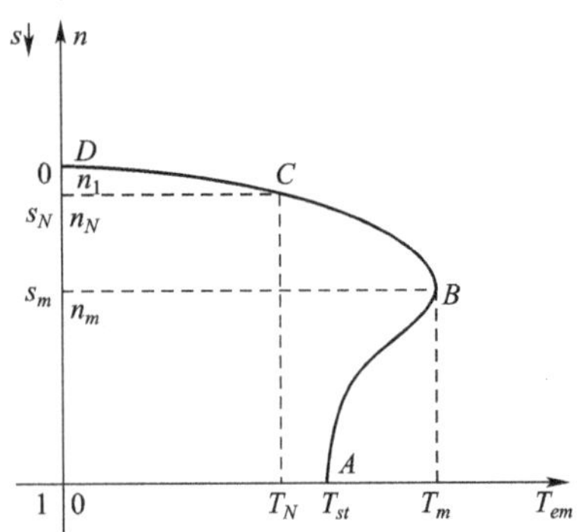

图 0-34　三相异步电动机的固有机械特性

（1）起动点 A。电动机接通电源开始起动瞬间，其工作点位于 A 点，此时：$n = 0, s = 1, T_{em} = T_{st}$ ，定子电流 $I_1 = I_{st} = (4 \sim 7) I_N$（ I_N 为额定电流）。

（2）最大转矩点 B。B 点是机械特性曲线中线性段（D—B）与非线性段（B—A）的分界点，此时 $s = s_m, T_{em} = T_m$ 。通常情况下，电动机在线性段上工作是稳定的，而在非线性段上工作通常是不稳定的，所以 B 点也是电机稳定运行的临界点，临界转差率 s_m 也是由此而来。

（3）额定运行点 C。电动机额定运行时，工作点位于 C 点，此时：$n = n_N, s = s_N, T_{em} = T_N, I_1 = I_N$ 。额定运行时转差率很小，一般 $s_N = 0.01 \sim 0.06$ ，所以电动机的额定转速 n_N 略小于同步转速 n_1 ，这也说明了固有特性的线性段为硬特性。

（4）同步转速点 D。D 点是电动机的理想空载点，即转子转速达到了同步转速。此时 $n = n_1, s_N = 0, T_{em} = 0$ ，转子电流 $I_2 = 0$ ，显然，如果没有外界转矩的作用，异步电动机本身不可能达到同步转速点。

3）人为机械特性

三相异步电动机的人为机械特性是指人为改变电源参数或电动机参数而得到的机械特性。由电磁转矩的参数表达式可知，可以改变的电源参数有，电压 U_1 和频率 f_1 ；可以改变的电动机参数有：极对数 p、定子电路参数 R_1 和 X_1 、转子电路参数 R_2' 和 X_2' 等。所以，三相异步电动机的人为机械性种类很多，这里介绍两种常见的人为机械特性。

（1）降低定子电压时的人为机械特性。由前面的分析可知，当定子电压 U_1 降低时，T_{em}（包括 T_{st} 和 T_m ）与 U_1^2 成正比减小，s_m 和 n_1 与 U_1 无关而保持不变，所以，可得 U_1 下降后的人

为机械特性如图 0-35 所示。

由图可见，降低电压后的人为机械特性，其线性段的斜率变大，即特性变软。T_{st} 和 T_m 均按 U_1^2 关系减小，即电动机的起动转矩倍数和过载能力均显著下降。如果电动机在额定负载下运行，U_1 降低后将导致 n 下降，s 增大，转子电流将因转子电动势 $E_{2s} = sE_2$ 的增大而增大，从而引起定子电流增大，导致电动机过载。长期欠压过载运行，必然使电动机过热，电动机的使用寿命缩短。另外电压下降过多，可能出现最大转矩小于负载转矩，这时电动机将停转。

(2)转子回路串对称电阻时的人为机械特性。在绕线式异步电动机的转子中串入三相对称电阻 R_S，如图 0-36a)所示，由前面分析可知，此时 n_1、T_m 不变，而 s_m 则随外接电阻 R_S 的增大而增大。其人为机械特性如图 0-36b)所示。

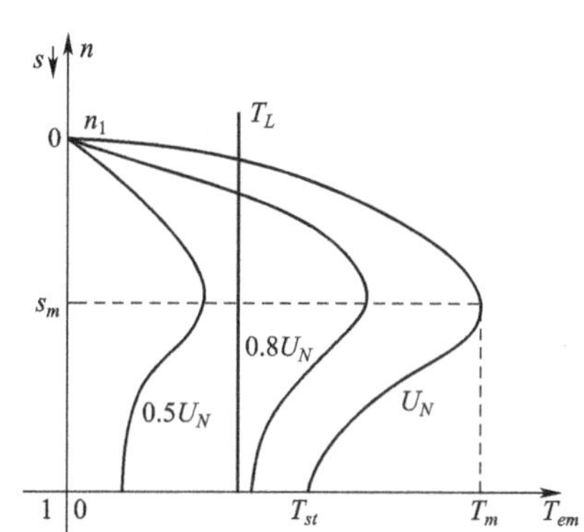

图 0-35　异步电动机降压人为机械特性

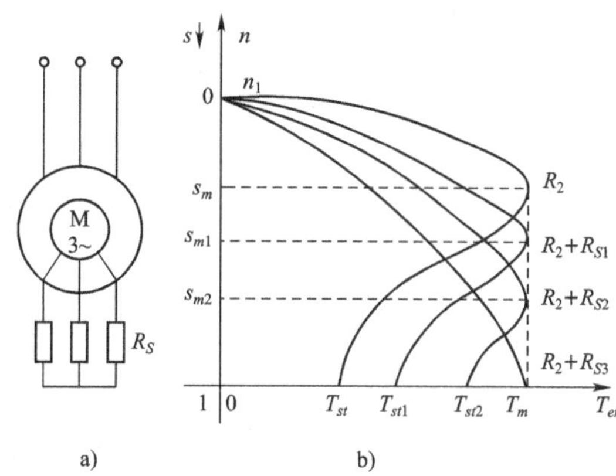

图 0-36　绕线转子异步电动机转子回路串对称电阻

a)电路图；b)机械特性

由图 0-38b)可见，在一定范围内增加转子电阻，可以增大电动机的起动转矩。当所串接的电阻使其 $s_m = 1$ 时，对应的起动转矩将达到最大转矩，如果再增大转子电阻，起动转矩反而会减小。另外，转子串接对称电阻后，其机械特性曲线线性段的斜率增大，特性变软。

除了上述两种人为机械特性外，还可以改变电源频率，关于电源频率、改变定子绕组极对数的人为机械特性，将在异步电动机调速中讲解。

3. 三相异步电动机的起动

电动机的起动指电动机接通电源后由静止状态加速到稳定运行状态的过程。对异步电动机起动性能的要求，主要有以下两点：

(1)起动电流要小，以减小对电网的冲击。

(2)起动转矩要大，以加速起动过程，缩短起动时间。

以下介绍笼形异步电动机和绕线转子异步电动机的起动方法。

笼形异步电动机的起动方法有两种：直接起动和降压起动。下面分别进行介绍。

1)直接起动

直接起动，也叫全压起动。起动时，电动机定子绕组直接接入额定电压的电网上。这是一种最简单的起动方法，不需要复杂的起动设备，但是，它的起动性能恰好与所要求的相反。

(1)起动电流 I_{st} 大

对于普通笼形异步电动机，起动电流倍数 $k_I = I_{st}/I_N = 4 \sim 7$ 。起动电流大的原因是：起动时 $n = 0, s = 1$ ，转子电动势很大，所以转子电流很大，根据磁动势平衡关系，定子电流必然很大。

(2)起动转矩不大

对于普通笼形异步电动机，起动转矩倍数 $k_{st} = I_{st}/I_N = 1 \sim 2$ 。

起动时，起动电流大但转矩并不大的原因可以通过 $T_{em} = C_T\Phi_0 I'_2\cos\varphi_2$ 来解释。

首先，起动时的转差率($s = 1$)远大于正常运行时转差率(s 为 0.01 ~ 0.06)，起动时转子电路的功率因数角 $\varphi_2 = \arctan\dfrac{sX'_2}{R'_2}$ 很大，转子的功率因数 $\cos\varphi_2$ 很低(一般只有 0.3 左右)，因此，起动时虽然 I'_2 大，但其有功分量 $I'_2\cos\varphi_2$ 并不大，所以起动转矩不大。

其次，由于起动电流大，定子绕组漏抗压降大，使定子绕组感应电动势 E_1 减小，导致对应的气隙磁通量 Φ 减小(起动瞬间 Φ 约为额定值的一半)，这是造成起动转矩不大的另一个原因。

通过以上分析可见，笼形异步电动机直接起动时，起动电流大，而起动转矩不大，这样的起动性能是不理想的。过大的起动电流给电网电压的波动及电动机本身均带来不利影响，因此，直接起动一般只在小容量电动机中使用，如 7.5kW 以下的电动机可采用直接起动。对于容量较大的电动机可以采用降压起动方法。

2)降压起动

降压起动的目的是限制起动电流。起动时，通过起动设备使加到电动机上的电压小于额定电压，待电动机转速上升到一定数值时，再使电动机承受额定电压，保证电动机在额定电压下稳定工作。下面介绍两种常见的降压起动方法。

(1)Y—△降压起动

Y—△降压起动，即星形—三角形降压起动，只适用于正常运行时定子绕组为三角形联结的电动机。起动接线原理如图 0-37 所示。起动时先将开关 Q_2 推向“起动”侧，将定子绕组接成星形(Y)联结，然后合上开关 Q_1 进行起动。此时，定子每相绕组电压为额定电压的 $\dfrac{1}{\sqrt{3}}$，从而实现了降压起动。待转速上升至一定数值时，将 Q_2 推向“运行”侧，恢复定子绕组为三角形(△)联结，使电动机在全压下运行。

因此可推出 Y—△降压起动时，起动电流和起动转矩都降为直接起动的 $\dfrac{1}{3}$ 。

Y—△降压起动操作方便，起动设备简单，应用较为广泛，但它仅适用于正常运行时定子绕组作三角形联结的电动机，因此作一般用途的小型异步电动机，当容量大于 4kW 时，定子绕组都采用三角形联结。由于起动转矩为直接起动时的 $\dfrac{1}{3}$ ，这种起动方法多用于空载或轻载起动。

(2)自耦变压器降压起动

这种起动方法是通过自耦变压器把电压降低后再加到电动机定子绕组上，以达到减小起动电流的目的，其接线原理如图 0-38 所示。

起动时，把开关 Q_2 推向“起动”侧，并合上开关 Q_1，这时自耦变压器一次绕组加全电压，而电动机定子电压为自耦变压器二次抽头部分的电压,电动机在低压下起动。待转速上升至一定数值时,再把开关 Q_2 切换到“运行”侧,切除自耦变压器,电动机在全压下运行。

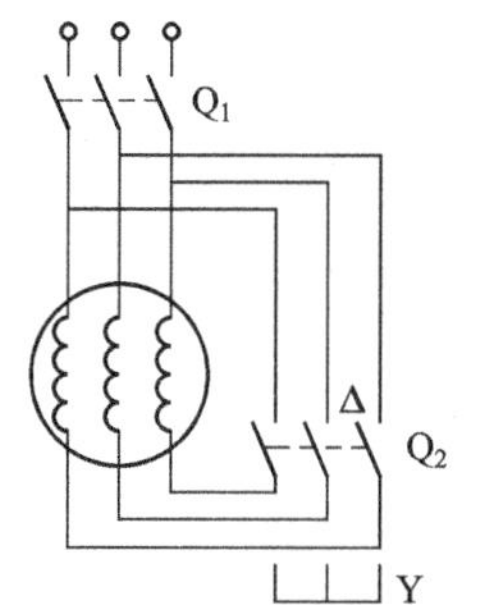

图 0-37 异步电动机 Y—△降压起动原理图

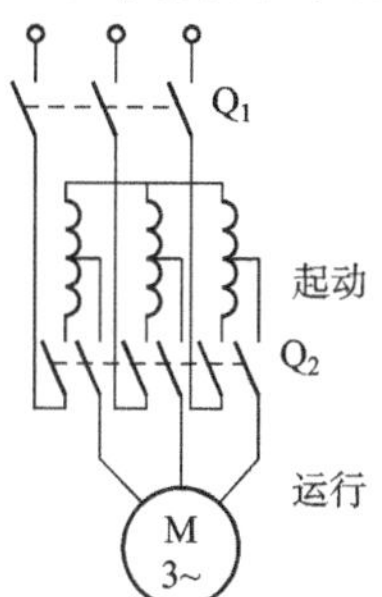

图 0-38 异步电动机自耦变压器降压起动原理图

设自耦变压器的变比 k,则采用自耦变压器降压起动时,起动电流和起动转矩都降低到直接起动的 $\frac{1}{k^2}$。

自耦变压器降压起动适用于容量较大的低压电动机,这种方法可获得最大的起动转矩,且自耦变压器二次侧一般有三个插头,可以根据需要选用,故这种起动方法在 10kW 以上的三相异步电动机中得到了广泛的应用。

3)三相绕线型异步电动机的起动

三相笼形异步电动机直接起动时,起动电流大,起动转矩不大;降压起动时,虽然减小了起动电流,但起动转矩也随电压的平方关系减小,因此笼形异步电动机只能用于空载或轻载起动。

绕线转子异步电动机,若转子回路串入适当的电阻,既能限制起动电流,又能增大起动转矩,同时克服了笼形异步电动机起动电流大、起动转矩不大的缺点,这种起动方法适用于大、中容量异步电动机重载起动。绕线转子异步电动机的起动分为转子串电阻和转子串频敏变阻器两种起动方法。

(1)转子串电阻起动。为了在整个起动过程中得到较大的加速转矩,并使起动过程比较平滑,应在回路中串入多级对称电阻,起动时,随着转速升高,逐渐切除起动电阻,这与直流电动机电枢串电阻起动类似,称为电阻分级起动。图 0-39 为三项绕线转子异步电动机转子串接对称电阻分级起动的接线图和对应三级起动时的机械特性。

起动过程分析:起动开始时,开关 Q 闭合,Q_1、Q_2、Q_3 断开,起动电阻全部串入转子回路中,转子每相电阻为 $R_{P3}=R_2+R_{st1}+R_{st2}+R_{st3}$,对应的机械特性如图 0-39b)中曲线 R_{P3}。起动瞬间,转速 $n=0$,电磁转矩 $T_{em}=T_1$(T_1 称为最大加速转矩),因 T_1 大于负载转矩 T_L,于是电动机从 a 点沿曲线 R_{P3} 开始加速。随着 n 上升,T_{em} 逐渐减小,当减小到 T_2 时(对应与 b 点),触电 Q_3 闭合,切除 R_{st3},切除电阻时的转矩值 T_2 称为切除转矩。切除 R_{st3} 后,转子每相电阻变为 $R_{P2}=R_2+R_{st1}+R_{st2}$,对应的机械特性曲线变为曲线 R_{P2}。切除瞬间,转速 n 不突变,电动机的运行点由 b 点跃变到 c 点,T_{em} 由 T_2 跃升为 T_1。此后,n、T_{em} 沿曲线 R_{P2} 变化,待 T_{em} 又减小到 T_2 时(对应 d 点),触电 Q_2 闭合,切除 R_{st2}。此后转子每相电阻变为 $R_{P1}=R_2+R_{st1}$,电动机运行点由 d 点跃变到 e 点,工作点(n、T_{em})沿曲线 R_{P1} 变化。最后在 f 点变到 g 点后沿固有机械特性加速到负载点 h 稳定运行,起动结束。

绕线型转子异步电动机不仅能在转子回路中串入电阻减小起动电流，增大起动转矩，而且还可以在小范围进行调速，因此广泛应用于起动较困难的机械(如起重吊车等)。

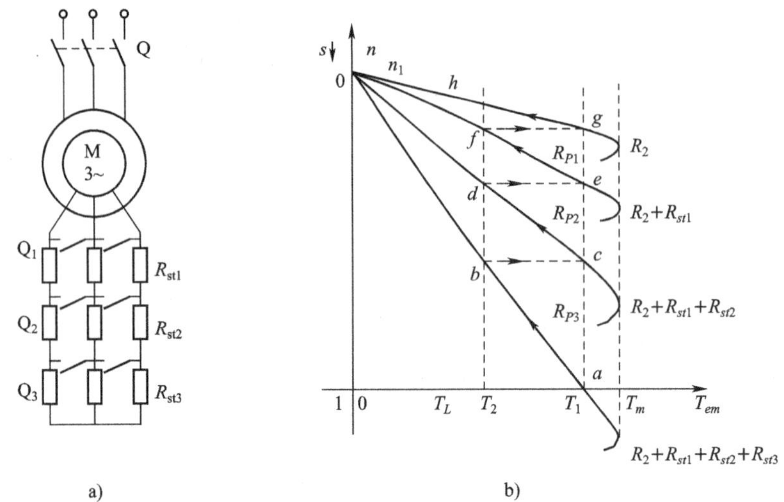

图 0-39　三相绕线异步电动机转子串电阻分级起动

a)线路图；b)机械特性曲线

(2)转子串频敏电阻器起动。绕线转子异步电动机采用转子串接电阻起动时，如果在起动过程中保持有较大的起动转矩且起动平稳，则必须采用较多的起动级数，这必然导致起动设备复杂化。为了克服这个问题，可以采用频敏变阻器起动。频敏变阻器是一个铁损耗很大的三相电抗器，从结构上看，它好像一个没有二次绕组大的三相芯式变压器，它的铁芯是用较厚的钢板叠成。三个绕组分别绕在三个铁芯柱上并作三角形连接，然后接到转子滑环上，如图 0-40a)所示。图 0-40b)为频敏变阻器每相的等效电路，其中 R_1 为频敏电阻器绕组的电阻；X_m 为带铁芯绕组的电抗；R_m 为反映铁损耗的等效电路。因为频敏变阻器的铁芯用厚钢板制成，所以铁损耗较大，对应的 R_m 也较大。

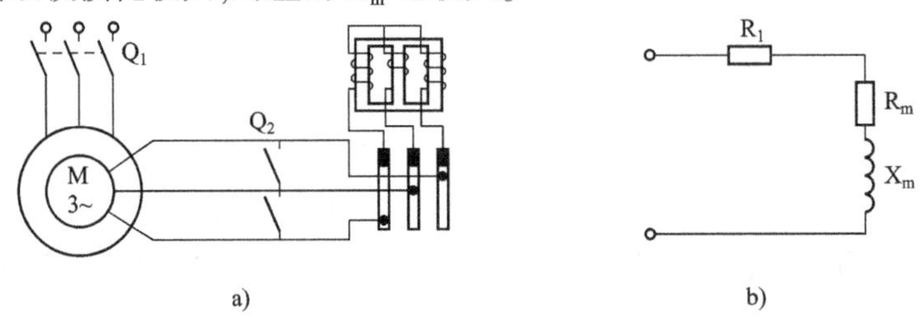

图 0-40　三相绕线异步电动机转子串频敏变阻器起动

a)线路图；b)频敏变阻器一相等效电路

用频敏变阻器起动的过程如下：起动时开关 Q_2 断开，转子串入频敏变阻器，当触点 Q_1 闭合时，电动机接通电源开始起动。起动瞬间，$n=0$，$s=1$ 转子电流频率 $f_2=sf_1=f_1$(最大)，频敏变阻器的铁芯中与频率平方成正比的涡流损耗最大，即铁损耗大，反映铁损耗大小的等效电阻 R_m 大，此时相当于转子回路中串入一个较大的电阻。起动过程中，随着 n 上升，s 减小，$f_2=sf_1$ 逐渐减小，频敏变阻器的铁损耗逐渐减小，R_m 也随之减小，这相当于在起动过程中逐渐切除转子回路串入的电阻。起动结束后，开关 Q_2 闭合，切除频敏变阻器，转子电路直接短路。

因为频敏变阻器的等效电阻 R_m 是随频率 f_2 的变化而自动变化的，因此成为"频敏"变阻器，它相当于一种无触点的变阻器。在起动过程中，它能自动、无级地减小电阻，如果参数选择适当，可以在起动过程中保持转矩近似不变，使起动过程平稳、快速。

频敏变阻器的结构简单，运行可靠，使用维护方便，因此使用广泛。

4. 三相异步电动机的调速

由异步电动机的转速公式：

$$n = n_1(1 - s) = \frac{60f_1}{p}(1 - s) \tag{0-9}$$

可知，异步电动机有下列三种调速方法：

(1)改变定子极对数 p 调速；

(2)改变电源的频率 f_1 调速；

(3)改变转差率 s 调速。

其中，改变转差率 s 调速，包括绕线转子电动机的转子串联电阻调速、串级调速及定子调压调速。

1)变极调速

在电源频率 f_1 不变的条件下，改变电动机的极对数 p，电动机的同步转速 n_1 就会变化，极对数增加 1 倍，同步转速就降低一半，电动机的转速也几乎下降一半，从而实现转速的调节。

要改变电动机的极数，可以在定子铁芯槽内嵌放两套不同极数的三相绕组，从制造的角度看，这种方法很不经济。通常是利用改变定子绕组接法来改变极数，这种电机称为多速电机。由电机学原理可知，只有定子和转子具有相同的极数时，电动机才具有恒定的电磁转矩，才能实现机电能量转换。因此，在改变定子极数的同时，必须改变转子极数，因笼形电动机的转子极数能自动的跟随定子极数的变化，所以变极调速只用于笼形电动机。

2)变频调速

根据转速公式可知，当转差率 s 变化不大时，异步电动机的转速 n 基本上与电源频率 f_1 成正比。连续调节电源频率，就可以平滑地改变电动机的转速。但是，单一地调节电源频率，将导致电动机运行性能的恶化，其原因分析如下。

电动机正常运行时，定子漏阻抗压降很小，可以认为：

$$U_1 \approx E_1 = 4.44f_1N_1k_{w1}\Phi_0 \tag{0-10}$$

若端电压 U_1 不变，则当频率 f_1 减小时，主磁通 Φ_0 将增大，这将导致磁路过饱和，励磁电流增大，功率因数降低，铁芯损耗增大；而当 f_1 增大时，Φ_0 将减小，电磁转矩及最大转矩下降，过载能力降低电动机的容量也得不到充分利用。因此，为了使电动机能保持较好的运行性能，要求在调节 f_1 的同时，改变定子的电压 U_1，以维持 Φ_0 不变，或者保持电动机的过载能力不变。U_1 随 f_1 什么样规律变化最为合适呢？一般认为，在任何类型负载下变频调速时，若能保持电动机的过载能力不变，则电动机的运行性能较为理想，而电动机的过载能力为 $\lambda_T = \dfrac{T_m}{T_N}$。

变频调速时，U_1 与 f_1 的调节规律是和负载性质有关的，通常分为恒转矩变频调速和恒功率变频调速两种情况。

(1)恒转矩变频调速

对于恒转矩负载，$T_N = T'_N$，于是式变为：

$$\frac{U_1}{f_1} = \frac{v'}{f'_1} = \text{常数}$$

就是说，在恒转矩负载下，若能保持电压与频率成正比调节，则电动机在调速过程中，既保证了过载能力 λ_T 不变，同时又满足主磁通 Φ_0 的不变要求，这也说明变频调速特别适用于恒转矩负载。

(2)恒功率变频调速

对于恒功率负载，要求在变频调速时电动机的输出功率保持不变，即

$$P_N = \frac{T_N n_N}{9550} = \frac{T'_N n'_N}{9550} = \text{常数}$$

所以：

$$\frac{T'_N}{T_N} = \frac{n_N}{n'_N} = \frac{f_1}{f'_1}$$

由上式，得：

$$\frac{U_1}{\sqrt{f_1}} = \frac{U'_1}{\sqrt{f'_1}} = \text{常数}$$

即在恒功率负载下，如能保持 $\frac{U_1}{\sqrt{f_1}}$ = 常数的调节，则电动机的过载能力 λ_T 不变，但主磁通 Φ_0 将发生变化。

(3)变频装置调速

要实现异步电动机的变频调速，必须有能够同时改变电压和频率的供电电源。现有的交流供电电源都是恒压恒频的，所以，必须通过变频装置才能获得变压变频电源。变频装置可分为间接变频和直接变频两类。间接变频装置先将工频交流电通过整流器变成直流，然后再经过逆变器将直流变成可控频率的交流，通常称为交—直—交变频装置。直接变频装置则将工频交流一次变换成可控频率的交流，没有中间直流环节，也称为交—交变频装置。目前，应用较多的还是间接变频装置，这种调速特别适合风机、水泵类型的平方转矩关系的负载。

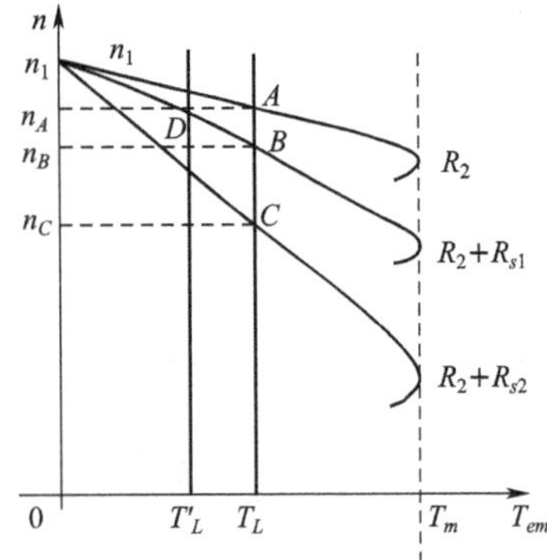

图 0-41 绕线转子异步电动机的转子串电阻调速

3)变转差率调速

改变异步电动机的转差率 s 调速，主要有以下几种方法：

(1)绕线转子电动机的转子串接电阻调速

绕线转子电动机的转子回路串接对称电阻时的机械特性如图 0-41 所示：

从机械特性上看，转子串入附加电阻时，n_1、T_m 不变，但 s_m 增大，特性斜率增大。当负载转矩一定时，工作点的转

差率随转子串联电阻的增大而增大,电动机的转速随转子串联电阻的增大而减小。

这种调速方法的优点是:设备简单、易于实现。缺点是:调速是有级的,不平滑;低速时转差率较大,造成转子铜损耗增大,运行效率降低,机械特性变软,当负载转矩波动时将引起较大的转速变化,所以低速时静差率较大。

这种调速方法多用在起重机一类对调速性能要求不高的恒转矩负载上。

(2)绕线转子电动机的串级调速

在负载转矩不变的条件下,异步电动机的电磁功率 $P_{em} = T_{em}\Omega_1 =$ 常数,转子铜损耗 $P_{cu2} = sP_{em}$ 与转差率成正比,所以,转子铜损耗又称为转差功率。转子串接电阻调速时,转速调得越低,转差功率越大、输出功率越小、效率就越低,所以转子串接电阻调速很不经济。

如果在转子回路中不串接电阻,而是串接一个与转子电动势同频率的附加电动势,通过改变附加电动势的幅值和相位,同样也可以实现调速。这样,电动机在低速运行时,转子中的转差功率只有小部分被转子绕组本身电阻所消耗,而其余大部分被附加电动势所吸收,利用产生附加电动势的装置可以把这部分转差功率回馈到电网,使电动机在低速运行时仍具有较高的效率,这种在绕线转子异步电动转子回路串接附加电动势的调速方法称为串级调速。

串级调速完全克服了转子串电阻调速的缺点,它具有高效率、无极平滑调速、较硬的低速机械特性等优点。因此,串级调速的性能比较好,但获得附加电动势的装置比较复杂,成本较高,且在低速时电动机的过载能力较低,因此,串级调速最适用于调速范围不太大(一般为 2 ~4)的场合,例如通风机和提升机等。

4)调压调速

改变定子电压时的异步电动机机械特性如图 0-42 所示。当定子电压降低时,电动机的同步转速 n_1 和临界转差率 s_m 均不变,但电动机的最大电磁转矩和起动转矩均随着电压平方关系减小。对于通风机负载(图 0-42 中特性 1),电动机在全段机械特性上都能稳定运行,在不同电压下的稳定工作点分别为 a_1 、b_1 、c_1 ,即降低定子电压可以获得较低的稳定运行速度。对于恒转矩负载(图 0-42中特性 2),电动机只能在机械特性的线性段($0 < s < s_m$)稳定运行,在不同电压时的稳定工作点为 a_2 、b_2 、c_2 ,显然电动机的调速范围很窄。

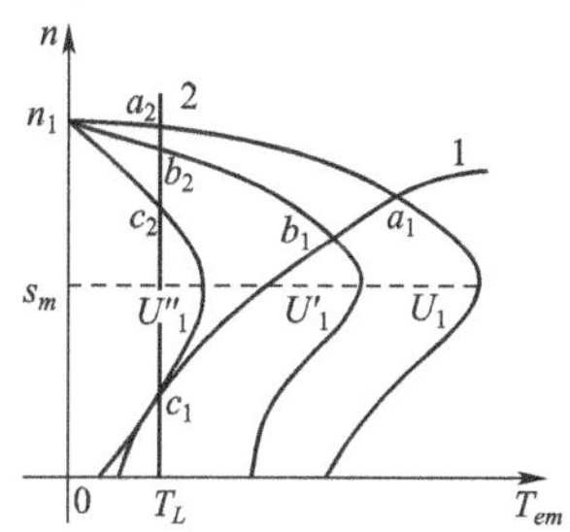

图 0-42　改变定子电压时的机械特性

异步电动机的调压调速通常应用在专门设计的具有较大转子电阻的高转差率异步电动机上,即使恒转矩负载,改变电压也能获得较宽的调速范围。但是,这种电动机在低速时的机械特性太软,其静差率和运行稳定性往往不能满足生产工艺的要求。因此,现代的调压调速系统通常采用速度反馈的闭环控制,以提高低速时机械特性硬度,从而在满足一定静差率条件下,获得较宽的调速范围,同时保证电动机具有一定的过载能力。

调压调速既非恒转矩调速,也非恒功率调速,它最适用于转矩随转速减低而减小的负载(如通风机负载),也可用于恒转矩负载,最不适用于恒功率负载。

5. 三相异步电动机的制动

三相异步电动机除了运行于电动状态外,还时常运行于制动状态。运行于电动状态时,

T_{em} 与 n 方向相同，T_{em} 是驱动转矩，电动机从电网吸收电能并转换成机械能从轴上输出，其机械特性位于第一或第三象限。运行于制动状态时，T_{em} 与 n 方向相反，T_{em} 是制动转矩，电动机从轴上吸收机械能并转换成电能，该电能或消耗在电机内部，或反馈回电网，其机械特性位于第二或第四象限。

异步电动机制动的目的是使电力拖动系统快速停车或者使拖动系统尽快减速，对于位能性负载，制动运行可获得稳定的下降速度。

异步电动机制动的方法有能耗制动、反接制动和回馈制动。

1）能耗制动

异步电动机的能耗制动接线图如图 0-43 所示。制动时，开关 Q_1 断开，电动机脱离电网，同时开关 Q_2 闭合，在定子绕组中通入直流电流（称为直流励磁电流），于是定子绕组便产生一个恒定的磁场。转子因惯性而继续旋转并切割该恒定磁场，转子导体中便产生感应电动势及感应电流。由图 0-43 可以判定，转子感应电流与恒定磁场作用产生的电磁转矩为制动转矩，因此转速迅速下降，当转速下降至零时，转子感应电动势和感应电流均为零，制动过程结束。制动期间，转子的动能转变为电能消耗在转子回路的电阻上，故称为能耗制动。

异步电动机能耗制动机械特性表达式的推导比较复杂，其曲线形状与街道接到交流电网上正常运行时的机械特性是相似的，只是它要通过坐标原点，如图 0-44 所示，图中曲线 1 和曲线 2 具有相同的转子电阻，但曲线 2 比曲线 1 具有较大的直流励磁电流；曲线 1 和曲线 3 具有相同的直流励磁电流，但曲线 3 比曲线 1 具有更大的转子电阻。

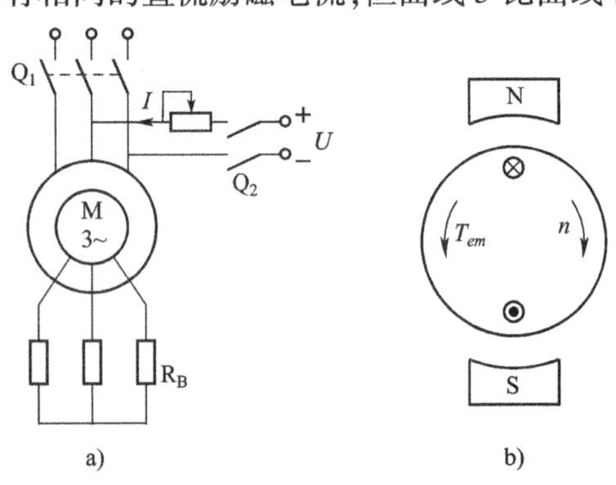

图 0-43　三相异步电动机的能耗制动
a）接线图；b）制动原理图

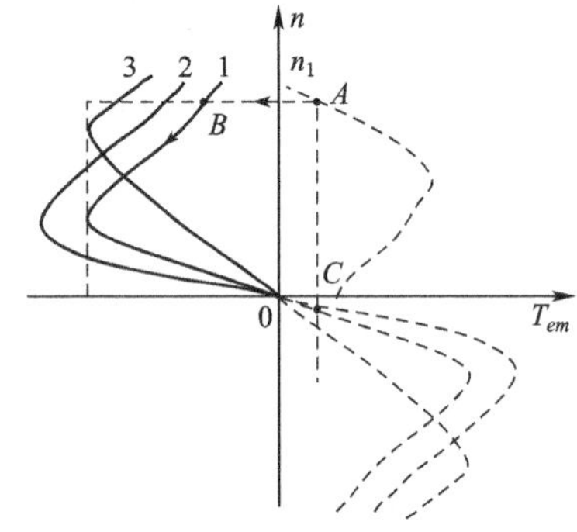

图 0-44　异步电动机能耗制动时的机械特性

由图 0-44 可见，转子电阻较小时（曲线 1），初始制动转矩比较小。对于笼形异步电动机，为了增大初始化制动转矩，就必须增大直流励磁电流（曲线 2）。对绕线转子异步电动机，可以采用转子串电阻的方法来增大初始制动转矩（曲线 3）。

能耗制动过程分析如下：设电动机原来的工作在固有特性曲线上的 A 点，在制动瞬间，因转速不突变，工作点便由 A 点平移至能耗制动特性（如曲线 1）上的 B 点，在制动转矩作用下，电动机开始减速，工作点沿曲线 1 变化，知道原点 $n=0, T_{em}=0$，如果拖动的是反抗性负载，则电动机便停转，实现了快速制动停车；如果是位能性负载，当转速过零时，若要停车，必须立即用机械抱闸将电动机轴刹住，否则电动机将在位能性负载转矩的倒拉下反转，直到进入第四象限中的 C 点（$T_{em}=T_L$），系统处于稳定的能耗制动运行状态，这时重物保持匀速下降。C 点称为能耗制动运行点。由图 0-44 可知,改变制动电阻 R_B 或直流励磁电流的大小,可以获得不同的稳定下降速度。

对于绕线转子异步电动机采用能耗制动时,按照最大制动转矩为 $(1.25 \sim 2.2)T_N$ 的要求,可用下列两式计算直流励磁电流和转子应串接电阻的大小:

$$I = (2 \sim 3)I_0$$

$$R_B = (0.2 \sim 0.4)\frac{E_{2N}}{\sqrt{3}I_{2N}} - R_2 \tag{0-11}$$

式中:I_0——异步电动机的空载电流。

能耗制动广泛应用于要求平稳准确停车的场合,也可应用于起重机一类带位能性负载的机械上,用来限制重物下降的速度,使重物保持匀速下降。

2)反接制动

当异步电动机转子的旋转方向与定子磁场的旋转方向相反时,电动机便处于反接制动状态。它有两种情况,一是电动状态下突然将电源两相反接,使定子旋转磁场的方向与原来的顺转子转向改为逆转子转向,这种情况下的制动称为定子两相反接的反接制动;二是保持定子磁场的转向不变,而转子在位能负载作用下进入倒拉反接,这种情况下的制动称为倒拉反转的反接制动。

(1)电源两相反接的反接制动。设电动机处于电动状态运行,其工作点为固有机械特性曲线上的 A 点,如图 0-45b)所示。当把定子两相绕组出线端对调时,由于改变了定子电压的相序,所以定子旋转磁场方向改变了,由原来的逆时针方向变为顺时针方向,电磁转矩方向也随之改变,变为制动性质,其机械特性曲线变为图 0-45b)中的曲线 2,其对应的理想空载转速为 $-n_1$。

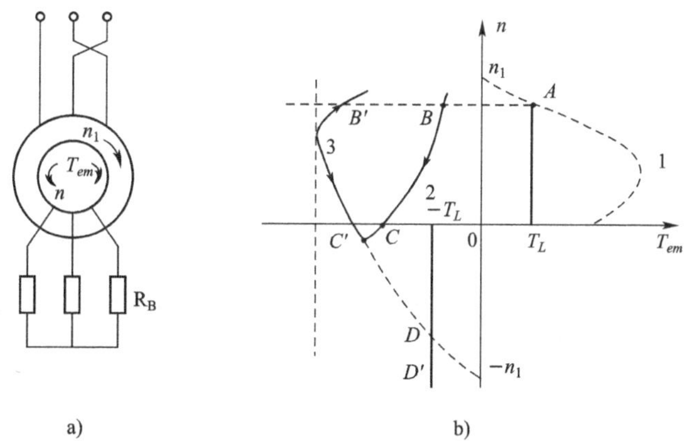

图 0-45　异步电动机定子两相反接的反接制动

a)制动原理图;b)机械特性

在定子两相反接瞬间,转速来不及变化,工作点由 A 点平移到 B 点,这时系统在制动的电磁转矩和负载转矩共同作用下迅速减速,工作点沿曲线 2 移动,当达到 C 点时,转速为零,制动过程结束。如果停车,则应立即切断电源,否则电动机将反向起动。

对于绕线转子异步电动机,为了限制制动瞬间电流以及增大电磁制动转矩,通常在定子两相反接的同时,在转子回路中串接制动电阻 R_B,这时对应的机械特性如图 0-45b)中的曲线3所示。定子两相反接的反接制动是指从反接开始至转速为零这一段制动过程，即图0-45b）中曲线2的 BC 段或曲线3的 $B'C'$ 段。

（2）倒拉反转的反接制动。这种反接制动适用于绕线转子异步电动机拖动位能性负载的情况，它能够使重物获得稳定的下放速度。现以起重机为例来说明。

图0-46为绕线转子异步电动机倒拉反转反接制动时的原理图及其机械特性。设电动机原来工作在固有机械特性曲线上的 A 点提升重物，当在转子回路串入电阻 R_B 时，其机械特性曲变为曲线2。串入 R_B 的瞬间，转速来不及变化，工作点由 A 平移到 B 点，此时电动机的提升转矩 T_B 小于位能负载转矩 T_L，所以提升速度减小，工作点沿曲线2由 B 点向 C 点移动。在减速过程中，电机仍然运行在电动状态。当工作点达到 C 点是，转速降至零，对应的电磁转矩 T_C 仍小于负载转矩 T_L，重物将倒拉电动机的转子反向旋转，并加速到 D 点，这时 $T_D = T_L$，拖动系统将以转速 n_D 稳定下放重物。在 D 点，$T_{em} = T_D > 0$，$n = -n_D < 0$，负载转矩成为拖动转矩，拉着电动机反转，而电磁转矩起制动作用，如图0-46所示，故把这种制动称为倒拉反转的反接制动。

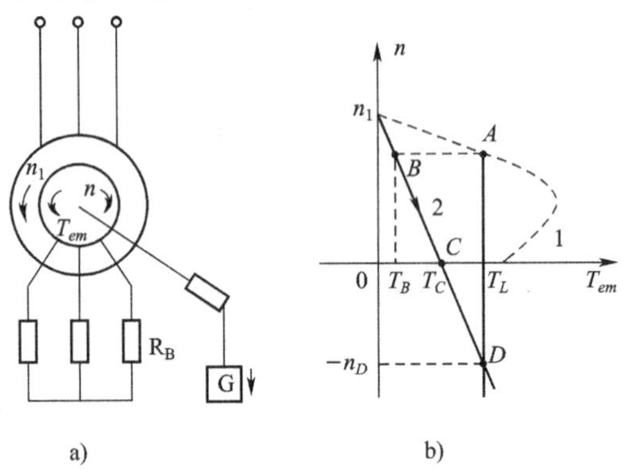

图0-46 异步电动机倒拉反转的反接制动

a）制动原理图；b）机械特性

由图0-46b）可见，要实现倒拉反转反接制动，转子回路必须串接足够大的电阻，使工作点位于第四象限。这种制动方式的目的主要是限制重物的下放速度。

3）回馈制动

若异步电动机在电动状态运行时，由于某种原因，使电动机的转速超过了同步转速（转向不同），这时电动机便处于回馈制动状态。

要使电动机转子的转速超过同步转速（$n > n_1$）那么转子必须在外力矩的作用下，即转轴上必须输入机械能。因此，回馈制动状态实际上就是将轴上的机械能转变成电能并回馈到电网的异步电动机的发电运行状态。

回馈制动时，$n > n_1$，T_{em} 与 n 反方向，所以其机械特性是第一象限正向电动状态特性曲线在第二象限延伸，如图0-47中的曲线1；或是第三象限反向电动状态特性曲线在第四象限的延伸，如图0-47中曲线2、3所示。

在生产实践中，异步电动机的回馈制动有以下两种情况：一种是出现在位能负载下放；另一种是出现电动机变极调速或变频调速过程。

（1）下放重物时的回馈制动。在图0-47中，设 A 点是电动状态提升重物工作点，D 点是回馈制动状态下放重物工作点。电动机从提升重物工作点 A 过渡到下放重物工作点 D 的过程如下：首先将电动机定子两相反接，这时定子旋转磁场的同步转速为 $-n_1$，机械特性如图中曲线2。反接瞬间，转速不突变，工作点由 A 平移到 B，然后电机经过反接制动过程（工作点沿曲线2由 B 变到 C）、反向电机加速过程（工作点由 C 向同步点 $-n_1$ 变化），最后在位能负载作用下反向加速并超过同步速，直到 D 点保持稳定运行，即匀速下放重物。如果在转子电路中串入制动电阻,对应的机械特性如图中曲线3,这时的回馈制动工作点为 D' ,其转速增加,重物下放的速度增大。为了限制电机的转速,回馈制动时在转子电路中串入的电阻值不应太大。

(2)变级或变频调速过程中的回馈制动。如图0-48所示。设电动机原来在机械特性曲线1上的 A 点稳定运行,当电动机采用变极(如增加极数)或变频(降低频率)进行调速时,其机械特性变为曲线2,同步转速变为 n_1' 。在调速瞬间,转速不突变,工作点由 A 变到 B。在 B 点,转速 $n_B > 0$,电磁转矩 $T_B < 0$,为制动转矩,且 $n_B > n_1'$,故电机处于回馈制动状态。工作点沿曲线2的 B 点到 n_1' 点这一段变化过程为回馈制动过程,在此过程中,电机吸收系统释放的动能,并转换成电能回馈到电网。电机沿曲线2的 n_1' 点的变化过程为电机状态的减速过程,C 点为调速后的稳定工作点。

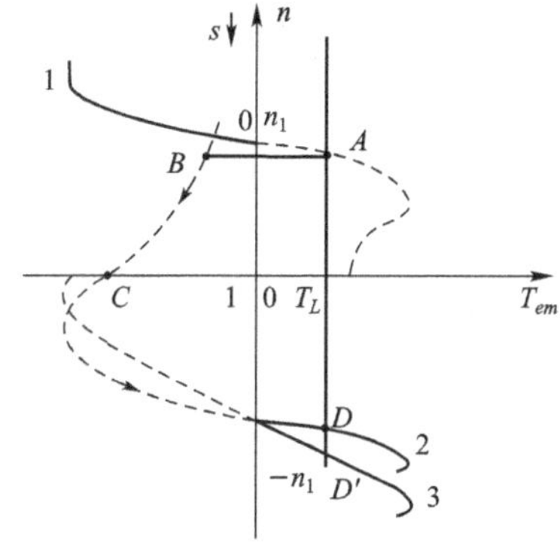

图0-47　异步电动机回馈制动时的机械特性

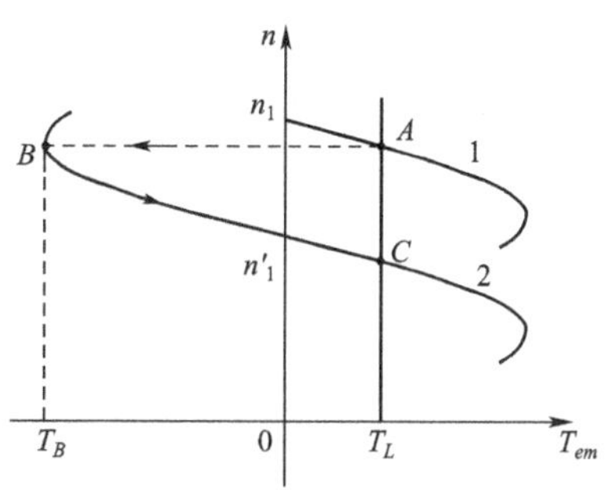

图0-48　异步电动机在变极或变频调速过程中的回馈制动

本章小结

掌握电力拖动的相关基础理论,掌握常见的生产负载特性的特点,了解电动机的结构特征;熟悉电动机的固有机械特性和人为机械特性;掌握他励直流电动机、绕线式异步电动机、笼形异步电动机的起动、调速及制动控制方式。

练习与思考

1. 什么是电力拖动系统?举例说明电力拖动系统由哪些部分组成。

2. 生产机械的负载转矩特性常见的有哪几类?何为反抗性负载,何为位能性负载?

3. 直流电机的主要结构有哪两部分组成?并分别介绍各部分的组成。

4. 试阐述直流电动机的工作原理。

5. 什么是固有机械特性?什么是人为机械特性?他励直流电动机的固有机械特性和各种人为机械特性各有何特点?

6. 直流电动机为什么不能直接起动?如果直接起动会引起什么后果?

7. 试说明直流电机能耗制动状态、回馈制动状态及反接制动状态下的制动过程。

8. 直流电动机有哪几种调速方法?各有何特点?

9. 何谓恒转矩调速方式及恒功率调速方式?他励直流电动机的三种调速方法各属于什

么调速方式？

10. 三相异步电动机的结构主要有哪几部分？它们分别起什么作用？

11. 异步电动机的基本工作原理是什么？为什么异步电动机在电动运行状态时，其转子的转速总是低于同步转速？

12. 什么是异步电动机的转差率？如何根据转差率来判断异步电机的运行状态？

13. 为什么通常把三相异步电动机机械特性的直线段认为是稳定运行段，而把机械特性的曲线段认为是不稳定运行段？曲线段是否有稳定运行点？

14. 三相异步电动机直接起动时，为什么起动电流很大，而起动转矩却不大？

15. 什么是三相异步电机的 Y—△降压起动？与直接起动相比，起动转矩和起动电流有何变化？

16. 三相绕线转子异步电动机转子回路串接适当的电阻时，为什么起动电流减小，而起动转矩增大？如果串接电抗器，会有同样的结果吗？为什么？

17. 为使三相异步电动机快速停车，可采用哪几种制动方法？如何改变制动的强弱？试用机械特性说明其制动过程。

模块一 港口常用低压电器

随着科学技术的发展,生产机械电气化和自动化程度迅速提高,尤其是可编程控制技术、变频技术和计算机网络技术的大量使用,加速了港口电气设备自动化、智能化的发展进程。在港口机械中广泛使用电动机作为电力拖动,而低压电器是对电动机和港口机械进行控制与保护的基本组成元件,控制系统的可靠性、经济性与所用低压电器有着直接的关系。因此,作为电气技术人员必须熟练掌握低压电器的结构、原理及性能,并能正确选用和维护。

凡是根据外界特定信号和要求,自动或手动地接通或断开电路,断续或连续地改变电路参数,实现对电路或非电对象控制的电工设备都称为电器。工作在交流电压 1200V,或直流电压 1500V 及以下的电路中起通断、保护、控制或调节作用的电器产品称为低压电器。低压电器的用途广泛,种类繁多。

依靠外力(人力)直接操作来进行接通、分断电路等动作的电器称为非自动控制电器。如各种开关、按钮等。非自动控制电器广泛应用于配电线路,用作电源的隔离、保护与控制。常用的有刀开关、转换开关等。

依靠参数的变化或外来信号(如电流、电压、温度、压力、速度、热量等)自动完成接通、分断或使电动机起动、转向及停止等动作的电器称为自动控制电器,如接触器、继电器等。

本模块主要介绍港口设备中常用的非自动控制电器,自动控制电器,保护电器和港口设备中常用的其他电器。

课题一 常用非自动控制电器

知识点

1. 常用非自动控制电器基本结构、种类及型号;
2. 常用非自动控制电器主要电气性能;
3. 常用非自动控制电器选用与使用。

技能点

1. 合理选用常用非自动控制电器;
2. 正确安装与使用常用非自动控制电器。

一、课题引入

在港口机械(包括起重机械和运输机械)的电气控制中,一些常用的非自动控制电器作为电气控制的基本器件,仍发挥着重要作用。甚至在一些小型港口码头,这些电器仍起着主导作用,因此掌握常用非自动控制电器的基本性能,合理选择及正确使用这些电器是港口电气工程技术人员基本技能。

二、课题分析

学习常用非自动控制电器的知识,首先了解非自动控制电器的基本结构,掌握其电气控制的基本原理及电气参数。其次是根据实际工作需要合理选择电器,正确安装、使用与维护电器。

三、相关知识

(一)刀开关

刀开关又称闸刀开关,是结构最简单、应用最广泛的一种手动电器。在容量不大的低压电路中,作为不频繁接通和分断电路用,或用来将电路与电源隔离,也可以用来对小功率电动机作不频繁的直接起动。

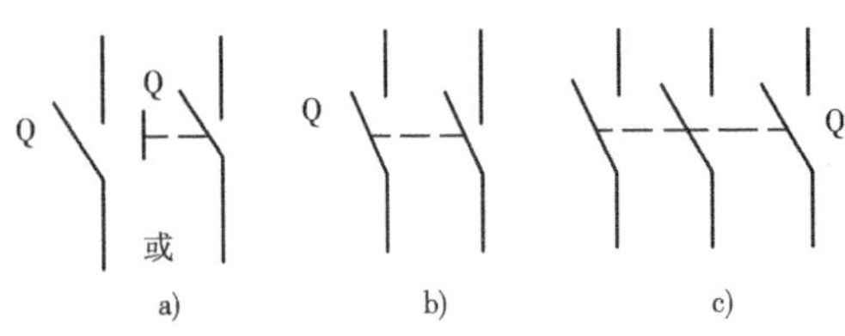

图 1-1 刀开关图形符号和文字符号
a)单极;b)双极;c)三极

刀开关由操作手柄、动触刀、静插座和绝缘底板组成。依靠手动来实现触刀插入插座或脱离插座的控制。按刀数可分为单极、双极和三极。刀开关图形符号和文字符号如图 1-1 所示,一般均与熔断丝或熔断器组成具有保护作用的开关电器,最常用的有开启式负荷开关(胶盖闸刀开关)和封闭式负荷开关(铁壳开关)等。

1. 胶盖闸刀开关

图 1-2 所示为 HK 系列瓷底胶盖闸刀开关结构图和图形符号与文字符号。胶盖闸刀开关由刀开关和熔断丝组成。在瓷底板上装有进线座、静插座、熔断丝、出线座和刀片式的动触刀,上面罩有两块胶盖。胶盖的作用是防止金属零件落在闸开关上造成极间短路,操作人员不会触及带电部分,并且可以防止在分断电路时产生的电弧造成相间短路,电弧也不会飞

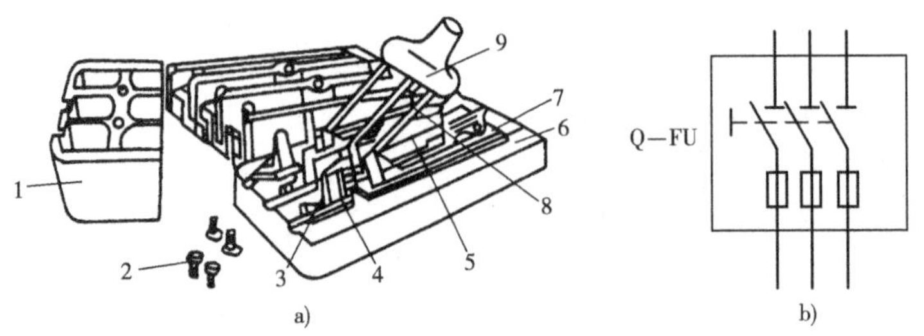

图 1-2 HK 系列瓷底胶盖闸刀开关结构图、图形符号和文字符号
1-胶盖;2-胶盖固定螺钉;3-进线座;4-静插座;5-熔断丝;6-瓷底板;7-出线座;8-动触刀;9-瓷柄

出胶盖外面而灼伤操作人员。

这种开关应用于额定电压为交流380V或直流440V、额定电流不超过60A的电器装置中，不频繁地接通或切断负载电路，起短路保护作用。常用的HK系列胶盖闸刀开关的额定电流等级有10、15、30、60A四个等级，其他系列还有100A以上等级。但大的电流等级不能分断其额定电流，一般仅能用作隔离开关。

胶盖闸刀开关的型号(HK2-□/□)含义如下：

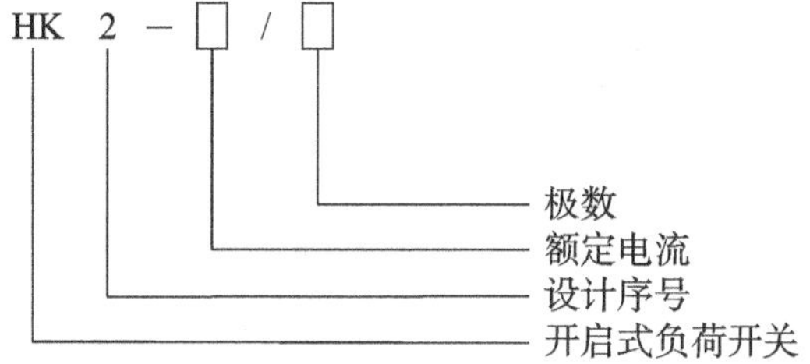

安装和使用胶盖闸刀开关时应注意如下事项：

(1)三极闸刀开关由于没有灭弧装置，因此在适当降低容量使用时，也可用作小容量异步电动机不频繁直接起动和停止的控制开关。在操作过程中，拉闸与合闸的动作要迅速，以利于迅速灭弧，减少刀片的灼伤。

(2)安装时，闸刀开关在合闸状态下手柄应该向上，不能倒装和平装，以防止闸刀松动落下时误合闸。

(3)电源进线应接在静插座一边的进线端，用电设备应接在动触刀一边的出线端。这样，当闸刀开关关断时，闸刀和熔断丝均不带电，以保证更换熔断丝时的安全。

2. 铁壳开关

铁壳开关又称为封闭式负荷开关，常用的HH系列结构和外形如图1-3所示。它由刀开关、熔断器、灭弧装置、操作机构和金属外壳构成。三只闸刀固定在一根绝缘轴上，由手柄操作。为了保证操作的安全，操作机构装设有机械联锁装置，使盖子打开时手柄不能合闸和手柄合闸时盖子不能打开。操作机构中，在手柄转轴与底座间装有速动弹簧，使刀开关的接通与断开速度迅速而与手柄操作速度无关，这样有利于迅速灭弧。铁壳开关适用于各种配电设备中，供手动不频繁地接通和分断负载电路，并可控制28kW以下的交流异步电动机的不频繁直接起动及停止，具有短路保护功能。

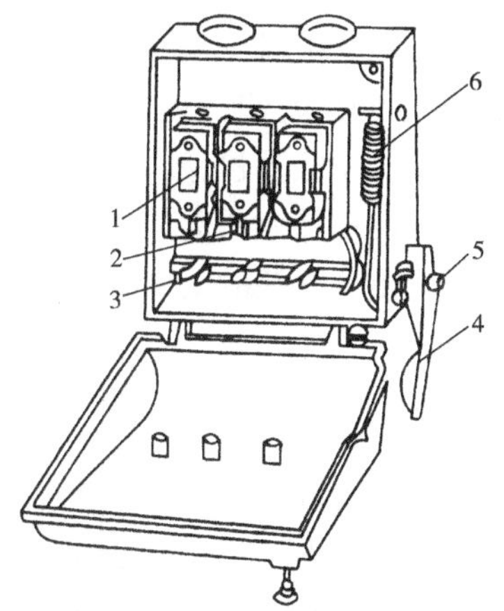

图1-3 HH系列铁壳开关

1-熔断器；2-夹座；3-闸刀；4-手柄；5-转轴；6-速动弹簧

使用铁壳开关应注意下列事项：

(1)对于电热和照明电路，铁壳开关可以根据额定电流选择；对于电动机，开关额定电流可选为电动机额定电流的2倍。

(2)外壳应可靠接地，防止意外漏电，造成触电事故。

铁壳开关的型号(HH2-□/□)含义如下：

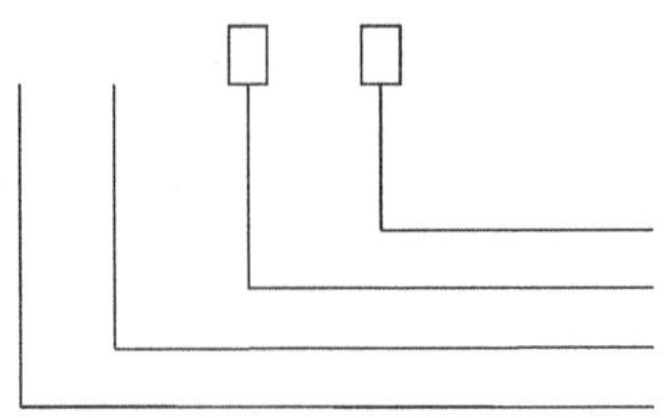

铁壳开关图形符号和文字符号与胶盖闸刀开关相同。

(二)组合开关

组合开关也称为转换开关,它的特点是用动触片作为刀刃,以转动的方法改变动、静触片之间的通或断。组合开关的结构见图1-4(以HZ10-10/3型为例)。它是由若干动触片和静触片分别装于数层绝缘垫板内组成的。动触片装在附有手柄的转轴上,随转轴旋转而改变其通断位置。顶盖部分由滑板、凸轮、弹簧及手柄等零件构成操作机构及定位装置。由于有弹簧储能,开关触片动作快慢与手柄旋转速度无关,改善了电器的性能。采用固定组合开关每旋动一次动触片的停留位置和凸轮等定位装置,来保证动、静触片在接通过程中永远处于接触状态。组合开关一般用于电气设备中不频繁地接通或断开电路,换接电源或负载,测量三相电压及控制7kW以下的小型异步电动机起动与停止。此时组合开关额定电流应为电动机额定电流的3倍,但它不能用于频繁操作的场所。用组合开关接通电源,另有接触器控制电动机时,组合开关的额定电流可稍大于电动机的额定电流。由于组合开关没有特定的灭弧装置,绝缘垫板也只能起到隔弧作用,因此操作频率不能过高,最多300次/h。如果用来控制电动机,则通断次数最多为15~20次/h。在组合开关的使用中,要注意铭牌上的标注结构示意图应与使用者所需的电气要求及动作要求符合。

组合开关的结构示意图如图1-5所示。

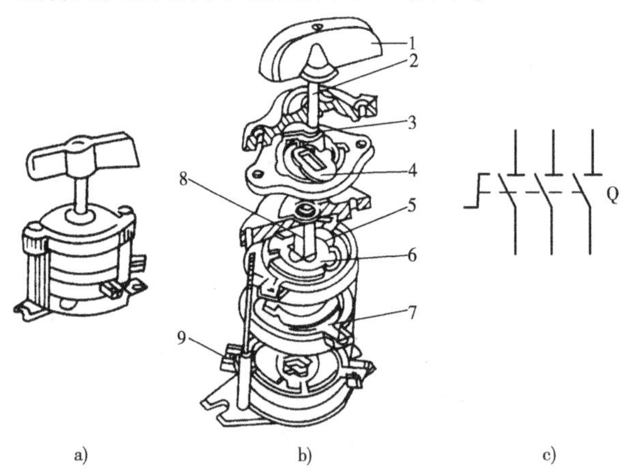

图1-4 HZ10-10/3型组合开关

a)外形;b)结构;c)图形符号和文字符号

1-手柄;2-转轴;3-扭簧;4-凸轮;5-绝缘垫板;6-动触片;7-静触片;8-绝缘杆;9-接线柱

L_1 L_2 L_3

U V W

图1-5 组合开关结构示意图

HZ系列组合开关的型号(HZ10-□□/□)含义如下:

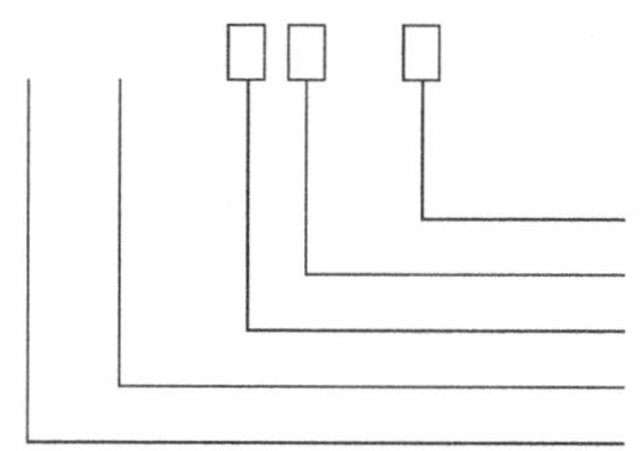

(三)按钮

按钮是非自动电器中一种结构简单而应用广泛的电器。它主要用在控制电路中作短时间接通或断开小电流电路。用于远距离手动控制各种电磁开关,也可以用作转换各种信号线路和电气联锁线路等。

按钮的结构如图1-6所示。它的结构由按钮帽、复位弹簧、静触头和桥式动触头和外壳等组成。一般有一对常闭触头和一对常开触头,触头的额定电流为5A以下,当按下按钮时,先分断常闭触头,后闭合常开触头。按钮松开后,由于复位弹簧的作用,触头系统产生相反的分断与关合,按钮复原。有的按钮具有多组常开和常闭触头,有的按钮像积木一样,可以根据需要进行组合。

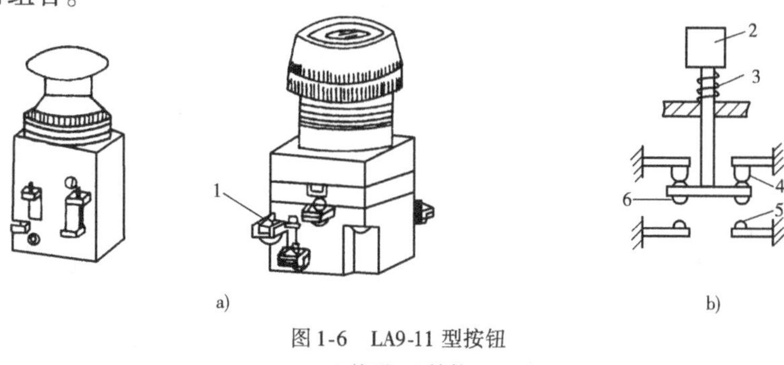

图1-6 LA9-11型按钮

a)外形;b)结构

1-接线柱;2-按钮帽;3-复位弹簧;4-动断静触头;5-动合静触头;6-动触头

按钮在结构上有很多形式,常用的几种外形如图1-7所示。例如:开启式按钮适于嵌装在控制台的板面上,但不能防止偶然触及带电部分;保护式按钮具有保护外壳,可以防止内

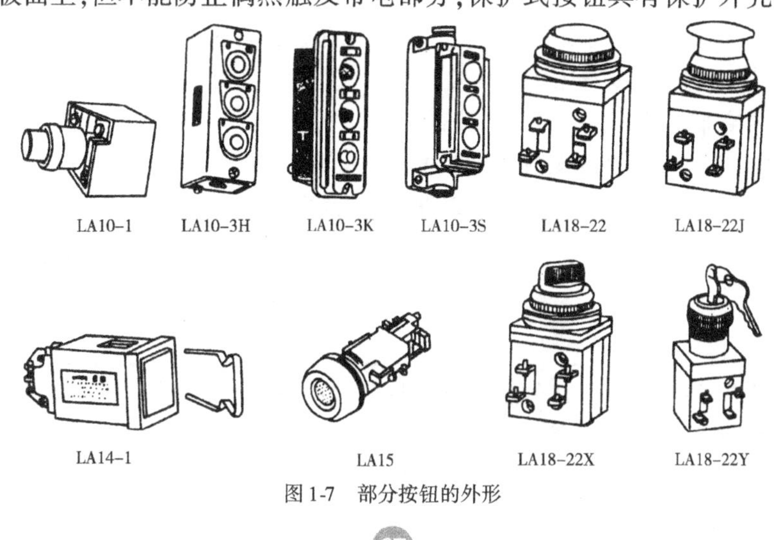

图1-7 部分按钮的外形

部的按钮元件受机械的损伤和偶然触及带电部分;防水式按钮具有密封的外壳可防止雨水的侵入;防腐式按钮能防止化工腐蚀气体侵入;钥匙式按钮带有钥匙的以防止误操作;旋转式按钮以旋转操作触头;紧急式按钮装有突起蘑菇形的按钮帽,以便紧急操作;带灯式按钮按钮内装有信号指示灯显示信号。

为了便于区分各按钮不同的控制作用,通常将按钮帽做成不同的颜色,这样可以避免误操作,“停止”按钮多为红色的,“起动”按钮多为绿色。

按钮要根据所需触点对数、使用场合及作用来选择型号及按钮颜色。

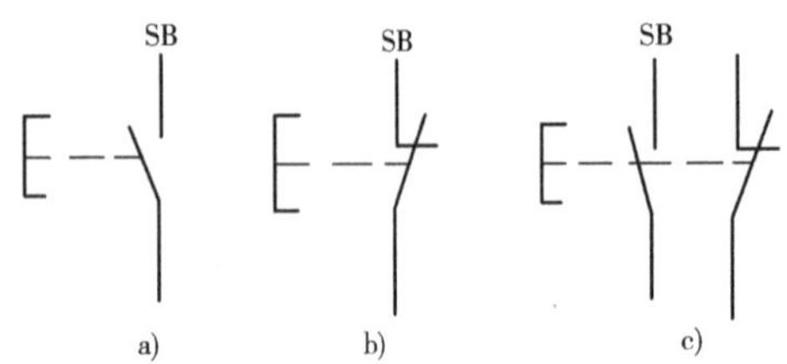

图 1-8 按钮的图形符号和文字符号

按钮的图形符号和文字符号见图 1-8。其中左边两图为单式按钮,图 1-8a)是常开按钮或称动合按钮,图 1-8b)是常闭按钮或称动断按钮;右边的图为复式按钮,常开按钮和常闭按钮组合为一体,在控制电路中常用作电气联锁。

常用的按钮型号为 LAY3、LA6、LA10、LA9 等系列。其型号含义如下:

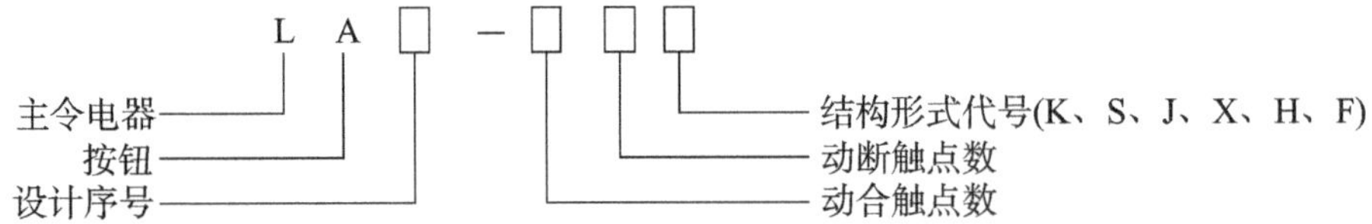

(四)脚踏开关

脚踏开关是用于交流 50Hz 额定工作电压至 380V,直流至 220V 的控制电路中,借助脚踏板的传动,驱动触头元件做出相应的分、合动作,从而操纵着电力驱动装置和控制电路。在港口电气设备中常用 LT 系列的脚踏开关。

LT1-11 型脚踏开关配备着单踏板,当踩下脚踏板时,左侧触头闭合,同时断开右边触头。LT1-02 型脚踏开关设置着一左一右两个踏板,当踩下右踏板时,右侧触头断开;而踩下左踏板时,则在断开左侧触头的同时也断开右边触头。

LT1 型脚踏开关的外壳是由铸铁制成防尘型结构,壳体内装置转轴,在转轴处设有固定着的凸轮和复位弹簧,弹簧的作用是促使脚踏板保持在正常位置上。当踩下脚踏板时,借助凸轮的转动来拨动与支承滚子相连的绝缘触头,促使动、静触头相接触,一旦脚踏板上的压力去除,复位弹簧即将脚踏板恢复到原来的正常位置。

LT1 型脚踏开关的主要技术数据见表 1-1。

LT1 型脚踏开关的主要技术数据 表 1-1

电流种类	额定电压(V)	额定电流(A)	关合电流(A)	感性负载时的分断电流(A)
直流	200	10	50	1.5
交流	200、380			10

LT3 型脚踏开关是近期设计的更新型品种,它的结构形式分为:无安全防护装置型和有安全防护装置型两类。其触头的关合与分断的原则与 LTI 型脚踏开关相类似。LT3 型脚踏开关的操作频率为 300 次/h,机械寿命为 100 万次,其外形及尺寸如图 1-9 所示。

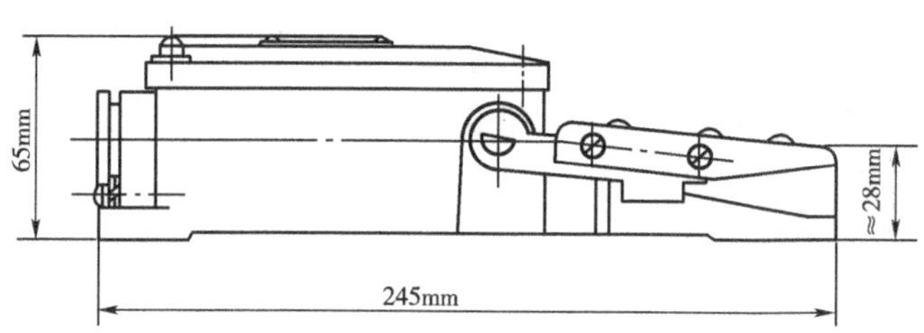

图 1-9 LT3 型脚踏开关的外形

(五)凸轮控制器

凸轮控制器,是一种具有多种切换功能的控制电器,在起重设备中是通过它的触头完成对电动机的起动、调速、换向以及线路联锁保护的控制,进而实现各机构按规定的程序进行动作。

凸轮控制器亦称接触器式控制器,因为它的动、静触头的动作原理与接触器类似。至于二者的不同之处,在于凸轮控制器是凭借人工操纵的,并且能换接较多数目的电路;而接触器是用电磁吸引力实现驱动的远距离操作方式,触头数目较少。

凸轮控制器结构简单、工作可靠、维护方便,与控制箱(屏)相比,外形尺寸小,广泛地用于控制中、小型起重设备行走机构、起升机构、旋转机构和变幅机构中的电动机。

凸轮控制器均由五个部件组成:驱动机构(手轮或手柄)、外壳、定位机构、接触元件和凸轮转换装置。其外形如图 1-10a)所示。

凸轮控制器是一种用凸轮片作为触点通断控制的装置。触头动作原理如图 1-10b)。当

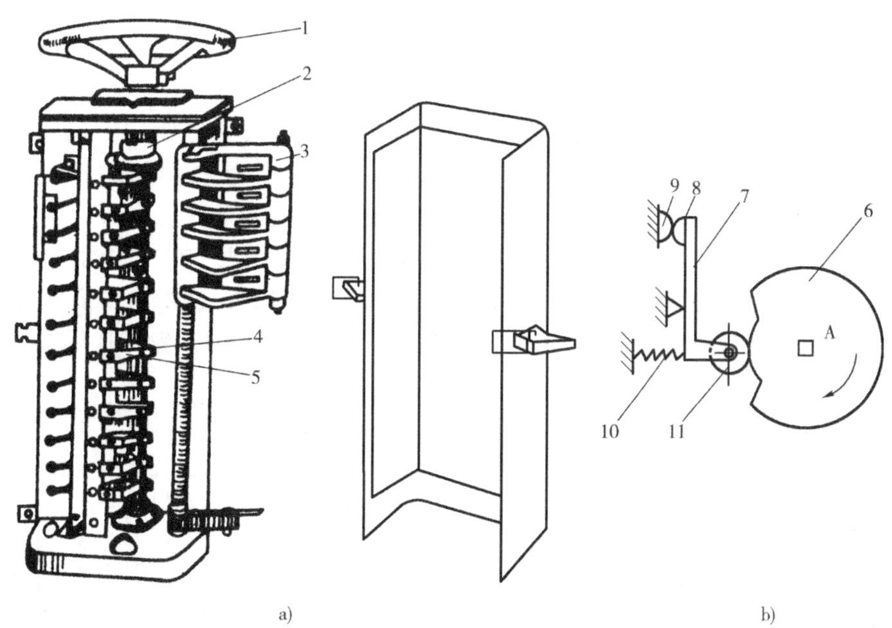

图 1-10 凸轮控制器

a)外形图;b)触点动作原理图

1-凸轮;2、7-杠杆;3、8-动触点;4、9-静触点;5、10-弹簧;6、11-滚子

凸轮随着轴心旋转时,压在凸轮上的滚子就会作一定规律的往复运动,使滚子的杠杆另一端及装在上面动触头作相反方向的往复运动,实现动触头与静触头按一定的规律通断。凸轮片的形状不同,触头的分合规律也不同。因此,按电路的需要,可以做成多种不同形状的凸轮,而得到多种规律的触头分合顺序,去控制多个电路。

凸轮控制器的型号表示方法:

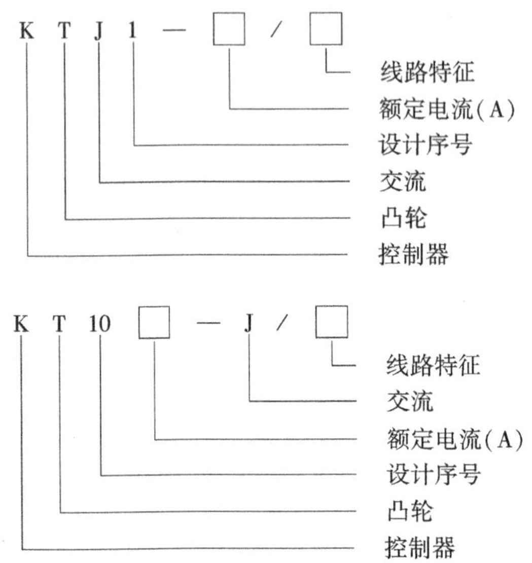

线路特征:KT10 系列用 1、2、3、5、7 数字表示。

其中:1——控制一台绕线转子异步电动机;

2——控制两台绕线转子异步电动机(没有控制电动机定子线路的触头);

3——控制一台笼形异步电动机;

5——控制两台绕线转子异步电动机;

7——控制一台绕线转子异步电动机(转子回路串接频敏变阻器)。

其他型号凸轮控制器的线路特征代号含义见相关技术数据表注说明。

各种类型的凸轮控制器,均有各自的触头关合次序表,用来表示操作手柄在任一位置时,各对触头的状态,是接通还是断开的。关合表的表示方法有两种:一是以表格形式出现如表1-2 所示;二是用于线路中表示方法,如图 1-11 所示。它是某种型号凸轮控制器的触头关合次序表。

凸轮控制器触头关合次序表　　表 1-2

触头	左			零位	右		
	3	2	1		1	2	3
K1				×			
K2					×	×	×
K3	×	×	×				
K4	×	×				×	×
K5	×						×

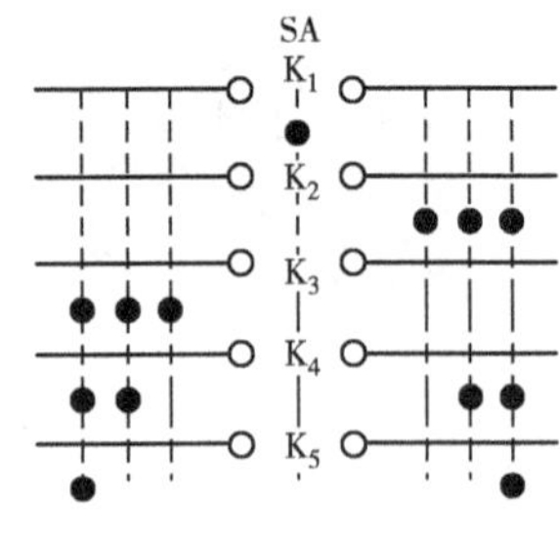

图 1-11　凸轮控制器触头通断直接表示法

操作手柄可从零位向两边旋转，每边有3个停留位置。该凸轮控制器共有5对触头，表中中间竖行画出了这5对触头于手柄在零位时的状态。

如果转动手柄，各触头的状态可以发生变化。在表中"×"或黑点表示在该位置时，触头是闭合的，没有"×"或黑点表示触头是断开的，如手柄转动到右2位置时，第3、4触头是闭合的，而其余触头则是断开的。

（六）主令控制器

主令控制器是向控制电路发出指令并控制主电路工作的一种间接控制电器，也就是说使用主令控制器时，必须用一套接触器和继电器组成的控制屏来配合工作，组成一个完整的控制系统，用来控制电动机的起动、制动、换向和调速。

主令控制器的工作原理基本上与凸轮控制器相似，所不同的是凸轮控制器的触点容量大，直接控制主电路，而主令控制器是用来控制控制回路的。使用主令控制器由于线路复杂，使用元件多，成本高，体积大，故仅在电动机容量较大（一般超过22kW凸轮控制器容量不够）、操作频率高（每小时通断次数接近600次或在600次以上）、起重机工作繁重（要求电气设备有较高的寿命）、起重机机构多（要求减轻司机劳动强度）。要求起重机工作时有较好的调速、点动性能等情况下才采用。

主令控制器的系列产品有LK1、LK14、LK16以及近期统一设计的LK18型等，他们都属凸轮型非调整式的产品。

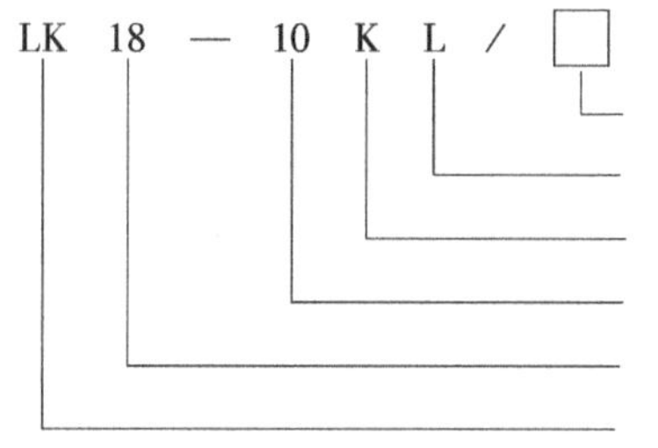

主令控制器触点的关合表的表示方法与凸轮控制器相同。

在现代港口电气设备中，由于可编程控制器PLC的广泛使用，使用的主令控制器也发生了变化，这种主令控制器除了少数几对触头外，设有1～2个绝对光电旋转编码器，分别对应前后、左右方向。操作主令控制器手柄时，编码器输出八位的格雷码数字信号，数值范围在0～255，用这八位输出数字信号作为PLC的输入信号。带编码器的主令控制器电气原理图如图1-12所示。在图1-12中，SB为主令控制器的锁开关，操作手柄时，只有按下时操作方可有效，K_1用作零位保护，K_2、K_3用作方向控制，编码器的转轴与操作手柄机械关联，输出线中2根为电源线，8根为数据线。这部分内容在后面再详细讲解。

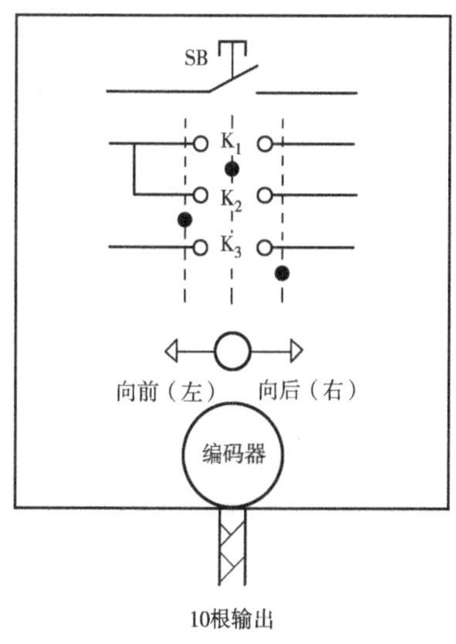

图1-12 最新主令控制器功能组成图

课题二 常用自动控制电器

知识点

1. 常用自动控制电器基本结构、种类及型号；
2. 常用自动控制电器主要电气性能；
3. 常用自动控制电器选用与使用。

技能点

1. 合理选用常用自动控制电器；
2. 正确安装与使用常用自动控制电器。

一、课题引入

自动控制电器主要包括接触器和继电器，是实现远距离控制、多点控制及自动化智能化控制的基础器件，一些反映参数变化的继电器则成为可编程控制器（PLC）传感器件。因此接触器和继电器的合理选择及其正确使用是电气自动控制基础和前提。学习接触器和继电器的相关知识也是学习可编程控制器技术的基础，是港口电气设备与控制必备基础知识。

二、课题分析

现代大型港口机械的电气控制系统是以 PLC 为核心，但接触器仍是切换大电流、大功率负载的执行电器，继电器则在电气控制系统中发挥着保障作用。下面具体介绍如何合理选择接触器，怎样正确使用接触器，各种继电器又如何选用和使用。

三、相关知识

（一）接触器

接触器是一种依靠电磁力的作用使触点闭合或分离，从而接通或分断交直流主电路和大容量控制电路，并能实现远距离自动控制和频繁操作，具有欠（零）电压保护，是自动控制系统和电力拖动系统中应用广泛的低压控制电器。

接触器按主触点通过电流的种类不同，可分为交流接触器和直流接触器两大类。

接触器主要由电磁系统、触点系统和灭弧装置三部分组成。

1. 交流接触器

1）交流接触器电磁系统

交流接触器电磁系统的作用是实现触点的闭合与分断，包括线圈、动铁芯（衔铁）和静铁芯（铁芯）。线圈由绝缘铜线绕制而成，一般制成粗而短的圆筒形，并与铁芯之间有一定的间隙，以免与铁芯直接接触而受热烧坏。铁芯由硅钢片叠压而成，以减少铁芯中的涡流损耗，避免铁芯过热。在铁芯端部槽内嵌装有用铜、康铜或镍铬合金材料制成的短路环，其目的是减少交流接触器吸合时产生的振动和噪声，故又称减振环或分磁环。

2）触点系统

触点系统包括主触点和辅助触点,用来直接接通和分断交流主电路和控制电路。

主触点用以通断电流较大的主电路,体积较大,一般有三对(三极)动合触点;辅助触点用以通断电流较小的控制电路,起电气联锁作用,体积较小,有动合和动断两种触点,一般动合、动断各两对。触点用导电性能较好的紫铜制成,并在接触部分镀银,以减小接触电阻。

3)灭弧装置

容量在10A以上的接触器都有灭弧装置,是用来迅速熄灭主触点在分断电路时所产生的电弧,保护触点不受电弧灼伤,并使分断时间缩短。对于小容量的接触器,常采用双断口触点灭弧、电动力灭弧、相间弧板隔弧及陶土灭弧罩灭弧。对于大容量的接触器常采用窄缝灭弧罩及栅片灭弧结构。

4)其他部件

其他部件包括反作用力弹簧、缓冲弹簧、传动机构和接线柱等,CJ20交流接触器结构示意图如图1-13所示。

5)工作原理

当线圈通入电流后,在铁芯中形成强磁场,动铁芯受到电磁力的作用,便吸向静铁芯。但动铁芯的运动受到反作用力弹簧阻力,故只有当电磁力大于弹簧反作用力时,动铁芯才能被静铁芯吸住。动铁芯吸下时,带动动触点与静触点接触,从而使被控电路接通。当线圈断电后,动铁芯在反力弹簧作用下迅速离开静铁芯,从而使动、静触点也分离,断开被控电路。

常用的交流接触器产品,国内有Q10、CJ12、CJ10X、CJ20、QJX1等系列。

2. 直流接触器

直流接触器与交流接触器工作原理上基本相同,如图1-14所示。在结构上也是由电磁

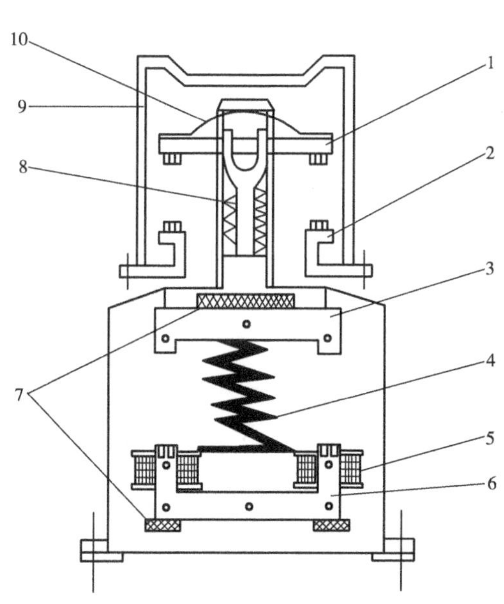

图1-13 CJ20交流接触器结构示意图

1-动触点;2-静触点;3-衔铁;4-缓冲弹簧;5-电磁线圈;6-静铁芯;7-垫毡;8-触点弹簧;9-灭弧罩;10-触点压力簧片

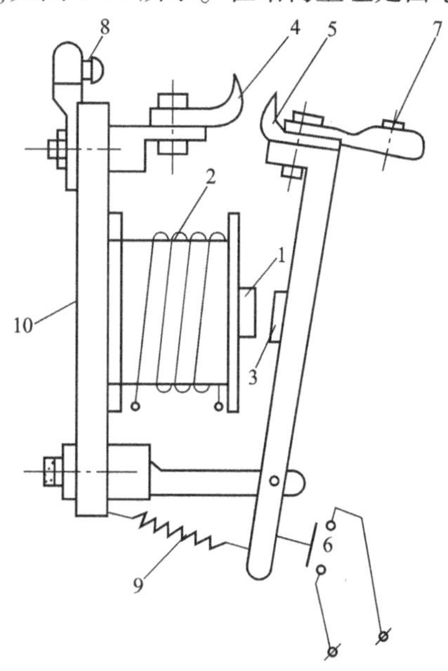

图1-14 直流接触器的结构原理图

1-铁芯;2-线圈;3-衔铁;4-静触点;5-动触点;6-辅助触点;7、8-接线柱;9-弹簧;10-底板

机构、触点系统和灭弧装置等部分组成;但也有不同之处,其铁芯通以直流电,不会产生涡流和磁滞损耗,所以不发热,也无振动。为方便加工,铁芯由整块软钢制成,铁芯无分磁环。为使线圈散热良好,通常将线圈绕制成长而薄的圆筒形,线圈匝数比交流接触器多,与铁芯直接接触,易于散热。由于直流电弧比交流电弧难以熄灭,因此直流接触器常采用灭弧能力较强的磁吹式灭弧装置。

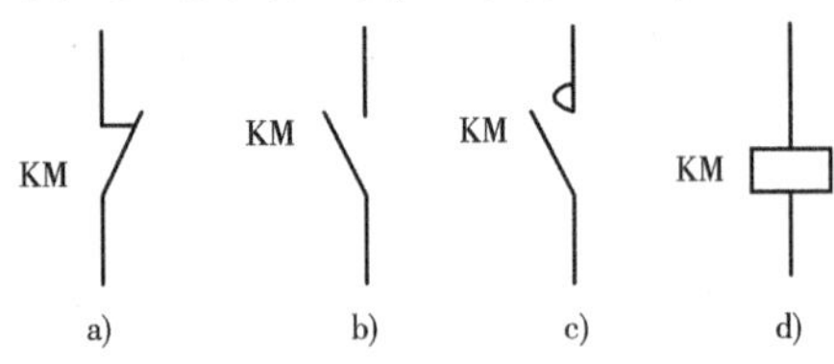

图 1-15 接触器的文字符号与图形符号

a)辅助动断触点;b)辅助动合触点;c)主触点;d)线圈

常用的直流接触器有:CZ0、CZ18 等系列。

接触器图形符号及文字符号见图 1-15。

3. 接触器的主要技术参数

(1)额定电压:接触器铭牌上的额定电压是指主触点的额定电压。交流有 127V、220V、380V、500V;直流有 110V、220V、440V。

(2)额定电流:接触器铭牌上额定电流是指的主触点的额定电流。有 5A、10A、20A、40A、60A、100A、150A、250A、400A、600A。

(3)吸引线圈的额定电压:交流有 36V、110(127)V、220V、380V;直流有 24V、48V、220V、440V。

(4)电气寿命和机械寿命:以万次表示。

(5)额定操作频率:以次/h 表示。

4. 接触器的选择

(1)根据接触器所控制的负载情况,来确定接触器的类别。通常交流负载选用交流接触器,直流负载选用直流接触器。

(2)根据被控电路中电流大小情况,确定接触器的容量等级(主触头的额定电流)。

接触器控制电阻性负载时,主触头的额定电流应大于或等于负载的额定电流。若负载为电动机,则其额定电流的计算公式如下:

$$I_N = \frac{P_N \times 10^3}{\sqrt{3} U_N \eta \cos\varphi}$$

式中:I_N ——电动机额定电流,A;

P_N ——电动机额定功率,kW;

U_N ——电动机额定电压,V;

$\cos\varphi$ ——电动机功率因数,其值一般在 0.85 ~ 0.9;

η ——电动机的效率,其值一般在 0.8 ~ 0.9。

(3)根据控制回路的电压来选择接触器的吸引线圈的电压。注意用继电器输出模块的 PLC 来驱动接触器时,一般 PLC 继电器输出模块的额定电压为 220V。

(4)根据使用地点的周围环境来选择有关系列或特殊规格的接触器。

5. 接触器的使用

(1)定期检查接触器的零件,要求可动部分灵活,紧固件无松动。保持触点表面清洁,无油污、积垢。对损坏的零件应及时更换。

(2)接触器不允许在去掉灭弧罩的情况下使用,防止触点分断时电弧互相连接而造成相间短路事故。用陶土制成的灭弧罩极易损坏,拆装时要小心。

(3)接触器应垂直安装,倾斜度不应超过5°,否则会影响接触器的动作特性。安装位置便于日常检查和维修。

(二)继电器

继电器是一种根据电量或非电量的变化来通断小电流电路的自动控制电器。其输入信号可以是电压、电流等电量,也可以是时间、转速、温度、压力等非电量。而输出则是以触点的动作或电路参数(如电压或电阻)的变化为形式。

随着现代高科技的发展,继电器种类越来越多,应用也越来越广泛,不断涌现高性能、高可靠性、新结构的新型继电器。继电器分类形式,也多样化。

按动作原理分:有电磁式继电器、电子式继电器、热继电器等。

按吸引线圈电流分:有直流继电器、交流继电器等。

按输入信号分:有电流、电压、时间、温度、速度和压力继电器等。

按输出形式分:有无触点和有触点继电器等。

按用途分:有控制继电器、保护继电器、通信继电器、航空和航海用继电器等。

1. 电磁式继电器

电磁式继电器工作原理及结构和电磁式接触器相似,由电磁机构和触点系统组成。主要区别在于:继电器是用于切换小电流的控制电路和保护电路,因而没有灭弧装置,也无主辅触点之分。而接触器是用来控制主回路大电流的,其主触点上装有相应的灭弧装置,有主辅触头之分。

电磁式继电器的图形符号和文字符号如图1-16所示。

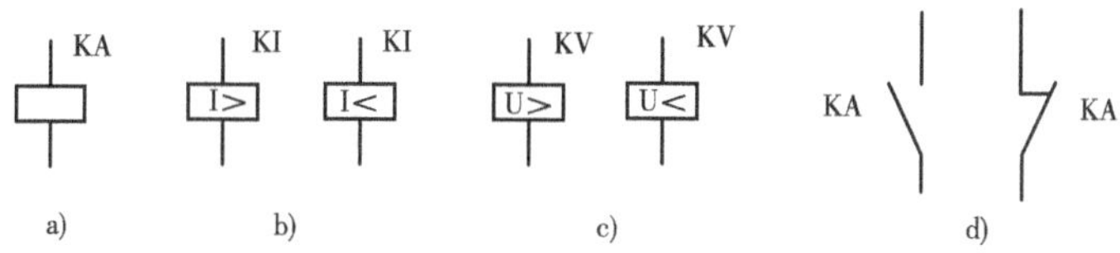

图1-16 电磁式继电器的图形符号和文字符号

a)线圈一般符号;b)过电流、欠电流继电器线圈;c)过电压、欠电压继电器线圈;d)动合、动断触点

1)电流继电器

反映电流变化的继电器叫电流继电器。在使用时,电流继电器的线圈应串在被测量的电路中。为了使电流继电器吸引线圈的串入不影响电路正常工作,其线圈匝数少而线径粗、阻抗小、功耗小。电流继电器的特点是起特定的保护作用,动作电流可根据需要进行整定,适用于电动机起动频繁和经常正反转的场合,在起重设备中经常用到电流继电器。常用的有欠电流继电器和过电流继电器两种。图1-17为JT4系列过电流继电器外形与结构图。

欠电流继电器在正常工作时,衔铁是吸合的,只有当电流降到某一数值时(一般释放电流为额定电流的10%~20%),继电器才释放,输出信号,起欠电流保护作用。

过电流继电器在正常工作时不动作,当电流超过某一整定值时继电器吸合动作,对电路起到过电流保护作用。一般交流过流继电器整定电流范围在110%~400%额定电流;直流过流继电器整定电流范围在170%~300%额定电流。

过流继电器和欠流继电器的图形符号和文字符号见图1-16b)。

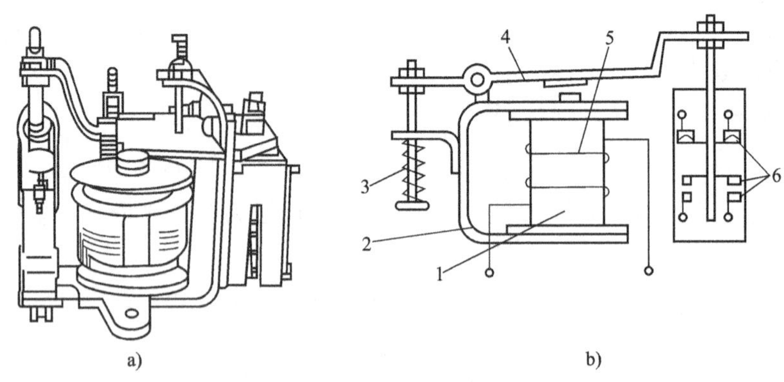

图 1-17　JT4 系列过电流继电器

a)外形;b)结构

1-铁芯;2-磁轭;3-反作用弹簧;4-衔铁;5-线圈;6-触点

2)电压继电器

根据电压大小而动作的继电器叫作电压继电器。在使用时,电压继电器的线圈与被测电路并联,因而其线圈匝数多而线径细。有过电压、欠电压和零电压继电器之分。过电压继电器在电路电压正常时不吸合,当电路电压增加到额定电压的 105% ~120% 时吸合动作;欠电压继电器正常时吸合,当电路电压减小到额定值的 30% ~50% 时释放;零电压继电器在电路电压降到额定值的 5% ~25% 时释放。它们分别用来作过电压、欠电压和零电压保护。

电压继电器的图形符号和文字符号见图 1-16c)。

3)中间继电器

中间继电器是传递信号和控制多个电路的辅助控制电器。实质上也是一种电压继电器,其特点是触点数量较多,触点容量较大。

中间继电器主要适用以下两方面:

(1)当电压或电流继电器触点容量不够时,可借助中间继电器来控制,用中间继电器作为执行元件,这时中间继电器被当作一级放大器用。

(2)当其他继电器或接触器触点不够时,可利用中间继电器来增加触点数量,扩大控制范围。

对于电动机额定电流不超过 5A 的电气控制系统,也可以用中间继电器替换接触器来控制,所以,中间继电器也是小容量的接触器。

2. 时间继电器

从得到输入信号(线圈的通电或断电)开始,经过一定的延迟后才输出信号(触点的闭合或断开)的继电器,称为时间继电器。它主要适用于需要按时间顺序进行控制的电气控制系统中,在接收到控制信号后,按要求作一定的延时使触点动作。

常用的时间继电器有电磁式、空气阻尼式、电动式和电子式等。

1)空气阻尼式时间继电器

空气阻尼式时间继电器是利用空气通过小孔节流进入气囊的原理来获得延时动作的。以 JS7 系列时间继电器为例,其动作原理如图 1-18 所示。现以通电延时型时间继电器为例介绍其工作原理。

当线圈 1 通电后，衔铁 3 被铁芯 2 吸合，活塞杆 6 在塔形弹簧 7 的作用下，带动活塞 13 及橡胶膜 9 向上移动，由于橡胶膜下方气室稀薄而形成负压，因此，活塞杆 6 只能缓慢地向上移动，其移动的速度取决于进气孔的大小，可通过调节螺钉 11 进行调整。经过一定的延时时间后，活塞杆能移动到最上端，这时通过杠杆带动微动开关 14，使其常闭触点断开，常开触点闭合，起到通电延时作用。

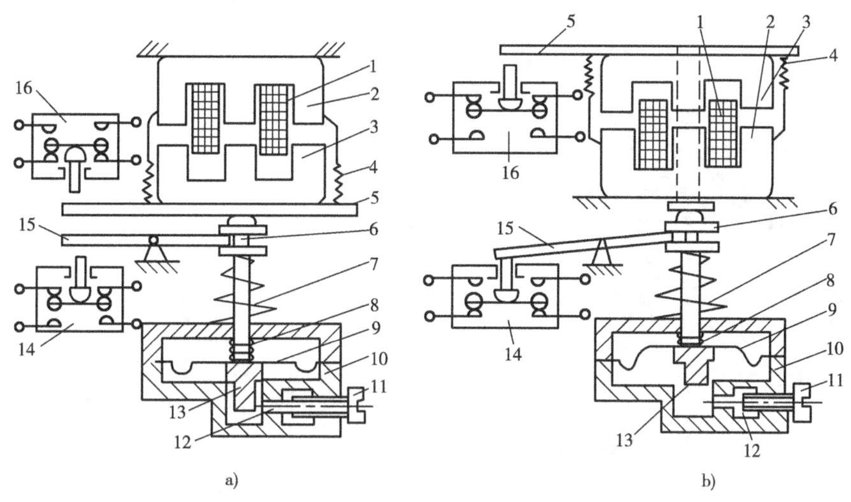

图 1-18 JS7—A 系列时间继电器

1-线圈；2-铁芯；3-衔铁；4-反作用力弹簧；5-推板；6-活塞杆；7-塔形弹簧；8-弱弹簧；9-橡胶膜；10-空气室壁；11-调节螺钉；12-进气孔；13-活塞；14、16-微动开关；15-杠杆

当线圈 1 断电时，电磁吸力消失，衔铁 3 在反力弹簧 4 的作用下释放，并通过活塞杆将活塞 13 推向下端，这时橡皮膜 9 下方气室内的空气通过橡胶膜 9、弱弹簧 8、活塞 13 的肩部所形成的单向阀，迅速地从橡胶膜上方的气室缝隙中排掉。因此，杠杆 15 和微动开关 14 能迅速复位。

在线圈 1 通电和断电时，微动开关 16 在推板 5 的作用下，都能瞬时动作，为时间继电器的瞬动触点。

断电延时动作的过程与通电延时电磁机构动作相反，图 1-18b）即为断电延时型时间继电器。

空气阻尼式时间继电器具有结构简单、调整方便、价格低廉、使用寿命长的优点，得到广泛应用。但其延时时间易受环境温度、尘埃以及安装情况的影响，延时精度不高，适用于对延时精度要求不高的场合。

2）电动式时间继电器

电动式时间继电器是由微型同步电动机拖动减速齿轮以获得延时的。常用型号 JS10、JS11 型，两种型号有很多相似之处，仅以 JS11 系列为代表介绍。

JS11 系列通电延时型时间继电器的结构原理如图 1-19 所示。当同步电机 8 接通电源后就以恒速起动旋转，带动减速齿轮 7 和差动齿轮组 6 一起转动，这时差动齿轮 Z_2 和 Z_3 空套在轴上空转，伞形齿的轴本身不转。需要延时时，只要接通离合电磁铁 13，它一方面使不延时触头 12 瞬时动作，另一方面将差动齿轮 Z_3 刹住，伞形齿则继续在另一轴上空转，同时以齿

轮 Z_2 为轨迹连同转轴一起作圆周运动，因凸轮 9 与轴固定，从而推动脱扣机构 10 使延时触头 11 动作。延时长短可通过调节指针 3 在刻度盘上的位置，即凸轮轴 9 的起始位置而获得，凸轮离脱扣机构远则凸轮要经过较大的转动角度才能推动脱扣机构动作，触头延时闭合的时间就长；反之就短。在调整延时时，定位指针的调节必须在离合电磁铁线圈断开时进行，并不是指电源要切断。当需要精确延时时，可先接通同步电动机电源，以减少由于起步所引起的误差。

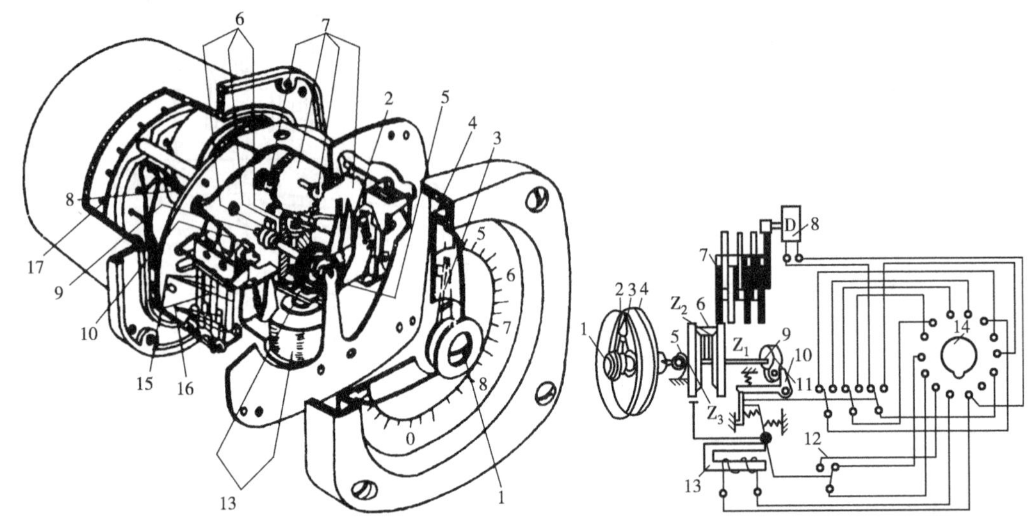

图 1-19　JS11 电动式时间继电器结构原理图

1-延时值整定；2-指针定位；3-指针；4-刻度盘；5-复位游丝；6-差动齿轮；7-减速齿轮；8-同步电动；9-凸轮；10-脱扣机构；11-延时触头；12-不延时触头；13-离合电磁铁；14-凸轮；15-动触点；16-静触点；17-接线插脚

当延时触头组 11 动作时，利用其中一对常闭触头来分断同步电动机的电源。需要继电器复位时，只要将离合电磁铁线圈电源切断，所有的机构都在复位游丝 5 的作用下立即回到动作前的状态，为下次动作做好准备。

断电延时型与通电延时型的区别仅在于离合电磁铁对差动齿轮 Z_3 的控制。断电延时型是离合电磁铁在失时将衔铁释放，通过弹力将差动齿轮 Z_3 刹住，从而得到延时效果。需要继电器复位时，必须将离合电磁铁线圈得电使衔铁吸合，从而差动齿轮 Z_3 不被制动，复位游丝才能使机构复位。同样，在整定延时值时，也将离合电磁铁线圈得电后进行。

电动式时间继电器的特点是延时精确度高，因为同步电动机的转速是恒定的，不受电源电压波动影响，采用了减速齿轮和差动齿轮这类机械固定传动比机构传动，不受环境温度的变化影响，延时范围宽，最大调节范围为 0 ~ 72 小时，可根据需要选用，延时整定偏差和重复偏差都比较小，一般不超过最大整定值的 ±1%。延时过程能通过指针直观地表示出来，因此用于交流 50Hz、500V 以下的各种自动控制系统中，由一个电路向另一个需要延时的被控电路发送信号且要求延时长、准确度高的场合。但由于具有齿轮传动，机械结构复杂，寿命短，体积大，成本较高，延时误差受电源频率影响（特别在电网质量较差时），不适宜于频繁操作，不能做成电源断电延时型。

3）电子式时间继电器

电子式时间继电器的种类很多，它们一般都是利用电容两端的电压不能突变而获得延时信号的。最基本的有延时吸合和延时释放两种。

图 1-20 为 JS20 系列电子式时间继电器原理。刚接通电源时，电容器 C_2 尚未充电，此时 $U_c=0$，场效应管 V_6 的栅极与源极之间电压 $U_{gs}=U_{0s}$ 此后，直流电源经电阻 R_{10}、RP_1、R_2 向 C_2 充电，电容 C_2 上电压逐渐上升，直至 U_C 上升到 $|U_C-U_S|<|U_p|$（U_p 为场效应管的夹断电压）时，V_6 开始导通。由于 I_D 在 R_3 上产生电压降，D 点电位开始下降，一旦 D 点电位降低到 V_7 的集电极电位以下时，V_7 将导通。V_7 的集电极电流 I_c 在 R_4 上产生压降，使场效应管 U_s 降低，使负栅偏压越来越小，R_4 起正反馈作用，V_7 迅速地由截止变为导通，并触发晶闸管 V_9 的导通，继电器 KA 动作。由上可知，从时间继电器接通电源开始，C_2 被充电到 KA 动作为止的这段时间即为通电延时动作时间。KA 动作后，C_2 经 KA 常开触点对电阻 R_9 放电，同时氖泡 Ne 启辉，并使场效应管 V_6 和晶体管 V_7 都截止，为下次工作准备。此时晶闸管 V_9 仍保持导通，除非切断电源，使电路恢复到原来的状态，继电器 KA 才释放。调节 R_{10} 和 RP_1 可调整延时时间的长短，此电路延时范围可达到 0.2～300s。

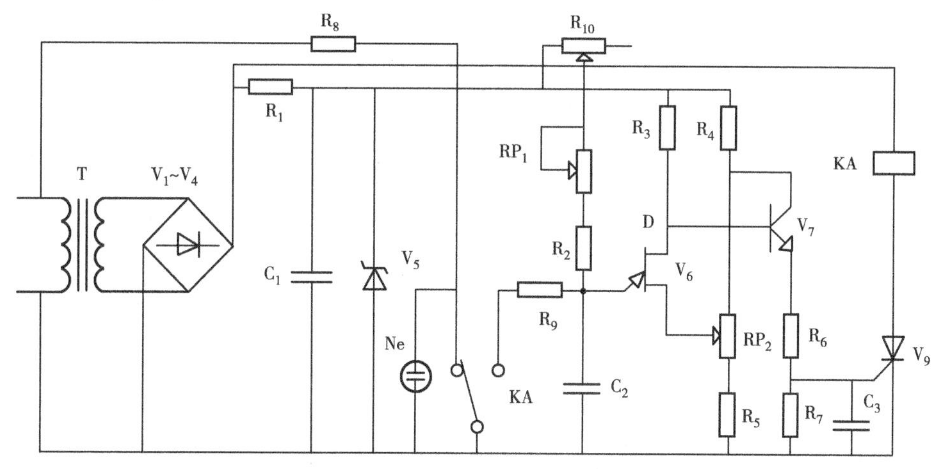

图 1-20 JS20 系列电子时间继电器

电子式延时时间继电器具有延时时间范围大、精度高、延时调节方便、性能稳定、体积小等优点。但电源电压波动对延时有影响。

4）无触点重复延时继电器

这种继电器是应用电子技术，实现的无触点可重复延时的继电器。具有体积小、重量轻、延时稳定、无易损零件、寿命长、耐振动等优点。适用于操作频繁，振动剧烈等苛刻条件的场合。该电器是港口门座式起重机电气控制设备中的自动控制元件，用以控制绕线式异步电动机转子加速接触器逐级吸合，使转子电阻按时间原则逐级短接，达到稳定起动的目的。

这种继电器采用固定印刷电路板，整机装于密封罩壳内，外接线路采用接线端子，安装维修方便，它的电气原理如图 1-21 所示。

电子电路由稳压电源、多谐振荡器、施密特电路、触发电路、交流可控硅开关等部分组成。接通电源，V_1、V_2 组成的晶体管多谐振荡器就自动起振，两者轮流导通与截止，周期性地转换，输出方波信号。由于接入了电容 C_7，改变了 V_1、V_2 起始导通的随机性。这样电路开始

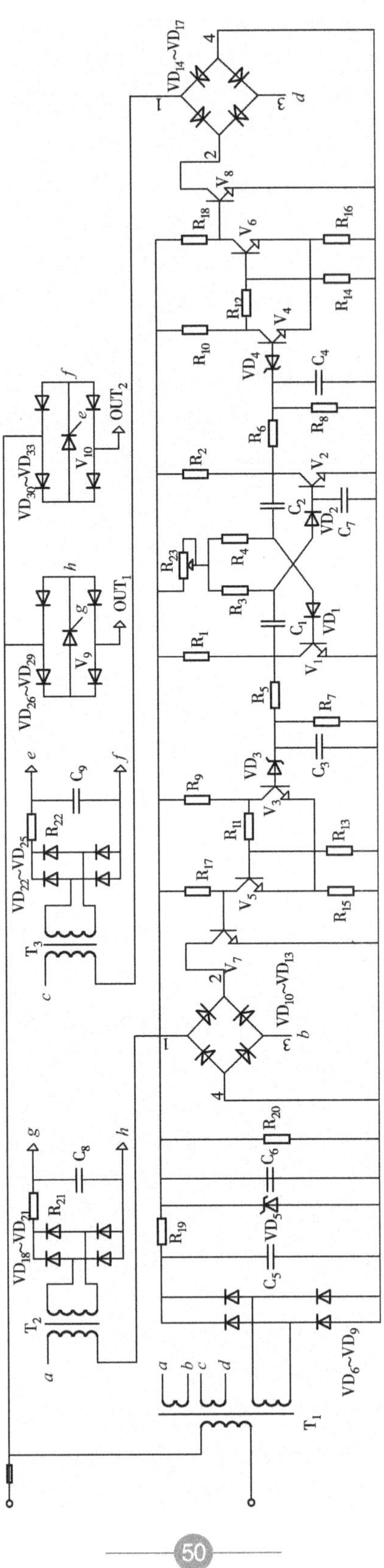

图 1-21 重复延时继电器电气原理图

供电时,电源就向 C_7 充电,使 V_2 截止,V_1 先导通。V_2 截止,经 R_6、C_4 与 VD_4 组成的延时环节延时后,使斯密特电路中的 V_4 导通,V_6 截止,这样 V_8 导通,VD_{14} ~ VD_{17} 组成的晶体管交流开关形成通路;*cd* 之间的交流电压通过 T_3 隔离变压器输出,经整流成为全波整流电压,此电压作为 V_{10} 控制极的触发信号。V_{10} 导通后,通过接点 OUT_2 接通接触器线圈回路。

重复延时开关的转换时间,是多谐振荡器的半周期,由 C_1、C_2 及 R_3、R_4 来调节设定,一经确定则稳定不变。

时间继电器的图形符号和文字符号见图 1-22。

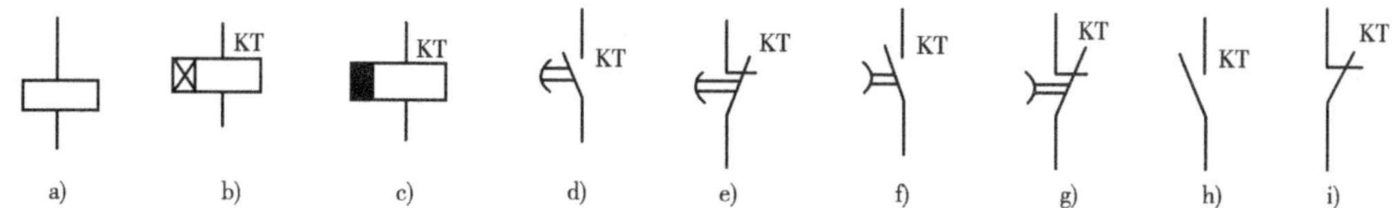

图 1-22 时间继电器的图形符号和文字符号

a)线圈一般符号;b)通电延时线圈;c)断电延时线圈;d)延时闭合的动合触点;e)延时断开的动断触点;f)延时断开的动合触点;g)延时闭合的动断触点;h)瞬时动合触点;i)瞬时动断触点

在具有可编程控制器 PLC 的控制线路中,时间继电器被 PLC 中定时器所取代,其延时精度更高,设置更为方便。

3. 速度继电器

速度继电器是反映转速和转向变化的信号继电器。主要用于电动机的反接制动控制,也称反接制动继电器,这种继电器运用了电动机原理,由转子、定子和触点三部分组成。其结构原理图如图 1-23 所示。转子是一块永久磁铁,固定在轴上,使用时轴与被控电动机的轴相连。定子是由硅钢片冲成的笼形空心圆环,并装上笼形绕组构成,与轴同心。

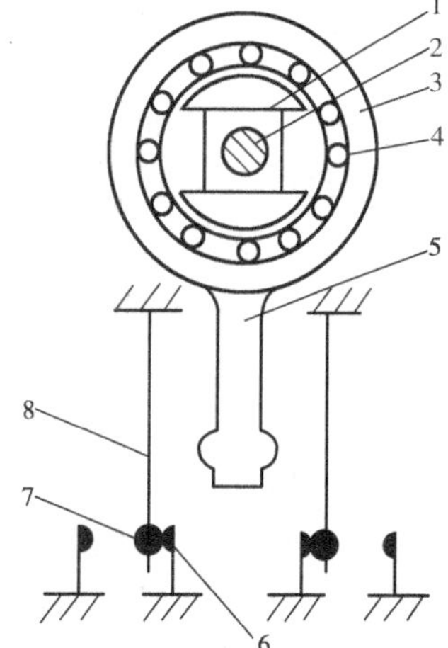

图 1-23 速度继电器结构原理图

1-转子;2-电动机轴;3-定子;4-绕组;5-定子柄;6-静触点;7-动触点;8-簧片

当被测电动机旋转时,带动永久磁铁的转子一起转动,这相当于一个旋转磁场,定子绕组切割磁场而产生感应电动势和电流,此电流和永久磁铁的磁场作用产生转矩,使定子跟着轴的转动方向偏摆,摆杆拨动触点,使动断触点断开,动合触点闭合。当电动机转速下降到接近零时,转矩减小,摆杆在弹簧力的作用下恢复原位,触点也复原。

当被测电动机转向相反时,继电器的转子方向也随之改变,产生的转矩方向也改变,摆杆就推动另一侧的触头,使之断开或闭合,从而检测到电动机的转向变化。

速度继电器有两组触点(各有一对动合触点和一对动断触点),可分别控制电动机正反转时的反接制动。其图形符号及文字符号如图 1-24 所示。

继电器的种类繁多,上述介绍的仅是本书所要使用到继电器,还有压力继电器、温度继电器、光电继电器等。

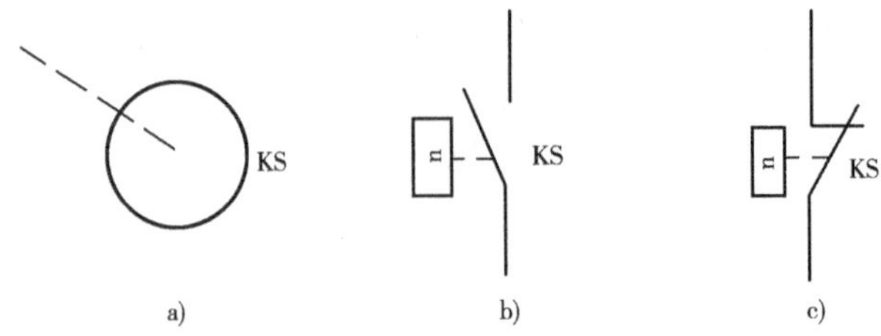

图 1-24 速度继电器的图形符号、文字符号

a)转子;b)动合触点;c)动断触点

课题三 常用保护电器

1. 常用保护电器基本结构、电气保护原理、种类及型号;
2. 常用保护电器主要电气保护性能;
3. 常用保护电器选用、使用与维护。

1. 合理选用常用保护电器;
2. 正确安装、使用与维护常用保护电器。

一、课题引入

港口电气设备在运行中可能由于某种原因如电器绝缘老化、电动机堵转等,使电路的电流超过设计的极限值,此时若不能及时发现并采取有效的措施,就可能造成电路或电器的烧毁,甚至危及人身与财产安全。因此,在港口电气设备中都采取多种形式的保护措施,以确保港口电气设备的安全运行,装卸生产的顺利进行。

二、课题分析

在港口电气设备中有过载保护、短路保护、欠压保护、起升高度限制、超速保护等,不同的保护目的所采用的保护电器也不同,相同的保护目的也有不同参数选择。根据实际的工作需要如何合理选择保护电器,使保护电器既不会误动作也能保证电路、电器的安全是本课题要介绍的内容。

三、相关知识

(一)熔断器

熔断器俗称保险丝,是一种简单而有效的保护电器,被广泛应用于电网保护和电气设备保护,在电路中主要起短路保护作用。

熔断器主要由熔体和安装熔体的熔管(或熔座)组成。熔体用一种熔点低、电阻率较大、截面积较细的金属丝或薄片制成,使用时,将它串接于被保护的电路中。正常时,熔体允许通过一定的电流,不会熔断;在电路发生短路或严重过载时,熔体中流过很大的故障电流,当电流产生的热量达到熔体的熔点时,熔体熔化而自动切断电路,从而达到保护目的。熔体在熔化切断电路的过程中,往往会产生较强的电弧,而熔管主要起熄弧作用。

电气设备的电流保护有两种主要形式:过载延时保护和短路瞬时保护。过载一般是指10倍额定电流以下的过电流,短路则是指特大的超过10倍额定电流以上的过电流。但应注意,过载保护和短路保护决不仅仅是电流倍数的不同,实际上无论从特性方面、参数方面还是工作原理方面来看,差异很大。

1. 熔断器的分类

常用的熔断器主要有以下五种:

1)插入式熔断器

插入式熔断器的结构如图1-25所示,由熔体1、瓷插件3、触点2、4和瓷座5四部分组成。瓷座两端固装着静触点,瓷插件的两端固装着动触点,中间的凸起部分与瓷座的空腔形成灭弧室。

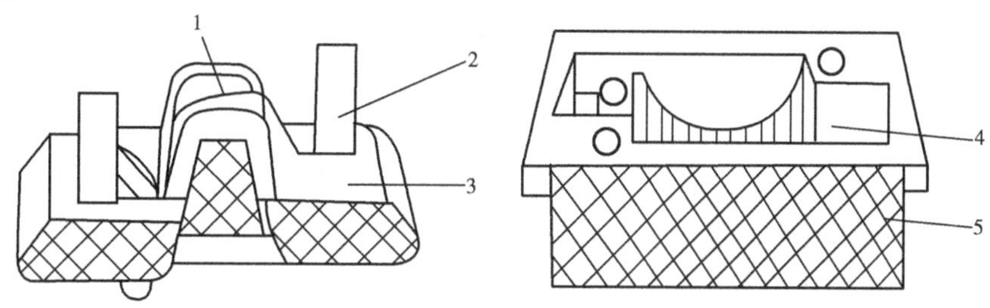

图1-25 插入式熔断器

1-熔体;2-动触点;3-瓷插件;4-静触点;5-瓷座

插入式熔断器结构简单,价格低廉,更换熔体方便且无须任何特殊的工具,一般用于380V及以下低压线路末端或分支电路中,作为配电支线或电气设备的短路保护用。广泛用于工业与民用照明电路中及中小型电动机中,但不能用于有振动的场合。

常见的插入式熔断器有RC1A系列,其额定电压为380V,熔断器的额定电流有5A、10A、15A、30A、60A、100A、200A七个等级。

2)螺旋式熔断器

螺旋式熔断器的结构如图1-26所示,瓷质的熔管内装熔体和填有石英砂,熔体2两端焊在熔管两端的金属端盖上,上端盖中央有一个带色的熔断指示器4,一旦熔体熔断,指示器马上弹出,透过瓷帽3上的玻璃孔可检查发现。

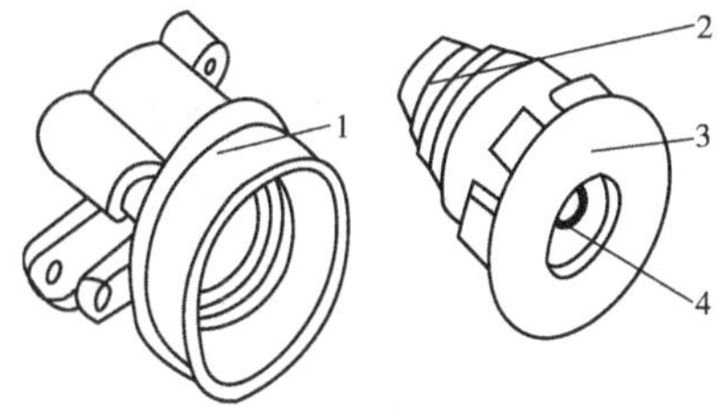

图1-26 螺旋式熔断器

1-底座;2-熔体;3-瓷帽;4-熔断指示器

螺旋式熔断器的分断能力较强,结构紧凑、体积小,更换熔体方便,安全检查可靠,且具有熔断指示,一般用于配电线路中,装入配电屏、控制箱作短路保护,在机床电气设备及工业和港口电气保护设备中,获得较广泛的应用。

目前全国统一设计的螺旋式熔断器有RL6、RL7(取代RL1、RL2)、RLS2(取代RSL1)等系列。

3)封闭式熔断器

封闭式熔断器分有填料熔断器和无填料熔断器两种,分别如图 1-27 和图 1-28 所示。

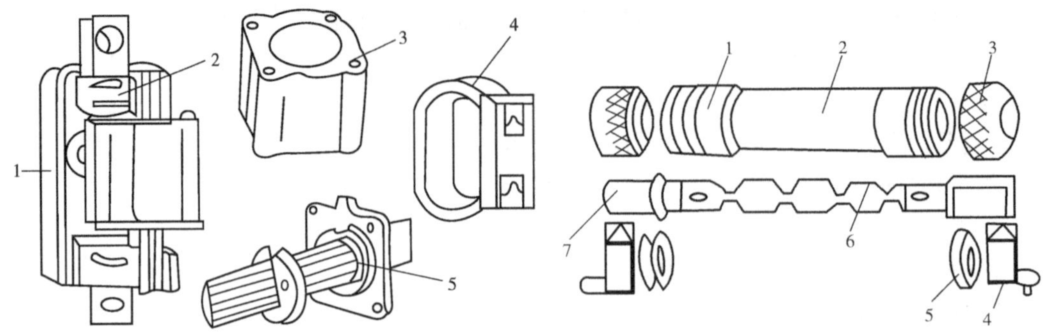

图 1-27　有填料封闭管式熔断器

1-瓷底座;2-弹簧片;3-管体;4-绝缘手柄;5-熔体

图 1-28　无填料密闭管式熔断器

1-铜圈;2-熔断管;3-管帽;4-插座;5-特殊垫圈;6-熔体;7-熔片

有填料封闭式熔断器一般用方形瓷管,内装石英砂及熔体,分断能力强,用于电压等级 500V 以下、电流等级 1kA 以下的电路中。熔体 5 熔断后,用绝缘手柄 4 在带电而不带负载的情况下进行更换,且手柄设有锁扣机构以保证操作安全可靠。有填料封闭式熔断器分断能力高,使用安全,但制造工艺复杂、造价高。它被广泛应用于短路电流很大的电力网络或配电装置中,作电缆、导线、电机、变压器及其他电气设备的短路保护。常见的有填料封闭式熔断器有 RM7 和 RM10 等系列。

无填料封闭式熔断器是将熔体装于密闭式硬质纤维管中,在熔体熔断后可拆开的低压熔断器。它采用变截面锌片作熔体,当有大电流通过时,窄部温度上升较宽部快,首先达到熔化温度而熔断。无填料封闭式熔断器多用于低压电力网和成套配电装置中,作为导线、电缆及较大容量电气设备的短路或连续过载保护。常见的无填料封闭式熔断器有 RT0、RT10 和 RT11 等系列。

4)快速熔断器

硅半导体元件已日益广泛地应用于工业电力变换和电力拖动装置中,但是它的过载能力很低,只能在极短的时间内承受较大的过载电流,否则可能造成元件的损坏,因此要求短路保护具有快速熔断的能力,而快速熔断器主要是用于半导体整流元件或整流装置的短路保护。快速熔断器的结构和有填料封闭式熔断器基本相同,但熔体材料和形状不同,它是以银片冲制成有 V 形深槽的变截面熔体。快速熔断器具有结构简单、动作灵敏和使用方便等特点,因而得到广泛应用。

5)自复熔断器

自复熔断器是采用非线性电阻元件(如金属钠、特殊合金等)作熔体,在常温下具有高电导率。在特大短路电流产生的高温高压下,熔体电阻值会因迅速汽化而突变,即瞬间呈现高阻态,从而能将短路电流限制在很小的范围内。当短路电流消失后,温度下降,熔体又恢复原来的良好导电性能。自复熔断器与一般熔断器不同,只能限制短路电流,不能真正分断电路。其优点是不必更换熔体,能重复使用。自复熔断器与小容量自动开关组合使用,大大提高了自动开关的分断能力,主要用于电力网络的输配电线路中,作不需要分断电路的短路保护及限制过载电流用。

2. 熔断器的选择

1)熔断器的安秒特性

熔断器的主要特性为熔断器的安秒特性，即熔断器的熔断时间 t 与通电电流 I 的关系曲线 $t=f(I)$，也称为熔断器的保护特性，如图 1-29 所示，它是选用熔断器的依据之一。从图中可看出：通过熔体的电流 I 与熔化的动作时间 t 成反比，即电流越大动作越快，电流小则动作时间长。因此，熔断器的安秒特性为反时限特性。图中 I_N 为熔体的额定电流。

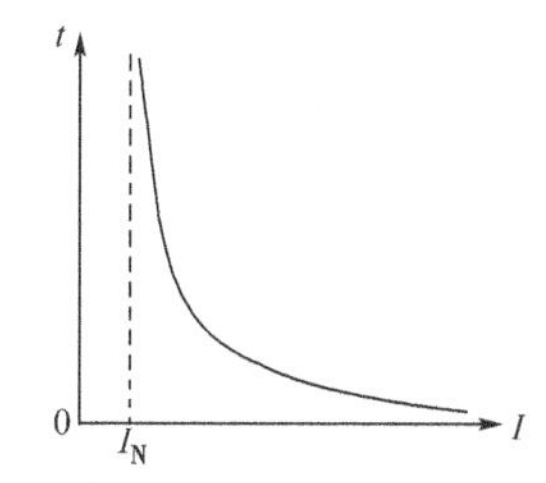

图 1-29　熔断器的安秒特性曲线

每一熔体都有一最小熔化电流，相对于不同的温度，最小熔化电流也不同。虽然该电流受外界环境的影响，但在实际应用中可以不加考虑。一般定义熔体的最小熔断电流与熔体的额定电流 I_N 之比为最小熔化系数，常用熔体的熔化系数大于 1.25。

2)熔断器的选择

熔断器用于不同负载，其额定电流的选择方法不同。熔断器的选择主要从以下几个方面考虑：

(1)当用于保护无起动过程的平稳负载如照明线路、电阻、电炉等，可按下式计算：

$$U_{RTR} \geqslant U_{RT}，且\quad I_{RTR} \geqslant I_{RT}$$

式中：U_{RTR}——熔断器额定电压；

I_{RTR}——熔断器额定电流；

U_{RT}——线路额定电压；

I_{RT}——负载额定电流。

(2)如用于保护单台长期工作的电动机，按下式计算：

$$I_{RTR} \geqslant (1.5 \sim 2.5) I_{RT}$$

(3)如用于保护频繁起动的电动机，应按下式计算：

$$I_{RTR} \geqslant (3.5 \sim 8) I_{RT}$$

(4)如用于保护多台电动机时，则应按下式计算：

$$I_{RTR} \geqslant (1.5 \sim 2.5) I_{RTmax} + \sum I_{RT}$$

式中：I_{RTmax}——多台电动机中容量最大的一台电动机的额定电流；

$\sum I_{RT}$——其余电动机额定电流之和。

3. 熔断器的型号表示及符号

熔断器的型号表示方法为：

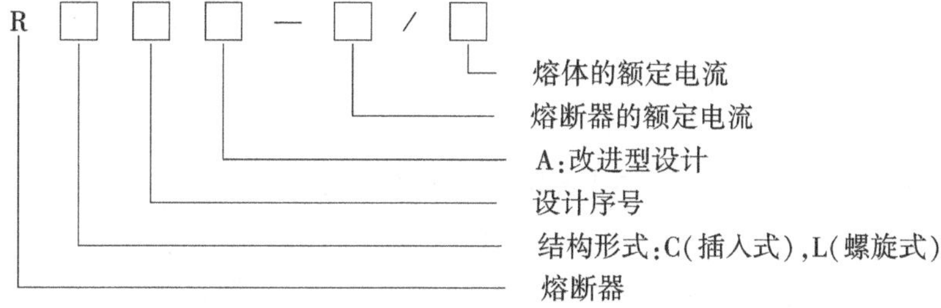

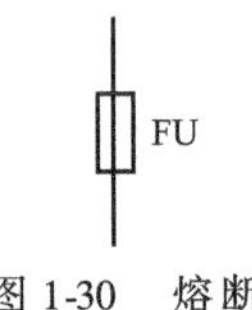

图 1-30 熔断器的符号

熔断器在电气原理图中的符号见图 1-30。

4. 熔断器使用与安装

在熔断器运行维护中应注意下列事项:

(1)正确选择熔断器和熔体。

(2)对于插入式熔断器,熔体拧紧方向应正确,拧紧力应适中;管式熔断器应垂直安装。

(3)在熔体熔断后,应更换与原来相同规格和材料的熔体,安装前检查熔体的规格。更换熔体时,一定要遵守安全操作规程,首先要切断电源,不允许带电拔出熔体,更不能带负荷时拔出,以免被电弧烧伤或造成设备事故。

(4)熔断器安装位置及相互间距离应便于更换熔体。安装螺旋式熔断器时,必须注意将电源接到瓷底座的下接线端,以保证安全。

(5)有熔断指示的熔断器,其指示器的方向应装在便于观察的一侧,在运行中应经常检查熔断器的指示器,以便及时发现电路单相运行情况。若发现熔断器上有污垢时,应及时清除,以免熔断器接触不良,温升过高。

(二)热继电器

为了充分发挥电动机的潜力,电动机短时过载是允许的,但无论过载量的大小如何,时间长了总会使绕组的温升超过允许值,从而加剧绕组绝缘的老化,缩短电动机的寿命,严重过载会很快烧毁电动机。为了防止电动机长期过载运行,可在线路中串入按照预定发热程度进行动作的热继电器,以有效监视电动机是否长期过载或短时严重过载,并在超过过载预定值时有效切断控制系统电源,确保电动机安全。热继电器主要应用于三相交流异步电动机的过载保护、断相保护、电流不平衡的保护及其他电气设备发热状态的控制,以防止电动机过热老化或烧毁。

1. 热继电器结构及工作原理

JR16 系列热继电器的工作原理示意及结构如图 1-31 所示。

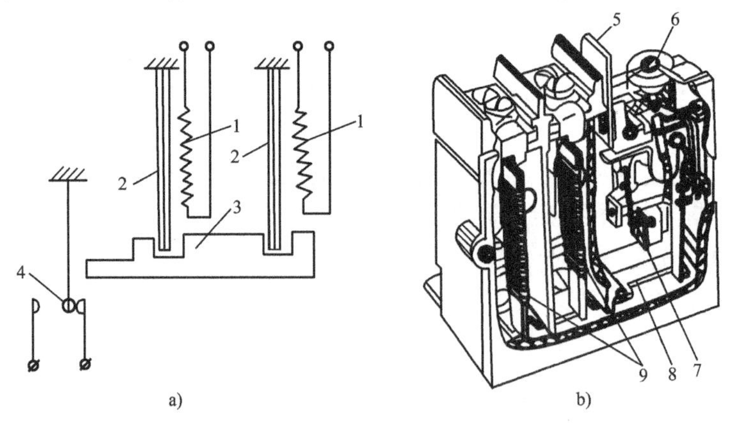

图 1-31 JR16 系列热继电器

1、9-热元件;2-双金属片;3-导板;4-触点;5-复位按钮;6-调整整定电流装置;7-常闭触点;8-动作机构

热继电器主要由热元件、双金属片和触点等组成。

热元件 1 由缠绕在单极、双极或三极双金属片外面的电阻丝组成。

双金属片 2 由两种热膨胀系数相差较大的金属片复合而成，当双金属片受热时，会出现弯曲变形。使用时，将热元件串联在电动机的主电路中。

触点 4 由一个常开触点和一个常闭触点组成，使用时，将常闭触点串联在电动机的控制电路中。

当电动机正常运行时，热元件产生的热量虽能使双金属片弯曲，但还不足以使热继电器的触点动作。当电动机过载时，流过热元件的电流增大，热元件产生的热量增加，使双金属片弯曲位移增大，推动导板 3 使常闭触点断开，从而切断电动机控制电路起保护作用。热继电器动作后一般不能自动复位，要等双金属片冷却后按下复位按钮 5 才能使触点复位，可防止热继电器动作后因故障未排除而电动机又起动造成更大的故障。热继电器动作电流的调节可以借助旋转调整整定电流装置 6 于不同位置来实现。

我国目前生产的热继电器主要有 JR0、JR1、JR2、JR9、JR10、JR15、JR16 等系列。

2. 热继电器的型号表示及符号

热继电器的型号表示方法为：

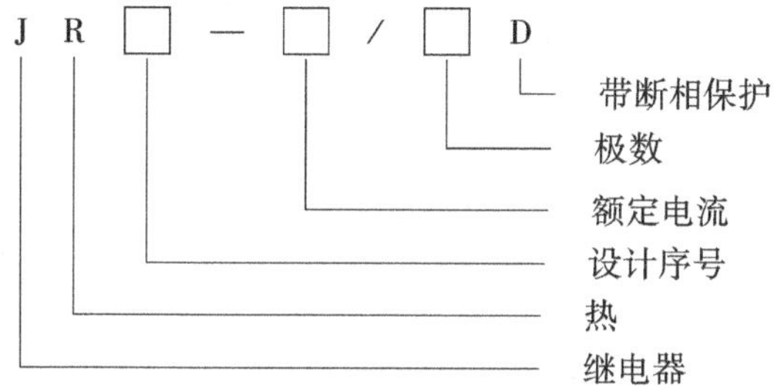

热继电器在电气原理图中的符号如图 1-32 所示。

3. 热继电器的选用

热继电器有单相、二相及三相式，其中三相式还分为有断相保护（用于电动机△接法）和无断相保护的。

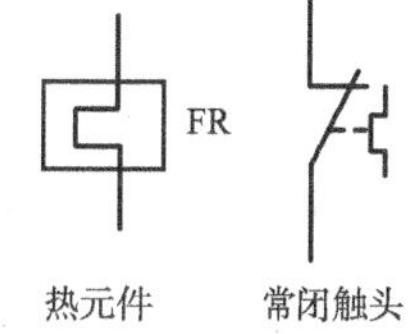

图 1-32 热继电器的符号

热继电器的选择，主要根据电动机定子绕组的连接方式来确定热继电器的型号。在三相异步电动机电路中，对于Y接法的电动机可选两相或三相结构的热继电器，一般都采用两相结构的热继电器，即在两相电路中串接热元件；对于三相感应电动机，定子绕组为△接法的电动机，必须采用带断相保护的热继电器。

热继电器中的发热元件有热惯性，在电路中不能作瞬时过载保护，更不能作短路保护，不同于过电流继电器和熔断器。

（三）行程开关

行程开关也称位置开关或限位开关，是用来限制机械运动行程的一种很重要的小电流主令电器。它可将机械位移信号转换成电信号，常用作行程控制、改变运动方向、定位、限位及安全保护之用。

在实际生产中，将行程开关安装在预先安排的位置，当装在生产机械运动部件上的挡块撞击行程开关时，行程开关的触点动作，实现电路的切换。因此，行程开关是一种根据运动部件的行程位置而切换电路的电器，它的作用原理与按钮类似。行程开关广泛用于各类机床和起重机械，用以控制其行程，进行极限限位保护。

1. 行程开关的分类

行程开关按其结构可分为直动式、滚轮式和微动式三种。

1）直动式行程开关

直动式行程开关结构原理如图 1-33 所示。其动作原理与按钮开关相同，当顶杆 1 受到碰压时，使常闭触点 3 打开，分断电路。这种行程开关的主要缺点是，触点的分合速度取决于生产机械的运行速度，如果速度较慢就不利于灭弧，容易烧伤触点，甚至整个控制系统都受影响，不宜用于速度低于 0.4m/min 的场所。常用的直动式行程开关有 LX1、LX19K 等系列产品。

2）滚轮式行程开关

滚轮式行程开关又分为单滚轮自动复位式和双滚轮（羊角式）非自动复位式两种类型。

单滚轮自动复位式行程开关其结构原理如图 1-34 所示。当运动机械的挡块压到滚轮上时，通过传动杠杆使下部的微动开关快速动作，其常闭触点先断开，常开触点后闭合。当挡块离开滚轮时，复位弹簧的弹力使杠杆复位，触点恢复至原来状态，谓之动复位。

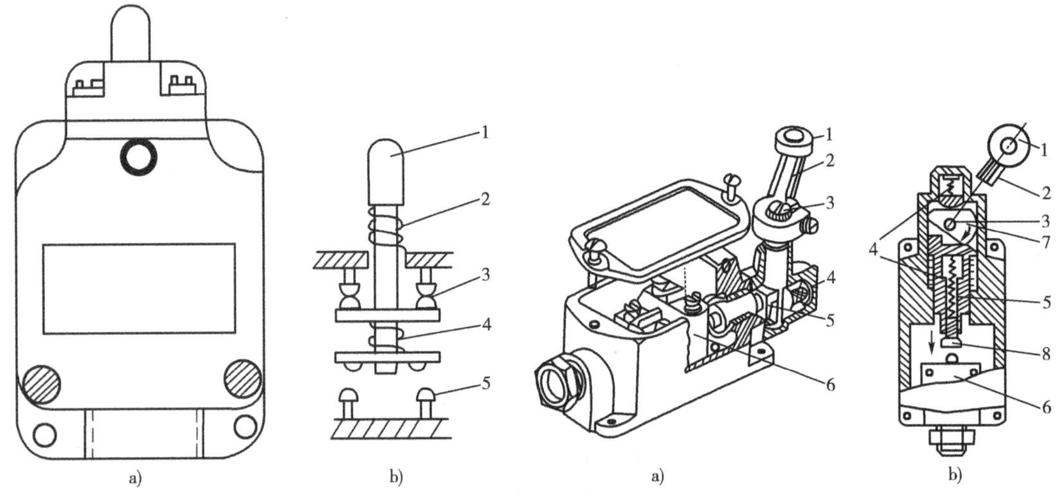

图 1-33 直动式行程开关

a）外形图；b）原理图

1-顶杆；2-弹簧；3-常闭触点；4-触点弹簧；5-常开触点

图 1-34 JLXK1 系列行程开关结构和动作原理

1-滚轮；2-杠杆；3-转轴；4-复位弹簧；5-撞块；6-微动开关；7-凸轮；8-调节螺钉

双滚轮非自动复位式行程开关有两个滚轮，当运动机械的挡块压下一个滚轮时触点动作，挡块离开时触点不会自动复位，只有在机械反向运动时，挡块从反方向碰压另一滚轮时，触点才能恢复至原始位置。

常用的滚轮式行程开关有 LX2、JLXK1 等系列产品。

3）微动开关

在要求高度准确的行程控制时，可采用更为灵敏、轻巧的微动开关，它的推杆动作行程小，动作压力小，在自动控制线路中，将微量的机械动作转换为电信号。微动开关结构原理如图 1-35 所示，动作原理不再详述。常用的微动开关有 JW、LXW—11、JLXK1—11 等系列产品。

为了提高工作的可靠性和电器的使用寿命，适应更高的操作频率，近年来逐步推广使用晶体管无触点行程开关，又称接近开关。接近开关是一种非接触型的物体检测装置，当有某种物体与之接近到一定距离时，就发出动作信号，以控制继电器或逻辑元件。它的用途除行程控制和极限保护外，还可用作检测金属体的存在、高速计数、测速、定位、变换运动方向、检测零件尺寸、液面控制、作无触点按钮等，具有工作可靠、寿命长、消耗功率低、操作频率高以及能适应恶劣的工作环境等特点。接近开关的原理以高频振荡型为最常用，常用系列有 LJ、LXJ 和 LXU 等，相关内容在课题四中作为传感器课讲述。

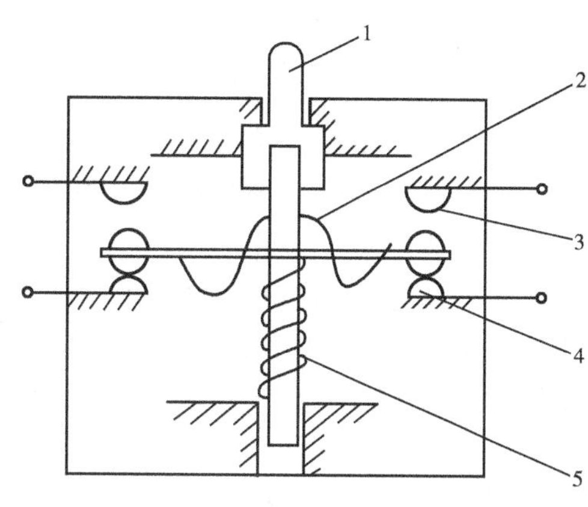

图 1-35 微动开关原理图

1-推杆；2-弯形片状弹簧；3-常开触点；4-常闭触点；5-复位弹簧

2. 行程开关的型号表示及符号

行程开关的型号表示方法为：

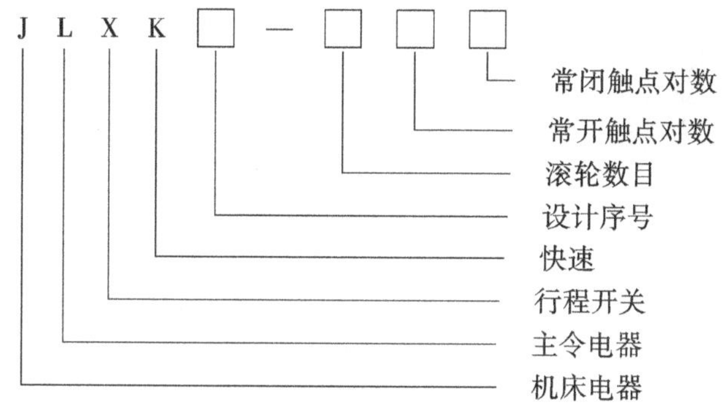

行程开关在电气原理图中的符号如图 1-36 所示：

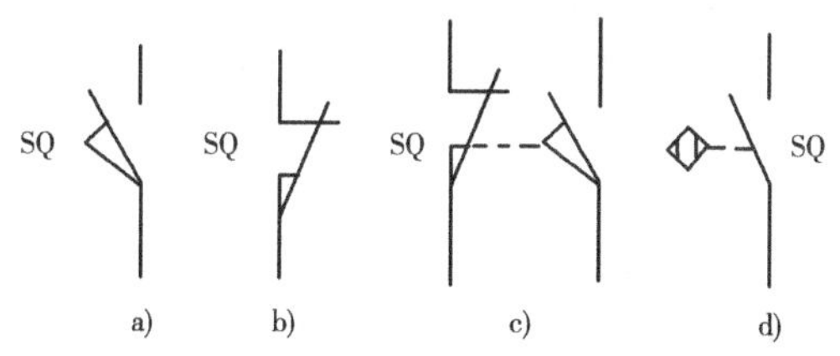

图 1-36 行程开关符号

a）常开触点；b）常闭触点；c）复合触点；d）无触点

3. 行程开关的选用

行程开关可按下列要求进行选用：

（1）根据应用场合及控制对象选择行程开关的种类；

（2）根据安装环境选择防护形式；

（3）根据控制回路的额定电压和电流来选择系列；

（4）由机械与行程开关的传力和位移关系选择合适的操作头形式；

（5）选用接近开关的主要依据是工作频率高、可靠性和精度要求高的场合，然后按距离要求来选择型号规格，按输出要求选择输出形式。

（四）自动开关

自动开关又叫自动空气开关、空气开关或低压断路器，是在低压配电网络中自动切断线路故障的保护电器，可在电动机的主回路同时实现短路、过载和欠电压保护，其功能相当于刀开关、熔断器、热继电器和欠电压继电器的组合作用。自动开关的特点是:动作后不需要更换元件,动作电流还可以按需要整定,安装方便,工作可靠,使用安全,有较高的断流容量,在正常工作条件下可以非频繁地直接起动电动机,故可大大地简化配电和控制线路。海河港口的动力输电线大都采用自动开关配电。

1. 自动开关结构与工作原理

自动开关主要由触点系统、操作机构、保护装置(各种脱扣器)、灭弧系统等组成。主触点由灭弧合金(如银钨合金)制成,采用灭弧栅片灭弧。操作机构较复杂,其通断可用操作手柄操作,也可用电磁机构操作,故障时自动脱扣,且触点通断时瞬时动作,与手柄的操作速度无关。

自动开关的结构及工作原理示意如图1-37a)、图1-37b)所示,其主触点将电源与负载接通或断开,可利用手柄装置使主触点处于“合”与“分”状态。自动空气开关正常工作时,处于“合”状态,即为图示状态:过电流脱扣器的线圈和热脱扣器的热元件与主电路串联,欠电压脱扣器的线圈和电源并联。

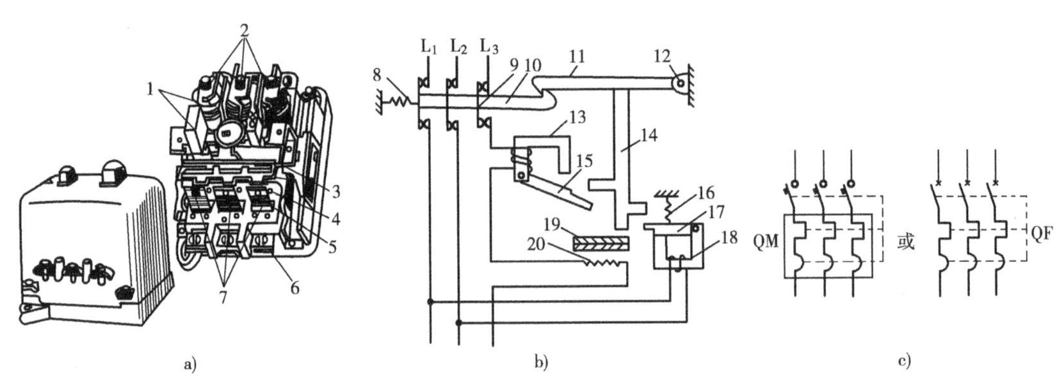

图1-37 自动开关

1-按钮;2、13-过电流脱扣器;3-自由脱扣器;4-动触点;5-静触点;6-接线柱;7-热脱扣器;8-主弹簧;9-主触点;10-锁键;11-搭钩;12-转轴;14-杠杆;15-过电流脱扣器衔铁;16-弹簧;17-欠电压脱扣器衔铁;18-欠电压脱扣器;19-双金属片;20-热元件

1)短路保护

过电流脱扣器13的线圈串入被保护的主电路中,正常工作时,流过线圈的电流在铁芯上产生的电磁力不足以吸合衔铁15;当电路发生短路时,过电流脱扣器的衔铁被吸合,而将杠杆14顶上去,使搭钩11脱开,由主触点9切断电路,实现短路保护。

2)过载保护

当电路过载时,热脱扣器的热元件20发热,使双金属片19向上弯曲,推动杠杆顶开搭钩,使主触点断开,达到过载保护目的。

3)欠电压保护

欠电压脱扣器线圈并联在主电路中,当电路欠电压或失压时,欠电压脱扣器18的衔铁17释放,推动杠杆顶开搭钩,使主触点断开,达到欠电压保护目的。

因此,搭钩11被杠杆14顶开,而使主触点9断开电路,是自动空气开关的关键所在。

2. 常用自动开关

按结构形式分，自动开关有塑壳式、框架式、限流式、直流快速式和漏电保护式多种，以前两种为多见。

塑壳式常用的有 DZ1 系列（分 10、100、200、600A 四个等级）及新产品 DZ10 系列（可替代 DZ1 系列）。小容量的有 DZ4、DZ5 系列（分 25、50A 两个等级）。

框架式常用的有 DW10 和 DW15 系列。

3. 自动开关的型号及符号表示

自动开关的型号表示方法为：

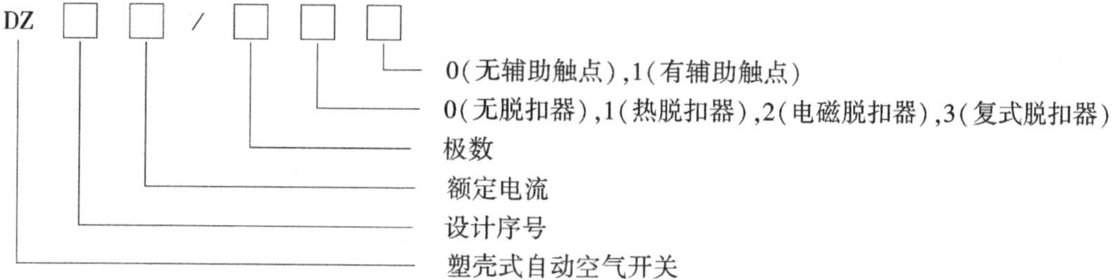

自动开关在电气原理图中的符号如图 1-37c）所示。

4. 自动开关的选用与安装

自动开关的主要参数是额定电压、额定电流和允许切断的极限电流，选择自动空气开关时应注意下列几点：

（1）自动开关的允许切断极限电流应略大于线路最大短路电流；

（2）自动开关的额定电压应大于线路额定电压，其额定电流不小于线路计算负载电流；其额定短路通断能力不小于线路中可能出现的最大短路电流，一般按有效值计算；

（3）线路末端单相对地短路电流不小于 1.25 倍自动开关的脱扣器整定电流；其欠电压脱扣器额定电压等于线路额定电压。

自动开关在安装维护时应注意下列几点：

（1）垂直安装，上下接点应使用规定截面的导线或母线连接。

（2）运行中不可将灭弧罩取下，若灭弧罩损坏应予以更新。

（3）分断短路电流后，应切除上一级电源，及时检查触点，用干布抹净弧烟痕迹，修整烧毛触点（主触点一般不允许用锉刀修整）。

（4）脱扣器整定值不得随意更动，定期检查各种脱扣器的动作整定值及其延时值，检查弹簧是否生锈卡住。

（5）注意工作电流，触点的长期工作电流不得大于自动开关的额定电流，以免触点温升过高。

（6）定期除尘垢，给操作机构添加润滑油。

（五）起升高度限制器

起升高度限制器由变速箱和四挡可调的限位开关组成，其结构如图 1-38 所示。其原理是卷筒轴带动蜗杆、蜗轮转动，在蜗轮轴上的凸轮也随之转动，转到某一位置时凸轮的凸缘部分与限位开关接触，使限位开关动作，改变限位触点的状态，从而切断上升或下降动力源，使吊具停止在极限位置上。图1-38为QGX系列起升高度限制器,其具有重量轻、体积小、安装调试方便、响应灵敏准确、平稳可靠、使用寿命长等优点。一般可对上升、下降设报警限位和保护限位两道保护,是适用于各类起重机限制起升高度的可靠安全保护装置。

QGX系列起升高度限制器可根据起重机械卷筒有效工作圈数选定型号(QGX-A型、B型、C型),用于5~250t起重机标准系列或非标准卷筒上。其技术指标如下:

环境温度:-25℃ ~ +60℃;

限定开关额定电压:AC380V;

限定开关额定电流:AC380V,2.5A。

起升高度:

QGX-A型:卷筒有效工作圈0~40圈(0~25圈);

QGX-B型:卷筒有效工作圈0~80圈(0~50圈);

QGX-C型:卷筒有效工作圈0~120圈(0~100圈)。

限位开关:4个可调限位位置的限位开关(可根据需要选择常开或常闭)。

在力矩限制器中使用的起升高度限制装置还增加光电旋转编码器,光电旋转编码器以脉冲信号形式输出一个更为精确卷筒的转数给单片机或PLC,实现力矩的控制,如图1-39所示。

图1-38 起升高度限制器结构图

1-变速器;2-凸轮组;3-触点组

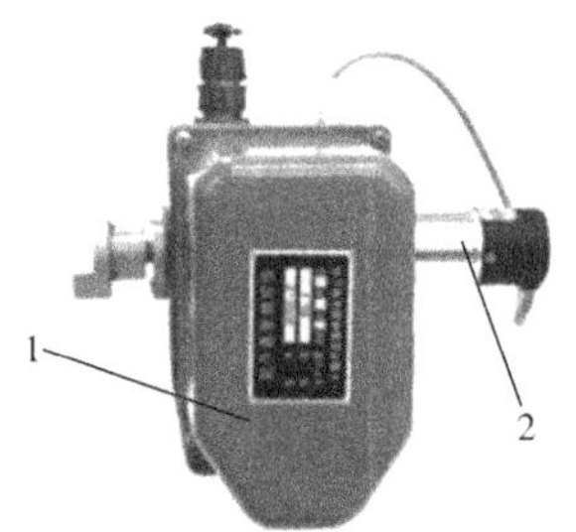

图1-39 带编码器的高度限制器

1-普通限制器;2-编码器

(六)超速开关

超速开关是一种机械式离心的超速控制装置,其结构如图1-40所示,轴2与电机同轴,当电机转动时,钢球3也随之转动,当转速升高时钢球所产生的离心力去推动滑盘4作轴向运动,推杆6推动微动开关动作,从而使微动开关的触点状态发生改变。调节弹簧5的张力,可改变超速开关的控制转速,在港机一般超速调整在115%起升机构最高工作转速。超速的保护转速可由生产厂家根据用户的要求调整设定。微动开关7有一对常开触点和常闭触点,用于超速控制保护。

图1-40 超速开关结构原理图

1-壳体;2-轴;3-小钢球;4-滑盘;5-弹簧;6-顶杆;7-微动开关

在港口起重机的起升机构电气控制中,电机的超速保护大多数情况下能通过变频器来实现。但是为了防止变频器发生保护迟钝现象的出现,则在起升电机同轴连接的离心超速开关作最后的保护。

课题四 其他电器

知识点

1. 起动电阻、频敏变阻器、起重电磁铁、制动器的基本结构、电气原理、种类；
2. 港口机械中常用传感器的基本结构、工作原理及主要电气技术指标；
3. 变频器的基本原理。

技能点

1. 检查制动器、港机常用传感器的性能；
2. 变频器功能选择与参数设置。

一、课题引入

港口码头的生产性质决定了港口电气设备具有普通电气设备所不具备的一些特殊性。综合常规港口电气设备和现代港电控制技术，本课题对港口电气设备中一些特有的电器，包括最新使用的传感器做了介绍。

二、课题分析

由于港机中所使用的传统的电磁抱闸和液压电磁铁制动器已被电动液压推杆制动器所代替，为了检测电动液压推杆制动器的动作状态，在制动器上都安装了一些传感器，以便把制动器推杆的机械位移转换成电信号，因此掌握制动器及传感器的工作原理和主要技术参数是现代港机电气控制分析的基础。

变频技术已成为三相异步电动机调速方式的首选方案，变频器的功能与参数设置、控制与给定方式设定，以及其基本应用成为本课题的介绍内容。

三、相关知识

(一)起动调速电阻

港口起重机械都要求有较大的起动转矩，在变频技术未普遍运用前多用绕线式异步电动机作动力，目前小型港机上就都采用绕线式异步电动机。它的特点是可以在转子电路中串联附加电阻，减小起动电流，同时在转速逐渐提高的情况下，得到比鼠笼式异步电动机大得多的起动力矩。

1. 常用电阻元件

1)铸铁电阻元件

铸铁电阻元件取材简单、价格低廉、加工容易；发热时间常数大，它的热容量比其他材质制成的电阻元件要大出几至十几倍；还有其他材料无法相比的是，其铸铁接触大气层形成的氧化膜不会再继续向深层渗透腐蚀。但是铸铁电阻元件的缺点是性脆易断，在浇铸过程中应适当渗入些镍、铬或硒土之类的元素，这样不仅能加强力学性能，还可提高电阻率。

由灰铸铁 HT100 制成的 ZT 型铸铁电阻元件，是由许多 U 字形的栅格组成。截面积在

26mm² 以上的称 ZT1 型大号电阻元件,26mm² 以下的称 ZT2 型小号电阻元件。ZX1 型电阻器由 ZT 型电阻元件组成,在通电发热时,温度每升高 100℃,电阻值约增 10%。该电阻器在额定功率下运行时的允许温升为 350℃,为重复短时工作制。

2)康铜电阻元件

康铜电阻元件是用康铜丝绕制在用瓷槽绝缘的铁板上,各方面性能好,是理想的电阻材料,主要用于较小电动机的电阻器上。常用的康铜电阻元件有 ZB1 和 ZB2 两种型号,其中 ZB1 型电阻元件是用带形康铜材料绕制,带材的宽度为 10mm,厚度为 0.3 ~ 1.0mm。ZB1 型康铜带型电阻元件共有 6 种规格,额定电流 23 ~ 43A,电阻值 0.2 ~ 0.46Ω。ZB2 型电阻元件是用丝形康铜材料绕制,康铜丝直径 0.3 ~ 2.0mm。ZB2 型康铜丝电阻元件共有 12 种规格,额定电流 4.4 ~ 22.3A,电阻值 0.7 ~ 18Ω。ZB2 型康铜丝电阻元件的结构如图 1-41 所示。

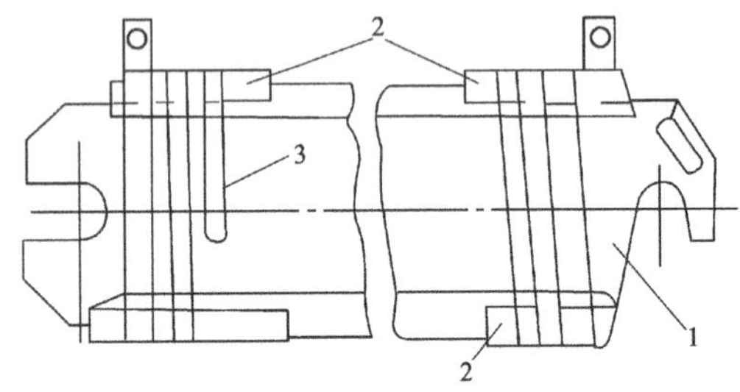

图 1-41　ZB 系列康铜丝电阻元件的结构

1-钢质底板;2-瓷槽;3-康铜电阻丝

由 ZB 型电阻元件可组成 ZX2 型标准电阻值,由 ZB1 型康铜带电阻元件组成 ZX2—1 型电阻器,由 ZB2 型康铜丝电阻元件组成 ZX2—2 型电阻器。

3)铁铬铝电阻元件

铁铬铝耐高温也耐振动,也是较好的电阻材料,目前铁铬铝已代替铸铁用在大中型电动机的电阻器上。使用铁铬铝材料制造的电阻元件有 ZD1 型波浪形电阻元件、ZD2 型圆筒形电阻元件和 ZJ1 型锯齿形电阻元件等 3 种。铁铬铝电阻元件常用的合金材料为 Cr13A14,厚度为 0.8 ~ 2.45mm,宽度为 6 ~ 24mm 的带状材料。

由铁铬铝电阻元件组成的电阻器有 ZX9 型、ZX10 型和 ZX12 型三种电阻器。

4)镍铬合金电阻元件

镍铬合金电阻元件耐振动,使用寿命长;电阻元件的绝缘采用耐高温绝缘瓷套,电阻元件一般不会对地产生短路,而且阻值稳定。网状片形电阻元件是无感型的,适宜作变频调速制动单元的能耗电阻。

ZC3 和 ZP1 型镍铬合金电阻元件是用镍铬合金板材冲制成网状片形结构的元件,ZC3 型镍铬合金电阻元件有 38 种规格,ZP1 型镍铬合金电阻元件有 14 种规格,它们常用镍铬合金板的厚度为 0.8 ~ 1.0mm。

ZX18 型标准电阻器是由 ZC3 型镍铬合金电阻元件组成的,每箱由相同规格的 ZC3 型电阻元件组成,可装 20 个电阻元件。ZX20 型标准电阻器是由 ZP1 型电阻元件组成的,每箱由相同规格的 ZP1 型电阻元件组成,可装 20 个电阻元件。ZX18 型电阻器的接线图如图 1-42 所示,ZX20 型电阻器的接线图如图 1-43 所示。

2. 起动调速电阻的连接方法

绕线式异步电动机转子电路串电阻起动,主要是用于限制起动电流,提高起动转矩。一般是在转子回路中串入多级电阻,利用接触器的主触头依次分段切除电阻,使绕线式电动机转速逐级提高,最终达到额定转速而稳定运行。

绕线式异步电动机转子的外接电阻可以对称切除,也可以不对称切除。对称切除有三种不同接法,见图1-44。图1-44a)、图1-44b)、图1-44c)是对称切阻,切阻效果完全相同;图1-44d)是不对称切阻。其中,图1-44a)是电阻接成Y形,短接电阻的接触器KM触头接成不完全的Y形或V字形;图1-44b)是电阻接成Y形,短接电阻的接触器触头也接成Y形;图1-44c)是电阻接成Y形,接触器触头接成三角(△)形。以上三图中,接触器KM_1、KM_2依次顺序闭合,分两次逐级切除电阻。图1-44d)是为了减少所需控制短接的触头数而采用的,它会造成转子中电流不对称,故必须通过合理选择各段电阻的数值,并使过载各相互相轮流交替短接,以尽量减小其电流不对称的影响。图中5个加速接触器KM_1、KM_2、KM_3、KM_4和KM_5依次顺序闭合,分5次逐级切除电阻。

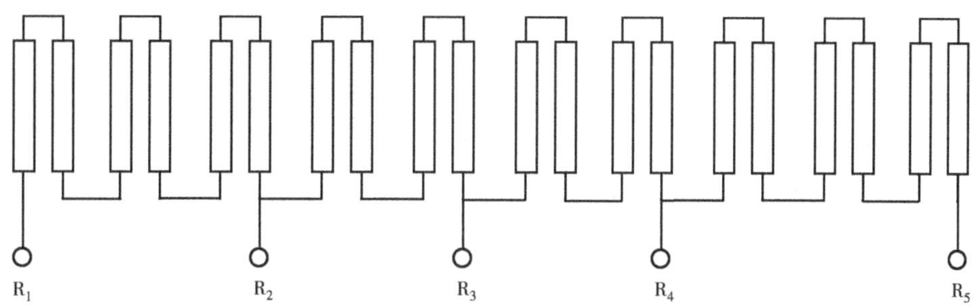

图1-42　ZX18型电阻器的接线图

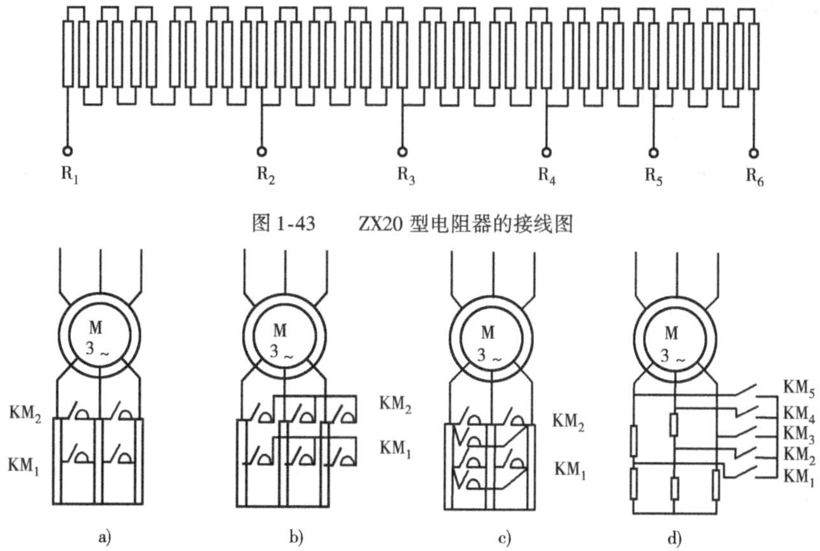

图1-43　ZX20型电阻器的接线图

图1-44　转子外接电阻切除的接法

a)对称切阻,KM触头接成V形;b)对称切阻,KM触头接成Y形;c)对称切阻,KM触头接成△形;d)不对称切阻,KM触头接成Y形

(二)频敏变阻器

绕线式异步电动机转子绕组串接电阻起动,使用电器较多,起动电阻体积较大,控制线路复杂。要想获得良好的起动特性,则需用较多的起动级数,使得设备投资大、维修不便,而且在起动过程中逐级切除电阻,电动机的电流及转矩也随之突变增大,会产生一定的机械冲击。频敏变阻器能使绕线式异步电动机获得较理想的机械特性,串接在转子回路的频敏变

阻器的阻抗值能随电动机转速的升高而自动平滑地减少，从而不需要逐级切除电阻。

1. 频敏变阻器的工作原理

由拖动理论知，起动过程中转差率 S 的变化规律是：

$$f_2 = sf_1 = \frac{n_1 - n_2}{n_1} \cdot f_1$$

式中：f_1——定子电流频率；

f_2——转子电流频率。

可以看出，转子电流频率 f_2 是关于电动机转速 n_2 的函数。在起动过程中，随着转速 n_2 不断升高，转子电流频率 f_2 不断减小，而频敏变阻器的阻抗值也随之逐渐减小。所以，绕线式异步电动机串接频敏变阻器起动时，随着转速的升高，其阻抗值自动减小，实现了平滑无级的起动。

2. 频敏变阻器的结构性能

频敏变阻器的外观、结构和图形文字符号见图 1-45 所示。

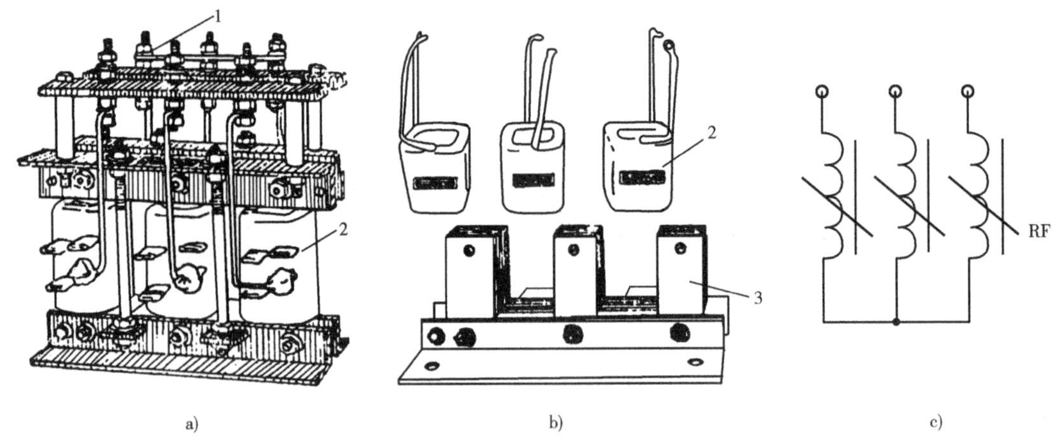

图 1-45　频敏变阻器

a) 外观图；b) 结构图；c) 图形文字符号

1-接线柱；2-绕组；3-铁芯

频敏变阻器是一种静止的、无触点的电磁元件，它是由一整块或几块 30～50mm 厚的钢板或铸铁叠成的三柱形铁芯，一般做成 E 式，在每柱铁芯上装有一个绕组，三相绕组作 Y 形连接，并与电动机转子绕组相接，是一个特殊的三相铁芯电抗器。

在绕线式异步电动机起动时，将频敏变阻器串入转子绕组中，随着转速的升高，转差率降低，转子电流频率减小，频敏变阻器的总阻抗值自动减小，可达到自动变阻的目的，从而可以获得近似恒转矩的起动性能，实现无触点控制和无级起动，称为速度原则起动。这种起动方法大大简化了电路，有些场合仅需一级频敏变阻器就可以平稳地使电动机起动，减少了维修和保养工作。但是该方法不能用于调速，且起动转矩小，仅达 1.2～1.5 倍的额定转矩；功率因数低，一般小于或等于 0.75；起动电流较大；与配用电阻器起动方式相比，频敏变阻器的起动时间长。频敏变阻器一般适用于大容量电动机轻载时偶尔起动或频繁起动。

我国生产的频敏变阻器有 BP1 和 BP2 系列，可根据偶尔起动或重复短时起动分别选用。现已发展了 BP3 系列和 BP4 系列，BP4 系列频敏变阻器在线圈外圈加装有铝感应管，铝管即二次回路线圈,起着提高功率因数、增大起动转矩的作用。BP6 系列频敏变阻器设有内外铝环,可用作绕线式异步电动机的重载起动。

3. 频敏变阻器的选用和调整

1)频敏变阻器的选用

频敏变阻器是一种无触点的电器,选用频敏变阻器时,应按电动机的容量、偶尔起动或重复短时起动的方式不同来选择合适的型号,还应考虑负载的类型:轻载、轻重载和重载,还应适应起动转矩倍数和转子起动电流倍数的要求,有时也可以选用多台频敏变阻器串联或并联以后使用。频敏变阻器作异步电动机转差率调整器使用时,由于须经常接在转子回路中,其铁芯会产生相当大的滑差功率,应采用管式铁芯用冷水散热。

2)频敏变阻器的调整

频敏变阻器的每相绕组上备有五个抽头,对应 100%、90%、80%、70%、60%、50% 和 40% 的匝数,且上下铁芯间的气隙可调,频敏变阻器的调整主要是指调整线圈抽头匝数和铁芯气隙。在选定了频敏变阻器后,如遇下列情况,则可对其进行调整。

(1)电动机的起动电流过大、起动太快,则应换接抽头,增加线圈匝数,即提高抽头比,使起动电流减小,起动力矩也减小。

(2)当起动转矩不够,起动太慢时,则应减少线圈匝数,即降低抽头比。

(3)起动转矩过大,有机械冲击,而起动完毕后的稳定转速又偏低,使短切频敏变阻器时的电流冲击较大,则应适当增大铁芯间的气隙,使起动电流略有增加,而起动力矩略有减小,但起动完毕后的力矩有所增加,因此稳定运行时的转速得以提高。

(三)制动器

三相异步电动机从切除电源到完全停止转动,由于惯性的原因,总需要一段时间后才会完全停下来。但在实际工业生产中,为了提高劳动生产率,很多生产机械在运行过程中都要求安全和准确定位,需要电动机能迅速停车,这就要求对电动机进行制动控制。

所谓制动,就是给电动机一个与之转动方向相反的转矩使它迅速停转(或限制其转速)。制动的方法一般有机械制动和电气制动,而电磁抱闸、液压电磁铁和电动液压推杆是机械制动中常用的电器。

1. 电磁抱闸

电磁抱闸的结构如图 1-46 所示。它主要由两部分组成:制动电磁铁和闸瓦制动器。制动电磁铁由线圈、铁芯和衔铁三部分组成,并有单相和三相之分。闸瓦制动器包括闸瓦、闸轮、杠杆和弹簧等,闸轮装在与电动机转子相连的同一根转轴上。

电磁抱闸分为断电制动型和通电制动型两种。断电制动型电磁抱闸的性能是:闸瓦与闸轮平时处于“抱住”状态,当电动机得电起动时,与其并联的线圈也同时得电,吸引衔铁,使之与铁芯吸合,并克服弹簧的弹力将杠杆移动,迫使闸瓦与闸轮松开,使与电动机一起运转的转轴正常运行,无制动作用;当切断电源时,线圈也同时失电,衔铁被释放,在弹簧力的作用下使闸瓦紧紧抱住闸轮,实现迅速制动。

通电制动型电磁抱闸的性能正好与断电制动型电磁抱闸相反:闸瓦与闸轮平时处于“松开”状态,当线圈得电时,闸瓦紧紧抱住闸轮制动;当线圈失电时,闸瓦与闸轮分开,无制动作用。

断电制动型电磁抱闸被广泛应用于起重机械上，其优点是定位准确，可防止电动机突然失电时重物的自行坠落。当重物起吊到一定高度时，按下停止按钮，电动机和电磁抱闸的线圈同时失电，闸瓦立即抱住闸轮，电动机立即制动停转，重物随之被准确定位。如果电动机在工作时，线路发生故障而突然断电时，电磁抱闸同样会使电动机迅速制动停转，从而避免了重物自行坠落造成事故。但是这种制动方法的缺点是不经济，因为电磁抱闸线圈的耗电时间和电动机一样长，而且在切断电源后，由于电磁抱闸的制动作用，使手动调整工件就变得很困难。因此，对于机床设备要求电动机在制动后能够调整工件位置时，就不能使用断电制动方法，而应采用通电制动控制线路。

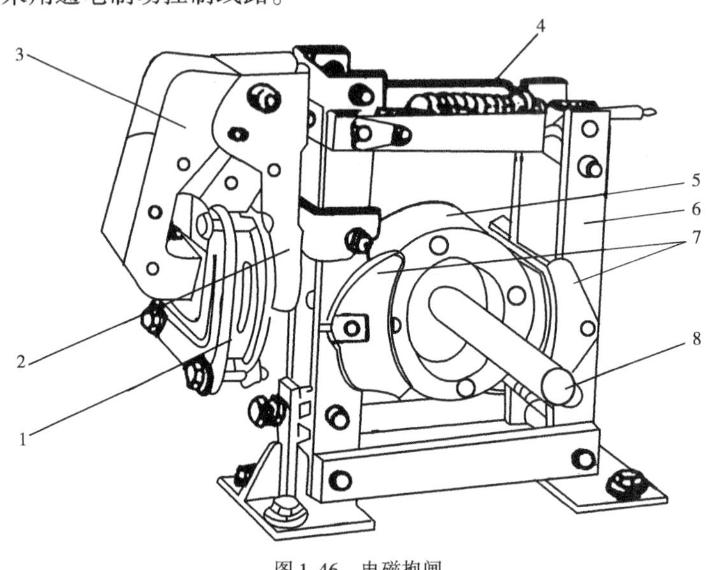

图 1-46　电磁抱闸

1-线圈；2-铁芯；3-衔铁；4-弹簧；5-闸轮；6-杠杆；7-轴瓦；8-轴

2. 液压电磁铁

液压电磁铁由电磁铁、油缸、活塞及推杆等构成，构造如图 1-47 所示。其动作原理如下：当电磁铁的线圈 4 通电后，静铁芯 3 吸引动铁芯 6 向上运动，将两铁芯间隙的油液挤出，从而使油液推动活塞 2 将推杆 1 推出，推动制动器松闸。油通过齿形阀 9 与齿形阀 10 组成的一个单向阀，从油缸 11 流入工作腔内。当工作腔内有压力时，阀片 10 被压向上面的 O 形密封圈（阀座），从而切断油路。

当电磁铁线圈断电后，推杆 1 带动活塞 2 在制动器主弹簧作用下下降，把工作腔内的油液通过底部的单向阀挤出。底部的单向阀由下阀座 8、下阀片 7、带孔弹簧座及弹簧组成。当动铁芯 6 下落到达底部时，底座底部中央顶尖把下阀片顶起，工作腔的油液自由流出，使活塞充分下降，闸瓦把闸轮抱紧，实现制动。而且，推杆行程的大小可通过垫片 5 来调整。

液压电磁铁的电磁系统采用直流系统，所以需要一套硅整流设备。它具有动作平稳、无噪声、使用寿命长、接电次数多和结构紧凑等优点，还能自动补偿衬垫的磨损。但是液压电磁铁的制造工艺要求高，价格贵，制造质量差时，会出现动作失灵和漏油等毛病。

液压电磁铁制动器的型号为 YDWZ，松闸器采用 NY1 系列的液压电磁铁。

3. 电动液压推杆

电动液压推杆由驱动和器身（离心泵）两部分组成，其中器身部分由油缸、活塞、推杆、叶

轮及转轴等组成。电动液压推杆的构造如图 1-48 所示,其工作原理如下:

电动液压推杆的器身内装有活塞 6,活塞内的叶轮 5 连接在转轴 3 上。当电动机 1 在通电运转时,由转轴带动离心泵叶轮也高速旋转。由于叶轮离心力的作用,将叶轮腔内的油液从活塞的上部压到活塞的底部,推动活塞和推杆 2 一起上升,使制动器松闸。

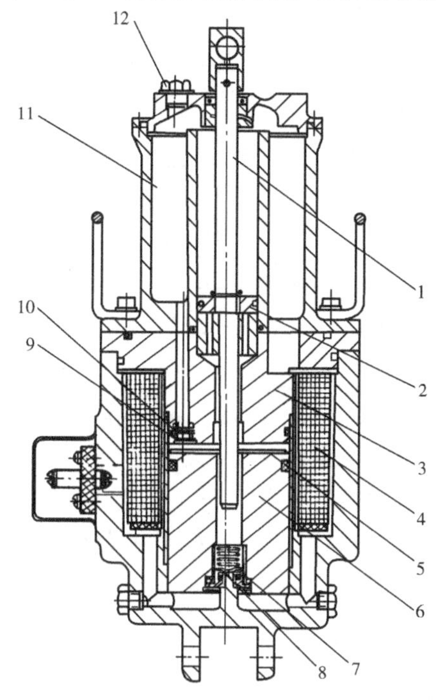

图 1-47 液压电磁铁

1-推杆;2-活塞;3-静铁芯;4-线圈;5-衬垫;6-动铁芯;7-下阀片;8-下阀座;9-齿形阀;10-齿形阀片;11-油缸;12-放气螺栓

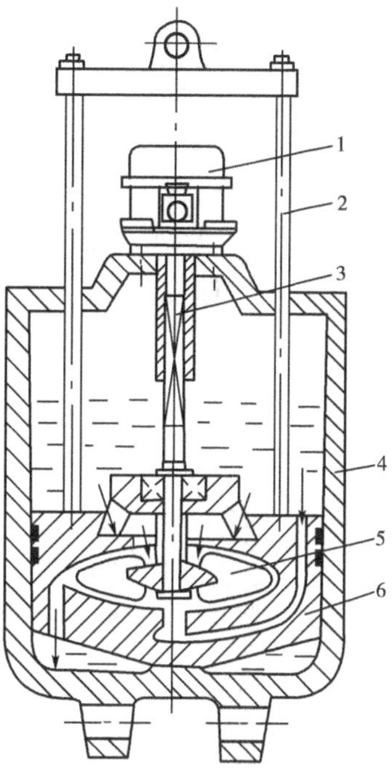

图 1-48 电动液压推杆

1-电动机;2-推杆;3-转轴;4-壳体;5-叶轮;6-活塞

当电动机断电后,叶轮停止旋转,活塞向下降落,推杆在弹簧弹力的作用下向下运动,使制动器抱闸,实现制动。由于油液的阻尼作用,制动器不能迅速抱闸,因此制动平稳,无冲击。

电动液压推杆推力恒定,电机功率小,在起重机、卷扬机及冶金等机械行业得到广泛的应用,但是它的缺点是上闸较缓慢。

电动液压推杆制动器型号为 YWZ,采用 YT1 系列液压推动器。图 1-49 所示为 YWZ5 型电动液压推杆制动装置结构图。

另外,常见的起重机制动器在电气原理图中的符号如图 1-50 所示。

(四)起重电磁铁

起重电磁铁被广泛地用于冶炼、铸造、机械制造和运输等部门,可在常温下搬运钢板、生铁锭、废钢屑、钢轨、铁矿石等具有磁性的物件,能省去吊挂钩工序,降低劳动强度,提高装卸效率。

常见的起重电磁铁有:

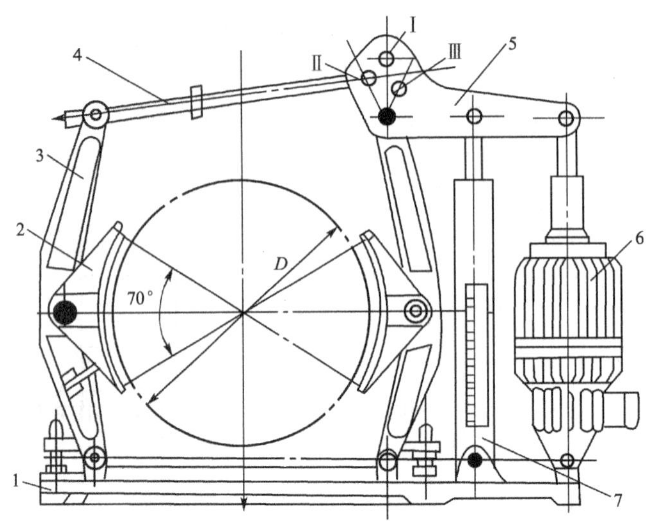

图 1-49　YWZ5 型电动液压推杆制动装置

1-制动器;2-闸瓦;3-支持臂;4-调整杆;5-杠杆;6-电动液压推动器;7-弹簧拉杆

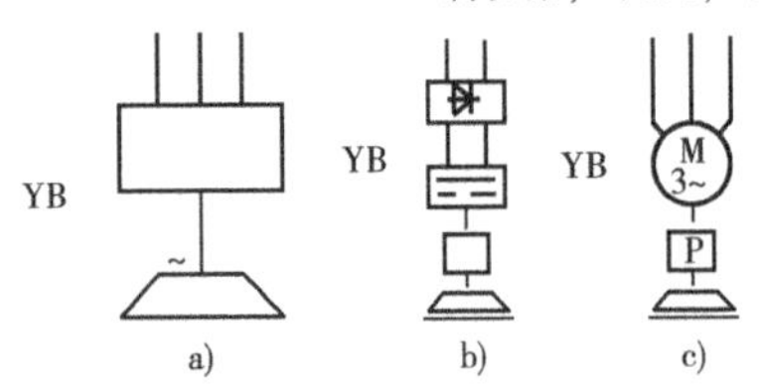

图 1-50　制动器电气图形和文字符号

a)电磁制动器;b)液压电磁制动器;c)电动液压推杆制动器

1. 软磁性材料制造的起重电磁铁

此类起重电磁铁主要由外壳、励磁线圈及铁链三个部分构成。外壳取材软铁或低碳钢,可由钢板直接焊接,由强导磁材料及非磁性的能耐磨、耐撞击材料组合而成,励磁线圈被密封在的外壳之中。

起重电磁铁由直流供电,因为直流可以取得大小相同、方向一致的恒定不变的磁场,在其恒定值颇大的励磁磁动势下可以稳定地获得足够的吸力。常用的起重电磁铁供电方式有:交流电动机—直流复励发电机组、硅整流器等。

起重电磁铁按其外表形状分为圆形和矩形两大类,结构分别如图 1-51 和图 1-52 所示,起重电磁铁的图形符号见图 1-53 所示。按其励磁线圈的励磁方法分为一般励磁、强励磁及过励磁三种。

2. 硬磁性材料制造的起重磁铁

此类起重磁铁利用硬磁性材料即永久磁铁制成,是充分利用永久磁铁的特性,又结合实际使用要求设计成的新型的起重电磁铁。不需备用电源,安全可靠又节约电能。凭借它所具有的磁能积,对被吸物体能维持相当长的吸持时间,安全可靠,能够摆脱当停电或其他电气故障而使被吸物体掉落造成人身伤害或设备事故的可能性,是一个十分理想和最佳节能的品种。但吸力要比同尺寸的电磁铁吸力要小,一般仅适用于吸吊比较平整、重量较小的钢板。

3. 专用型起重电磁铁

1) MW5、LMC 型起重电磁铁

此类起重电磁铁自重轻,结构简单,起吊能力大,安全可靠,适用于各类起重设备,是吊运不能用钢丝绳挂钩的废钢、生铁锭、切头、钢球等松散磁性物料的专用型起重电磁铁。因为这类物料堆放随便,形状尺寸没有规律,所以相应增大了起重电磁铁与被吸物料间的间隙，它的磁路设计除采用定电压供电方式外，常采用强励磁方式（290V/220V）或过励磁方式（350V/290V/200V），这样既提高了对松散物料的起吊能力，又提高了经济效益。

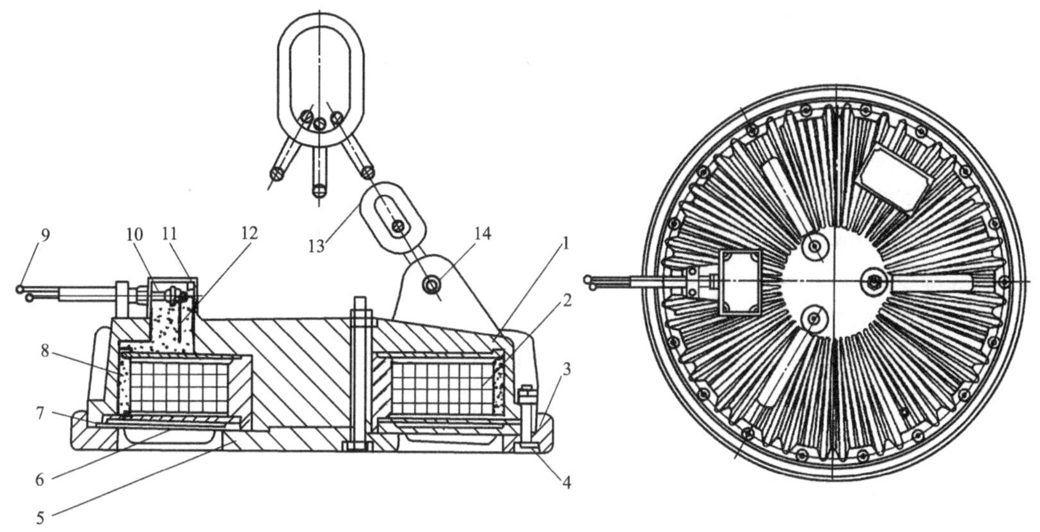

图 1-51 圆形起重电磁铁的结构

1-盖体；2-线圈装配；3-外磁极圈；4-紧固螺栓；5-内磁极；6-非磁极护板；7-石棉垫；8-填充物；9-接线夹；10-出线螺杆；11-出线盒；12-软导片；13-链条；14-开口销

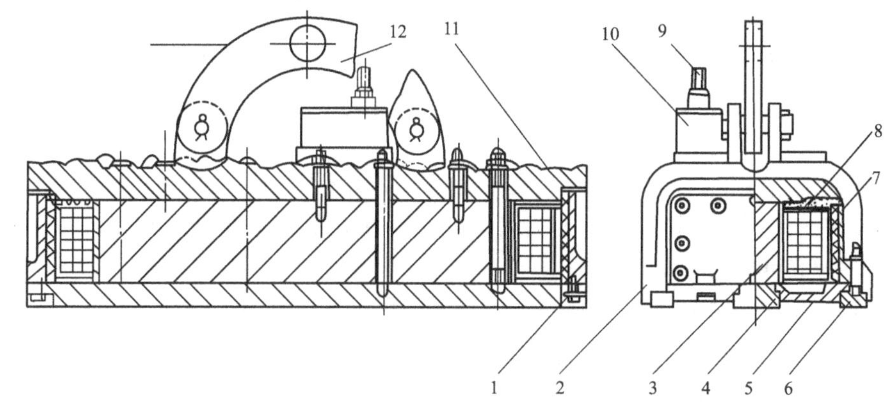

图 1-52 矩形起重电磁铁的结构

1-螺栓；2-盖体；3-铁芯；4-中磁极；5-非磁性护板；6-边磁极；7-线圈；8-填充物；9-导线；10-出线盒；11-端盖；12-吊攀

2）吊运钢带卷板用起重电磁铁

这类起重电磁铁有 MW16、MW26、MW36 三种类型。

3）吊运钢管的起重电磁铁

这类起重电磁铁有 MW29 型和 MW85 型两种。

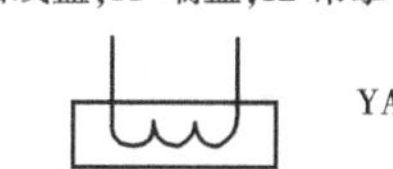

图 1-53 电磁铁图形和文字符号

MW29 型起重电磁铁，它的磁极为扁平状结构，适合搬运不同外径、长度、根数的捆扎钢管，它的吸附表面没有凸缘部分且光滑平整，所以不会损伤钢管等管状物料。

MW85 型起重电磁铁适应于吊运大直径钢管，它的磁极设计成独特的磁路结构。当吸引物料时，可以各自动作，不会影响邻近的钢管，具有安全、可靠、节能及方便等优点。与挂钩或钢丝绳等吊运方式相比，不仅可以直接进行装卸作业，而且能极大地提高货物场地的利用率。

4）吊运薄板的起重电磁铁

这类起重电磁铁有MW04型起重电磁铁和LMR型起重电磁铁，它们都是被专门设计为吊运钢板的，可用来吊运1～4张薄钢板，其中MW04型起重电磁铁的结构形式为小直径圆形，LMR型起重电磁铁的结构形式为矩形。它们适宜于薄板的压力加工、为剪板机进行输送辅料作业、吸吊特别小件物料或作为机械设备上的电磁夹具等场合。

这种起重电磁铁的磁路分布合理，透磁深度大，即使钢板弯曲，也能产生稳定的吸力，起吊能力强、小型轻便、经久耐用、节省电能，并可用控制器简便地控制起吊钢板的张数，还可以多张起吊、单张放下。

5）吊运型钢、初轧钢等条状物料的起重电磁铁

这类电磁铁的作业方式一般都采用两台联合运行，使电磁铁的N极和S极符合物料的具体尺寸而获得吸合时的最大吸力，保证吸吊时的安全运移，主要类型有MW22型和MW92型两种。

为了防止因电网突然停电而造成人身和设备事故，有的起重电磁铁还具有停电保磁系统，可借助备用电源在设定的时间内保持被吸物不致掉落，并可控制打开卷扬机制动器，将被吸物安全放下，在此不再赘述。

（五）港机中常用传感器

随着可编程控制器（PLC）和变频技术在港口机械电气控制系统中广泛应用，各种传感器也在港口机械中不断出现，形成了具有港口机械特色专用传感器，为港机的自动化、智能化控制，提高生产效率奠定了基础。

1. 光电旋转编码器

用于转速测量的传感器有多种，而在电动机转速监测中常用光电旋转编码器，因此这里仅对光电旋转编码器作讨论。光电旋转编码器一般都应用于速度控制或位置控制系统的检测元件，是用来测量转速的装置。

光电旋转编码器按脉冲与对应位置（角度）的关系可分为：绝对脉冲编码器（APC）、增量脉冲编码器（SPC）和APC与SPC结合的混合式光电编码器。

1）光电编码器的工作原理

光电编码器，是一种通过光电转换将输出轴上的机械几何位移量转换成脉冲或数字量电信号的传感器。这是目前应用最多的传感器，光电编码器是由光栅盘和光电检测装置组成。光栅盘是在一定直径的圆板上等分地开通若干个长方形孔。由于光电码盘与电动机同轴，电动机旋转时，光栅盘与电动机同速旋转，经发光二极管等电子元件组成的检测装置检测输出若干脉冲信号，其原理示意图如图1-54所示；通过计算每秒光电编码器输出脉冲的个数就能反映当前电动机的转速。此外，为判断旋转方向，码盘还可提供相位相差90°的两路脉冲信号。

在结构上光电旋转编码器，按照码盘上形成的码道配置相应的光电传感器，包括光源、透镜、码盘、光敏二极管和驱动电子线路。当码盘转到一定的角度时，扇区中透光的码道对应的光敏二极管导通，输出低电平“0”，遮光的码道对应的光敏二极管不导通，输出高电平“1”，这样形成与编码方式一致的高、低电平输出，从而获得扇区的位置。

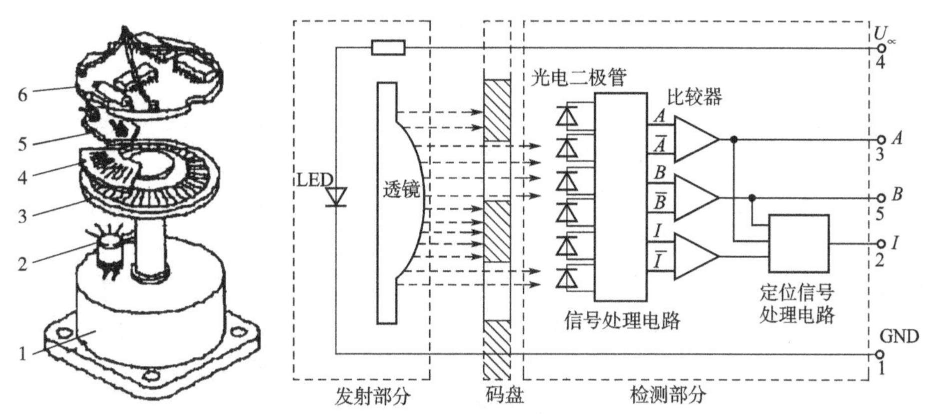

图 1-54 光电旋转编码器结构原理

1-外壳;2-光源;3-码盘;4-挡板;5-光检测器;6-电路板

实际上,光电旋转编码器是增量型、绝对型还是混合型取决于其码盘的形式。编码器码盘的材料有玻璃、金属、塑料,玻璃码盘是在玻璃上沉积很薄的刻线,其热稳定性好,精度高,金属码盘直接以通和不通刻线,不易碎,但由于金属有一定的厚度,精度就有限制,其热稳定性就要比玻璃的差一个数量级,塑料码盘是经济型的,其成本低,但精度、热稳定性、寿命均要差一些。

2)增量型编码器

增量型编码器又称相对式编码器,有单路输出和双路输出两种。技术参数主要有每转脉冲数(几十个到几千个都有),和供电电压等。单路输出是指旋转编码器的输出是一组脉冲,而双路输出的旋转编码器输出两组相位差 90°的脉冲,通过这两组脉冲不仅可以测量转速,还可以判断旋转的方向。由一个中心有轴的光电码盘,其上有环形通、暗的刻线,有光电发射和接收器件读取,获得四组正弦波信号组合成 *A*、*B*、*C*、*D*,每个正弦波相差 90°相位差(相对于一个周波为 360°),将 *C*、*D* 信号反向,叠加在 *A*、*B* 两相上,可增强稳定信号;另每转输出一个 *Z* 相脉冲以代表零位参考位。

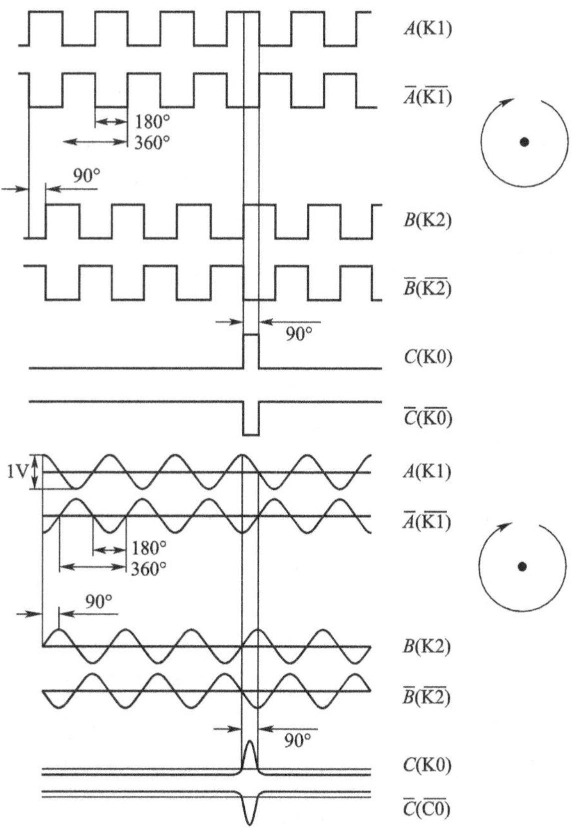

图 1-55 增量型编码器输出信号波形

增量式编码器是直接利用光电转换原理输出三组方波脉冲 *A*、*B* 和 *Z* 相;*A*、*B* 两组脉冲相位差 90°,从而可方便地判断出旋转方向,而 *Z* 相为每转产生一个脉冲,用于基准点定位,增量型编码器的输出波形如图 1-55 所示。它的优点是原理构造简单,机械平均寿命可在几万小时以上,抗干扰能力强,可靠性高,适合于长距离传输。其缺点是无法输出轴转动的绝对位置信息。

由于 A、B 两相相差 90°,可通过比较 A 相在前还是 B 相在前,以判别编码器的正转与反转,通过零位脉冲,可获得编码器的零位参考位。

增量式编码器的分辨率是指编码器以每旋转 360°提供多少的通或暗刻线,也称解析分度,或直接称多少线,一般在每转分度 5 ~ 10000 线。其信号输出有正弦波(电流或电压)、方波(TTL、HTL)、集电极开路(PNP、NPN)、推拉式多种形式,其中 TTL 为长线差分驱动(对称 A,A-;B,B-;Z,Z-),HTL 也称推拉式、推挽式输出,编码器的信号接收设备接口应与编码器对应。信号连接—编码器的脉冲信号一般连接计数器、PLC、计算机,PLC 和计算机连接的模块有低速模块与高速模块之分,开关频率有低有高。

如单相连接,用于单方向计数,单方向测速。A、B 两相连接,用于正反向计数、判断正反向和测速。A、B、Z 三相连接,用于带参考位修正的位置测量。A、A-,B、B-,Z、Z-连接,由于带有对称负信号的连接,电流对于电缆贡献的电磁场为 0,衰减最小,抗干扰最佳,可传输较远的距离。

对于 TTL 的带有对称负信号输出的编码器,信号传输距离可达 150m。

对于 HTL 的带有对称负信号输出的编码器,信号传输距离可达 300m。

在闭环速度控制系统中常用增量型编码器作速度反馈传感器。

3)绝对式编码器

绝对编码器是直接输出数字量的传感器,在它的圆形码盘上沿径向有若干同心码道,每条道上由透光和不透光的扇形区相间组成,相邻码道的扇区数目是双倍关系,码盘上的码道数就是它的二进制数码的位数,在码盘的一侧是光源,另一侧对应每一码道有一光敏元件;当码盘处于不同位置时,各光敏元件根据受光照与否转换出相应的电平信号,形成二进制数。这种编码器的特点是不要计数器,在转轴的任意位置都可读出一个固定的与位置相对应的数字码。显然,码道越多,分辨率就越高,对于一个具有 N 位二进制分辨率的编码器,其码盘必须有 N 条码道。目前国内已有 16 位的绝对编码器产品。

绝对式光电编码器的编码盘如图 1-56 所示,通过读取编码盘上的二进制的编码信息来表示绝对位置信息的。绝对编码器可有若干编码,根据读出码盘上的编码,检测绝对位置。编码的设计可采用二进制码(自然二进制)、循环码(循环二进制或葛莱码)、二进制补码等。它的特点是:

(1)可以直接读出角度坐标的绝对值;

(2)没有累积误差;

(3)电源切除后位置信息不会丢失。但是分辨率是由二进制的位数来决定的,也就是说精度取决于位数,目前有 10 位、14 位等多种。

编码盘是按照一定的编码形式制成的圆盘。图 1-56 是二进制的编码盘,图中空白部分是透光的,用"0"来表示;涂黑的部分是不透光的,用"1"来表示。通常将组成编码的圈称为码道,每个码道表示二进制数的一位,其中最外侧的是最低位,最里侧的是最高位。如果编码盘有 4 个码道,则由里向外的码道分别表示为二进制的 2^3、2^2、2^1 和 2^0,4 位二进制可形成 16 个二进制数,因此就将圆盘划分 16 个扇区,每个扇区对应一个 4 位二进制数,如 0000、

0001、…、1111。

4）混合式绝对值编码器

混合式绝对值编码器，它输出两组信息：一组信息用于检测磁极位置，带有绝对信息功能；另一组则完全同增量式编码器的输出信息。

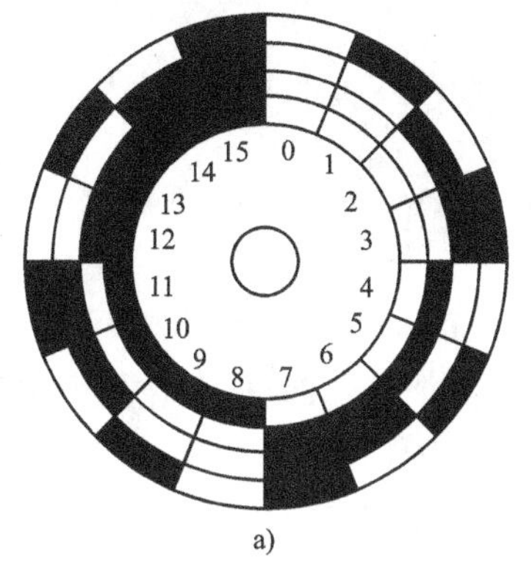

a)

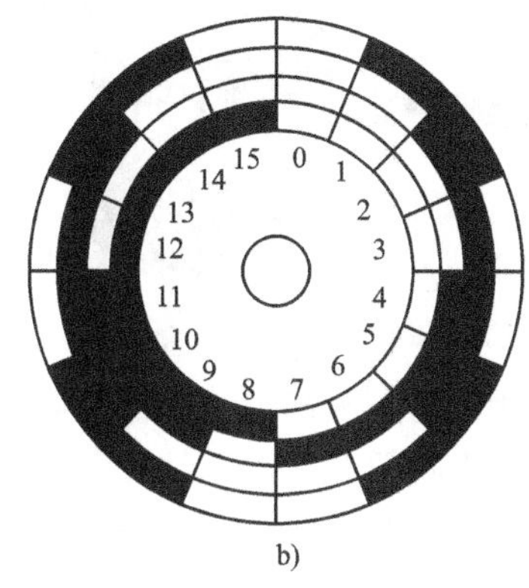

b)

图 1-56 绝对式编码器码盘结构图

光电编码器是一种角度（角速度）检测装置，它将输入给轴的角度量，利用光电转换原理转换成相应的电脉冲或数字量，具有体积小，精度高，工作可靠，接口数字化等优点。它广泛应用于数控机床、回转台、伺服传动、机器人、雷达、军事目标测定等需要检测角度的装置和设备中。

2. 倾角传感器

在港口机械中为测量变幅机构的倾斜角度，常用三种形式的角度传感器。第一种是直接用光电编码器作为测量元件，可以实现300°以内的角度测量。如图 1-57 所示。安装时将光电编码器的轴与变幅机构转动轴连接，或与变幅机构的钢丝绳驱动机构相连接，这样变幅机构的倾斜就与编码器的输出数据对应。第二种倾角传感外形如图 1-58 所示，是直接固定在回转臂架的侧面，倾角传感器内部芯片通过重心变化来测量角度，可以实现 100°以内的角度测量，均配合力矩仪使用。第三种是联杆式角度传感器，图 1-59 所示，安装在回转臂架的铰支点销轴端，其内部实际上是一个电位器，通过连杆摆动带动电位器的滑触头，从而使电位器的输出电压与连杆摆动成对应关系，输出电压信号传递给仪表。也有厂家的倾角传感器用电位器和摆锤构成，可装在起重机的吊杆上，吊杆对地的角度是通过重锤带动电位器旋转来测定，输出相应的电压值。

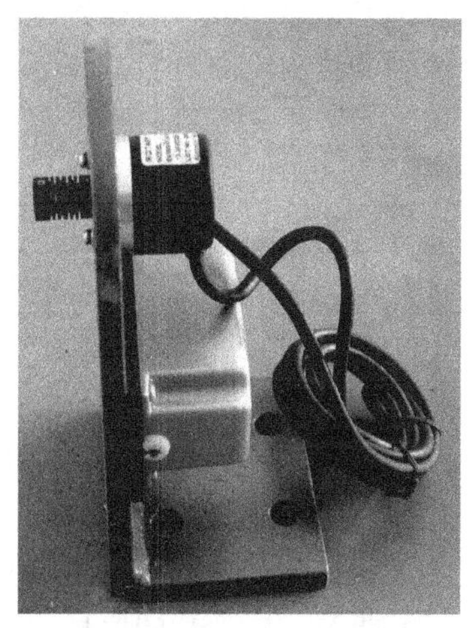

图 1-57 编码器构成倾角传感器

3. 测力传感器

测力传感器在工业上普遍使用的另一个名称是负荷传感器。在港口机械中以负荷传感器为基础可设计出力矩限制器、重量限制器等港机特有测量产品。

现代测力传感器大多是以弹性元件在外力作用之下的形变为基础，由弹性元件将测量的力转换成应变，再由压阻式应变片或微位移元件转换成电信号。这里主要介绍压阻式应变测力传感器。

图 1-58 重心检测单元倾角传感器

图 1-59 连杆式倾角传感器

基于压阻式应变片测力传感器的敏感元件包括两个基本部分：可在外力之下发生弹性应变的元件以及设置在弹性元件表面之上测量其在应力作用之下形变的应变片。为了提高测量灵敏度、改善线性度和适应不同的测量范围和环境的要求，弹性应变元件可以做成各种形状，压阻应变片设置于弹性形变元件的适当部位。测力传感器按弹性元件的承力方式可大致上为以下 4 个基本类型：弯曲梁式、剪切梁型、环型和正压力型。以上每一类型又有许多种变形。用于测力传感器的应变片多采用薄膜技术，直接沉积在弹性元件的表面之上。测力传感器中的应变片需要由读出仪表把电阻变化转换成应变，再根据材料力学原理进一步转换成受力。应变片的信号经放大之后成为标准的电压或电流信号，经电缆送至显示器以力单位显示或存储在计算机中。为了解决信号小、易受干扰的问题，应变片可以与信号放大器和读出电路封装在一个容器中。

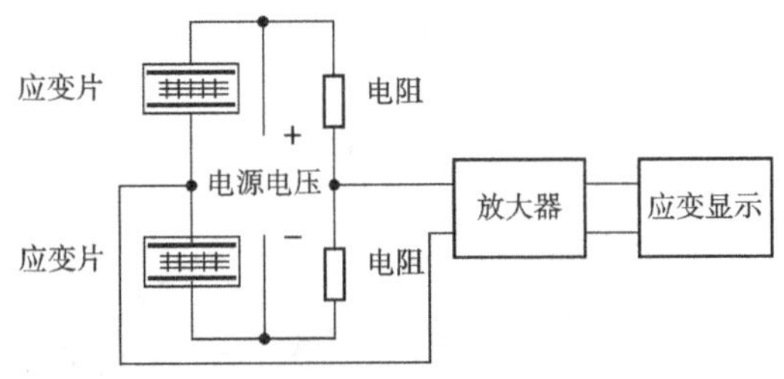

图 1-60 双应变片惠斯通电桥读出线路

图 1-60 所示是双应变片构成的将应变力转换成电信号测量电路，电路采用两只应变片的原因主要是为了温度补偿。两个应变片与两只固定电阻构成惠斯通电桥，两个应变片一般对称安放在弹性元件上感受应变力，保证两个应变片所受的应变相反，即一只拉伸，另一只压缩，这时电桥的输出信号为两个应变信号相减，由于两应变片形变相反，故两个信号符号相反，信号在惠斯通电桥电路相叠加，测量灵敏度也提高了一倍。两个应变片由温度变化和环境噪声所产生的电阻变化符号相同，因而互相抵消。应变片的信号读出及应变到力的转换需由专门的电子电路或专用仪表来完成。

下面结合港机中几种限制器说明测力传感器使用。

1）重量限制器

起重重量限制器是限制负荷超载的安全保护装置，是用在起重重量与跨度或幅度无关的起重机械中，如门式起重机、桥式起重机等。为了防止起重机起重重量超过允许范围，确保起重机和操作人员的安全，现代起重机均采用全新的数字式重量限制器。数字式重量限制器采用弹性测力传感器，用 MCS-51 系列单片机作为数据处理单元，完成了信号的转换、重量显示和报警等功能。图 1-61 是常州常欣电子衡器有限公司生产的 QCX-M 型系列起重重量限制器。仪表通用性好，调试操作简便，广泛适用于单双梁桥门式起重机。

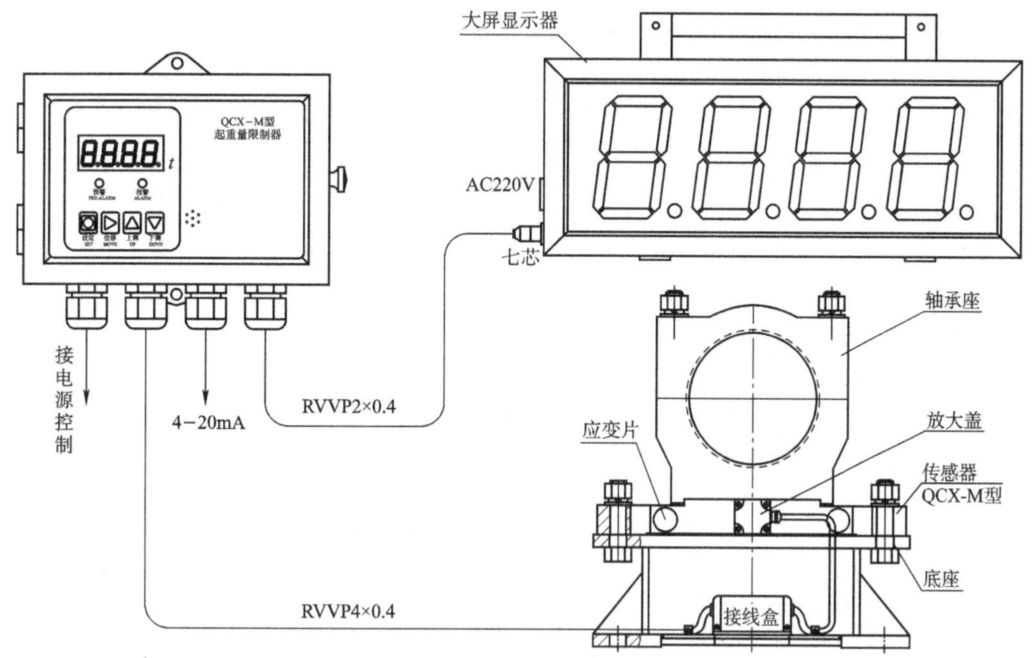

图 1-61 QCX-M 型系列起重重量限制器组成图

在图 1-61 重量限制器中的测力传感器是采用轴承座式的，如图 1-62 所示。这种传感器弹性元件固定在主轴承的下方承受起重负荷，在弹性元件的两端对称安装了 4 个应变片，4 个应变片连接成惠斯通电桥，电信号经放大器放大后送到显示器处理。电气原理如图 1-63 所示。

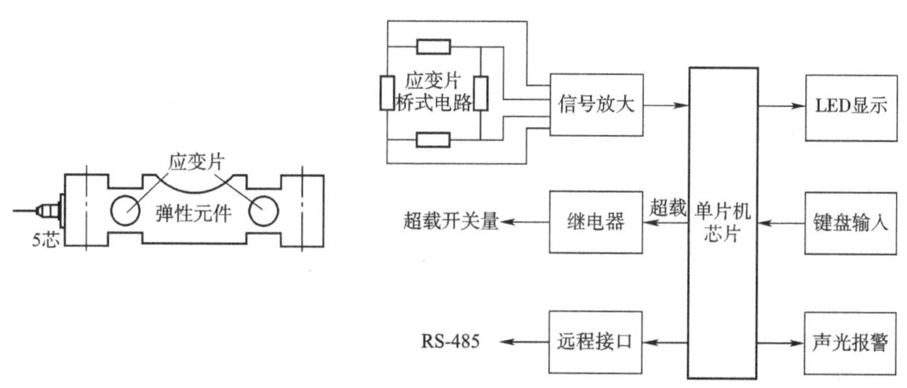

图 1-62 轴承座式传感器

图 1-63 QCX-M 型系列起重重量限制器电气原理图

起重机起吊时的载荷由电阻应变式称重传感器检测，传感器是由 4 片电阻应变片组成的平衡电桥，当空载时，通过调零去皮后，电桥处于平衡状态，传感器无电压信号输出。起吊重物时，传递给传感器的压力（或拉力）使传感器（弹性体）发生微小变形，从而破坏了电桥的平衡关系，因此产生了与载荷成比例的电压信号。此时完成了由“重量”到“电压信号”的转变，由于受力产生的电压信号经过放大之后，通过模数（A/D）转换把模拟电压信号转换成数字值，经微处理器的运算分析处理后，进行显示，如果超载则产生声光报警和超载控制信号，即继电器动作，则切断起重机上升回路的电源，从而实现超载限制，避免危险发生。

重量限制器的显示器如图1-64所示。面板上有4个按键,键名及功能分别是:

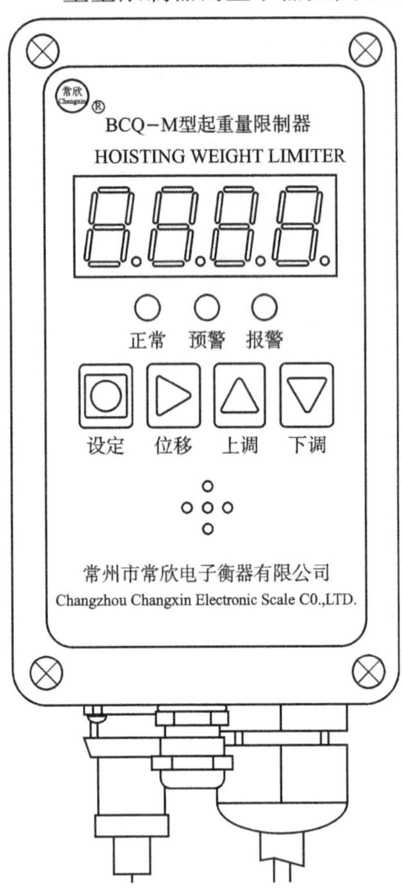

图1-64 重量限制器显示器

(1)设定:在参数设定和标定时用于确认输入;

(2)位移:在参数输入时选择修改的数字位,相当于光标;

(3)上调:在参数输入时使数字位的值增大,循环改变;

(4)下调:在参数输入时使数字位的值减小,循环改变。

重量限制器有三种报警方式:

(1)预报警:起吊时重量大等于额定起重量的90%开始预报警,一旦进入预报警状态,需将起吊重量减小到额定起重量的87%以下才能解除预报警。

(2)延时报警:起吊时重量大于等于额定起重量的105%开始延时报警,如果此时起吊重量能保持延时报警状态大概1~2s后,继电器控制动作,控制物体无法上升,以保证安全。

重量限制器进入延时报警状态后,要解除延时报警需分两种情况:

①进入延时报警状态后,保持的时间未达到1~2s且继电器尚未动作,此时只要起吊重量减小到额定起重量的100%以下就会解除延时报警。

②进入延时报警状态后,保持的时间已达到1~2s且继电器已动作,此时只要起吊重量减小到额定起重量的97%~100%之间,并且保持2s以上;或者起吊重量直接减小到额定起重量的97%以下,才能解除延时报警。

(3)立即报警:起吊时重量大于等于额定起重量的110%开始立即报警,继电器立即动作,控制物体无法上升,保证安全。

进入立即报警状态后,此时只要起吊重量减小到额定起重量的97%~100%之间,并且保持2s以上;或者起吊重量直接减小到额定起重量的97%,才能解除立即报警。

三只不同颜色的指示灯分别指示限制器所处的状态,其含义是:

(1)绿灯:上电后仪表自检正常后,并且起吊重量不超过额定载荷的90%,该灯亮;在出现超载报警时,该灯熄灭。在出现输入电压过低(数码管显示LLLL),或者出现输入电压过高(数码管显示HHHH)时,该灯闪烁。

(2)黄灯:预警指示灯,在起升重量达到90%以上,不超过105%,该灯闪烁;表示当前处于预报警状态。吊重量达到105%以上,该灯熄灭。

(3)红灯:报警指示灯,在起吊重量达到105%以上,并持续2~4s,或者起吊重量达到110%以上,该灯亮。

如果使用两只轴承座式传感器如图1-61所示的限制器就可以用于双梁抓斗起重机中。

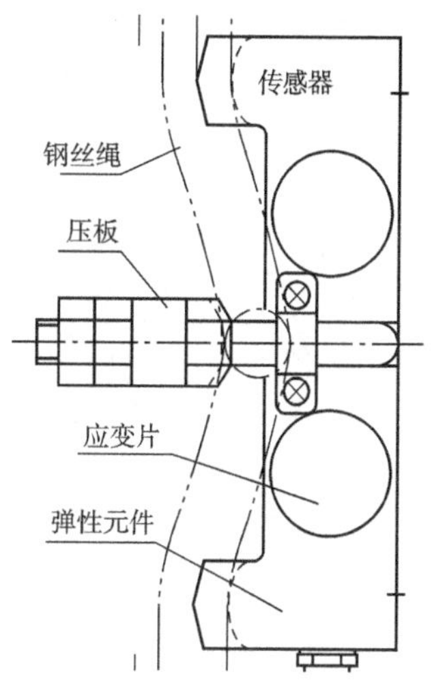

图 1-65 旁压式传感器

重量限制器根据使用的场合不同,可选择不同的传感器。图 1-65 为旁压式传感器,图 1-66 为三滑轮传感器,这两种传感器的弹性元件直接检测钢丝绳的张力,从而测定起重重量。图 1-67 轴销式传感器,则是将传感器的弹性元件用作滑轮轴来检测起重重量。图 1-68 片式传感器是与钢丝绳串联测得起重重量。图 1-69为柱压式传感器。

2)力矩限制器

起重力矩限制器是用于额定起重量随工作幅度变化的起重机的超载保护装置。以单片机为核心的数字化力矩限制器由主机、载荷检测器、角度检测器、长度检测器和起重机工况检测系统组成。其原理是:将起重机有关信号(臂架长度、臂架角度)输入单片机,计算出当时的工作幅度,根据相应的幅度—起重量特性曲线,算出允许的额定载荷力矩,再与通过起重重量传感器测出的起升载荷,计算出的实际载荷力矩进行比较。当实际载荷力矩小于或等于额定力矩时,起重机工作安全。否则力矩限制器发出声光报警,并切断起重机向危险方向的运动,但起重机可以继续进行回复安全状态的运动。此处以 LX-2A 型起重力矩限制器为例,其组成如图 1-70 所示。力矩限制器的部分显示分为三窗口或两窗口形式,均采用高亮度 LED 四位数码显示,显示内容有起重量(t)、工作幅度(m)或角度(°)等多种参数,并提供多组超载(超幅)控制接点。重量传感器可以采用 ZHY 柱压式、DCQ 板环式或 BCQ 旁压式等多种形式的传感器,幅度一般采用 DJD100 倾角传感器。

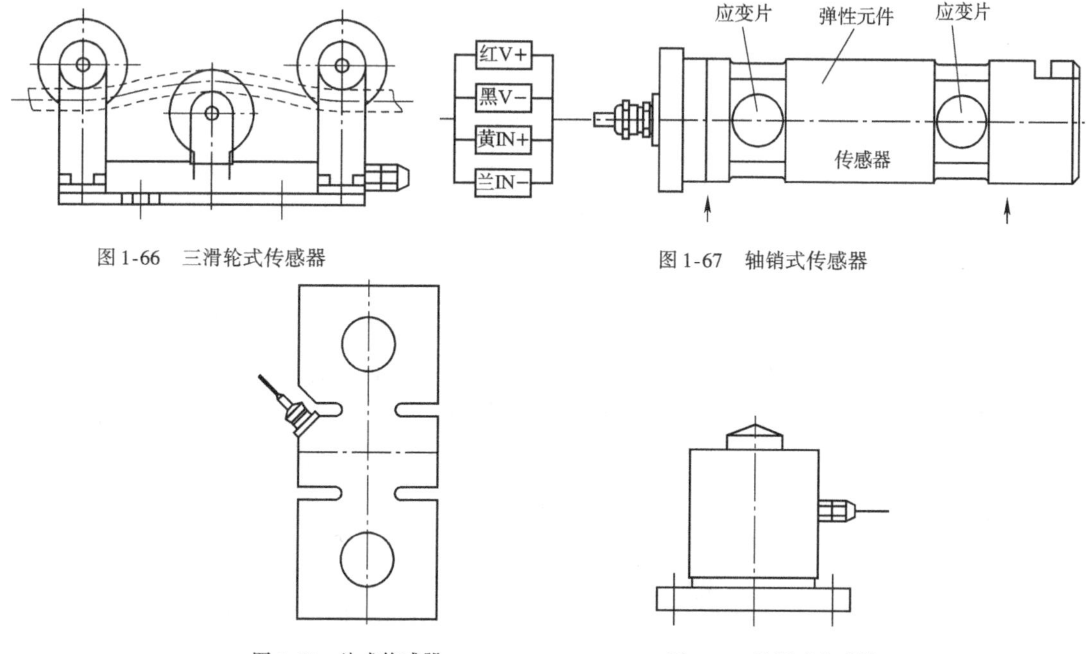

图 1-66 三滑轮式传感器

图 1-67 轴销式传感器

图 1-68 片式传感器

图 1-69 柱压式传感器

4. 接近开关传感器

接近开关传感器是一种具有感知物体接近能力的传感器。接近开关传感器利用位移传感器对所接近物体具有的敏感特性，达到识别物体接近，并输出开关信号的目的。因此。通常又把接近开关传感器分为电感式接近开关传感器和电容式接近开关传感器。

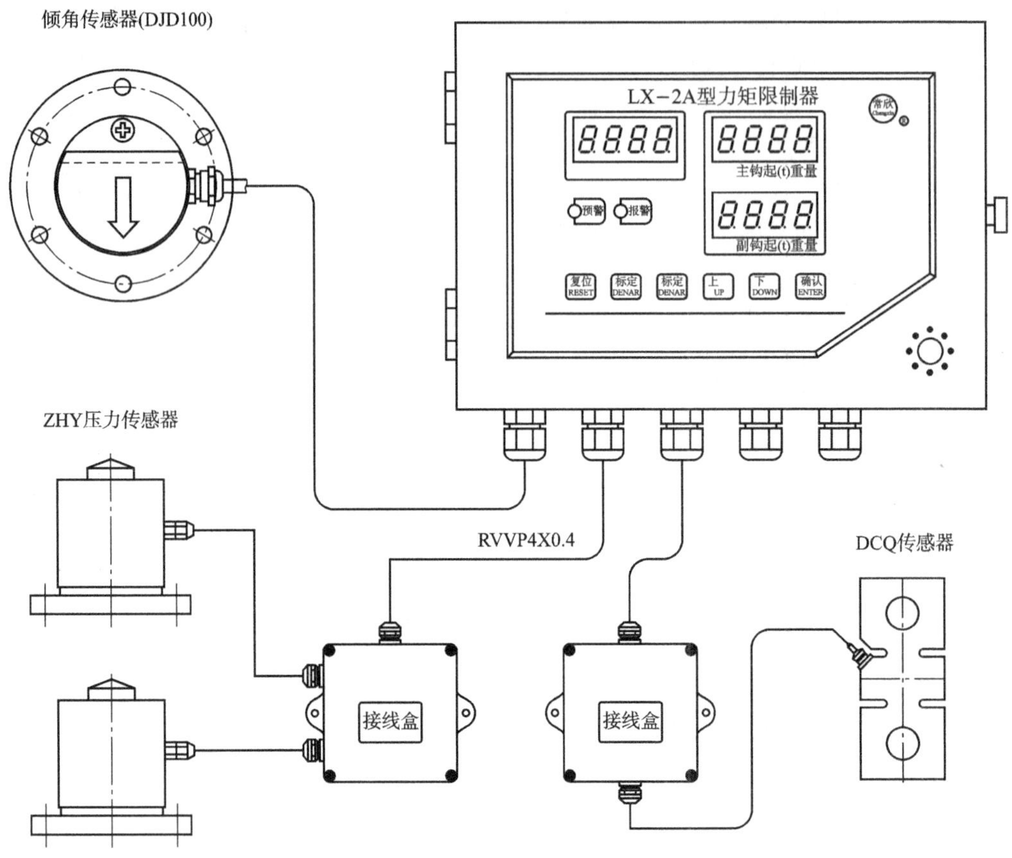

图 1-70　力矩限制器组成图

接近开关传感器利用位移传感器对所接近物体具有的敏感特性达到识别物体接近并输出开关信号的目的，因此，通常又把接近开关传感器简称为接近开关。

1) 电感式接近开关传感器

电感式接近开关传感器是一种利用涡流感知物体的传感器，由高频振荡电路、检波电路、放大电路、整形电路及输出电路组成，感知敏感元件为检测线圈，是振荡电路的一个组成部分，在检测线圈的工作面上存在一个交变磁场。当金属物体接近检测线圈时，金属物体就会产生涡流从而吸收振荡能量，导致振荡衰减直至停振。振荡变化被后级放大电路处理转换成开关信号，触发驱动控制器件，完成开关量输出。

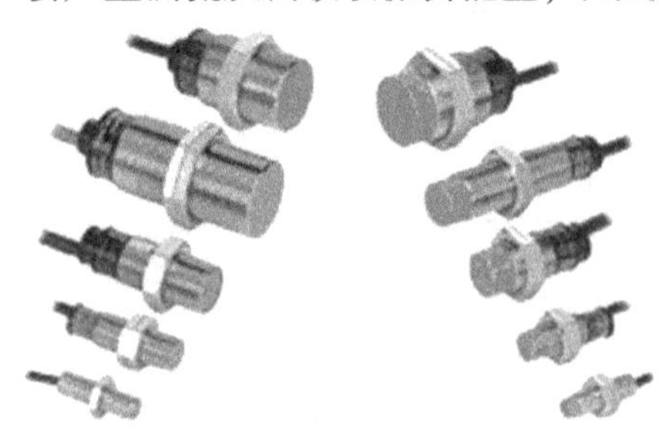

图 1-71　接近开关传感器外形图

电感式接近开关传感器，具有体积小、重复定位精度高、使用寿命长、抗干扰性能好、性能可靠、防尘、防油、耐振等特点，广泛用于各种自动化生产线、机床、机械设备、纺织、钢铁、汽车、冶金、印刷、包装、电力、电梯、交通、化工、矿山、军工、科研等。

电感（电容）式接近开关传感器的种类很多，外形各异，如图 1-71 所示。

电感式接近开关传感器,俗称无触点电子接近开关,是一种利用涡流感知物体接近的器件,其工作原理框图如图1-72所示。从图中可知,敏感元件为检测线圈,它是振荡电路的一个组成部分,在检测线圈的工作面上存在一个交变磁场。当金属物体接近检测线圈时,金属物体就会产生涡流而吸收振荡能量,使振荡减弱直至停振。振荡与停振这两种状态经检测电路转换成开关信号输出。

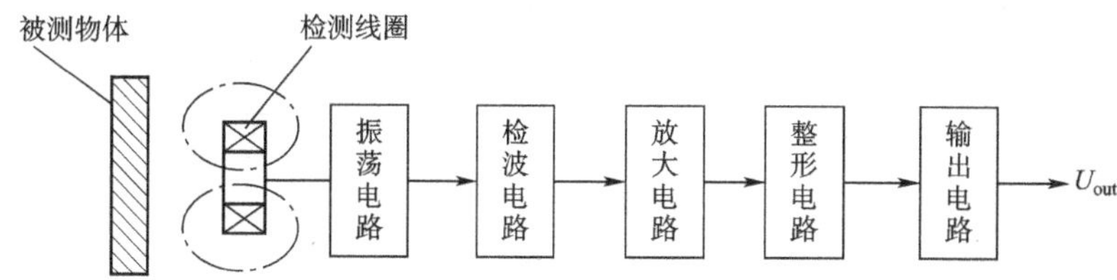

图1-72 电感式接近开关传感器工作原理框图

(1)电感式接近开关传感器的输出形式

电感式接近开关传感器的输出形式如图1-73所示。

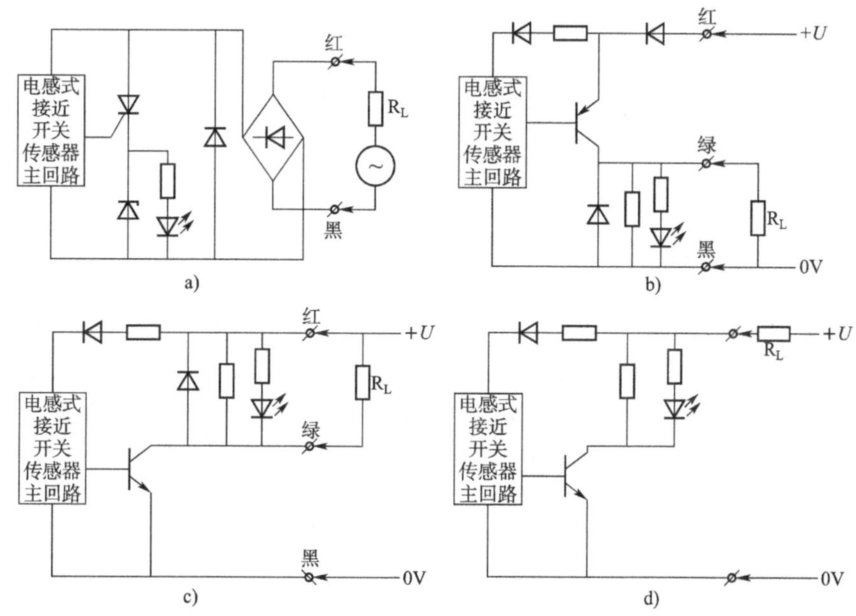

图1-73 电感式接近开关传感器输出形式

a)AC开闭型;b)DC开闭型(PNP);c)DC开闭型(NPN);d)DC两线型

(2)电感式接近开关传感器的使用方法

①直流两线制接近开关的ON状态和OFF状态实际上是电流大和小的变化,当接近开关处于OFF状态时,仍有约小于0.7mA电流通过负载。当接近开关处于ON状态时,电路上约有5V电压降。因此在设计选型时必须考虑控制电路上的最小驱动电流和最低驱动电压,确保电路正常工作。

注意,直流两线制接近开关原则上不能串、并联连接。

②直流三线制串联时,应将开关多只串联后考虑其电压降的总和。

③直流三线制并联。

④接近开关内部附瞬间脉冲抑制电路,如果在接近开关(或电源)附近有任何干扰源(如电动机),建议在这些脉冲源上加装脉冲抑制器(如电容、压敏电阻器等)。

⑤如果在接近开关电缆线附近,有高压或动力线存在时,建议将开关的电缆线单独装入金属导管内,以防止开关误动作。

⑥交流两线制接近开关与电源进行连接时需确定接近开关先经负载再接至电源,若直接将开关接至电源会使开关内部元件受损。

⑦使用交流两线制接近开关时当负载电流小于3mA时,则会产生假动作。这是正常现象,如果与负载并联一分支电阻,使负载电流达到3mA以上,即可消除此一现象。并联电阻与消耗功率的计算方式为

$$R \leqslant \frac{U_s}{3 - I_L}$$

$$P > \frac{U_s^2}{R}$$

式中:P——分支电阻之消耗功率;

I_L——负载电流(mA);

U_s——供应电压(V)。

⑧交流两线制接近开关通常不能用于串联。若需要如此连接,建议经由继电器串联至负载。

2)电容式接近开关传感器

电容式接近开关传感器是以电极为检测端的静电感应方式,在加有电压U的电极所产生的电场中,一旦存在物体,物体就会受到静电感应而产生极化现象。物体越靠近电极,电极的电荷q就越多,由于电极的静电电容$C=q/U$,所以电荷q增加,会使电容C增大,因此,被检测体的大小、厚度、相对介电系数越大,静电感应的范围就越宽,从而能检测距离越远的物体。

电容式接近开关传感器是根据从振荡电路取出的电极的电容变化,使振荡开始或停止,从而达到检测信号的目的。振荡电路以外的电路结构与高频振荡式接近开关相同。

高频振荡式接近开关只能用于检测金属体,而静电电容式接近开关所有金属外的电解质之检测,其检测对象是多种多样不论是固体或液体都能检测,故广泛用于液位开关。

电容式接近开关传感器的外形与电感式相似。

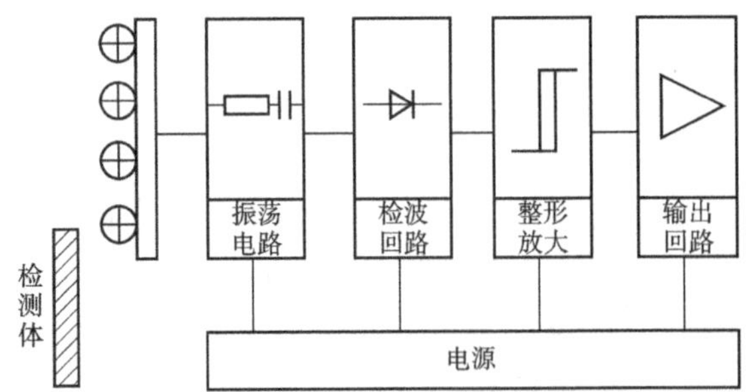

图1-74　电容式接近开关传感器的结构原理

电容式接近开关传感器的结构原理如图1-74所示。

(1)电容式接近开关传感器的输出形式

电容式接近开关传感器的输出形式如图1-75所示。

(2)电容式接近开关传感器的使用

除了棉花和发泡苯乙烯等介电系数低的物体之外,电容式接近开关传感器检测的对象是很多的,静电电容式接近开关易受水和油的影响,在使用中,应注意这一点。静电电容式接近开关能胜任其他方式不能检测的场合。

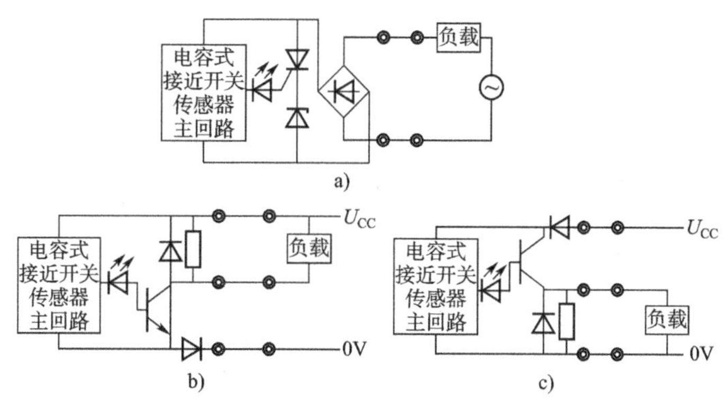

图 1-75 电容式接近开关传感器的输出形式

a) AC 两线型；b) DC 开闭型(NPN)；c) DC 开闭型(PNP)

①细金属丝的检测：检测小型继电器等使用的铜丝(电磁线)是否正常。使用高灵敏度埋入型的接近开关传感器检测 0.03mm 铜丝时，动作距离为 5mm。

②袋装食品的检测：检测形状复杂的袋装食品时，在必须水洗的机器中使用防湿型的接近开关传感器时，要防止残留水滴引起误动作。

③液体、粉状体的间接检测：通过木箱、纸箱、玻璃瓶等非金属容器的外壁，检测其中被测物体的有无及其所在的表面位置。

④电容式接近开关传感器灵敏度的调整：要考虑电容式接近开关传感器结构本身静电电容的影响，其内部安装有灵敏度调节电位器；当接近开关传感器和被检测体之间有不灵敏的物体时，调节这个电位器，可使接近开关传感器不检测夹在中间的物体，此外还可用此电位器调节工作距离。

⑤塑料和玻璃的检测：检测塑料和玻璃上有无异物，而不管其颜色和表面状态，被检测体较小应采用灵敏度高的电容式接近开关传感器；塑料种类不同时灵敏度也不同，因此必须进行检测。当被检测体种类多时，要随时进行灵敏度的调整。

⑥对于固液体、粉状体等的直接检测及水、粉末的表面位置检测，可采用防湿型电容式接近开关传感器，不要让水和粉末附在检测面上，如果可能的话，尽可能采取间接检测的方式。

(六) 变频器

变频器就是将固定频率的交流电变为频率连续可调的交流电的装置。变频器技术随着计算机技术、电力电子技术、微电子技术和自动控制理论的发展而不断发展。变频器的问世，对电气调速领域具有十分重要的意义，交流电动机变频调速技术具有节能、改善生产流程、提高产品质量和易于实现自动控制等许多优势，是国际公认的最有发展前途的调速方式。

通用变频器不仅用于一般性能的节能调速控制，而且已经用于高性能、高转速、大容量调速控制领域。所谓"通用"是指能与通用的笼形电动机配套使用，能适用于各种不同性质的负载并具有多种可供选择的功能。

变频器的功能就是将频率、电压都固定的交流电源变成频率、电压都连续可调的三相交流电源。按照变换环节有无直流环节可以分为交—交变频器和交—直—交变频器。这里主要介绍交—直—交变频器的工作原理。

1. 交—直—交变频器的基本工作原理

交—直—交变频器就是先把频率、电压都固定的交流电整流成直流电，再把直流电逆变成频率、电压都连续可调的三相交流电源。由于把直流电逆变成交流电的环节比较容易控制，并且在电动机变频后的特性方面比其他方法具有明显的优势，所以通用变频器一般采用交—直—交变频器。

2. 交—直—交变频器的主电路

交—直—交变频器的主电路如图 1-76 所示。可以分为以下几部分：

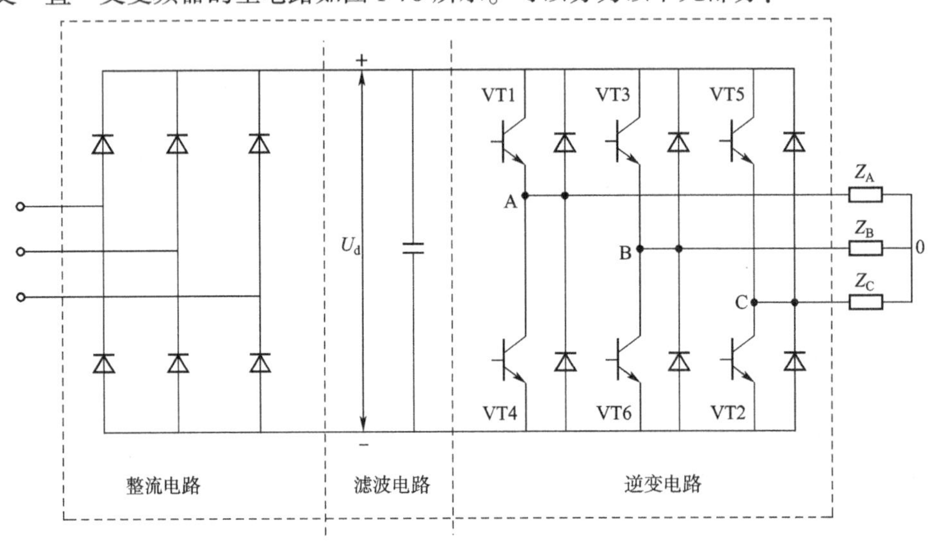

图 1-76　交—直—交变频器的主电路

(1)整流电路——交—直部分整流电路通常由二极管或可控硅构成的桥式电路组成。根据输入电源的不同，分为单相桥式整流电路和三相桥式整流电路。我国常用的小功率的变频器多数为单相 220V 输入，较大功率的变频器多数为三相 380V(线电压)输入。

由二极管构成的桥式整流电路的输出电压的平均值不变，而由晶闸管构成的桥式整流电路的输出电压的平均值连续可调。

(2)中间环节——滤波电路。根据贮能元件不同，滤波电路可分为电容滤波和电感滤波两种。由于电容两端的电压不能突变，流过电感的电流不能突变，所以用电容滤波就构成电压源型变频器，用电感滤波就构成电流源型变频器。

(3)逆变电路——直—交部分。逆变电路是交—直—交变频器的核心部分，其中 6 个三极管按其导通顺序分别用 $VT_1 \sim VT_6$表示，与三极管反向并联的二极管起续流作用。

按每个三极管的导通电角度又分为 120°导通型和 180°导通型两种类型。实际上现在变频器的逆变电路的输出电压为脉冲波，虽然不是正弦波，却是彼此相差 120°的交流电压，即实现了从直流电到交流电的逆变。输出电压的频率取决于逆变器开关器件的切换频率，达到了变频的目的。

实际逆变电路除了基本元件三极管和续流二极管外，还有保护半导体元件的缓冲电路，三极管也可以用门极可关断晶闸管代替。

虽然期望通用变频器的输出电压波形是纯粹的正弦波形，但就目前技术而言，还不能制造功率大、体积小、输出波形如同正弦波发生器那样标准的可变频变压的逆变器。目前技术很容易实现的一种方法是：逆变器的输出波形是一系列等幅不等宽的矩形脉冲波形，这些波型与正弦波等效，如图1-77所示。等效的原则是每一区间的面积相等。如果把一个正弦半波分作n等分（图中n等于12，实际n要大得多），然后把每一等分的正弦曲线与横轴所包围的面积都用一个与此面积相等的矩形脉冲来代替，脉冲幅值不变，宽度为δ_t，各脉冲的中点与正弦波每一等分的中点重合。这样，有n个等幅不等宽的矩形脉冲组成的波形就与正弦波的正半周等效，称为SPWM（Sinusoidal Pulse Width Modulation——正弦波脉冲宽度调制）波形。同样，正弦波的负半周也可以用同样的方法与一系列负脉冲等效。这种正、负半周分别用正、负半周等效的SPWM波形称为单极式SPWM波形。

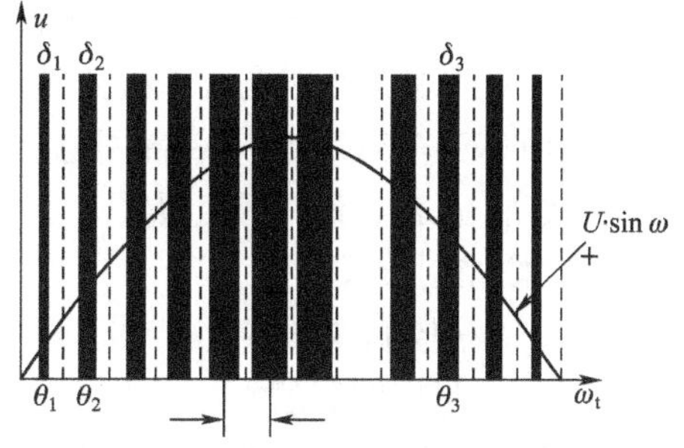

图1-77　单极式SPWM电压波形

虽然SPWM电压波形与正弦波相差甚远，但由于变频器的负载是电感性负载电动机，而流过电感的电流是不能突变的，当把调制频率为几千赫兹的SPWM电压波形加到电动机时，其电流波形就是比较好的正弦波了。

3. 变频器的分类

1）按变换的环节分类

（1）交—交变频器

交—交变频器直接将电网频率和电压都固定的交流电源变换成频率和电压都连续可调的交流电源。主要优点是没有中间环节，变换效率高。缺点是连续可调的频率范围比较窄，且只能在电网的固定频率以下变化。一般为电网固定频率的，主要用于电力牵引等容量较大的低速拖动系统中。

（2）交—直—交变频器

交—直—交变频器先把频率固定的交流电整流成直流电，再把直流电逆变成频率连续可调的三相交流电。在这类装置中，一般用不可控整流，则输入功率因数不变；用PWM逆变，则输出谐波可以减小。PWM逆变器需要全控式电力电子器件，其输出谐波减小的程度取决于PWM的开关频率，而开关频率则受器件开关时间的限制。

交—直—交变频器频率调节范围宽，变换的环节容易实现，目前广泛采用。通用变频器一般都采用交—直—交方式。

2）按直流环节的储能方式分类

（1）电压源型变频器

在交—直—交变压变频装置中，当中间直流环节采用大电容滤波时，直流电压波形比较平直，在理想情况下是一个内阻抗为零的恒压源，输出交流电压是矩形波或阶梯波，这类变频装置叫作电压源型变频器。

（2）电流源型变频器

当交—直—交变压变频装置的中间直流环节采用大电感滤波时，直流电流波形比较平直,因而电源内阻抗很大,对负载来说基本上是一个电流源,输出交流电流是矩形波或阶梯波,这类变频装置叫作电流源型变频器。

有的交—交变压变频装置用电抗器将输出电流强制变成矩形波或阶梯波,具有电流源的性质,它也是电流源型变频器。

3)按控制方式分类

(1)*U/f* 控制变频器

U/f 控制变频器的方法是在改变频率的同时控制变频器的输出电压,通过使 *U/f*(电压和频率的比)保持一定或按一定的规律变化而得到所需要的转矩特性。采用 *U/f* 控制的变频器结构简单、成本低,多用于要求精度不是太高的通用变频器。

(2)转差频率控制变频器

转差频率控制方式是对 *U/f* 控制的一种改进。这种控制需要由安装在电动机上的速度传感器检测出电动机的转速,构成速度闭环。速度调节器的输出为转差频率,而变频器的输出频率则有电动机的实际转速与所需转差频率之和决定。由于通过控制转差频率来控制转矩和电流,与 *U/f* 控制相比,其加减速特性和限制过电流的能力得到提高。

(3)矢量控制变频器

矢量控制是一种高性能异步电动机控制方式,它的基本思路是将电动机的定子电流分为产生磁场的电流分量(励磁电流)和与其垂直的产生转矩的电流分量(转矩电流),并分别加以控制。由于在这种控制方式中必须同时控制异步电动机定子电流的幅值和相位,即定子电流的矢量,因此这种控制方式被称为矢量控制方式。

(4)直接转矩控制变频器

直接转矩控制与矢量控制不同,它不是通过控制电流、磁链等量来间接控制转矩,而是把转矩直接作为被控矢量来控制。其特点为转矩控制是控制定子磁链,并能实现无传感器测速。

4.通用变频器的面板结构

尽管生产变频器的厂家不同,型号各异,但其面板结构大致相同。图 1-78 是施耐德 Altivar31 变频器的面板结构。其主要部分的作用为:

1)给定电位器

如果 Ctl 菜单中的 Fr1 参数或 Fr2 参数设置为 AIP 时激活,此时通过调节该电位器升降速,目前多数变频器没有该电位器,而是通过▲、▼键升降速。

2)▲键

在选择菜单或参数时,选择上面的菜单或参数;调整参数时,增大显示值。

3)▼键

在选择菜单或参数时,选择下一菜单或参数;调整参数时,减小显示值。

4)ESC 键

退出菜单或参数,或清除显示值,以恢复以前的显示值。在设置参数时,如果不希望对新设置的参数进行储存,而保留以前的数值,按此键返回即可。

5)ENT 键

在设置菜单或参数时,按 ENT 键进入某一菜单或参数;设置完毕,对显示参数或显示值进行储存,此时要按住 ENT 键直至显示参数或数值闪烁为止,有些参数或数值可以立即储存,而有些参数或数值需要按住 ENT 键 2s 以上才能储存。

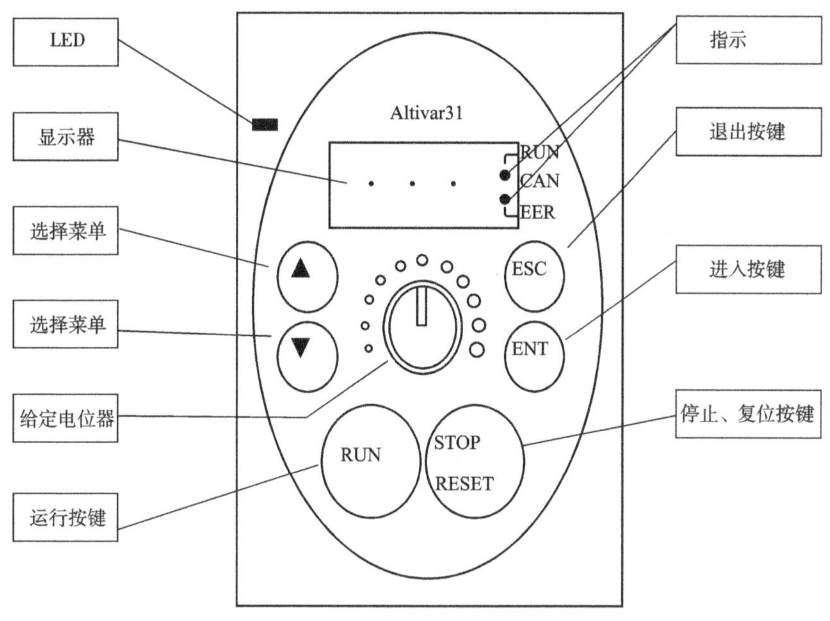

图 1-78 施耐德 Altivar31 变频器的操作面板图

6)RUN 键

如果设置为本机控制(I/O 菜单中的 tCC 参数设置为 LOC),按一下 RUN 键,电动机正向模式运行;如果设置为 2 线或 3 线控制该键不起作用。

7)STOP/RESET 键

如果设置为本机控制,在变频器运行状态,用该键停车;如果设置为 2 线或 3 线控制,当 Ctl 菜单中的 PSt 参数设置为 yes 时该键具有优先停车权,PSt 参数设置为 no 时该键不起作用;

在变频器非运行状态,出现故障且已修复时,用该键复位。

8)液晶显示器

4 个 7 段显示,可显示的内容主要有:

(1)在参数设置时,显示菜单或参数。

(2)变频器运行时,显示运行状态,可显示电机频率、电机电流、电机功率、线电压、变频器热态等,具体显示内容根据需要设置。

(3)变频器停止时,显示停机状态。

(4)出现故障时,显示故障代码。

5. 变频器调速应用

变频器的接线端子包括电源接线端子和控制端子两大类。电源接线端子包括三相电源输入端子、三相电源输出端子、外接制动电阻、提高功率因数用的直流电抗器端子等。控制接线端子包括频率指令模拟设定端子,运行控制操作输入端子、报警端子、监视端子等。

变频器调速控制电路如图 1-79 所示,在图中 AI1、AI2 为模拟信号接线端,分别作为频率给定信号和闭环时反馈信号输入，可以用外接电位器调节输入电压，从而改变输出频率，也可以用 PLC 的 D/A 模块的输出电压或电流信号来控制频率。LI1、LI2 分别是正、反向控制端子，LI3、LI4 分别是正、反向点动控制端子。

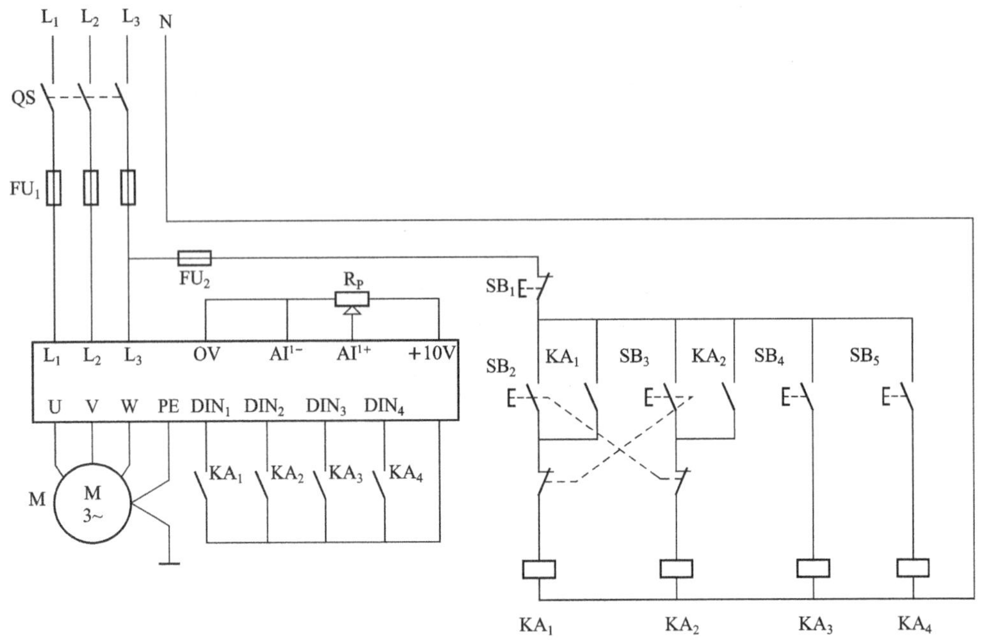

图 1-79　变频器调速控制电路

图中 SB_2、SB_3分别是正反向运行控制按钮，调节 RP 电位器可以调节频率从而达到对电动机调速，SB_4、SB_5分别是正、反点动的按钮，SB_1为总停止按钮。

要注意的是，不同类型的变频器接线端子的设置与排列有差别，在使用前请认真阅读变频器的使用说明书。

6. 交流变频专用电动机

交流变频系统在起重机上的应用日益广泛，普通三相笼形异步电动机采用变频调速时，由于高次谐波的影响和电动机运行速度范围的扩大会出现一些新问题，与工频电源传动时的差别比较大，主要有以下几方面的问题：

1）低速时的散热能力问题

通用的标准笼形异步电动机的散热能力，是按额定转速且冷却风扇与电动机同轴条件下考虑冷却风量的。当使用变频器之后，在电机运行速度低的情况下冷却风量将自动变小，散热能力随之变差。由于电动机的温升与冷却风量之间成反比，所以在额定速度以下连续运行时，可采用设置恒速冷却风扇的办法，改善低速运行条件下电动机的散热能力。

2）额定频率运行时有温升提高问题

由于变额器的三相输出电压波形是 SPWM 波，因此不可避免地在异步电动机的定子电流中含有高次谐波，高次谐波增加了电动机的损耗，使电动机的效率和功率因数都变差。高次谐波损耗基本与负载大小无关，所以电动机温升将会比变频调速改造前有所提高。通用变频器高次谐波分量越少，电动机的温升也就越小。这也是检验通用变频器性能是否优良的重要标志之一。

3)电动机运行时出现噪声增大问题

这是SPWM变频器的载波频率与电机铁芯的固有振荡频率发生谐振引起的电机铁芯振动而发出的噪声。

当电动机的噪声过大时,可以改变变频器的载波频率。载波频率的调节范围一般为2~16kHz,变频器的出厂设置一般为4kHz。

因此,起重机上采用变频调速系统一般须选用专用变频电动机。

专用变频电动机与普通交流电动机不同,其在设计上采取了以下的特殊措施:

(1)对定子、转子的槽形和定子绕组的分布作特殊考虑,得到一个较理想的电感值,以便运行中抑制或减小时间谐波和由其引起的一系列机电空间谐波所产生的不良影响。

(2)对电磁负荷也留有一定的裕度,以保证电机运行在高频段的过载能力和低频段的恒转矩输出能力。

(3)电机的绝缘结构也充分考虑到变频过程中谐波的影响而作了加强,绝缘更可靠。

(4)对限制电机的轴承电流进行特殊设计。特别是100kW以上的大电机,对轴承都进行特殊绝缘处理,防止轴电流损伤轴承。

(5)除了安装尺寸上与国标和IEC标准保持一致外,电机在冷却结构上采用了单独的轴流风机强迫通风,以适应电机在低频段低速恒转矩长期运行期间的散热需要,保证电机温升不超过允许范围。

(6)在防护等级方面,也作了很大的改进,有的电机内部也可以设防冷凝加热器和过热保护温控元件。

目前国内用于起重机的低压变频电动机已成系列并在轧钢和起重行业得到广泛应用,其系列有YTSP系列和常用的YP系列。

本章小结

熟练掌握常用非自动控制电器、自动控制电器和保护电器的使用条件、工作原理、安装调试注意事项及其图形符号和文字符号。掌握起升高度限制器、超速开关的结构原理及使用注意事项。了解起动调速电阻的类型、频敏变频工作原理和起重电磁铁结构。熟悉港机常见的制动器原理。掌握港机中传感器的工作原理,了解变频器工作原理,熟悉变频器给定与控制方法。

练习与思考

1. 刀开关在安装时为什么要手柄向上?
2. 使用组合开关时应注意什么?
3. 主令控制器与凸轮控制器有何区别?各起什么作用?
4. 组合开关主要用在何处?
5. 刀开关使用时如何接线?
6. 从结构特征上如何区分直流接触器与交流接触器?
7. 交流过电流继电器的电磁机构(铁芯)有没有必要装短路环,为什么?
8. 电磁式接触器与电磁式继电器同是用来通断电路的,它们有何不同?

9. 从结构特征上如何区分过电流继电器和过电压继电器，在实际安装中，误将过电压继电器和过电流继电器的位置互换，这将会导致怎样的后果？

10. 交流接触器线圈断电后，衔铁不能立即释放，从而使电动机不能及时停止。试分析出现这种故障的原因，应如何处理？

11. 若把直流接触器线圈误接入同电压的交流电源或交流接触器线圈误接入同电压的直流电源，会产生什么问题？为什么？

12. 用于控制某一电动机的接触器经常因触点烧蚀而更换，其寿命特别短，试分析其原因，应如何处理？

13. 试说出熔断器的工作原理。

14. 常用的熔断器有哪些类型？试说明它们各自的应用场合。

15. 简要说明热继电器的结构及其工作原理。

16. 在电动机的控制线路中能否用热继电器来实现短路保护？为什么？

17. 行程开关按其结构可分为哪几种类型？

18. 行程开关在选用时，应注意哪些事项？

19. 试说明自动空气开关的工作原理。

20. 试画出熔断器、热继电器、行程开关及自动开关在电气原理图中的符号表示。

21. 试说出常用电阻器的类型。

22. 请说明绕线式异步电动机转子串频敏变阻器起动的电气控制原理。

23. 在绕线式异步电动机转子绕组串接频敏变阻器，为何能使电动机平滑无级起动？

24. 试叙述断电制动电磁抱闸和通电制动电磁抱闸的工作原理。

25. 试叙述液压电磁铁及电动液压推杆的工作原理。

26. 试说出常见起重电磁铁的类型以及它们各自的应用场合。

27. 旋转光电编码器有几种？增量编码器与绝对编码器的区别是什么？

28. 说明测力传感器在港口起重机中的使用实例。

29. 接近开关传感器有几种？

30. 变频器分类的有几种？

31. 简述交—直—交型变频器的工作原理。

模块二　电气控制基本电路

继电器—接触器控制系统是一种常规的电力拖动自动控制系统，这种系统原理是先通过按钮（或主令控制器）使继电器动作，再由继电器控制接触器动作，接通和分断电动机的电源。目前，在港口电气设备中，大中型机械设备的电气控制采用以可编程控制器（PLC）为中心的自动控制系统，但继电器—接触器控制系统由于结构简单、维护调整简便、价格低廉等优点，仍被一些机械设备所应用。无论电力拖动系统的自动控制多么复杂，总是遵循一定的基本原则和控制环节，都是由一些比较简单的基本控制环节组成。所以本模块以三相笼形异步电动机、绕线转子电动机、直流电动机为控制对象，着重阐述组成电气控制线路的基本环节及基本原理。掌握这些基本的原则和控制环节，是学习电气控制必备的基础，也是掌握PLC 编程方法的基础。

采用电器的图形符号并按工作顺序排列，详细表示电路、设备或成套装置的全部基本组成和连接关系，而不考虑实际位置的简图，称为电路图或电气原理图，又称线路原理图。在电力拖动系统中，常用大量的电器元件，各电器元件之间相互联系比较复杂，为了清楚地说明线路的设计意图，理解电气控制的原理，电力拖动电气原理图根据通过的电流大小分为主电路和辅助电路（控制电路）两部分。主电路是电气线路中强电流通过的部分，即流过电气设备负荷电流的动力电路。根据主电路中电动机和执行电器的控制要求，对主电路通断以及监视和保护主电路正常工作的控制电路，称为辅助电路（控制电路）。

课题一　三相笼形异步电动机基本控制电路

知识点

1. 三相笼形异步电动机直接起动正反向控制电路；
2. 三相笼形异步电动机降压起动控制电路；
3. 三相笼形异步电动机各种调速控制电路；
4. 三相笼形异步电动机制动控制电路。

技能点

1. 分析三相笼形异步电动机基本控制电路原理；
2. 正确安装与调试三相笼形异步电动机基本控制电路。

一、课题引入

随着能源利用和环保要求的不断提高，三相异步电动机成为港口机械的唯一原动力。变频技术的发展与应用，使三相笼形异步电动机的变频调速成为最理想、最有发展前途的调速方式。学习三相笼形异步电动机的基本控制电路是深入研究港口机械电气控制设备的基础。

二、课题分析

为了适应港口机械不同生产特性，要求三相笼形异步电动机工作在不同状态。三相笼形异步电动机的起动、换向、调速及制动的控制是本课题学习主要内容。

三、相关知识

（一）三相笼形异步电动机直接起动控制

1. 直接起动的条件

笼形异步电动机因具有结构简单、价格便宜、坚固耐用及维护方便等优点被广泛使用。根据电动机原理可知，异步电动机在起动时的起动电流可达额定电流的5~7倍。由于异步电动机直接起动的电流很大，会引起电网电压的突然波动，影响其他用电设备的正常工作，因此允许采用直接起动的电动机主要取决于电动机本身的功率与变压器的容量。一般在有独立变压器供电（即为动力用电专用变压器）情况下，若电动机起动频繁，则电动机功率不大于变压器容量的20%时允许直接起动；若电动机不经常起动，电动机功率小于变压器容量的30%时可允许直接起动。如果没有独立变压器（动力与照明用电合用一台变压器）的情况下，电动机起动比较频繁，则可用经验下列公式来估算，如能满足下列关系则可直接起动。

$$\frac{\text{起动电流 } I_s(\text{A})}{\text{额定电流 } I_n(\text{A})} \leqslant \frac{3}{4} + \frac{\text{供电电力变压器容量(kVA)}}{4 \times \text{起动电动机功率(kW)}}$$

所以电动机的起动方式分全压起动（直接起动）和降压起动两种。

2. 单向直接起动控制

1）点动控制线路

图2-1所示为单向点动线路图。其控制原理是：在主电路中合上电源隔离开关QS，按下辅助电路中的常开起动按钮SB，接触器KM线圈获得电压而将衔铁吸合，其主电路中的三个常开主触头闭合，电动机M获得对称的三相电源而直接起动运转。当放开按钮SB后，KM线圈失电，接触器衔铁在复位弹簧的作用而复位，三对主触头恢复断开，电动机失电停转。从上述分析可知，此线路按下按钮时电动机转动，而松开按钮时电动机停止，这种控制称为点动控制。多用于控制电动机的短时运行，如机床的对刀调整、行车移动、车床床鞍快速短暂移动等都采用这种控制线路，在该线路中用FU_1、FU_2分别作电路总短路保护和辅助电路短路保护。

2）连续控制线路

控制电动机长时间连续运行的电路，称为连续控制或长动控制。线路原理图见图2-2，其工作原理是：起动时，在主电路中合上电源开关 QS 准备给电动机供电，按下起动按钮 SB_1，接触器 KM 得电，KM 的三个主触头闭合，电动机获得三相电压起动；同时接触器的一对与起动按钮 SB_1 相并联的常开辅助触点也闭合，这样当放开起动按钮 SB_1 时，接触器 KM 线圈仍保持通电，使电动机运转，这种依靠接触器自身的辅助触点保持线圈通电的电路称为自保或自锁电路。按下停止按钮 SB_2，接触器 KM 线圈失去电压，主触头和辅助触头均断开，电动机停转，放开停止按钮 SB_2 后不可能使 KM 的线圈再获得电压。

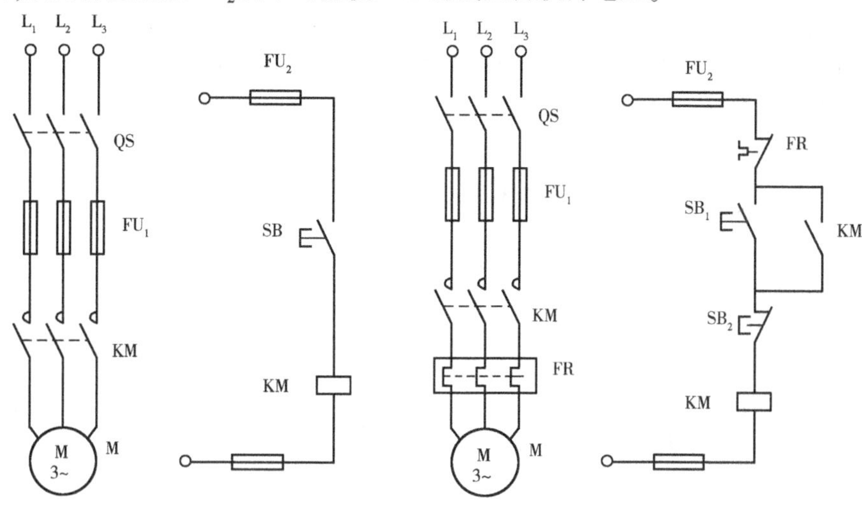

图 2-1　单向点动线路图　　　　图 2-2　连续控制电路

为了表明电动机的工作状态，利用接触器的辅助触点来控制相应的指示灯，通过指示灯说明电动机的运行情况，如图 2-3 所示，指示灯 HL_1 亮表示电源已供电，电动机可以起动；指示灯 HL_2 亮表示电动机正在运转。

电路的保护环节有：

(1)短路保护：主电路中的熔断器 FU_1 和控制电路中的熔断器 FU_2，保证电路有短路现象时，切断电源，起短路保护。

(2)过载保护：当电动机长期过载时，串在主电路中热继电器 FR 的发热元件因过热而变形，将它串接在辅助电路接触器线圈回路中的常闭触头断开，使接触器线圈 KM 失电，电动机停止运行。

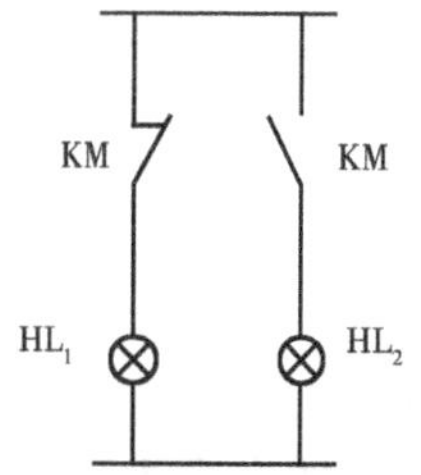

图 2-3　指示灯控制电路

(3)欠压、失压保护：接触器 KM 与自保电路能实现欠压、失压保护，当电源电压由于某种原因而严重下降或失压(如停电)时，接触器 KM 失电释放，电动机停止运行；当电源电压恢复正常后，接触器线圈不能自行得电，电动机也就不能自行运行。仅当操作人员在按下起动按钮时才能使电路重新工作，这样就能避免电动机自行起动而造成设备和人身事故。

3. 正反转控制线路

在生产过程中，常要求通过电动机的正反转，来实现上下、左右、前进和后退等相反方向的运动，如起重机吊钩的上升与下降；吊机小车的前进与后退等。根据电动机原理可知，改变电动机的转向只要对调三相电源中的任意两相即可，因此通常是利用二个接触器来实现正反转控制。

图 2-4 所示为电气联锁的正反转控制线路，线路主要电器有：三只按钮分别是正转按钮 SB_1、反转按钮 SB_2、停止按钮 SB_3；两个接触器：正转接触器 KM_1 和反转接触器 KM_2；热继电器 FR。当按下正转按钮 SB_1 后，接触器 KM_1 吸合，电动机的三相绕组 U、V、W 供电电压相序为 $L_1 \rightarrow U$、$L_2 \rightarrow V$、$L_3 \rightarrow W$，电动机正转；若按下反转按钮 SB_2 后，接触器 KM_2 吸合，三相绕组得到的电压相序是 $L_1 \rightarrow W$、$L_2 \rightarrow V$、$L_3 \rightarrow U$，相序改变了，电动机反转。为了防止两接触器可能有同时吸合的时刻，而产生电源两相间严重短路，将 KM_1 的常闭辅助触头串入 KM_2 线圈的电路中，同时也将 KM_2 的常闭辅助触头串入 KM_1 线圈的电路中，达到相互制约的目的，这种控制方法称为触头联锁或电气联锁。这两对起联锁作用的触点称为联锁触点。为了实现换向，必须先按停止按钮 SB_3，然后再按反向起动按钮，这就构成"正—停—反"或"反—停—正"的操作顺序。

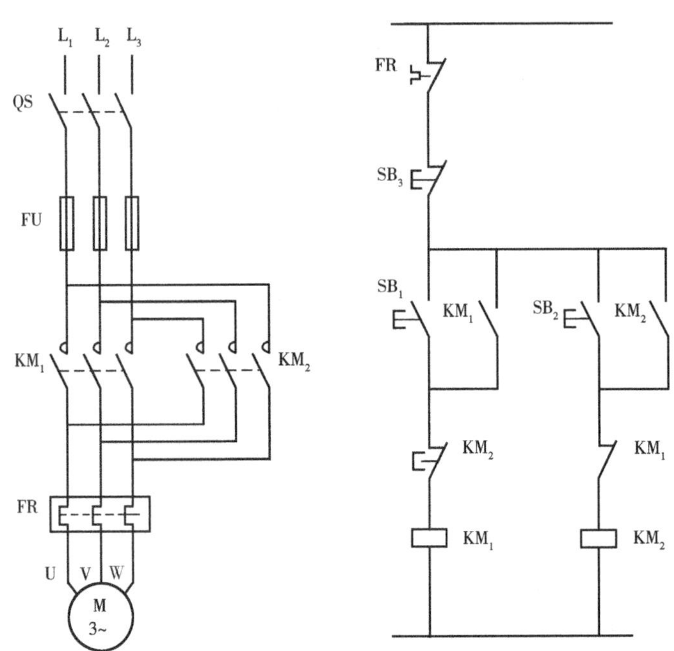

图 2-4　电气联锁的正反转控制线路

为了能实现电动机直接换向即实现"正转—反转"或"反转—正转"的操作顺序，对图 2-4 线路图进行改进后得到图 2-5 具有机械互锁控制的正反转控制线路。在图 2-5 中将正向、反向起动按钮 SB_1 和 SB_2 均采用复合按钮，正向按钮 SB_1 的一对常闭触头串接入反向接触器 KM_2 线圈的电路中，同时也将反向起动按钮 SB_2 的一对常闭触头串接入正向接触器 KM_2 线圈的电路中。这种电路也能避免换向时的相间短路，同时按下两个起动按钮则两个接触器均不能得电。这种用复合按钮实现联锁的方法称为机械联锁或机械互锁。若仅使用机械联锁，则可能由于按钮接线螺钉松脱或有一只接触器主触头熔焊，就会出现电源的相间短路故障。为了工作安全可靠，对正反转控制线路一般采用双重互锁，即既有触头互锁，又有机械互锁，具有双重互锁的正反转控制线路见图 2-6。该线路具有短路、过载、欠压和失压的保护功能。

4. 自动往复行程控制线路

在生产实践中，许多生产机械的工作台需要自动往复运动，图 2-7 所示为自动往复循环控制线路。它的特点是只要一次按下前进按钮 SB_1（或后退按钮 SB_2）以后，电动机运转驱动工作台作往复运动，工作台的撞块碰撞限位行程开关 SQ_1 和 SQ_2 后，切换工作台走向，实现自动往复循环，为了防止工作台越过允许行程而发生事故，采用位置开关 SQ_3、SQ_4 是作限位保护。

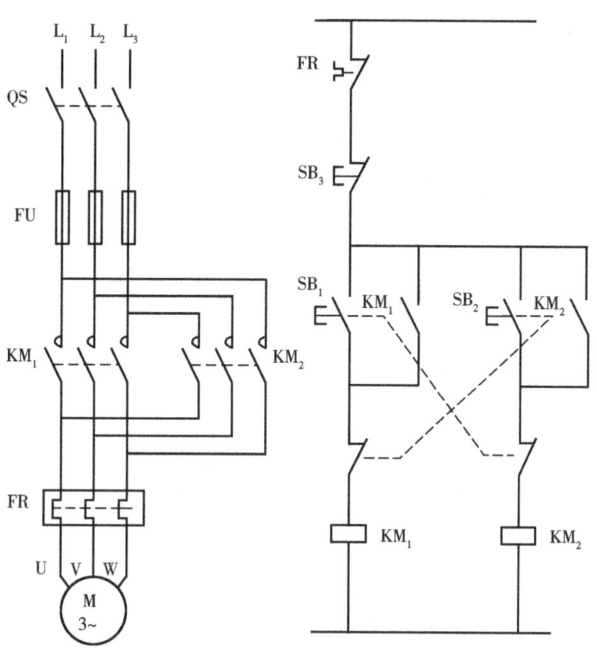

图 2-5 机械互锁控制线路

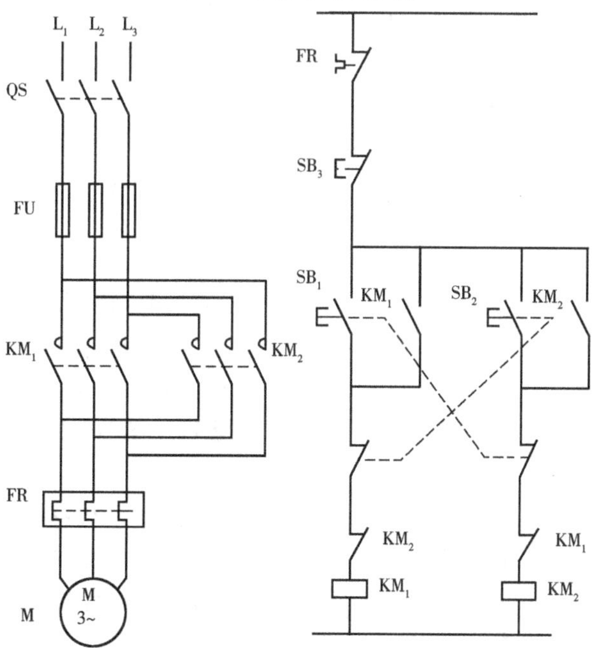

图 2-6 双重互锁的正反转控制线路

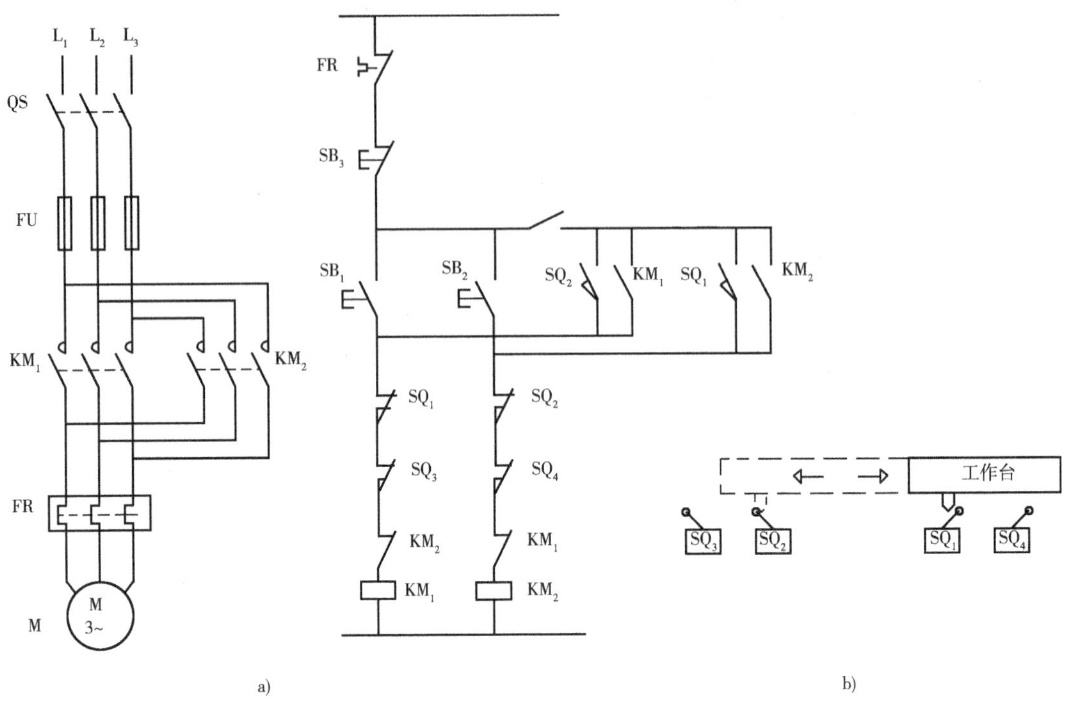

图 2-7　自动往返可逆转控制

(二)三相笼形异步电动机降压起动控制

对于不能满足直接起动条件的电动机就要采取降压起动的方式。降压起动是指利用起动设备将电压适当降低后加到电动机的定子绕组上进行起动,待电动机转速上升、起动电流减小后,再使其供电电压恢复到额定值正常运行。笼形异步电动机常见的降压起动方法有四种:定子绕组中串接电阻(或电抗器)起动、星形—三角形降压起动、延边三角形降压起动和自耦变压器补偿降压起动。

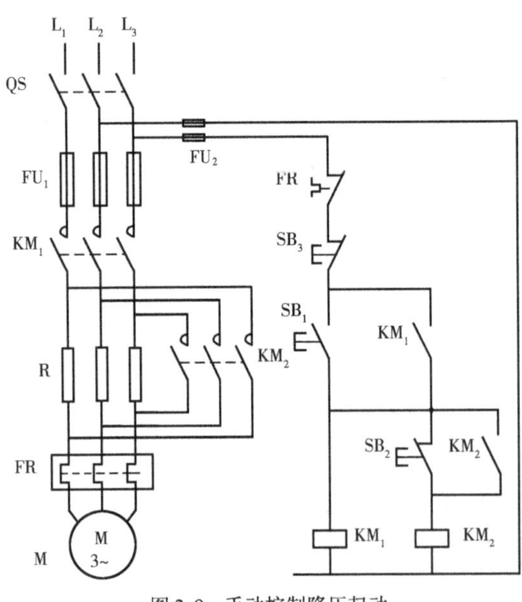

图 2-8　手动控制降压起动

1. 定子绕组串电阻(或电感器)降压起动控制

将电阻(或电抗器)串接在电动机定子绕组中,通过其分压作用来降低通入定子绕组的电压,待起动后,再通过手动或自动的方法将电阻(或电抗器)短接,使电动机在额定电压下运行。图 2-8 为按钮手动降压起动线路,在按下按钮 SB_1 后;接触器 KM_1 得电,三相电阻(或电抗器)串接在电动机主电路中降压起动,待转速上升后,然后再按下 SB_2,使接触器 KM_2 得电,将电阻(或电抗器)短接,停车按停止按钮 SB_3。这种线路由于靠手动切除电阻,因而不存在直接全压起动的危险,起动过程完全人为控制。

为了实现自动切除电阻的目的,我们使用时间继电器对降压起动控制电路作了设计,图2-9为自动控制降压起动电路。图2-9a)电路图的原理是:当按下按钮SB_1后,接触器KM_1得电,电源经电阻(或电抗器)降压送入电动机M,KM_1的常开辅助触头闭合自保并使时间继电器KT线圈得电,经一段延时后,时间继电器KT的延时闭合常开触头闭合,使接触器KM_2得电吸合,从而短接了电阻(或电抗器),通过调整时间继电器延时整定时间,即可准确而可靠地完成降压起动过程,停止时,按下SB_2即可。该线路在电动机运转时,两个接触器和一个时间继电器一直通电,这不仅会缩短电器的使用寿命,而且会消耗电能。由图2-9b)所示的电路控制原理分析可知,接触器KM_1吸合,实现降压起动,与此同时,它的二个常开触头闭合,实现自保并使时间继电器KT线圈得电,经一段延时后,KT的常开触头闭合,使接触器KM_2吸合,其主触头将电阻(或电抗器)短接,KM_2的常开触头闭合实现自保,KM_2的常闭触头打开使接触器KM_1失电,主触头释放,使电动机由KM_2供电,由于KM_1失电,又引起时间继电器KT失电,故该线路在电动机正常运转时,仅一个接触器KM_2通电,KM_1、KT均不通电。

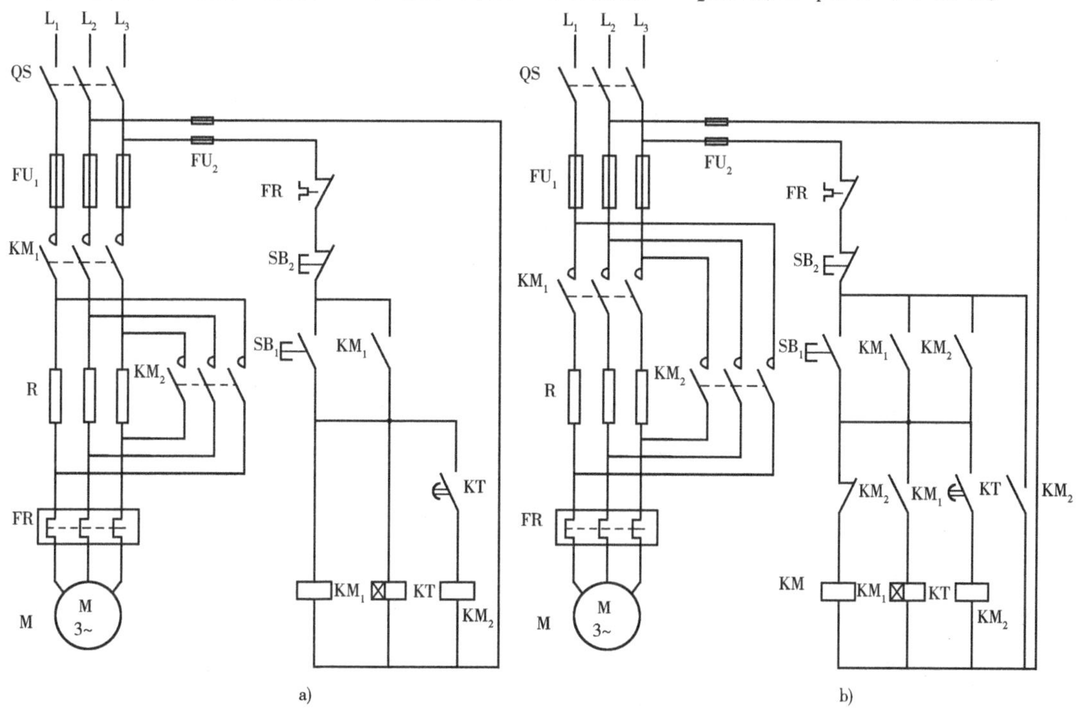

图2-9 自动控制降压起动电路

定子绕组串电阻(或电感器)降压起动控制线路优点是设备简单,对星形和三角形的联结方法的电动机都适用。缺点是起动电阻要消耗电能,故不适用于经常起动的电动机,如果用电感器代替电阻,那么设备投资大,体积也增大;起动转矩小,适用于空载或轻载起动的场合。

2. 星形—三角形降压起动控制

星形—三角形降压起动是仅用于定子绕组在正常运行时接为三角形的电动机。在起动时先将定子绕组接成星形,使每相绕组的电流仅为三角形接法时的$1/\sqrt{3}$,由于力矩与定子绕组两端的电压平方成正比,所以起动转矩减到满压起动时的1/3,起动后再换接成三角形连接。图 2-10 是星形—三角形降压起动控制线路。起动时，接触器 KM_1 和 KM_3 主触点闭合，使定子绕组接成星形，经 KT 延时后，KM_3 失电和 KT 失电，接触器 KM_2 得电，使定子绕组接成三角形，起动过程结束。在 KM_2 和 KM_3 的线圈回路采用电气互锁连接方法，以防止 KM_2 和 KM_3 同时吸合会导致电源短路事故。

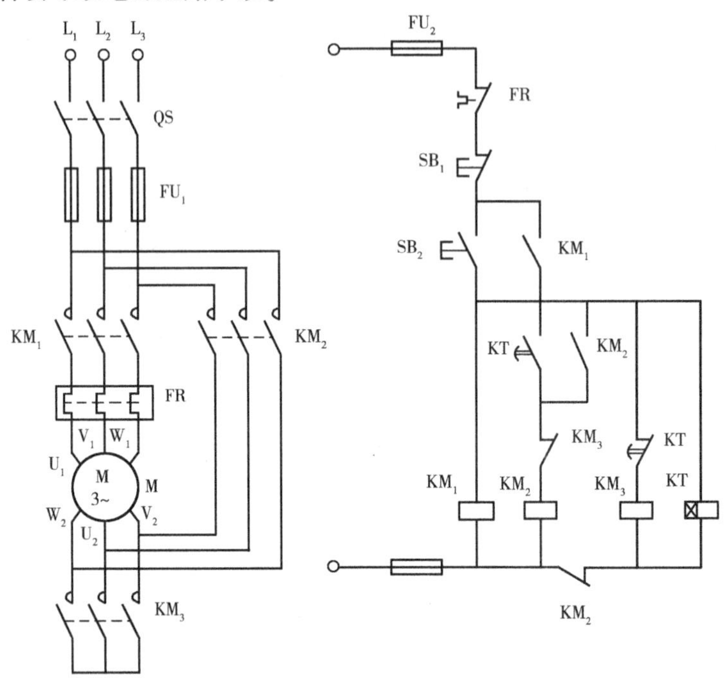

图 2-10　星形—三角形降压起动控制电路

星形—三角形降压起动方式的设备简单经济，起动过程中无额外功率损耗，可频繁起动。但起动转矩小，只仅适用于正常运行时定子绕组的连接方法为三角形接法的电动机的空载或轻载起动。

3. 自耦变压器降压起动控制

自耦变压器降压起动是指利用自耦变压器来降低起动电压以限制起动电流。起动时，变压器的一次侧接在电源电压上，二次侧接在电动机的定子绕组上，经一段延时后电动机转速达到一定值时，将自耦变压器从电路中切除。同时将额定电压加到定子绕组，使电动机进入全压运行。

图 2-11 为自耦变压器降压起动控制电路。在主电路中，采用两个接触器控制方案，KM_1 为降压起动接触器，KM_2 为运行接触器，同时它的常闭辅助触头使三相自耦变压器 T_1 的原边绕组连接成星形，用 FU_1 和 FR 作短路和过载保护。接通电源开关 Q_S 后，照明变压器 T_2 的原边得电，其副边通过 KM_1 接触器的常闭辅助触头和 KA 中间继电器的常闭触点，使电源指示灯 HL_1（绿色）亮，指示电源接通，按下起动按钮 SB_2 后，接触器 KM_1 得电，主触头闭合，将自耦变压器一次侧接入电源，由二次侧输送给电动机实现降压起动，KM_1 的一对串接在 KM_2 线圈回路中的常闭辅助触头打开，对 KM_2 进行触头互锁，另一个常开和一个常闭触头在指示电路内互换通断，使 HL_1 灯熄灭，而减压起动指示灯 HL_2（黄色）亮，表示正在降压起动中，还有一个常开触头闭合实现自保。时间继电器 KT 线圈得电，经一段延时后，其延时闭合的常开

触头闭合，将中间继电器 KA 吸合，中间继电器的一个常开触头闭合自保，另一个常闭触头打开使 KM_1 接触器失电，切断降压电源，KM_1 串接在接触器 KM_2 线圈电路中的常闭触头恢复闭合，为 KM_2 得电提供了条件。由于中间继电器 KA 的常开触头闭合使 KM_2 接触器得电，它的常闭辅助触头打开，切断了变压器原边的星形连接，主触头闭合使电动机获得了全压电源，中间继电器 KA 在指示电路中的常闭触头打开，使 HL_2 灯熄灭，接触器 KM_2 的常开触头闭合使正常运行指示灯 HL_3（红色）亮，表示进入全压运行。由于 KM_1 失电也将时间继电器 KT 的线圈断电，故运行中的时间继电器不带电。停止按钮 SB_1 控制停车。辅助电路用 FU_2 熔断器作短路保护。

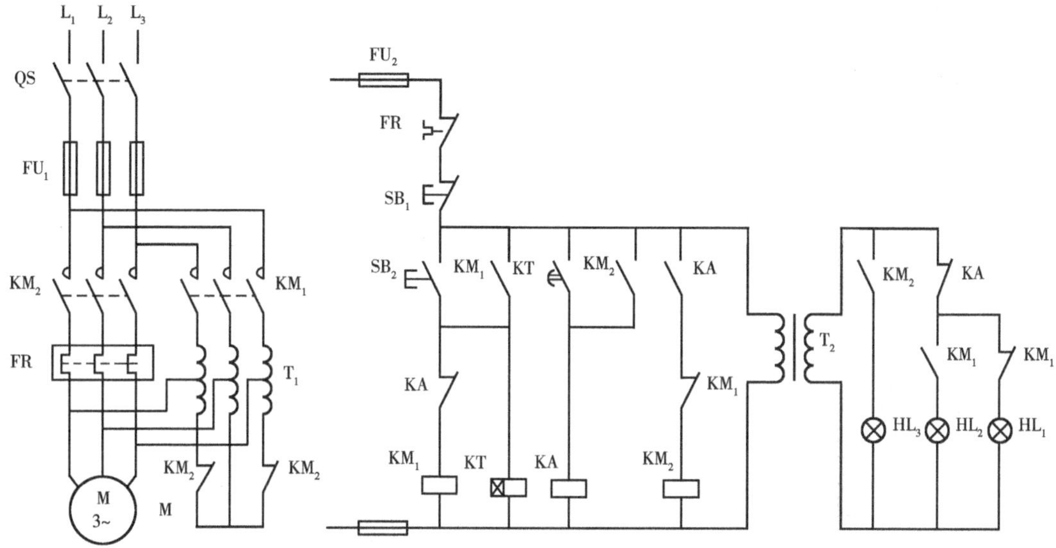

图 2-11　自耦变压器降压起动控制电路

对上述线路进行分析，可以发现这电路具有以下缺点：

（1）由于利用时间继电器 KT 的延时闭合常开触头来实现降压起动—全压运行的转换，一旦时间继电器损坏或失灵，就会将自耦变压器 T 处于长期一次电压下运行，会使变压器烧坏。

（2）长期运转时，中间继电器 KA 一直通电，这就使线路的可靠性在某种程度上受到一定的限制。

（3）当 KM_1 接触器线圈断线时，电路就无法进入降压起动的过程，但时间继电器仍可得电，经一段延时后仍可使 KM_2 吸合，从而出现全压直接起动。

（4）在电动机全压正常运转的过程中，当 KM_1 接触器被机械卡阻和触头粘连而无法释放时，使 KM_1 长期吸合，这种不正常的运行，操作人员应该可以通过指示灯 HL_2 的点亮来发现，但由于串接了中间继电器 KA 的常闭触头而使其无法点亮，HL_2 起着掩盖不正常运行状态的作用，故应该取消此中间继电器的常闭触头。

图 2-12 为一种用三个接触器实现的自耦变压器降压起动改进型控制电路。其控制原理是：转换开关 SA 有“1”、“2”两挡，对应控制电路的手动和自动工作方式，当 SA 手柄转在 2 挡自动运行方式时，电源信号指示灯 HL_1 点亮，表示电源供电和接触器 KM_1、KM_2、KM_3 均处于正常的释放状态，按下降压起动按钮 SB_2，接触器 KM_1 线圈得电，常开主触头闭合将自耦变

压器 T 原边线圈的一端接成星形，两个常闭辅助触头打开，分别实现对 KM_3 接触器的互锁和切断指示灯 HL_1 的电源，一个常开辅助触头闭合，使接触器 KM_2 线圈得电，它的常开主触头闭合给变压器原边接入了电源，副边降压后的电流送入电动机 M 实现降压起动，两个常开辅助触头闭合，分别实现自保和接通了中间继电器 KA、时间继电器 KT 线圈的电源，中间继电器的四对常开触头闭合分别：短接电流互感器 TA 二次侧的发热元件，避免热继电器误动作，自保线圈电源和点燃降压起动信号指示灯 HL_2。经过一段延时后，时间继电器延时常闭触头 KT 打开，切断了 KM_1 线圈的电路，而其延时闭合的常开触头使接触器 KM_3 线圈得电并自保，KM_3 的常闭触头打开而切断了 KM_1、KM_2、KA 和 KT 线圈的电路，实现了互锁，KM_3 的主触头闭合使电动机进入全压正常运转，其常开辅助触头点亮了指示灯 HL_3。中间继电器复位后使热继电器 FR 发热元件开始发挥作用，作过载保护。当转换开关 SA 转到 1 挡后，便可进行手动控制，按下起动按钮 SB_2 实现降压起动，待转速上升后，按下升压按钮 SB_3 便可转入全压运行。SB_1 为停止按钮。

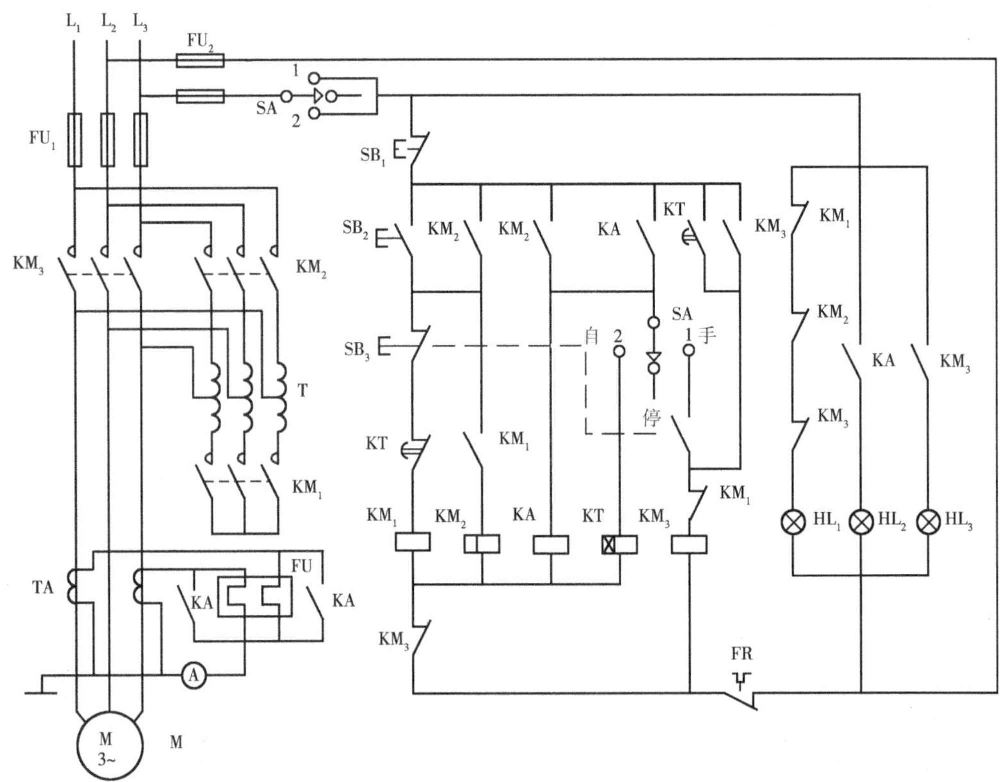

图 2-12　改进型自耦变压器降压起动控制电路

自耦变压器降压起动方式适用于大容量电动机的不频繁起动场合，特别适用于正常运行是星形连接的电动机。通常在自耦变压器的中间有几个抽头可供选择接线，从而根据不同的需要来改变电压比，实际生产中常采用成品的补偿降压起动器（简称补偿器），图 2-12 即为 XJ01 型补偿器原电路图。它的起动效果比串接电阻降压起动效果好，但设备体积大，成本高。

4. 延边三角形降压起动控制

延边三角形降压起动方式是在起动时将电动机的定子绕组连接成延边三角形，以减少起动电流，待起动结束后再将定子绕组接成三角形全压运行。这种方法适用于定子绕组是特别设计的电动机，其绕组共有9个接线柱，各相绕组的接线柱分别为 U_1、U_2、U_3 与 V_1、V_2、V_3 和 W_1、W_2、W_3。其中 U_1、V_1、W_1 为各绕组首端，U_2、V_2、W_2 为各绕组的中间抽头，U_3、V_3、W_3 为各绕组的尾端。图2-13为定子绕组延边三角形的接法示意图，当 KM_1、KM_2 触点闭合，KM_3 触点断开时，U_2U_3、V_2V_3、W_2W_3 组成一个三角形；三角形的三个顶点再分别经过 U_1U_2、V_1V_2、W_1W_2 三个绕组延伸接到电源上，构成一个延边三角形。当 KM_2、KM_3 触点闭合，KM_1 触点断开时，U_1U_3、V_1V_3、W_1W_3 直接构成三角形接到三相电源上。这样定子绕组利用中间抽头 U_2、V_2、W_2 在起动时使其一部分接成三角形，另一部分接成星形，接成三角形部分的绕组没有降压，而接成星形部分的绕组获得了降压，从而起动电流得到减小。可见，通过改变抽头比可达到调节起动电流和力矩的目的。

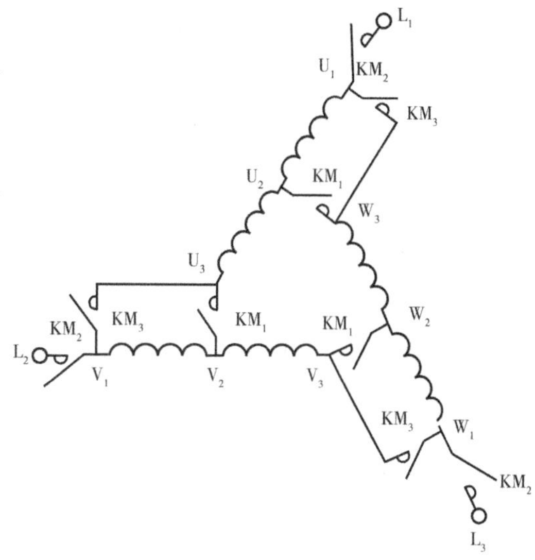

图2-13 延边三角形连接方法

图2-14为延边三角形降压起动控制电路。当按下起动按钮 SB_2 后，接触器 KM_1、KM_2 得电，定子绕组以延边三角形的连接方式接入三相电源实现降压起动，经过时间继电器KT延时后，接触器 KM_1 失电，同时 KM_3 得电，KM_2 保持获电状态，定子绕组以三角形的连接方式进入全压运行。

延边三角形降压起动方式比星形—三角形起动方式的起动转矩大，在起动结构上比自耦变压器降压起动方式简单，且克服了自耦变压器不能频繁起动的缺点，但电动机定子绕组在绕制时需要中间抽头，工艺较复杂，由于有9根连接电线，控制电路在安装时增加了连线和烦琐。

在变频调速系统中，变频器的输出电源频率总是0Hz开始上升的，因此不存在降压起动的问题，但要合理设定变频器的加速时间。对于大容量的电动机，若设置加速时间太短，可能会使变频器过流跳闸。

（三）三相笼形异步电动机调速控制

由于生产的需要，在港口电气设备中电动机的调速控制环节被广泛使用。根据异步电动机的原理，由公式 $n=60f(1-s)/p$（n 是电动机的转速，f 是电源的频率，s 是电动机的转差率，p 是电动机定子绕组的磁极对数）可知，要实现对电动机的调速可以从这三个途径来进行。

（1）改变电源的频率；

（2）改变电动机的磁极对数；

（3）改变电动机的转差率。

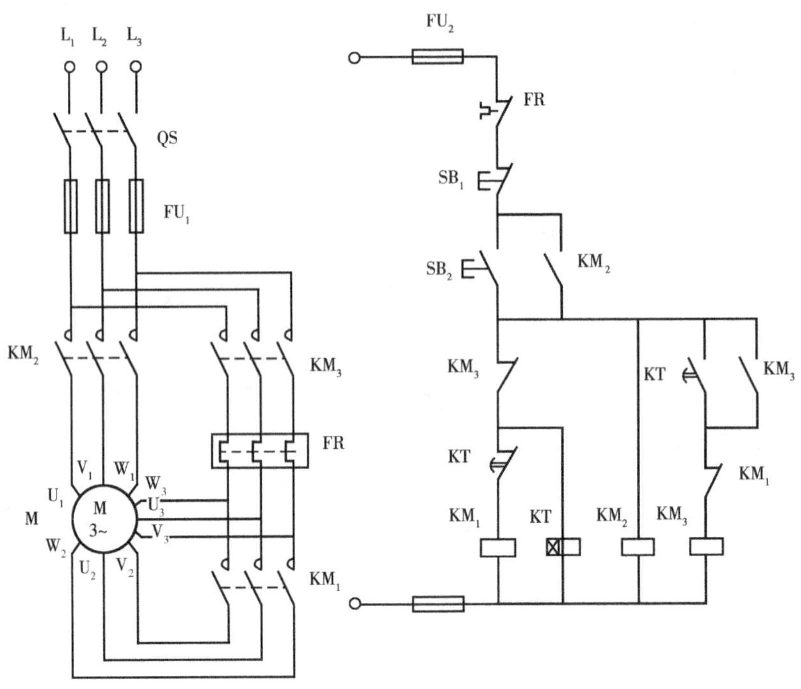

图 2-14　延边三角形降压起动控制电路

笼形异步电动机的调速通常采用改变电源频率和改变磁极对数的方法来实现。绕线转子异步电动机常采用改变转差率的方法实现变速。

1. 变极调速控制

为了能实现定子绕组所形成磁场极对数的改变，把每相定子绕组分为相同的两部分，用改变绕组的连接方法，使这两部分绕组串联或并联，从而达到变速的目的。图 2-15 为改变磁极对数原理图，图 2-15a）所示两部分线圈串联时产生的磁场是四极，图 2-15b）所示两部分线圈并联时产生的旋转磁场是二极，四极的同步转速是 1500r/min，二极的同步转速是 3000r/min，由于笼形电动机的转子无固定的磁极对数，能随着定子绕组磁极对数的变化而相应地变化，从而电动机获得了二种异步转速，这种电动机称为双速电动机。

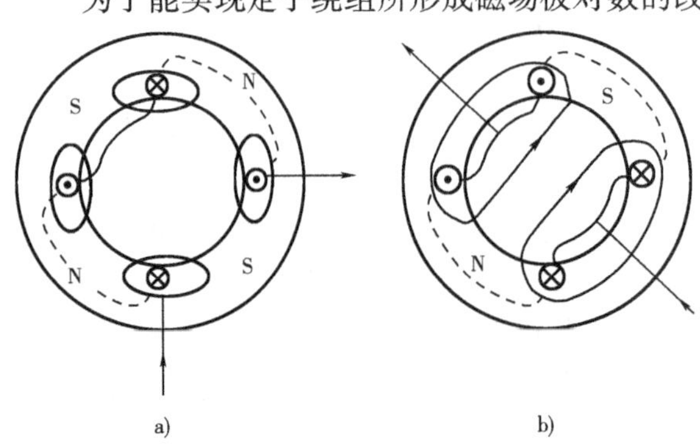

图 2-15　改变磁极对数调速原理图

a）串联时；b）并联时

如果在电动机定子绕组上安装两套极对数不同的三相绕组，其中的一套或两套三相绕组都能通过改变端接线方法来改变极对数，从而得到 3 种或 4 种不同的转速。作为变极调速的实例，本书仅以双速电动机调速控制为例。

把每相绕组分成两部分，各相绕组的接线柱分别为 U_1、U_2、U_3 与 V_1、V_2、V_3 和 W_1、W_2、W_3。其中 U_1、V_1、W_1 为各绕组首端，U_2、V_2、W_2 为各绕组的中间抽头，U_3、V_3、W_3 为各绕组的尾端。根据绕组的接法不同，一种是从单星形转接为双星形；另一种是三角形转接为双星形。图 2-16 是两种绕组不同连接方式,图 2-16a)是从单星形转接为双星形的接法,图 2-16b)是三角形转接为双星形接法。

在图 2-16a)中,当接触器 KM_1 触点闭合,接触器 KM_2、KM_3 断开时,三相电源从 U_1、V_1、W_1 端接入,形成单星形的接法,这时磁极对数为 2(四极),同步转速为 1500r/min,为低速运行;当接触器 KM_2、KM_3 触点闭合,接触器 KM_1 断开时,三相电源从 U_2、V_2、W_2 端接入,每相由两组绕组并联,形成双星形的接法,这时磁极对数为 1(二极),同步转速为 3000r/min,为高速运行。

在图 2-16b)中,当接触器 KM_1 触点闭合,接触器 KM_2、KM_3 断开时,三相电源从 U_1(W_3)、V_1(U_3)、W_1(V_3)端接入,每相的两个绕组串联后形成三角形的接法,这时磁极对数为 2,为低速运行;当接触器 KM_2、KM_3 触点闭合,接触器 KM_1 触头断开时,三相电源从 U_2、V_2、W_2 端接入,同样也形成双星形的接法,这时磁极对数为 1,为高速运行。

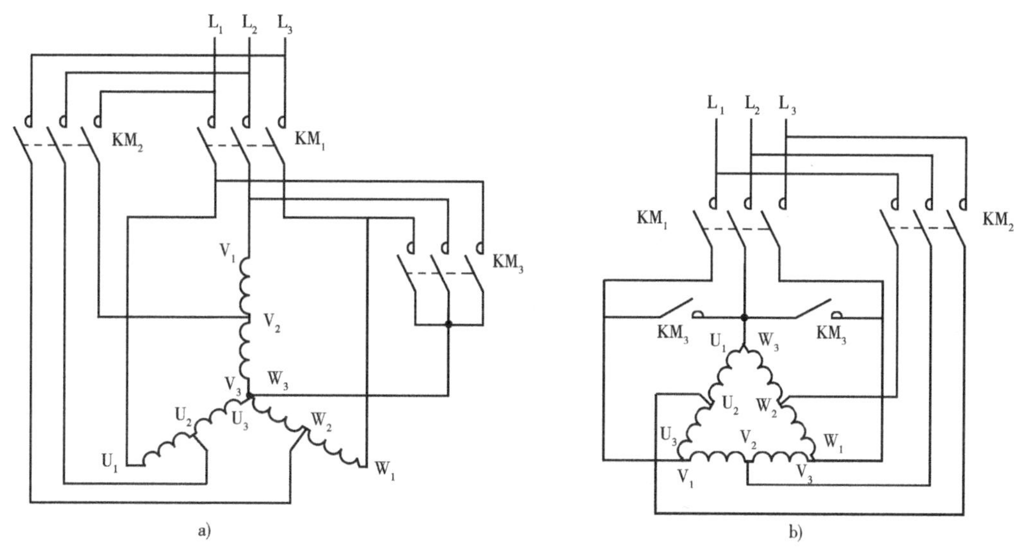

图 2-16 两种绕组不同连接方式

要注意的是在改变极对数实现调速时,需将相序改变。因为,在极对数少时($p=1$),三相绕组互差 120°角,当极对数增加后($p=2$)三相绕组的电角度成了 240,这样使绕组的相序发生了改变,所以在改变极对数的同时,将任两相接头对调一下,以达到调速而保持转向不变的目的。

图 2-17 为△/YY 双速电动机调速控制电路。图 2-17a)为主电路,根据电动机的类型按图 2-16b)的连接方法接线,当 KM_1 接触器吸合,接触器 KM_2、KM_3 触点断开,电动机 M 接成三角形低速运行;当 KM_2、KM_3 得电,KM_1 失电,将 U_1、V_1、W_1 结成星点,,电流经 KM_2 从 U_2、V_2、W_2 进入电机,绕组接成双星形,为高速运行。用熔断器 FU_1 和热继电器 FR 作主电路的短路和过载保护。图 2-17b)为用按钮实现手动高低速转换的控制线路,SB_2 为低速起动按钮,控制 KM_1 接触器吸合,SB_3 为高速起动按钮,控制 KM_2、KM_3 接触器吸合,用按钮和触头实现双重互锁即机械互锁和电气互锁,SB_1 为停止按钮。图 2-17c)是低速向高速转换时利用时间继电器 KT 自动实现的控制线路,转换开关 SA 放在“停止”位时,电动机停转;SA 转向“低速”

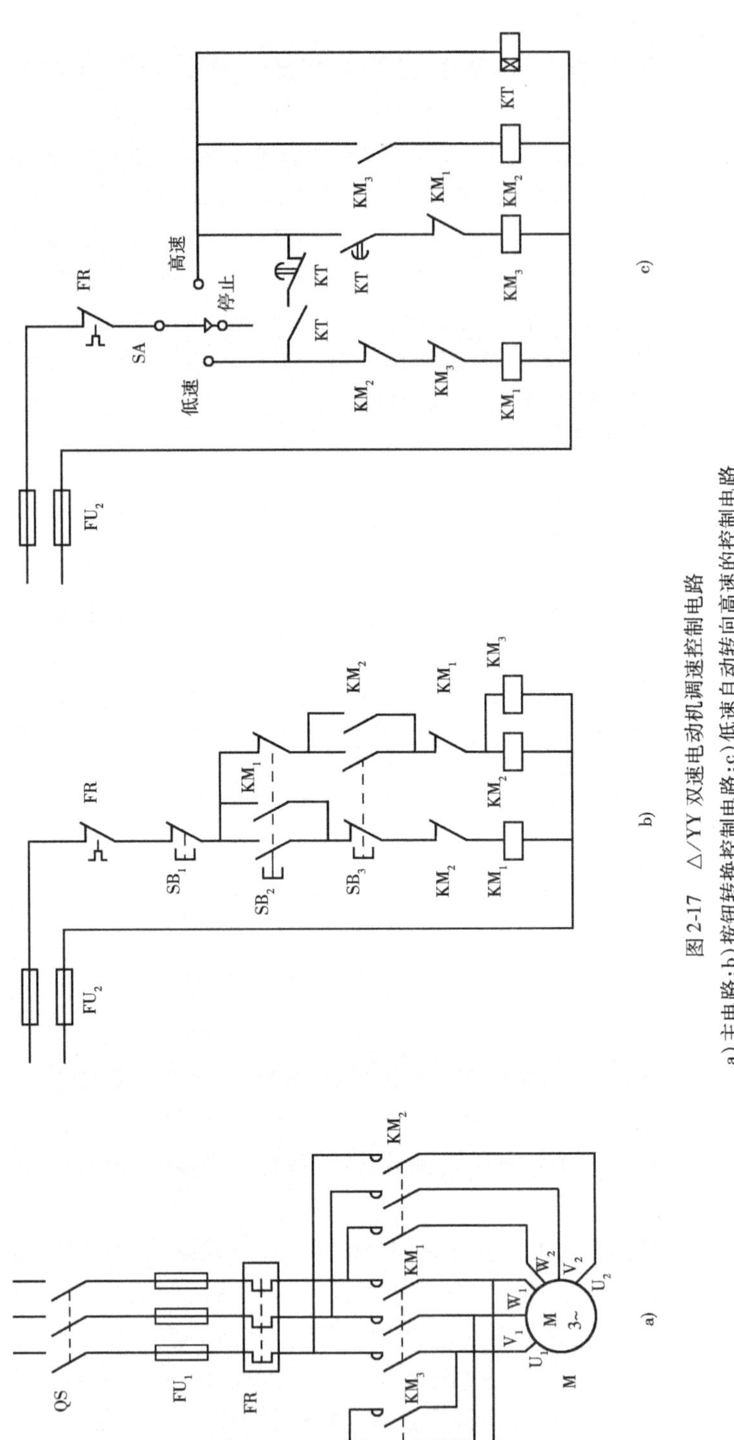

图 2-17 △/YY 双速电动机调速控制电路

a)主电路;b)按钮转换控制电路;c)低速自动转向高速的控制电路

时，使 KM_1 得电，实现三角形低速运行；当 SA 扳向“高速”时，时间继电器 KT 线圈首先得电，它的瞬时常开触头闭合，使低速接触器 KM_1 得电，电动机减速起动，减小了起动电流，经一段延时后，KT 的延时打开的常闭触头断开，使 KM_1 失电，与此同时，延时闭合的常开触头闭合，使 KM_3 线圈得电，将电机 U_1、V_1、W_1 接成双星形的星点，KM_3 的常开触头闭合又使 KM_2 线圈得电，将电机接入电源，实现了高速运转。

2. 变频调速控制

使用变频器实现对三相笼形异步电动机的调速是最理想的调速控制方案。这里仍以 Altivar31 型变频器为例说明变频器的控制方式和给定方式。变频器的给定方式也就是如何使变频器升速和降速。

1）控制方式

Altivar31 变频器运行与停止的控制方式分为本机控制和外部端子控制。

（1）本机控制

本机控制是通过变频器操作面板上的 RUN 和 STOP 键控制变频器的运行与停止，通过 I-O 菜单 tCC 参数设置为 LOC 激活此功能，即 I-O—tCC = LOC。如果功能访问等级 CTL—LAC 设置为 L3 高级功能，本机控制功能不可用，即 I-O—tCC 不出现 LOC。

（2）外部端子控制

变频器控制方式的外部端子控制又分为 2 线控制和 3 线控制。而多数变频器的外部端子控制有确定的控制端子，不需要设置。

①2 线控制：2 线控制是通过变频器端子 LI1 和 LIX（X 为 2 ~ 6）控制变频器的运行与停止，通过 I-O 菜单 tCC 参数设置为 2C 激活此功能。

②3 线控制：3 线控制是通过变频器端子 LI1、LI2 和 LIX（X 为 3 ~ 6）控制变频器的运行与停止，通过 I-O 菜单 tCC 参数设置为 3C 激活此功能。

2）给定方式

（1）本机给定

本机给定就是通过变频器的操作面板升降速。施耐德 Altivar31 变频器是通过操作面板上的电位器升降速，以前的变频器多数采用这种方式，现在的变频器多数是通过操作面板上的▲、▼键升降速，面板上没有升降速电位器。

Altivar31 变频器是通过 CtL 菜单 Fr1 或 Fr2 参数设置为 AIP 激活此功能。

Altivar31 变频器的默认给定通道为 Fr1，默认给定方式为本机给定，即 CtL—rFC = Fr1，CtL—Fr1 = AIP。

如果控制柜安装在操作现场，变频器的操作面板露在控制柜的操作面板上，并且不需要同步调速时，可使用本机给定。

（2）模拟输入端子给定

Altivar31 变频器有 3 个模拟输入端子，分别是 AI_1、AI_2、AI_3，公共端为 COM。

①AI_1 端子给定

AI_1 端子给定就是通过变频器的控制端子 AI_1 给定，给定信号为 0 ~ 10V 电压信号，0V 对应低速（SEt—LSP 参数），10V 对应高速（SEt—HSP 参数），通过 CtL 菜单 Fr1 参数设置为 AI_1 激活此功能。若 CtL – rFC = Fr2 或需要两个给定通道切换时，通过 CtL 菜单 Fr2 参数设置为

AI_1激活此功能。

②AI_2端子给定

通过变频器控制端子AI_2给定，给定信号为0～±10V电压信号，“+”电压电动机正转，“-”电压电动机反转，通过CtL菜单Fr1参数设置为AI_2激活此功能。若CtL—rFC=Fr2或需要两个给定通道切换时，通过CtL菜单Fr2参数设置为AI_2激活此功能。

③AI_3端子给定

通过变频器控制端子AI_3给定，给定信号为X～YmA电流信号，通过CtL菜单Fr1参数设置为AI_3激活此功能。若需要两个给定通道切换时，通过CtL菜单Fr2参数设置为AI_3激活此功能。

X对应下限频率（低速），通过I-O菜单CrL3参数设置，设置范围为0～20mA，通常设置为4mA。

Y对应上限频率（高速），通过I-O菜单CrH3参数设置，设置范围为4～20mA，通常设置为20mA。

如果Y小于X，则电流越大，频率越低。

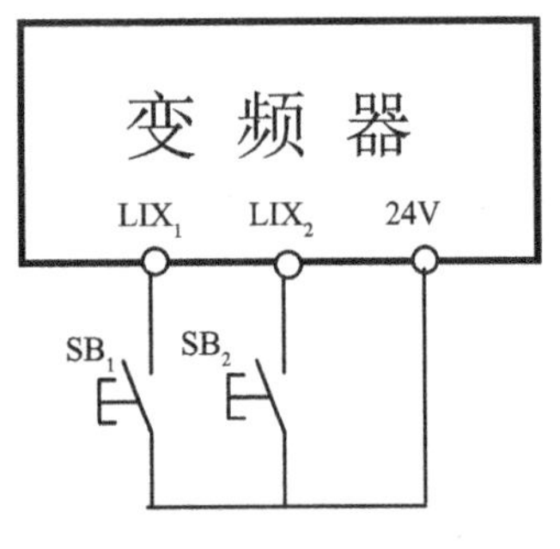

图2-18 通过按钮升降速接线图

（3）逻辑输入端子给定

逻辑输入端子给定也就是通过按钮升降速。它是Altivar31变频器的高级功能，必须将功能访问等级CtL—LAC设置为L_2或L_3，才能进行设置。

通过按钮升降速就是在逻辑输入端子上接入升速按钮和降速按钮，如图2-18所示。按下升速按钮SB_1开始升速，松开SB_1按钮停止升速；按下降速按钮SB_2开始降速，松开SB_2按钮停止降速。

逻辑输入端子LIX_1和LIX_2由下列参数设置，但必须保证LIX_1和LIX_2是其他功能没用过的端子，包括变频器的默认设置。

CtL—LAC=L_2或L_3——设置功能访问等级；

CtL—Fr2=UPdt——设置给定方式；

CtL—rFC=Fr2——选择给定通道；

FUn—UPd—USP=LIX_1——设置升速逻辑输入端子位置；

FUn—UPd—dSP=LIX_2——设置降速逻辑输入端子位置。

（4）其他给定方式

①通过键盘上的▲和▼键给定；

②通信给定，在港口电气设备中常用PLC通信的方式来实现调速；

③通过远程终端给定。

3）变频调速实例

（1）一种模拟电压信号给定方式的实例：控制方式为3线控制，正反转运行，模拟电压信号经AI_1端子给定，最高速为40Hz，最低速为10Hz。

按原理图2-19接线后，打开QS开关，给变频器通电，完成如下参数设置。

①drC—FCS=InI——恢复出厂设置；

②FLt—OPL = Yes——电机缺相检测；

③I-O—tCC = 3C——设置控制方式；

④I-O—rrS = LI_3——设置反转(变频器默认，可以不设置)；

⑤CtL—Fr1 = AI_1——设置给定方式；

⑥SEt—HSP = 40——设置最高速为 40Hz；

⑦SEt—LSP = 10——设置最低速为 10Hz。

其他按变频器的默认设置。

设置完毕后，按下按钮 SA_2，电机正转，变频器显示运行频率。调节电压源的输出电压，变频器的输出频率相应变化，变化范围为 10 ~ 40Hz(由于实验台电压源的最低输出电压不是 0V，最低频率大于 10Hz)。变频器运行后，无论 SA_2 处于什么位置，变频器都将继续运行。弹起按钮 SA_1，电机停转；电机停转后，要使 SA_1 处于闭合位置(按下状态)，SA_2 和 SA_3 处于断开位置，为下次运行做准备；按下按钮 SA_3，电机反转，变频器用负值显示运行频率。调节电压源的输出电压，变频器的输出频率相应变化，变频器运行后，无论 SA_3 处于什么位置，变频器都将继续运行。弹起按钮 SA_1，电机停转。

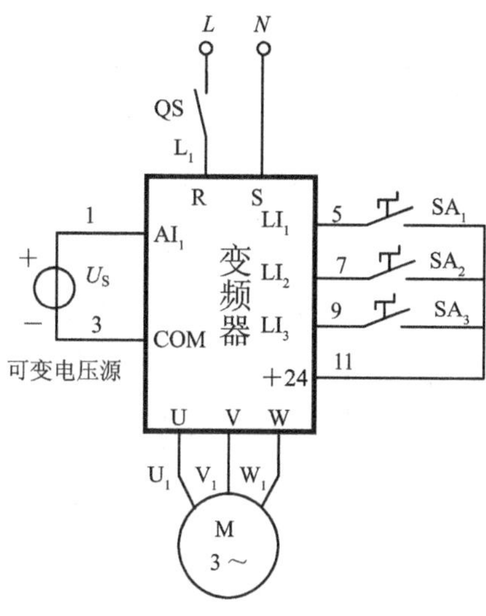

图 2-19 接线图

(2)多段速度控制实例：3 线控制，正反转运行，第一个速度由 AI_1 给定，其他速度为 10Hz、20Hz、30Hz、40Hz、50Hz。

多段速度控制功能是为了使电动机能够以预定速度按一定程序运行，可通过对多个端子组合选择频率指令。用 1 个逻辑输入端子可以设置 2 段速度控制，2 个端子可以设置 4 段速度控制，3 个端子可以设置 8 段速度控制，4 个端子可以设置 16 段速度控制。各段速度控制的端子组合见表 2-1。

各段速度控制的端子组合表 表 2-1

16 段速度控制	8 段速度控制	4 段速度控制	2 段速度控制	速度给定值
0	0	0	0	SP1(给定值)
0	0	0	1	SP2
0	0	1	0	SP3
0	0	1	1	SP4
0	1	0	0	SP5
0	1	0	1	SP6
0	1	1	0	SP7
0	1	1	1	SP8
1	0	0	0	SP9
1	0	0	1	SP10

续上表

16 段速度控制	8 段速度控制	4 段速度控制	2 段速度控制	速度给定值
1	0	1	0	SP11
1	0	1	1	SP12
1	1	0	0	SP13
1	1	0	1	SP14
1	1	1	0	SP15
1	1	1	1	SP16

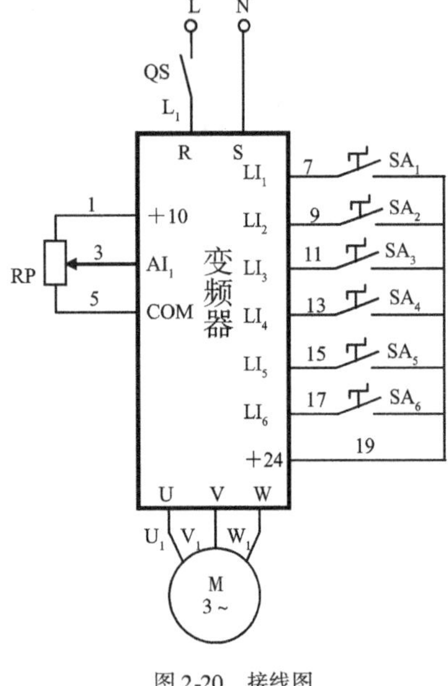

图 2-20　接线图

根据本题要求输出 1 个可调速度,5 个固定速度,必须使用 8 段速度控制,需要 3 个逻辑端子。按原理图 2-20接线。打开电源开关 QS,给变频器通电,并完成如下的参数设置。

①drC—FCS = InI——恢复出厂设置;

②FLt—OPL = nO—电机缺相不检测;

③I-O—tCC = 3C——设置控制方式;

④CtL—Fr1 = AI_1——设置给定方式;

⑤FUn—JOG—JOG = nO——撤销寸动设置;

⑥FUn—PSS—PS_2 = LI_4——给 2 段速度控制分配端子;

⑦FUn—PSS—PS_4 = LI_5——给 4 段速度控制分配端子;

⑧FUn—PSS—PS_8 = LI_6——给 8 段速度控制分配端子;

⑨FUn—PSS—SP_2 = 10——设置第 2 段速度为 10Hz;

⑩FUn—PSS—SP_3 = 20——设置第 3 段速度为 20Hz;

⑪FUn—PSS—SP_4 = 30——设置第 4 段速度为 30Hz;

⑫FUn—PSS—SP_5 = 40——设置第 5 段速度为 40Hz;

⑬FUn—PSS—SP_6 = 50——设置第 6 段速度为 50Hz。

其他使用变频器的默认设置。

完成所参数设置后,按下按钮 SA_1,为变频器运行做准备;按下正转按钮 SA_2,电机以 SP_1 速度正转运行,调节电位器 RP,电机的转速相应改变,变化的频率为 0 ~ 50Hz(高速和低速为默认值);按表 2-1 中按下 SA_4 ~ SA_6的不同组合,电动机就以预先设置的速度旋转。弹起按钮 SA_1,电机停转。

按下按钮 SA_1,为变频器运行做准备;按下反转按钮 SA_3,电机以 SP_1速度反转运行,重复上述过程。

(四)三相笼形异步电动机制动控制

交流异步电动机的制动有机械制动和电气制动两种。机械制动最常见是采用电磁抱闸,电磁抱闸装置在前面已经介绍。电气制动有反接制动、能耗制动、再生制动、单相制动等,其原理都是使电动机产生一个与转子转向相反的电磁转矩(制动转矩),在制动转矩的作用下,电动机能迅速地停车或稳定运行在低速状态。

电气制动的显著优点是能够通过灵活地改变制动电流来调节制动强度，这对某些生产机械来说十分必要，例如在起重机械中，吊钩吊着重货物下放时，为了控制货物下落速度，就必须选择一个合适的制动转矩，确保货物迅速而安全地放到地面上。为了保证生产安全，在有些场合往往同时使用了电气制动和机械制动。

1. 机械制动控制

图2-21所示为电磁抱闸的制动控制线路。电动机停转时，由于电磁抱闸线圈YA失电，闸瓦制动器的弹簧弹力将闸瓦与电动机转子机械固定为一体的闸轮紧紧抱住，实现机械制动。当按下起动按钮SB_2后，KM_1接触器首先得电，主触头闭合，使制动电磁铁线圈YA也得电，闸瓦和闸轮间松开，KM_1的常开辅助触点使KM_2接触器得电并自保，主触头闭合使三相电源进入电动机运转。按下停止按钮SB_1，可使KM_1接触器失电，电机停转制动。在这个电路中也可将制动电磁铁线圈与电动机定子绕组并联，这可节省一只接触器，简化了线路，这种线路广泛应用在起重机、卷扬机等一类升降机械中，实现电动机的制动控制，以确保安全。

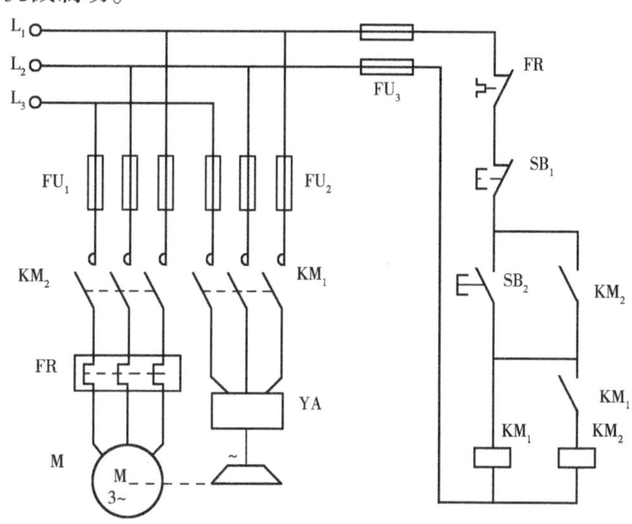

图2-21 电磁抱闸制动控制电路

2. 反接制动控制

反接制动的特征是电动机旋转磁场方向与转子的转向相反，这时电磁转矩阻止转子旋转，达到了制动目的。要使旋转磁场方向与转子的转向相反，有两种情况：一种是直接改变三相电源的相序，即电源反接；另一种是在起重设备中电动机在起升负载时，如果电磁转矩小于负载转矩，电动机被负载拉着反转，即倒拉反接。对于倒拉反接制动在后面的起重电气电路中讲述，这里只讲电源反接制动控制电路。

1）单向运转的反接制动控制电路

图2-22为单向运转的反接制动控制线路。图2-22a）为主电路，KM_1为单向运转接触器，KM_2为反接制动接触器，R为三相反接制动串接电阻，速度继电器KS与电动机M同轴运转，用FU_1、FR作短路和过载保护。图2-22b）为其中一种控制线路，按下起动按钮SB_1使KM_1得电，主触头闭合使电动机单向运转，它的常开辅助触头闭合自保，常闭辅助触头打开对KM_2实现联锁，当电动机转速上升到一定值时（约100r/min，因速度继电器而异），速度继电器的常开触头闭合，为实现反接制动做好了准备。当按下停钮SB_2使电动机失电的同时，接通了接触器KM_2线圈的电路，三相电源以相反的相序通过电阻降压后加到定子绕组上，以实现电源反接制动，当转子速度下降到继电器KS的整定值时，它的常开触头打开，KM_2失电，制动停止完毕。在电动机停转状态时，如装夹工件或调整机件需用人手转动转轴时，会带来速度继电器的常开触头闭合，不会导致KM_2得电使电动机反向起动，利于安全，但在整个反接制动过程中，按钮SB_2不能松开，否则反接制动就停止。为了克服上述缺点，可在SB_2的常开触

点两端并接 KM_2 的常开触头实现自保，也可在控制线路中通过增接一个中间继电器 KA，来克服上述问题见图 2-22c），原理请读者分析。

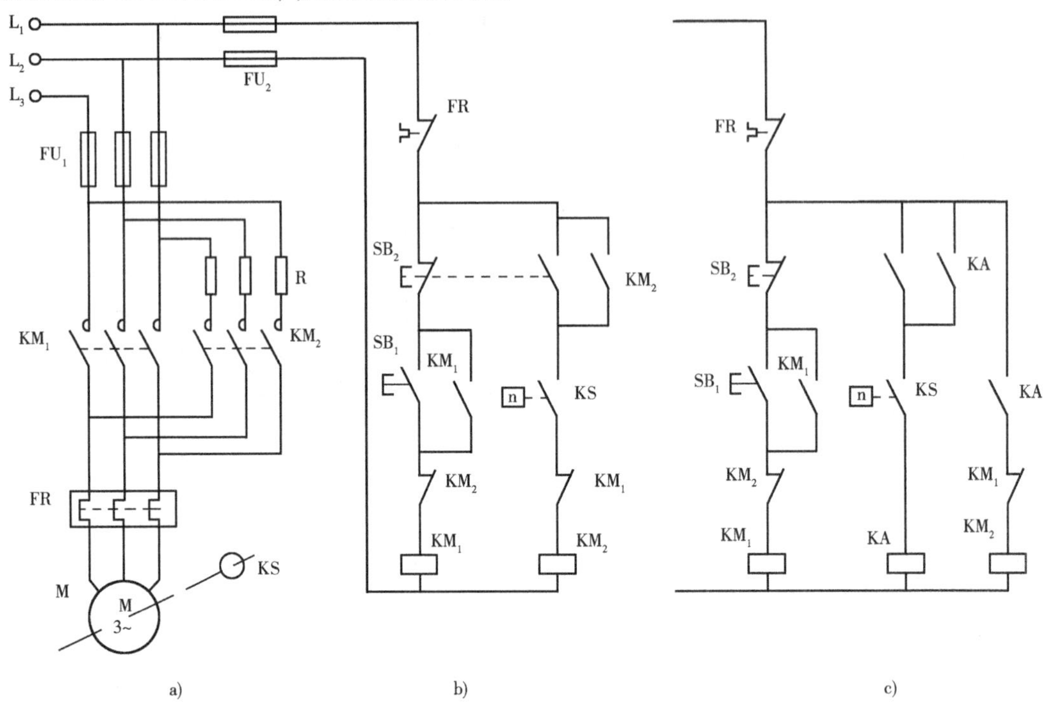

图 2-22 单向运转的反接制动控制电路

a）主电路；b）控制电路之一；c）控制电路之二

2）双向运转的反接制动控制电路

图 2-23 为双向运转的反接制动控制线路，KM_1 为正向运转和反向反接制动接触器，KM_2 为反向运转和正向反接制动接触器，KM_3 用作短接反接制动电阻 R，中间继电器有四只，其中 KA_1、KA_3 和接触器 KM_1、KM_3 配合完成电动机正向起动反向制动的控制，KA_2、KA_4 和接触器 KM_2、KM_4 配合完成反向起动正向制动的控制，速度继电器 KS 的二对常开触头 KS_1、KS_2 分别作电动机正转和反转时反接制动用，R 是降压起动和制动限流电阻。

其控制原理是：合上电源开关 QS，若需正向运转时，按下起动按钮 SB_1，中间继电器 KA_1 线圈得电，其 KA_{1-1} 常闭辅助触头打开对 KA_2 实现互锁，KA_{1-2} 常开触头闭合进行自保，KA_{1-4} 常开触头闭合为 KM_3 得电切除电阻 R 做好了准备，KA_{1-3} 常开触头闭合使接触器 KM_1 得电，主触头闭合，电动机串电阻 R 实现降压起动，KM_{1-1} 常闭辅助触头打开对 KM_2 实现互锁，KM_{1-2} 常开触头闭合为短接起动电阻做好准备，当电动机转速升高到速度继电器 KS 的整定值时，KS_1 常开触头闭合，使中间继电器 KA_3 线圈得电，KA_{3-1} 常开触头闭合自保，KA_{3-2} 常开触头闭合为反接制动接触器 KM_2 得电做好了准备，KA_{3-3} 常开触头闭合使接触器 KM_3 得电，将起动电阻 R 短接，实现了全压运行。

停车时，按下 SB_3，KA_1 线圈失电，使 KM_1 和 KM_3 线圈失电，切断了正向运转电源和将电阻 R 串入定子绕组中，KM_{1-1} 触头恢复闭合使 KM_2 线圈得电，主触头闭合实现反接制动，电动机转速下降到 KS 动作值以下后，KS_{-1} 触头被打开，使中间继电器 KA_3 线圈失电，KA_{3-2} 触头打开,使 KM_2失电,反接制动完毕。

反向起动时按下 SB_2按钮,由中间继电器 KA_2、KA_4控制接触器 KM_2、KM_3来实现,正向制动由 SB_3、中间继电器 KA_2、KA_4配合 KS_2触头来控制 KM_1、KM_3实现。具体控制过程请读者自行分析。

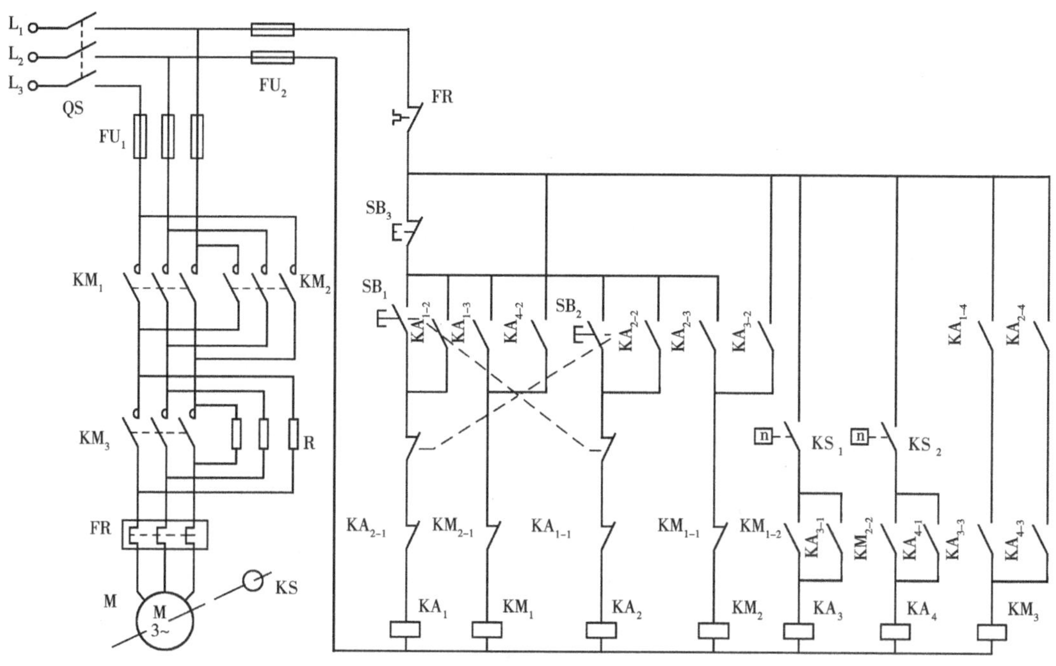

图 2-23 双向运转的反接制动控制电路

该电路中,使用的电器数目较多,用了 4 个中间继电器,在继电器—接触器系统中这种控制线路应该是比较完善,电阻 R 既作降压起动又作反接制动限流,当由于外界原因使 SR 的二个常开触头闭合时,不会出现接通电源反向起动的现象,但还存在下列几方面问题:

(1)该线路在正向或反向运转是建立在二只中间继电器(KA_1、KA_3或 KA_2、KA_4)线圈长期通电的基础上,一旦这些中间继电器损坏或失灵,电动机就会立即停转,若能改为短时通电,则可提高控制线路的可靠性;

(2)当接触器 KM_3主触头粘连或机械卡阻而无法释放时,就会出现直接全压起动,解决的方法是将 KM_3的常闭触头串接在 KM_1、KM_2的线圈电路中并与自保触头相并联(在第一条改进后,这样接线),这样能确保电阻 R 的双重限流作用;

(3)当接触器 KM_1或 KM_2的线圈断线时,中间继电器 KA_1或 KA_2线圈仍然可以在按下起动按钮 SB_1或 SB_2后通电并自保,产生线圈长期通电的现象。因此,对于较复杂的控制电路在设计时,为了彻底避免设计上的不完善,应首先考虑采用 PLC 来控制。

反接制动的特点是制动力矩大,制动迅速。但制动电流大,制动时有冲击。

3. 能耗制动控制

能耗制动是在切断电动机三相电源后,在定子绕组中通以直流电流,转子由于惯性继续在原方向上转动而切割定子绕组所形成的磁场,产生感应电势和电流,形成与转向相反的制动转矩，达到制动的目的。实现能耗制动一般按时间原则和速度原则来控制。

1）按时间原则控制的能耗制动电路

单向能耗制动控制电路见图2-24所示。要使电动机停止运行，按下SB_1，运行接触器KM_1失电、制动接触器KM_2线圈和KT时间继电器线圈得电，单相交流电经变压整流后，加到定子的两相绕组中以产生磁场，经KT延时后，其延时动断常闭触点使KM_2失电，KT也失电，制动过程结束。R为限流电阻用于调节制动强度。

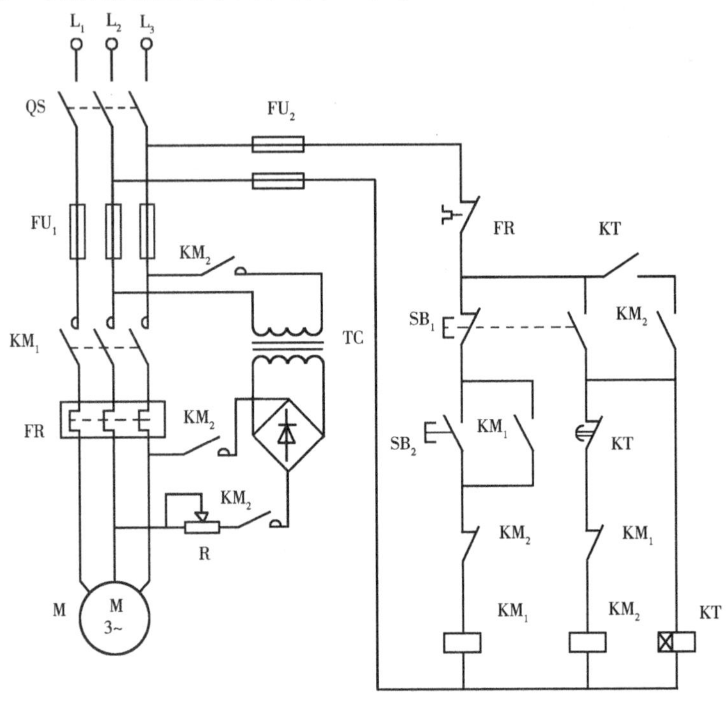

图2-24　单向能耗制动控制电路

按时间原则控制的双向运行能耗制动控制电路如图2-25所示。接触器KM_1和KM_2为正反向运行接触器，接触器KM_3为制动控制接触器。其工作原理单向能耗制动相仿只是增加了反向运转过程。

2）按速度原则控制的能耗制动电路

用速度继电器KS代替图2-25中时间继电器KT，就构成速度原则控制的双向运行能耗制动控制线路，如图2-26所示，KS与电动机转子同轴运转，KS_1和KS_2与方向对应常开触点。要使电动机停止运行，按下SB_1这时由于惯性转速较高时，其常开触头仍能闭合，使KM_3接触器得电实现能耗制动，当转速降到整定值时，常开触头打开，KM_3即可切断直流电源，完成能耗制动的过程。

能耗制动与反接制动相比，有制动电流小，能量消耗小，制动强度可控性好，改变直流电流即可调节制动强度。但要设置一套整流装置较为复杂。

在用变频器调速时小容量电动机制动时是通过变频器外接制动电阻将制动时所产生的能量消耗。大容量电动机尤其在港机起升机构中的电动机，在下降时所产生的能量较大可将这部分能量进行回收再利用。

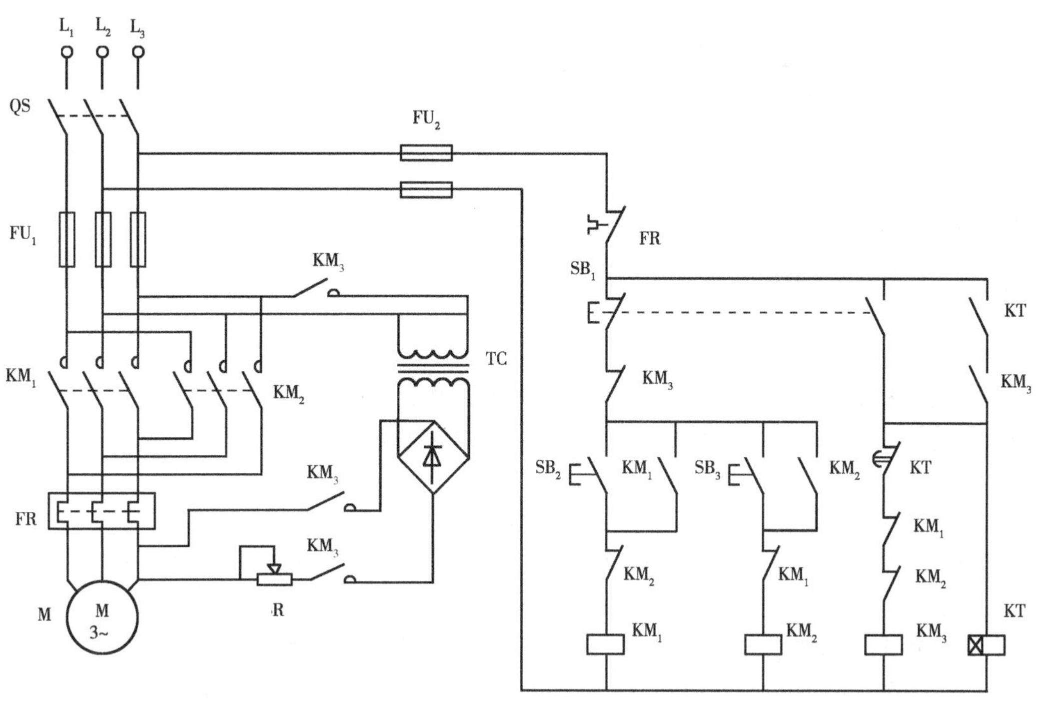

图 2-25 按时间原则控制双向运行的能耗制动控制电路

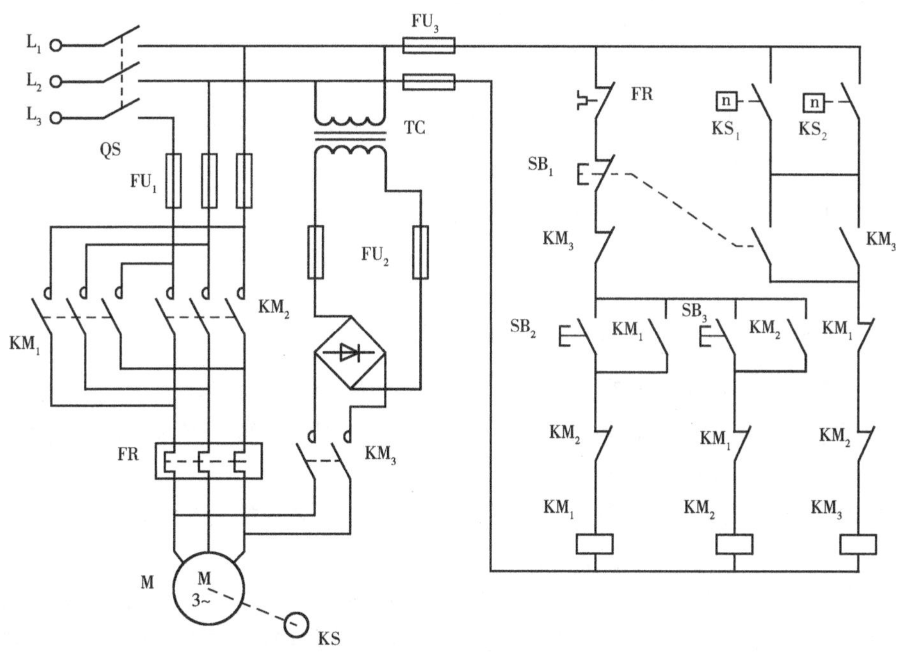

图 2-26 按速度原则控制双向运行的能耗制动控制电路

课题二 绕线转子异步电动机的基本控制线路

知识点

1. 绕线转子异步电动机起动控制电路；
2. 绕线转子异步电动机调速控制电路；
3. 绕线转子异步电动机制动控制电路。

技能点

1. 分析绕线转子型异步电动机基本控制电路原理；
2. 正确安装与调试绕线转子异步电动机基本控制电路。

一、课题引入

笼形异步电动机与绕线转子异步电动机比较，虽然结构简单，坚固耐用，但起动力矩比较小，只适应于空载、轻载起动。在港口起重机械中，很多场合都是要求电动机在重载情况下起动，如行走机构或起升机构都要求具有较大的起动转矩，因此港口起重机械常规的电气控制系统中仍广泛使用着绕线转子异步电动机作动力。它的特点是在额定的电压下，将转子绕组中串联起动电阻或频敏变阻器，以减小起动电流；同时，在转速逐渐提高的情况下，得到比笼形异步电动机大得多的起动力矩，实现了重载起动目的。

二、课题分析

在变频技术广泛使用于港机电气控制系统之前，绕线转子异步电动机长期占领着原动力的统治地位，而且常规港机电气控制系统中至今仍在使用。因此本课题是以学习绕线转子异步电动机的调速、起动和制动基本控制电路为重点的。

三、相关知识

（一）三相绕线型异步电动机起动控制

绕线转子异步电动机的起动方法是在转子绕组中串联起动电阻或频敏变阻器，然后按时间、电流、速度等原则切除起动电阻或频敏变阻器，完成绕线转子异步电动机的起动过程。

1. 按时间原则控制起动电路

按时间原则起动的控制线路，一般是用时间继电器控制短接转子电阻的接触器来实现。图 2-27 为按时间原则起动控制线路。在主电路中，用主接触器 KM 控制电动机 M 定子绕组的电源，转子电路所串对称电阻呈星形接法，分三段，由加速接触器 KM_1、KM_2、KM_3实现短接，触头是 V 形接法。控制电路中，在主接触器 KM 线圈电路中串有 3 只加速接触器的常闭触头，以保证电动机必须转子中串接全部电阻才能起动，KM_1、KM_2、KM_3加速接触器线圈由相应的时间继电器 KT_1、KT_2、KT_3的延时闭合常开触头控制，完成了程序控制和联锁控制，即不会出现越级短接电阻的现象，保证短接次序是 R_3、R_2、R_1，最后由 KM_3的常开触头自保，并以其常闭触头切断 KT_1线圈电路，从而依次使 KM_1、KT_2、KM_2、KT_3失电，使电动机运转时仅 KM 和 KM_3 两个接触器通电，由于 KM_3 的自保是受 KM 的常开触头控制的，故按下停止按钮 SB_2 后，可使 KM 和 KM_3 失电，电动机停转，与其他控制线路一样，采用热继电器 FR 作过载保护，FU_1、FU_2 作主电路和控制电路的短路保护，用 QS 作电源开关。

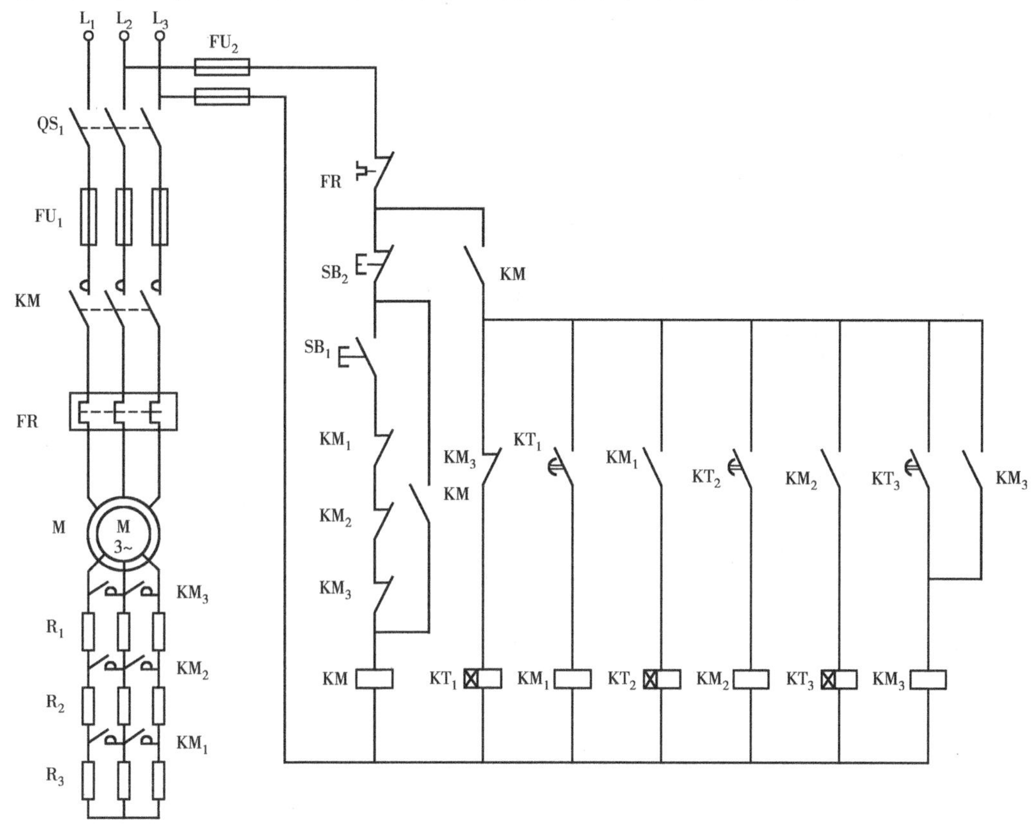

图 2-27 按时间原则起动控制电路

2. 按电流原则控制起动电路

绕线转子异步电动机按电流原则起动，是根据转子起动电流的逐渐变化，利用电流继电器控制电阻的逐段切除，随着电动机转速的升高，转子电流从大到小，在小到预定值时，即切除一段电阻，在切除电阻的同时，电流又重新增大，利用起动电流周期性变化，一段一段地将电阻切除，最后完成了电动机的起动过程。

图 2-28 所示为按电流原则起动控制电路。在主电路中有 3 个电流继电器 KA_2、KA_3、KA_4 串联在电动机 M 的转子电路中监测转子电流，这 3 个电流继电器的特性是动作电流一样大，但释放电流不同，KA_2 的释放电流最大，KA_3 次之，KA_4 的释放电流最小。合上电源开关 QS，按下起动按钮 SB_1 使主接触器 KM_1 得电，电动机起动，由于起动电流很大，使 3 个电流继电器同时动作吸合，它们的常闭触头都打开，使加速接触器 KM_2、KM_3、KM_4 不能得电，将全部电阻接在转子电路中。随着电动机转速 n 的升高，转子起动电流减小，减小到 KA_2 的释放电流，使之首先动作，它的常闭触头闭合，使接触器 KM_2 得电，切除了第一段起动电阻。在第一段电阻 R_3 被切除后，转子电流重新增大，随着电动机转速的继续升高，转子电流又会减小，当减小到 KA_3 继电器的释放值时，通过 KA_3 的常闭触头恢复闭合而使接触器 KM_3 得电，切除

了电阻 R_2，以此类推，一步步地将起动电阻全部切除，电动机进入正常运行状态。

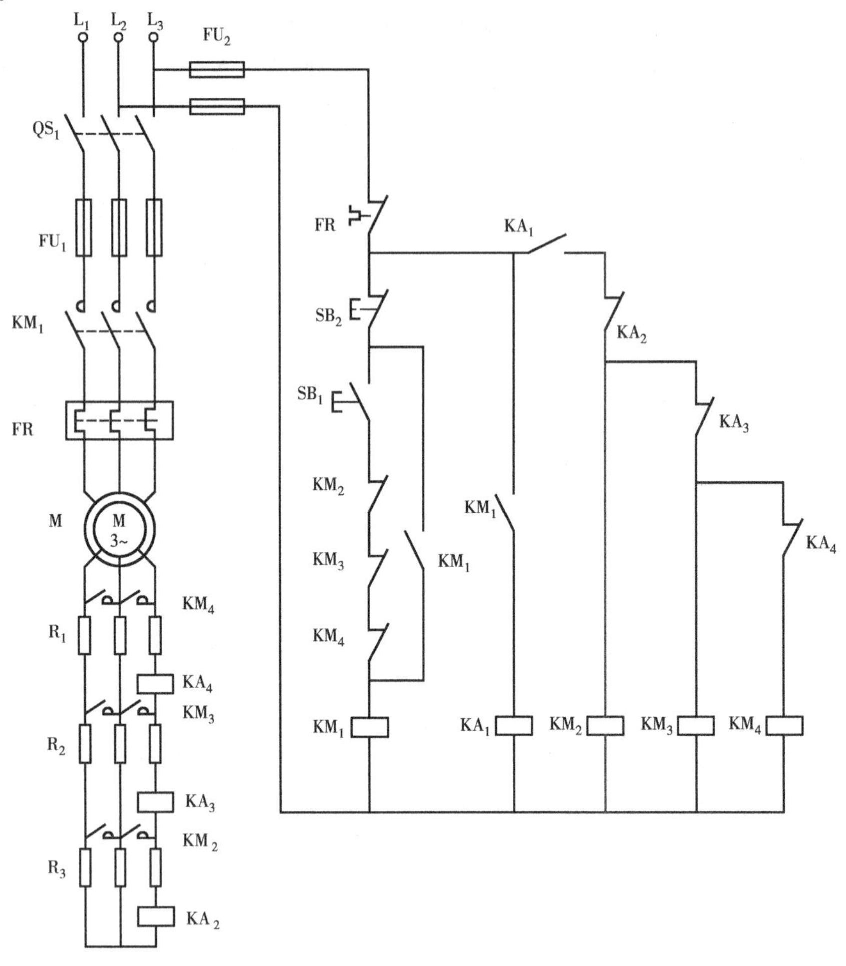

图 2-28　按电流原则起动控制电路

值得指出的是，在控制电路中中间继电器 KA_1 的作用是保证起动电阻在电动机起动初始时全部串入转子电路，因为起动电流由零跃入最大值需要一定的时间，如发生电流继电器 KA_2 ~ KA_4 都来不及动作，将会出现不串或少串电阻起动的现象，KA_1 的常开触头与在各电流继电器常闭触头串接后组成加速接触器 KM_2、KM_3、KM_4 供电回路，保证了各级电阻的短接一定要待 KA_1 动作后才能进行。在主接触器 KM_1 线圈电路中串有 3 个短接电阻（加速接触器）接触器 KM_2、KM_3、KM_4 常闭触头的目的是防止当它们只要出现触头熔焊故障时，发生不串或少串电阻起动的现象。

不论是按时间原则还是按电流原则来控制的起动线路都是利用在转子电路中串联起动电阻来达到减小起动电流、提高转子电路的功率因数和增加起动转矩的目的。为了得到良好的起动性能外加电阻的阻值必须在一定的范围内，为了减少起动时转矩的波动，起动电阻的级数越多，每级阻值就越小，起动就越平滑，但这会带来配用电器增多，控制线路复杂，设备投资大，维修不便的缺点。采用频敏变阻器可获得平滑的起动性能。

3. 按速度原则控制起动电路

绕线转子异步电动机在起动的过程中，其转子中电流的频率将随转速的逐渐上升而逐渐下降。频敏变阻器的阻抗能够随着电流频率的下降而减小，因此频敏变阻器是绕线转子异步电动机较理想的起动设备，利用转子电流的频率实现了按速度原则起动的控制。图2-29所示为应用频敏变阻器起动控制电路。该电路有手动控制和自动控制两种工作方式。自动控制方式时将开关 SA 置于“自动”，当按下 SB_2，利用时间继电器 KT 的延时闭合常开触点来控制中间继电器 KA 和接触器 KM_2，在适当的时间将频敏变阻器短接，实现了自动切除频敏变阻器的过程。当开关 SA 扳到“手动”位置时，时间继电器 KT 不起作用，利用 SB_3 手动控制 KA 和 KM_2，实现对频敏变阻器的切除。在起动过程中，KA 的常开触点将热继电器的发热元件 FR 短接，以免因起动时间过长而使热继电器误动作。

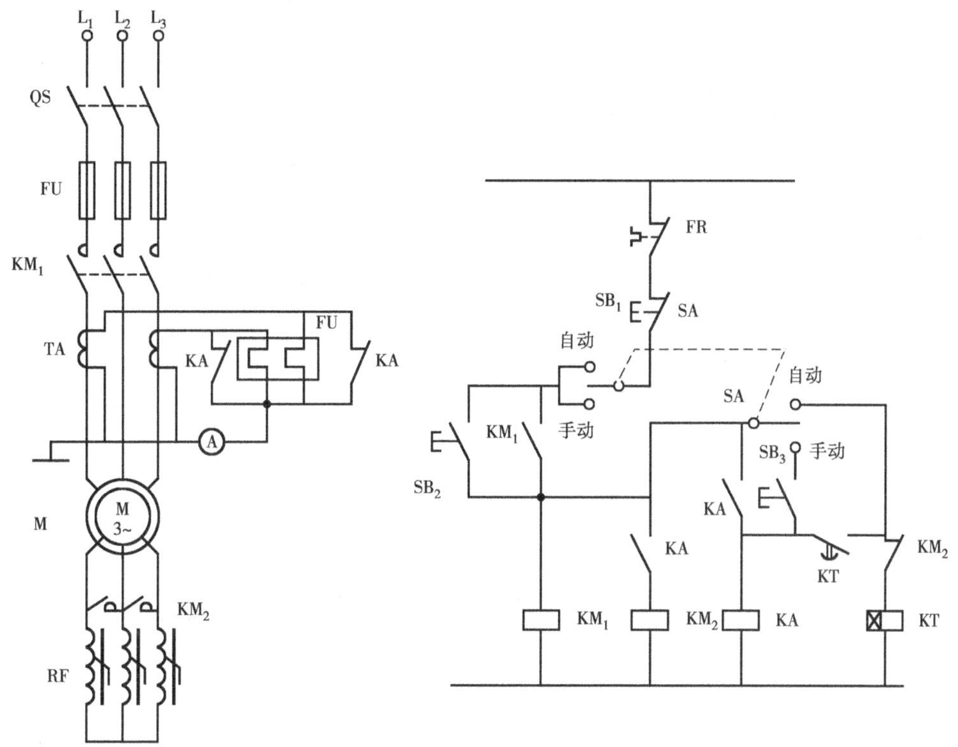

图 2-29 频敏变阻器起动控制电路

（二）三相绕线型异步电动机调速控制

绕线转子异步电动机的调速通常采用改变转差率方法来实现，而改变转差率可以用改变电源电压的方法，也可以在转子绕组中引入附加电势的方法，但最为常用的还是在转子绕组中加入调速电阻的方法。通过改变转子绕组中串入电阻，使电动机在某一人为特性上运行，而实现了调速。把起动电阻的容量要按照调速要求进行选择，这样使起动电阻同时兼作调速的电阻称为起动-调速电阻。本节结合绕线转子异步电动机控制中普遍使用的凸轮控制器和主令控制器介绍绕线转子异步电动机的调速控制电路。

1. 用凸轮控制器实现调速控制线路

图 2-30 所示为用凸轮控制器控制一台绕线转子电动机正反转和调速的线路。

从表 2-2 可知：位置数是左右各 5 挡，对应电动机的正、反转各有 5 挡调速，中间为零位停止，共计 11 挡位，12 对触头。

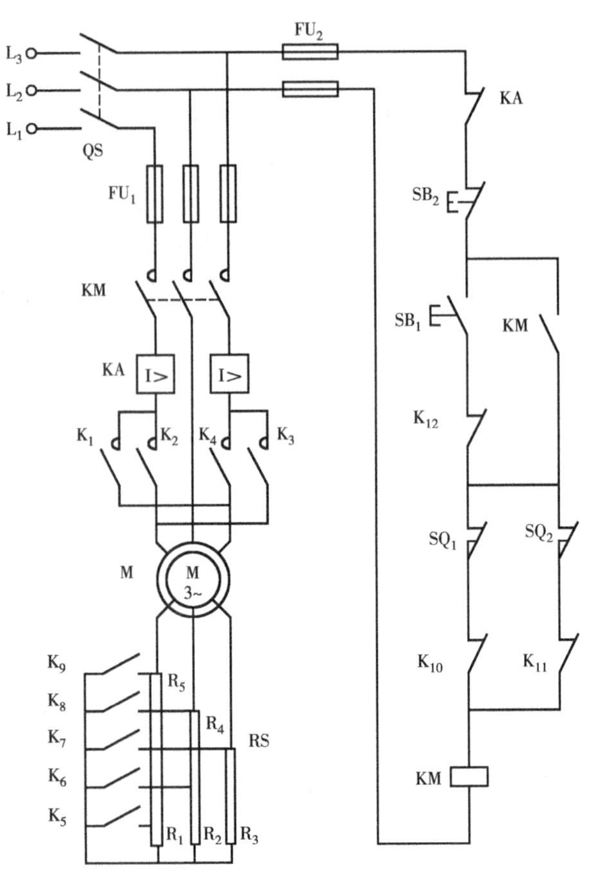

图 2-30　凸轮控制器控制调速电路

凸轮控制器触头的关合次序表　　　　表 2-2

触头	反转(下降)					零位	正转(上升)				
	5	4	3	2	1	0	1	2	3	4	5
K_1							×	×	×	×	×
K_2	×	×	×	×	×						
K_3							×	×	×	×	×
K_4	×	×	×	×	×						
K_5	×	×	×	×				×	×	×	×
K_6	×	×	×						×	×	×
K_7	×	×								×	×
K_8	×										×
K_9	×										×
K_{10}						×	×	×	×	×	×
K_{11}	×	×	×	×	×	×					
K_{12}						×					

在零位时,有三对常闭触头,其中 K_{12} 仅在零位时闭合,以保证电动机 M 在起动时转子

中串有全部电阻 R 起动，这种保护措施称为零位保护。可见采用零位保护后，要使电气控制部分工作，凸轮控制器必须从零位挡开始操作，实现了保护功能和操作的程序化。K_{10}和K_{11}除在零位时闭合外，分别在正转和反转时接入极限开关SQ_1或SQ_2作极限保护，起着切换极限开关的作用。9 对常开触头又分 2 组：一组是换向控制由K_1、K_3和K_2、K_4分别控制送入电动机定子绕组的三相电源相序，实现电动机的正转或反转；另一组是调速控制由$K_5 \sim K_9$等 5 个触头构成。与各挡串联的起动—调速电阻$R_1 \sim R_5$并联，用来短接转子电路中的 5 段电阻实现调速。

线路的工作原理是：合上电源开关 QS，将凸轮控制器手柄放在零位，按下起动按钮SB_1，使接触器 KM 得电并自保，主触头将一相电压L_2送入V相绕组，但电动机并不转动。当手柄从零位扳至正转（右侧）第一挡时，由于K_1和K_3接通，将另两相电压L_1和L_3分别送入W和U相绕组，定子绕组获得三相电源，这时$K_5 \sim K_9$的 5 个触头均断开，转子电路串有全部电阻 RS 而正向起动，最低转速运转，由于K_{10}的闭合将极限开关SQ_1串在接触器 KM 线圈电路中，作正转极限保护。当手柄转向第二挡时，由于K_5的闭合将电阻R_1短接，转子中仅存有 4 挡电阻，电动机转速得到提高。当手柄扳向第三、四、五挡时，由于K_6、K_7、K_8和K_9的闭合而依次切除R_2、R_3、R_4和R_5，转速依次提高，直至额定状态下全速运转。

当手柄由零位扳到反转（左侧）各挡时，除因K_2、K_4将L_1、L_3分别送入U、W相绕组实现了三相电源的反序，同时K_{11}将行程开关SQ_2串入接触器 KM 线圈电路中作反转极限保护外，其余与正转各相应档相似，不再详述。

按下停止按钮SB_2，可使接触器 KM 失电而停车。

在电路中，除用K_{12}触头作零位保护以保证转子中串入全部电阻方可起动和用K_{10}、$K1_1$作正反转极限保护外，还用FU_1、FU_2作主电路和控制电路的短路保护，用过电流继电器 KA 作电动机的过流保护，接触器 KM 线圈本身具有欠压、失压保护功能。值得注意的是在图 2-30 中为了减少触头的数量，而采用了不均匀切换电阻的方法，只要适当的选配电阻及合理分段，并交替轮流切换，还是可以获得较满意调速性能的。

用凸轮控制器来实现对绕线转子异步电动机的起动与调速控制，线路简单，线路可逆对称，使用的元件少，维护方便，使用安全可靠。所以目前仍被广泛用来控制中小型起重机的平移机构和小型港口起重设备起升机构的绕线转子电动机。

2. 用主令控制器实现调速控制线路

图 2-31 为主令控制器实现调速控制线路。表 2-3 为主令控制器触头关合表。在主电路中接触器KM_1、KM_2用于改变电源相序实现电机正反转，转子中串有星形接法的三段对称电阻 R，用加速接触器KM_{3-5}短接，加速接触器的触头是 V 形接法，制动电磁铁线圈 Y 与定子绕组并联，实现机械制动。

当主令控制器的手柄在零位时，触头K_1接通，电压继电器 KA 得电并自锁，给其他的电器提供控制电源，实现零位保护。将手柄拨到正转第一档时，仅K_2触头闭合，使KM_1得电，电磁抱闸 Y 打开，同时电动机在转子串入全部电阻状态下起动，KM_1的常开触头闭合为加速接触器得电准备了条件，常闭辅助触头打开对反向接触器KM_2实现电气互锁。当手柄扳到正转第二挡时，主令控制器增加了K_4触头接通，使加速接触器KM_3得电，将第一级电阻R_1短接，电动机第一次加速运行，它的常开触头闭合，为KM_4得电做好了准备。当手柄转到正转第三挡时，除 K_2、K_4 接通外，K_5 也接通，使 KM_4 接触器得电，短接了第二段电阻 R_2，电动机第二次加速，KM_4 的常开辅助触头闭合为 KM_5 得电做好准备。当主令控制器手柄拨到正转第四挡时，再将 K_6 接通，使 KM_5 接触器得电，切除了最后一段电阻 R_3，电动机加速到额定转速运行。

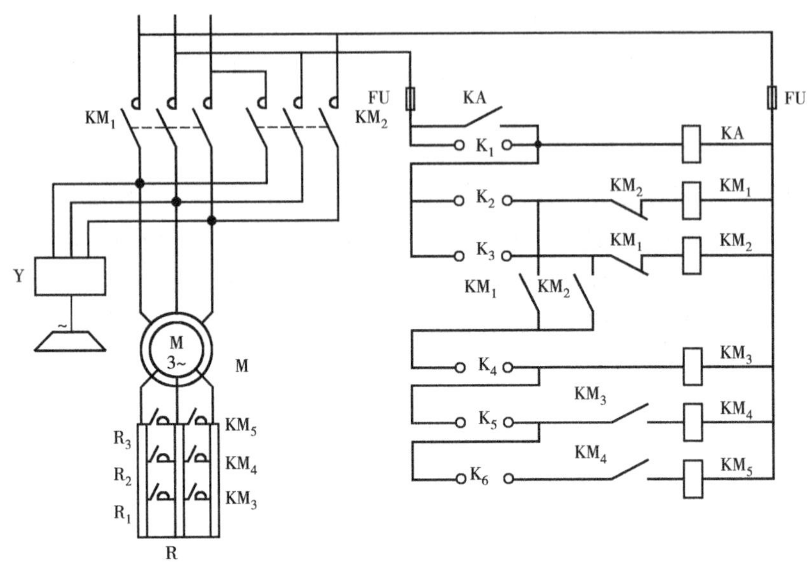

图 2-31　主令控制器实现调速控制线路

主令控制器触头关合表　　表 2-3

触　头	反　转				零　位	正　转			
	4	3	2	1		1	2	3	4
K_1					×				
K_2						×	×	×	×
K_3	×	×	×	×					
K_4	×	×	×				×	×	×
K_5	×	×						×	×
K_6	×								×

主令控制器控制反转运行时，与正转相比仅是用触头 K_3 替换了 K_2，从而改变了电源的相序，其余各挡工作过程相同。

用主令控制器来控制电机虽然必须要一套相应的继电器-接触器系统配合工作，但是控制对象的容量不会受到主令控制器的限制。现代港口电气设备中，主令控制器不仅有触点信号输出，同时还有数字输出，因此被广泛使用。

应该指出，在图 2-30 和图 2-31 两控制电路中，虽然都具有零位保护，但一旦经过零位后，向正转或反转的其他调速档转换的时间间隔将取决于操作者，尤其在起动时，将主令控制器或凸轮控制器操作手柄从零位快速推到高速挡时，就会造成电动机的起动电流过大。为了克服操作随意性，常用按某种原则的控制方法来切短电阻。图 2-32 是按时间原则控制切短电阻电路。这种电路就保证换挡的时间间隔，防止操作随意性所导致的电路过流现象。工作原理请读者自行分析。

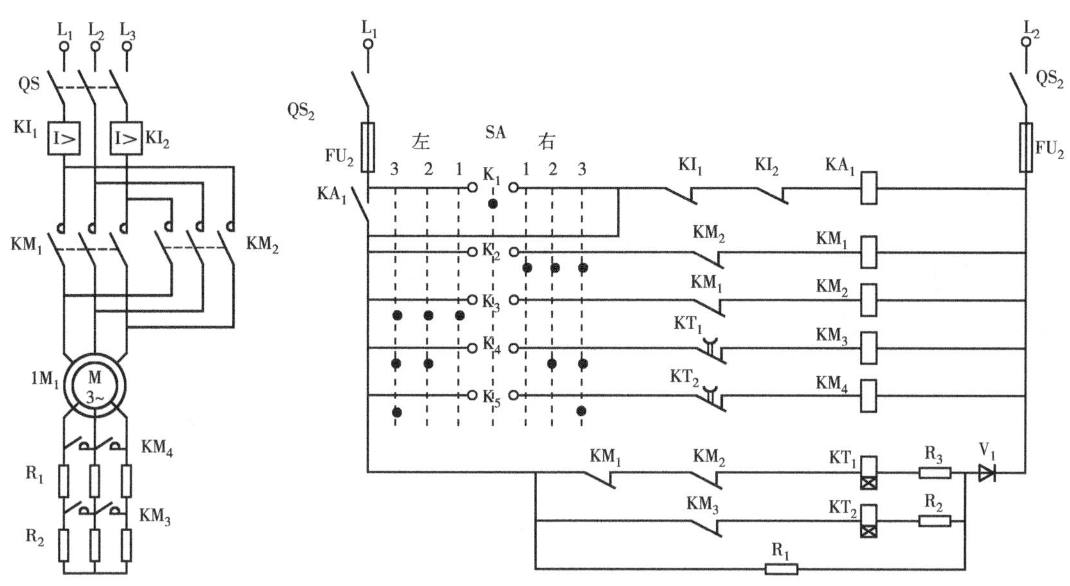

图 2-32 按时间原则控制切短电阻电路

(三)三相绕线型异步电动机制动控制

绕线转子异步电动机的制动在本节仅介绍港口电气设备中常用的用主令控制器实现的反接制动和能耗制动,其他制动方式在实际设备电路中再作讲述。

1. 反接制动控制

为了使绕线转子异步电动机反接制动电流限制在允许的范围之内,在转子中除了串入起动—调速电阻外,另外再串入一段反接制动电阻。当电动机从静止开始起动时,反接电阻短接,以获得需要的起动转矩。在有些场合中为了使电动机获得所谓“预备级”状态,将电动机带着反接电阻起动,使起动转矩减小。当电动机在运转中反转或用反接制动来停车时,反接电阻必须串入转子电路。反接电阻的切除按可按电势原则或时间原则来控制。

图 2-33 是按电势原则控制的绕线转子异步电动机的反接制动电路。电动机转子绕组中接有一级反接电阻和二级起动电阻,起动按时间原则控制,反接制动由反接继电器 KA_2 按电势原则控制。电动机的停车用电磁抱闸进行机械制动(电磁抱闸在图 2-33 中未画出),反接制动用来缩短电动机正、反转向的转换时间。线路用主令控制器 SA 操作,能够适应频繁操作的场所。

线路中反接制动控制环节由 KA_2、KM_3、时间继电器 KT_4、KT_3 等构成。KM_3 用来短接反接电阻,KA_2 用来控制 KM_3 的吸合或释放,KT_4 与 KT_3 用来保证 KA_2 能有效地控制 KM_3。下面分析电路工作的过程,读者应特别注意 KT_4 与 KT_3 的作用。

(1)正转

SA 手柄在零位时,KT_1 ~ KT_4 吸合,KA_1 也吸合。SA 手柄在右 1 位时,KM_1 吸合,电动机在全部电阻下起动(预备级)。KM_1 吸合后,KT_4 失电。

SA 手柄在右 2 位时,如果 KT_4 失电后经过了它的延时时间,它的延时闭合常闭触头闭合,KM_3 吸合短接反接电阻,电动机加速。

SA 手柄左右 3 位时,电动机自动短接起动电阻的过程读者可自行分析。

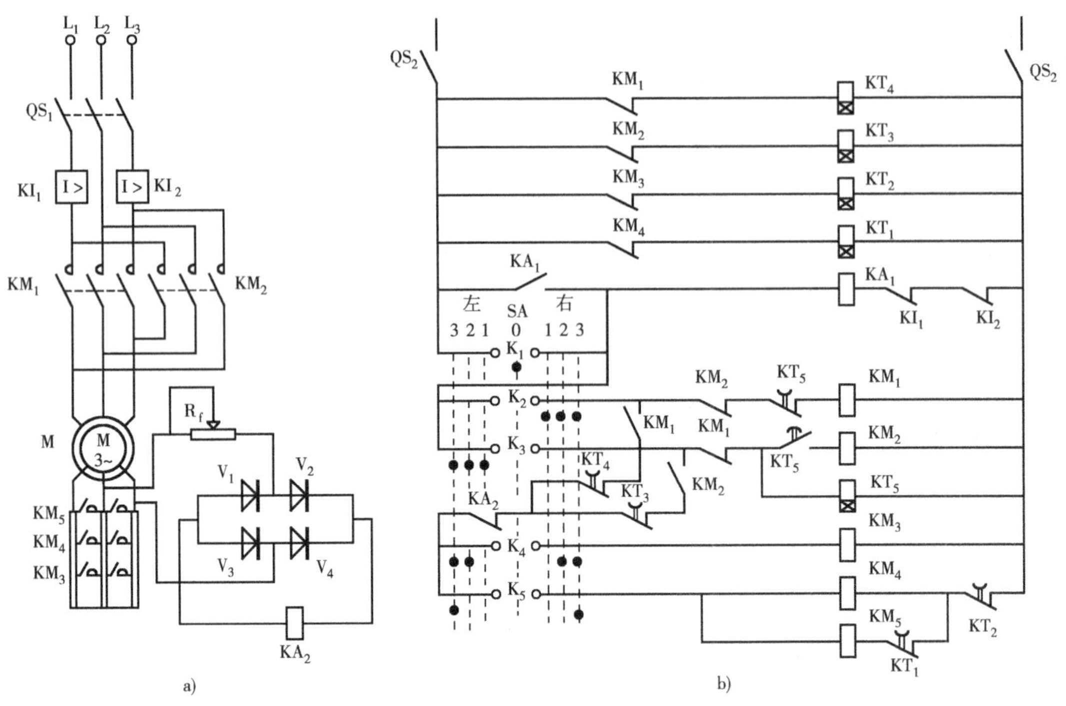

图 2-33　按电势原则控制的反接制动电路

a)主电路;b)控制电路

(2)反转

把 SA 的手柄从右 3 位直接转到左 3 位,经过换相继电器 KT_5 延时作用,KM_1 释放,KM_2 吸合,这时电动机转子中电势很大,反接继电器 KA_2 开始吸合,它的常闭触头断开,KM_3、KM_4、KM_5 释放,电动机转子中串入全部电阻,使反接电流得到限制。KT_5 的作用是在 KM_1 和 KM_2 换接时,延长 KM_1 与 KM_2 间的转换时间,防止由于 KM_1(或 KM_2)触头电弧来不及熄灭而产生短路事故。随着转子的转速下降,转子中电势也随之减小,当 $V_1 \sim V_4$ 整流输出的电压小于 KA_2 的吸合电压时,KA_2 释放,KM_3 得电短接反接电阻,其后按时间原则依次接通 KM_4、KM_5,短接全部起动电阻,进入反向全速运行。

为了防止 SA 手柄操作过快,KA_2 可能来不及吸合(因为转子电势上升到能使 KA_2 吸合需要时间),使 KM_3 先于 KA_2 吸合而过早地短接反接电阻,电动机就要受到反接电流的冲击。为了避免发生这种现象,在电路中增加了时间继电器 KT_3(或 KT_4),这样在 SA 手柄操作经过零位之前,KT_3 是吸合的,它的触头是断开的,SA 的手柄过零后,KT_3 失电,但它的触头延时动作,所以即使 KA_2 不吸合,KM_3 也不能吸合。只要 KT_3 的延时时间大于 KA_2 的动作时间,就能保证 KA_2 比 KM_3 先吸合。同样地 SA 的手柄在由左 3 位直接转到右 3 位,KT_4 起同样的作用。

2. 能耗制动控制

绕线转子异步电动机能耗制动的方法与笼形异步电动机相同,但它可以通过改变转子外接电阻的数值来改变制动特性。合理选择起动电阻的数值,可以使电动机在制动一开始就得到最大制动转矩,这样可以大大减少制动时间。

图 2-34 是按时间原则控制的能耗制动原理图。电路工作过程分析如下：合上 QS_1 和 QS_2，置主令控制器 SA 手柄于零位，KA_1 吸合后，其常开触头闭合自锁，时间继电器 KT_1、KT_2 得电，它们的延时闭合常闭触头打开。当 SA 手柄由 0 位推到右 1 位时，正转接触器 KM_1 吸合，由于加速接触器 KM_3、KM_4、KM_5 不会吸合，因此电动机转子中接入了全部外电阻开始起动，同时时间继电器 KT_3 也得电，其延时动合常开触头闭合为制动接触器 KM_6 吸合作准备；当 SA 手柄由右 1 位推到 2 位时，KM_3 得电，短接第一段电阻 R_3，电动机得到一次加速，同时 KT_2 失电；SA 手柄置于右 3 位时在 KT_2、KT_1 的控制下，KM_4、KM_5 依次得电，起动电阻依次被短接，电动机加速到稳定值。

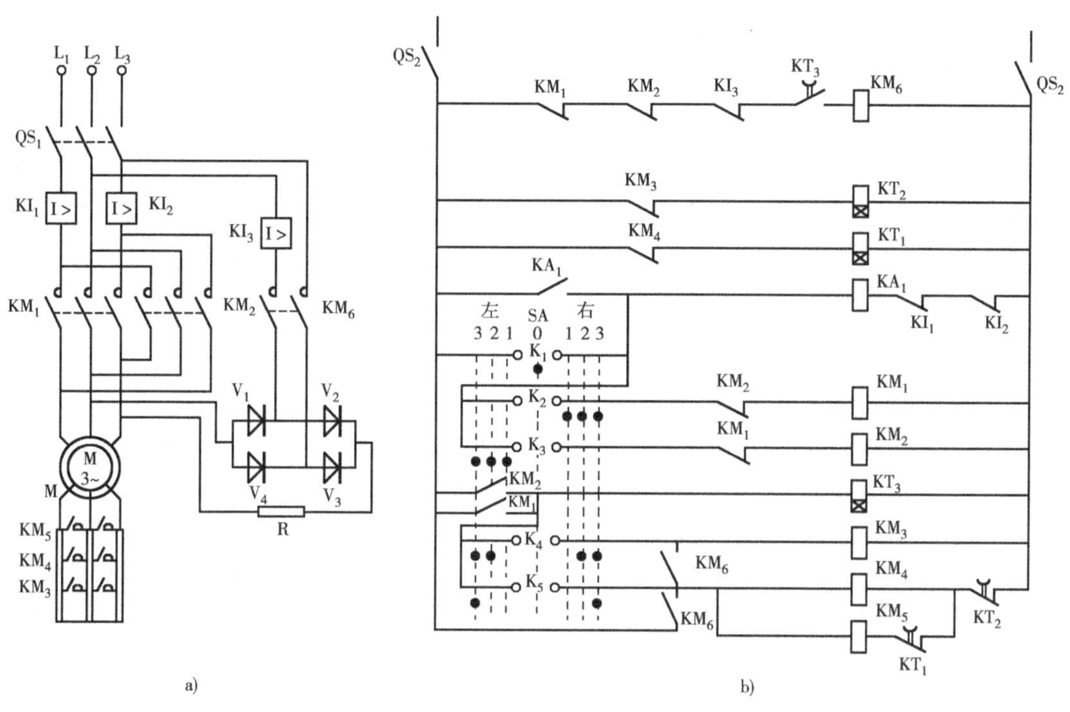

图 2-34 按时间原则控制的能耗制动

a) 主电路；b) 控制电路

反转时与正转工作过程相似，只是 KM_2 的接通代替了 KM_1。

停车时，可把 SA 的手柄转到零位，由于 KT_3 原先得电，其延时打开的常开触头仍是闭合的，KM_1 的释放，使 KM_6 线圈得电，其主触头吸合，把 380V 的交流电经 $V_1 \sim V_4$ 组成的整流电桥整流成直流电加到电动机定子绕组中，其两个辅触头闭合，使 KM_3、KM_4、KM_5 得电吸合，短接全部起动电阻，电动机进入能耗制动状态，经过 KT_3 的整定延时时间后，延时打开的常开触头断开，KM_6 线圈失电，能耗制动结束。

当电动机转速为零时，制动转矩也为零，这时即使不立即撤销能耗制动，电动机也不会反转，所以能耗制动可以使电动机准确地停车。在起重机中，可以用能耗制动下降重物，并用改变转子中电阻的方法调节下降速度，转子中电阻越大，制动转矩越小，下降速度越大，反之下降速度就小。

课题三 直流电动机的基本控制线路

知识点

1. 直流电动机起动控制电路；
2. 直流电动机调速控制电路；
3. 直流电动机制动控制电路。

技能点

1. 分析直流电动机基本控制电路原理；
2. 正确安装与调试直流电动机基本控制电路。

一、课题引入

直流电动机具有起动转矩大、调速范围宽、精度高、平滑性好等优点，而且易实现无级调速，被广泛应用于某些对调速要求较高、有较大的起动转矩和一定调速范围的场合，即使变频技术广泛使用今天，在港口物流设备中有时也采用直流电动机来拖动生产机械。

二、课题分析

自励直流电动机分为并励、串励和复励三种。其中，并励直流电动机转速随负载的变化不大，适用于调速范围较宽、拖动要求恒转速的生产机械；串励直流电动机的起动力矩大，过载能力强，适用于起动比较频繁、起动转矩和过载能力大的恒转矩负载，如起重机、电力机车等；复励直流电动机兼有并励和串励二者的特点，适用于要求起动转矩较大而转速变化又不显著的负载，如冲床、印刷机等。这三种直流电动机的工作原理相同，运行特性和控制线路接近。本课题主要学习串励和并励直流电动机的起动、反转、调速和制动的基本控制线路。

三、相关知识

（一）直流电动机起动控制

一般来说，直流电动机是不允许直接起动的。因为在接通电源的瞬间，直流电动机的转速和反电动势均为零，而电枢绕组电阻又很小，因此起动电流很大，可达额定电流的 10 ~ 20 倍。这样大的起动电流，会产生严重的换向火花而烧毁电刷和换向器，而且电枢绕组的绝缘性也会受到损害。此外，强大的电枢电流会产生很大的电磁冲击力矩，使传动机构如齿轮等受到损坏，使转子遭受到机械损伤。另外，大的起动电流会引起电网电压的大幅度下降，引起电网波动，从而影响电网中其他用电设备的正常工作，影响供电的稳定性。因此，一般只有电站、配电站和容量在 0.5kW 以下的小容量电动机才能采用直接起动外，其他直流电动机都必须限制起动电流。为了获得足够的起动转矩，同时又要将起动电流限制在一定范围内，常用的有降低电枢电压和电枢回路串电阻两种方法。电枢电路中串电阻不需要可调直流电源，起动设备简单，价格便宜，被更多地采用。

起动电阻将直流电动机的起动电流限制在额定电流的 1.5 ~ 2.0 倍范围内。起动后，随着电动机转速的不断升高,反电动势也逐渐增大,电枢电流将逐渐减小,直到电动机的转速达到额定转速,电枢电流也达到额定值。为保证在起动过程中有足够的起动转矩和最终达到额定转速,起动电阻应分成若干段逐段切除,最终全部切除。

1. 串励直流电动机的起动控制线路

图 2-35 所示是串励直流电动机电枢回路串电阻起动控制线路,其控制原理如下:

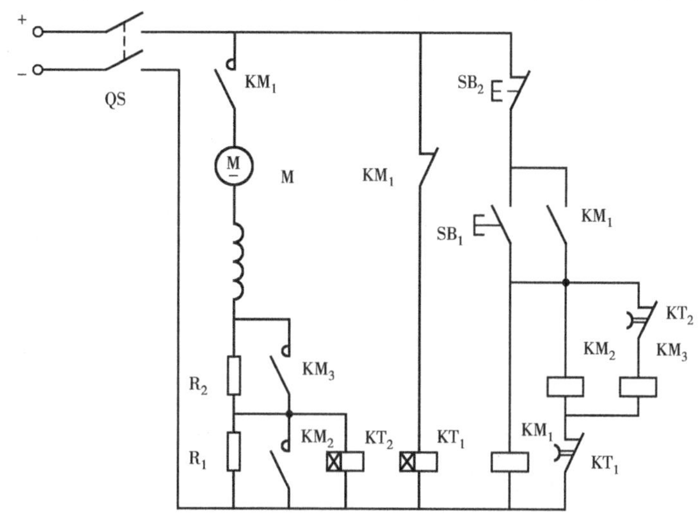

图 2-35 串励电动机起动控制线路

首先合上电源开关 QS,时间继电器 KT_1 获电,延时闭合的常闭触头 KT_1 瞬时断开,使加速接触器 KM_2、KM_3 不可能得电,保证了起动电阻 R_1、R_2 全部接入,为起动做好了准备。

按下起动按钮 SB_1,接触器 KM_1 获电动作:常开辅助触头闭合,实现自保;主触头闭合,电动机串入全部电阻起动运转;常闭辅助触头断开,时间继电器 KT_1 失电。同时,时间继电器 KT_2 得电,延时闭合的常闭触头 KT_2 瞬时打开,防止接触器 KM_3 得电。

经预定的延时后,KT_1 的延时闭合的常闭触头恢复闭合,加速接触器 KM_2 得电动作:主触头闭合,切除第一段起动电阻 R_1,电动机转速上升。同时,时间继电器 KT_2 被短接而断电释放,其延时闭合的常闭触头经过延时之后恢复闭合,使接触器 KM_3 获电动作,切除第二段起动电阻 R_2。电动机继续加速直至进入额定转速运行,起动过程结束。

2. 并励直流电动机的起动控制线路

图 2-36 所示是并励直流电动机电枢回路串电阻起动控制线路,其控制原理如下:

合上电源开关 QS,电动机的并励绕组得电产生磁场;时间继电器 KT_1、KT_2 的线圈得电,它们各自的延时闭合的常闭触头 KT_1、KT_2 瞬时打开,使接触器 KM_3、KM_2 不可能得电,从而保证了直流电动机在起动时,起动电阻 R_1、R_2 全部串入电枢回路中,为起动过程切除电阻做好准备。

按下起动按钮 SB_1,接触器 KM_1 获电动作:主触头 KM_1 闭合,电动机接入电源,在串入全部起动电阻下开始起动;常开辅助触头闭合,自保。同时,由于接触器 KM_1 的常闭辅助触头断开,时间继电器 KT_1、KT_2 失电,经预定的延时后,KT_1 的延时闭合的常闭触头恢复闭合,加速接触器 KM_2 得电,主触头闭合,从而切除了第一段起动电阻 R_1,电动机加速运行。再经整定的时间间隔后,时间继电器 KT_2 的延时闭合的常闭触头恢复闭合,加速接触器 KM_3 得电,主触头闭合，进而切除了第二段起动电阻 R_2，电动机继续加速直至进入额定转速运行，起动过程结束，进入正常运行。

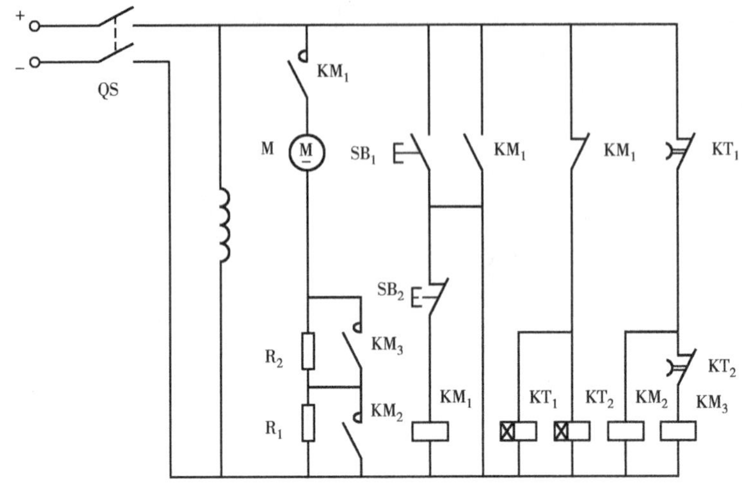

图 2-36　并励电动机起动控制线路

值得注意的是，并励直流电动机在起动时，励磁绕组两端电压必须保证为额定电压。否则，起动电流仍然很大，起动转矩也可能很小，甚至不能起动。另外，该线路中的时间继电器 KT_1、KT_2 须按延时时间大小事先整定，才能实现电动机起动时逐级切阻。

（二）直流电动机双向控制

在实际生产中，常常要求电动机既能正转，又能反转。直流电动机的转向决定于电枢绕组中的电流方向和主磁场磁通方向，改变直流电动机的转向有两种方法：一是电枢反接法，即保持励磁磁场方向不变而改变电枢电流方向；二是励磁绕组反接法，即保持电枢电流方向不变而改变励磁绕组电流的方向。

1. 串励直流电动机的正反向控制线路

串励直流电动机的正反向控制宜采用励磁绕组反接法。因为串励电动机的电枢两端电压很高，而励磁绕组两端的电压很低，反接较容易。

图 2-37 是串励直流电动机励磁绕组反接法正反向控制线路。其控制原理如下：

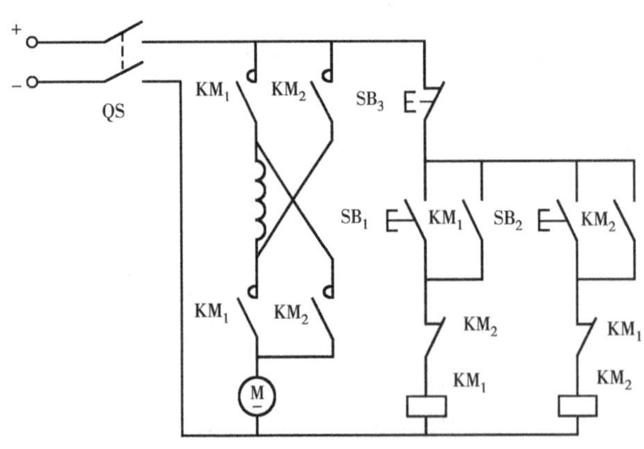

图 2-37　串励电动机的正反向控制线路

首先合上电源开关 QS，按下正向起动按钮 SB_1，接触器 KM_1 获电动作：常开辅助触头 KM_1 闭合，自保；主触头 KM_1 闭合，电动机电枢绕组接通电源，正向起动运转。

若要使电动机反转，则先按下停止按钮 SB_3，使接触器 KM_1 失电释放，电动机失电而停转。然后再按下反向起动按钮 SB_2，使接触器 KM_2 获电动作：常开辅助触头 KM_2 闭合，自保；主触头 KM_2 闭合，从而使励磁绕组反接，也实现电动机的反转。

线路中，接触器 KM_1、KM_2 的常闭辅助触头互相串联在各自的 KM_2、KM_1 线圈回路中，起触头互锁作用。

2. 并励直流电动机的正反向控制线路

图 2-38 是并励直流电动机电枢反接法正反向控制线路。其控制原理如下：

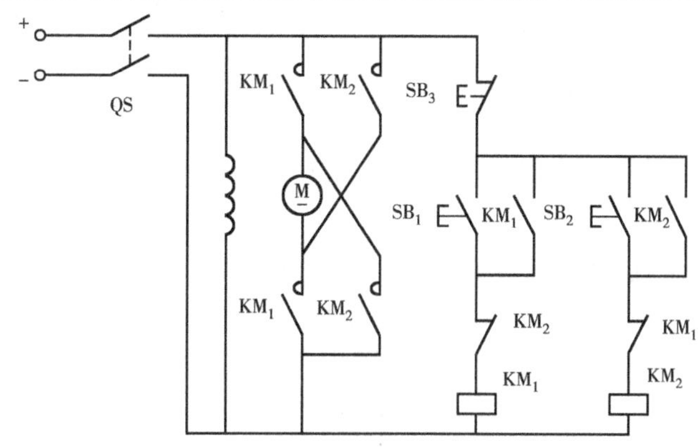

图 2-38 并励电动机正反向控制线路

合上电源开关 QS 后，按下正向起动按钮 SB_1，接触器 KM_1 获电动作：常开辅助触头 KM_1 闭合，自保；主触头 KM_1 闭合，电枢绕组接通电源，电动机正向起动运转。若要使电动机反转，则先按下停止按钮 SB_3，使接触器 KM_1 失电释放，电动机失电而停转。然后再按下反向起动按钮 SB_2，使接触器 KM_2 获电动作：常开辅助触头 KM_2 闭合，自保；主触头 KM_2 闭合，从而电枢电流改变了方向，实现了电动机的反转。

该线路中，接触器 KM_1、KM_2 的常闭辅助触头也起触头互锁作用。

（三）直流电动机调速控制

直流电动机的调速是指电动机的机械负载不变的条件下，改变电动机的转速。根据直流电动机的转速公式：

$$n=\frac{U-I_aR_a}{C_e\Phi}$$

可知，直流电动机有三种调速方法：改变电枢回路的电阻、改变磁通量和改变电枢电压。

串励直流电动机和并励直流电动机的调速方法相同，下面以并励直流电动机为例分别介绍这三种调速方法的控制。

1. 电枢回路串电阻调速法

电枢回路串电阻调速法就是在直流电动机的电枢回路中串联一只调速变阻器来实现调速的方法。图 2-39 是并励直流电动机的电枢回路串电阻调速的原理图。

这种调速方法属恒转矩调速，只能在电动机的额定转速以下进行调速，调速范围较小，而且稳定性较差，能量损耗较大。但是这种调速方法设备简单，操作方便，被广泛适用于短期工作、容量较小且机械特性要求不太高的场合。电枢回路串电阻调速法的线路可参阅前面的起动控制线路。

2. 改变励磁磁通调速法

改变励磁磁通调速法是通过改变励磁电流的大小来实现调速的。图 2-40 是并励直流电动机改变励磁磁通调速原理图，通过调节励磁电路的附加电阻 R_s 来改变励磁电流的大小，即改变了励磁磁通大小，从而实现了调速。

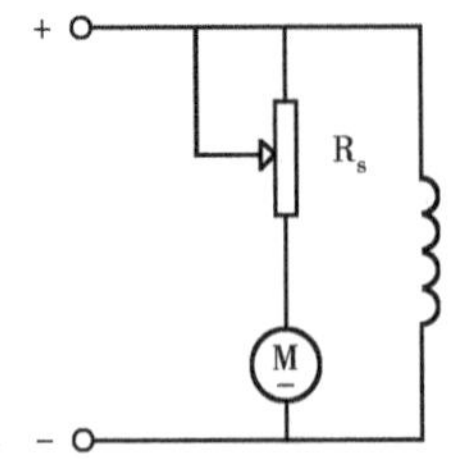

图 2-39　并励直流电动机电枢回路串电阻调速原理图

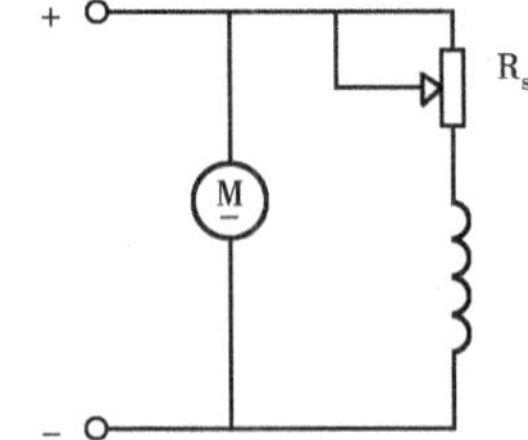

图 2-40　并励直流电动机调磁调速原理图

正常情况下，由于直流电动机在额定转速运行时，并励绕组通过的是额定励磁电流，磁路已稍有饱和，所以改变附加电阻 R_s 的数值来减小励磁电流，从而减小励磁磁通，实现调速（也称弱磁调速），但只能在额定转速以上的范围内调速。注意，不可将转速调得过高，以免振动较大，换向条件恶化，甚至发生飞车事故。

3. 改变电枢电压调速法

因为电网电压是一定的，若通过改变电网电压来实现调速，一般是很困难的。因此，这种调速方法，需用专门可变压的电源装置，通常采用他励直流发电机作为调速电源，组成直流发电机—电动机组调速系统，简称 G—M 系统。

图 2-41 所示为 G—M 拖动系统控制线路。在此线路中：

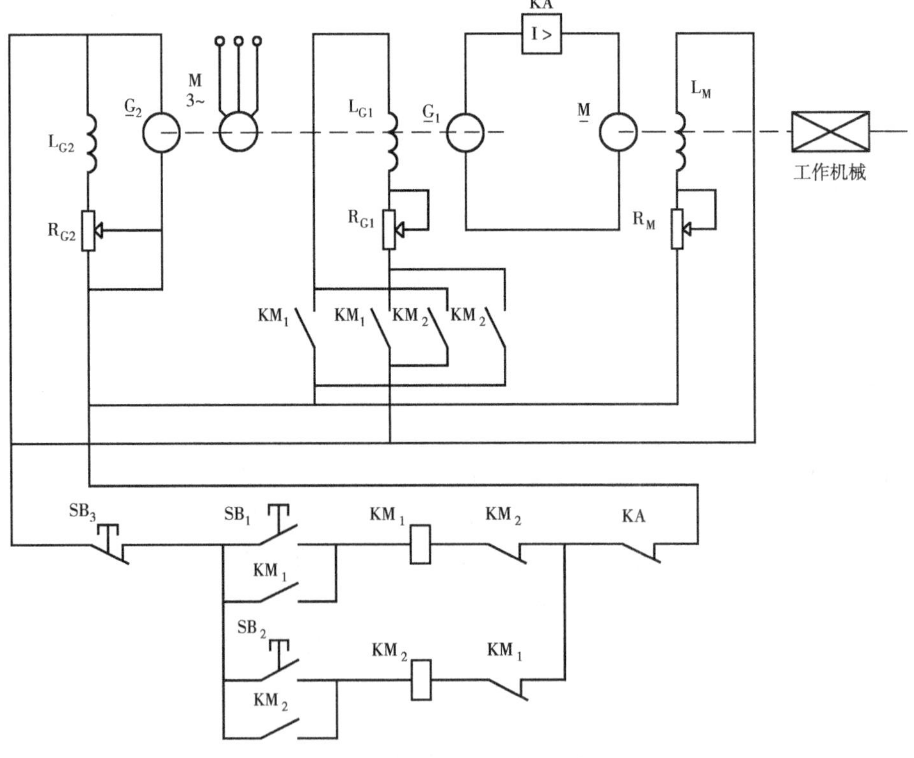

图 2-41　G—M 拖动系统控制线路

M——他励直流电动机,用来拖动生产机械;

G_1——他励直流发电机,为直流电动机M提供电枢电压;

G_2——并励直流发电机,为直流电动机M和直流发电机G_1提供励磁电压,同时为控制电路提供电压;

$\frac{M}{3\sim}$——三相鼠笼式异步电动机,用来拖动同轴连接的直流发电机G_1和G_2;

L_{G1}、L_{G2}、L_M——分别是G_1、G_2和M的励磁绕组;

R_{G1}、R_{G2}、R_M——分别是G_1、G_2和M的励磁电阻;

KA——过电流继电器;

KM_1、KM_2——正反转控制接触器。

当直流电动机需要调速时,可调节 R_{G1},改变发电机G_1和励磁电流 I_{G1},使发电机G_1输出的电压改变,电动机M因电枢电压改变而得以调速。其调速过程如下:

$$R_{G1}\downarrow\longrightarrow I_{G1}\uparrow\longrightarrow U_{G1}\uparrow\longrightarrow U_M\uparrow\longrightarrow n_M\uparrow$$

$$R_{G1}\uparrow\longrightarrow I_{G1}\downarrow\longrightarrow U_{G1}\downarrow\longrightarrow U_M\downarrow\longrightarrow n_M\downarrow$$

注意,增大直流电动机 M 的电枢电压时,不得超过其额定值。因此,通过调节 R_{G1} 调速时,只能在电动机的额定转速以下范围内进行平滑调速。

若使电动机的转速在额定转速以上范围内进行平滑调速,则必须调节 R_M,即增大 R_M,减弱M的励磁磁通 Φ_M,才能使电动机的转速升高。其调速过程如下:

$$R_M\uparrow\longrightarrow I_{LM}\downarrow\longrightarrow \Phi_M\downarrow\longrightarrow n_M\uparrow\quad(n_M>n_N)$$

从上面的分析可以看出,G—M 系统的调速平滑性好,范围广,可实现无级调速;而且该系统还能实现起动、制动和正、反转控制,并且具有较好的控制性能。但是,G—M 系统设备费用大,机组多,占地面积大,效率较低,过渡时间较长。

随着晶闸管技术的发展,目前正日趋广泛地使用晶闸管整流装置作为直流电动机的可调电源,组成晶闸管—直流电动机拖动系统。图2-42是三相半控桥式整流电路的晶闸管—直流电动机调速系统。

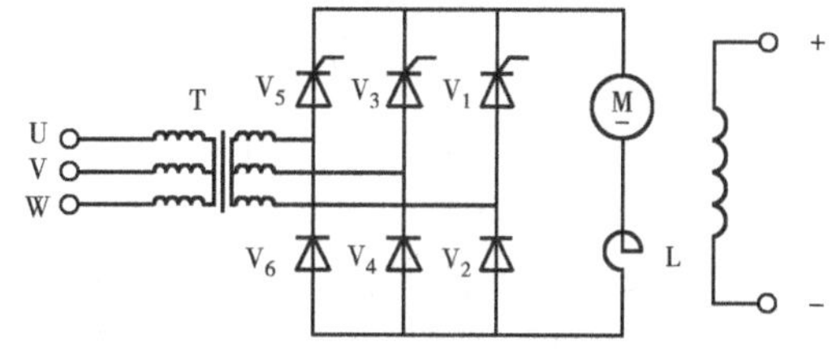

图 2-42 三相半控桥式晶闸管—直流电动机调速系统

(四)直流电动机制动控制

直流电动机有两种运行状态:

(1)电动运行状态。其特点是电动机的电磁转矩 T 与转速 n 的方向相同,电动机吸收电网电能并转化为机械能,带动机械负载。

(2)制动运行状态。其特点是电动机的电磁转矩 T 与转速 n 的方向相反,电动机吸收机械能并部分转化为电能。

直流电动机的制动方法有机械制动和电气制动两大类,机械制动方法常见的是电磁抱闸制动,电气制动方法常用的有能耗制动、反接制动和发电反馈制动。这里主要介绍能耗制动和反接制动这两种电气制动线路。

1. 能耗制动控制线路

能耗制动可分为他励能耗制动和自励能耗制动两种。他励能耗制动是只断开电枢电源，励磁绕组仍接在电源上；自励能耗制动是在断开电枢电源的同时，也断开励磁绕组的电源，并把电枢、励磁绕组和外加制动电阻三者构成一个闭合回路，将机械动能变为热能消耗在电枢和制动电阻上。

图 2-43 所示是并励直流电动机的他励能耗制动控制线路图，其控制原理如下：

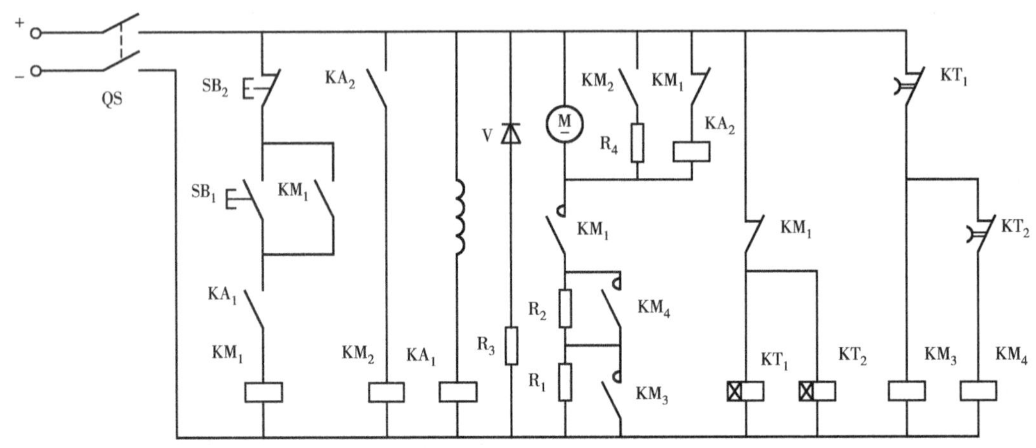

图 2-43 并励直流电动机他励能耗制动控制线路

首先合上电源开关 QS，按下起动按钮 SB_1，电动机接通电源作二级起动运行。其起动原理为电枢回路串电阻 R_1、R_2二级起动，同前述起动线路，在此不再赘述。

能耗制动时，按下停止按钮 SB_2，接触器 KM_1断电释放，使电动机电枢回路断电。由于电动机仍作惯性运转，切割励磁磁通产生感应电动势，使中间继电器 KA_2获电动作，从而使接触器 KM_2获电动作，制动电阻 R_4被接入电枢回路组成闭合回路。这时，电枢中的感应电流的方向与原来的方向相反，则电枢产生的电磁转矩方向与电动机转速方向相反，从而实现了能耗制动。当能耗制动接近结束时，由于电动机的转速很慢，电枢绕组产生的感应电动势很小，不足以使中间继电器 KA_2继续吸合。由于 KA_2的释放使接触器 KM_2也因此断电释放，断开制动回路，制动完毕。

图 2-44 为串励直流电动机自励能耗制动控制线路，其控制原理如下：

合上电源开关 QS，按下起动按钮 SB_1，接触器 KM_1获电动作，电动机接通电源起动运行。

当按下停止按钮 SB_2时，接触器 KM_1断电释放，然后接触器 KM_2获电动作，切断了电动机的电源。这时，电枢绕组、反接后的励磁绕组和制动电阻 R 构成闭合回路。由于电动机的惯性运转，而变为发电制动状态，实现了能耗制动。

自励能耗制动设备简单，高速时制动效果好，低速制动较慢，适用于要求准确停车的场合。

串励电动机他励能耗制动需要另外设备给励磁绕组单独供电，增加了设备，励磁电路消耗的功率较大，经济性较差。其控制线路不再介绍，请读者自绘。

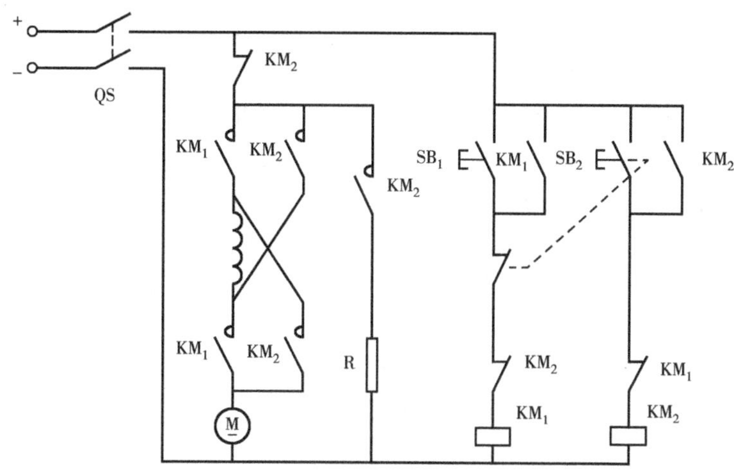

图 2-44 串励直流电动机自励能耗制动控制线路

2. 反接制动控制线路

1)并励直流电动机的反接制动

反接制动对于并励直流电动机来说,通常是将正在电动运行的电动机电枢绕组反接。但是要注意两点,一点是电枢绕组反接时,一定要与电枢串联外加电阻,防止因电枢电流过大而对电动机不利;另一点是,当转速接近零时,应准确可靠地使电枢迅速脱离电源,以防止电动机反转。直流电动机的反接制动原理同反转基本相同,所不同的是,反接制动过程至转速为零时结束。

图 2-45 是并励直流电动机的正反转起动和反接制动控制线路。其控制原理如下:

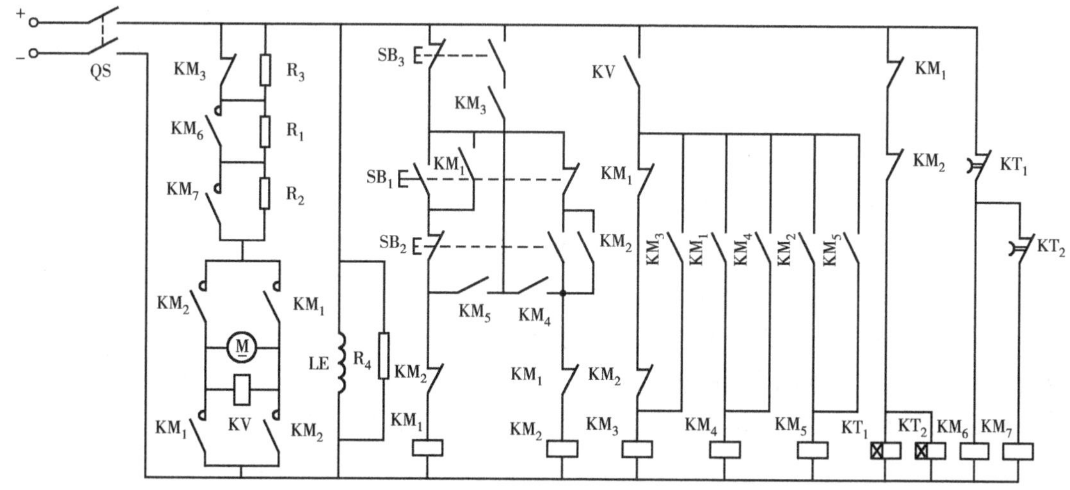

图 2-45 并励直流电动机正反转起动和反接制动控制线路

(1)起动过程:合上电源开关 QS,励磁绕组获电开始励磁;同时,时间继电器 KT_1、KT_2 获电动作,它们的常闭辅助触头瞬时断开,接触器 KM_6、KM_7 不能得电,处于分断状态,为起动过程中逐级切阻做准备。按下正向起动按钮 SB_1,接触器 KM_1 获电动作:主触头闭合,电动机串入起动电阻 R_1、R_2 进行二级起动;同时,常闭辅助触头 KM_1 断开,时间继电器 KT_1、KT_2 失电，经预定的延时后，其瞬时断开的常闭辅助触头依次逐级闭合，使接触器 KM_6、KM_7逐级获电动作，先后切除起动电阻 R_1和 R_2，使直流电动机进入正常运行。

(2)为反接制动准备过程：电动机刚起动时，电枢反电势为零，电压继电器 KV 不动作；当随着电动机的转速升高而建立反电势后，电压继电器 KV 获电动作，使接触器 KM_4获电动作，其常开辅助触头闭合，为电动机的反接制动做好了准备。

(3)反接制动过程：按下停止按钮 SB_3，接触器 KM_1断电释放，接触器 KM_3因此获电，接触器 KM_2也因此获电动作，使电动机电枢电流反向，从而实现反接制动而迅速停车。在制动刚开始时，由于电动机的转速很高，电枢中的反电势仍很大，所以，电压继电器 KV 不会断电释放，保证接触器 KM_3、KM_4不失电，以实现反接制动。但当转速降低接近于零时，电压继电器 KV 断电释放，使接触器 KM_3、KM_4和 KM_2断电释放，为下次起动做好准备。

图中，R_3为反接制动电阻，R_4为励磁绕组的放电电阻。

关于反向起动和反向的反接制动请读者自行分析。

2)串励直流电动机的反接制动

串励电动机的反接制动状态的获得，在位能负载时，可用转速反向的方法，也可用电枢直接反接的方法。

转速反接制动法就是强迫电动机的转速反向，使电动机的转速 n 的方向与电磁转矩 T 的方向相反；电枢直接反接制动进行制动，就是将电枢绕组反接，并串入较大的电阻来实现反接制动。其控制线路和原理在此不再赘述。

本章小结

熟练掌握三相异步电动机(包括笼形电机和绕线转子电机)的起动、调速和制动的基本控制电路原理，尤其是笼形三相异步电动机的调频调速控制原理。掌握直流电动机的起动、调速和制动的基本控制电路原理。

练习与思考

1. 按图 2-2 所示控制电路进行接线后，遇到以下故障，请分析故障原因。

(1)控制电路一旦接通电源，即便未按下起动按钮 SB_1，电动机也立即运转。

(2)按下起动按钮 SB_1后，电动机不能起动。

2. 按图 2-5 所示的主电路和控制电路进行接线后，依次按下正、反转起动按钮 SB_2、SB_3，电动机旋转方向不发生改变，请分析故障原因。

3. 分析图 2-7 的控制电路，说明此电路中都具有什么保护措施？

4. 分析图 2-6 所示的电路，要实现换向时，是否需要先按下停止按钮 SB_3 再操作，为什么？

5. 按图 2-10 所示电路接好线后，按下 SB_2、KM_1和 KM_3得电动作，电动机起动，但时间继电器延时时间已到时，电路仍无切换动作。分析故障的原因，可能有几个方面？如何将故障排除？

6. 请设计一个能实现两地控制电动机的正反向直接起动运转的控制电路与主电路。

7. 若把图 2-10 中时间继电器的延时动合常开触点错接成瞬时动作的常开触点，电路的工作状态会如何变化?

8. 按图 2-22a)和图 2-22b)接线,通电后电动机能正常运转,但按下停止按钮 SB_2后,电动机仍不能很快停止下来,试分析故障原因。

9. 设计一电路按时间原则实现单向运转反接制动,与按速度原则控制的电路比较能具有哪些特点?

10. 根据已学的 PLC 知识,将图 2-23 控制电路用 PLC 来实现,编程并接线。

11. 如图 2-23 所示的双向运转的反接制动控制电路,正常运转一段时间后出现故障,只要一接通电源电动机自动朝一方向起动,当电动机停转,用手转动电动机的主轴,电动机又突然起动,分析故障原因。

12. 在图 2-27 按时间原则起动的控制电路中,用加速接触器 KM_1、KM_2、KM_3的常闭触头串在 KM 线圈中能起什么作用?

13. 分析图 2-32 按时间原则控制短接电阻电路的工作原理,采用 KT_1和 KT_2后所起的作用是什么?

14. 按照图 2-33 所示,按电势原则控制反接制动电路接线,通电运行后,发现反接制动效果时,KM_2很快吸合一下双释放,制动效果不好,请分析造成这种情况的原因。

15. 分析图 2-29 所示的频敏变阻器起动控制电路中时间继电器 KT 时间整定值长短对电路有什么影响?

16. 试说出并励、串励及复励三种直流电动机各自的特点和应用场合。

17. 为什么直流电动机不允许直接起动?限制直流电动机起动电流的方法有哪些?

18. 分别以串励和并励直流电动机为例,说出它们的起动控制线路和正反向控制线路的工作原理。

19. 直流电动机有几种调速方法?分别说出它们的电气控制原理。

20. 试说出直流电动机的能耗制动及反接制动电气控制原理。

21. 变频器的控制方式有几种?

22. 变频器的给定方式有几种?

模块三 港口机械电气设备与控制

港口机械的电气设备根据实现的功能不同一般可分为三大部分：

(1)供电与保护设备。港口起重机械的各个机构，在装卸作业过程中需要随时移动位置、调换泊位和库场，因此由固定电源供电时，需要利用一些辅助电器将电源引入机械的各机构，这些辅助电器统称为移动供电装置。为了保证起重设备的正常工作，在供电电路中加入各种保护电路，为设备和电源安全可靠的使用提供保障。

(2)各机构的驱动与控制设备。起重机械的主要机构由起升机构、行走机构、变幅机构和旋转机构组成，这些机构可以使用直流电动机实现直流驱动，也可使用笼形或绕线转子异步电动机实现交流的驱动。根据各机构的工作特点，配备相应的控制与保护电路。尤其可编程控制器(PLC)和变频器在港口机械中的广泛使用，使港口电气设备发生了崭新的变化。

(3)通信、监视和照明设备。港口机械与码头管理系统之间有两种不同的通信：一是使用语音甚高频无线电电话 VHF 进行语音通信；二是设备之间通过以太网的形式用有线或无线的方式进行的数据通信。为了加强对港口机械某些特殊运动部件的监视和对一些港口机械工作周边环境的观察，闭路电视系统也被广泛使用在港口起重运输设备中。此外，还有空调、各部位的照明等装置。

课题一 电气控制系统图

1. 电气原理图的组成、通路标号、识图坐标；
2. 安装接线图绘制原则、接线端排列原则；
3. 外部接线图绘制原则。

读懂电气控制系统图。

一、课题引入

作为一位电气设计工程师，从事电气控制系统的设计工作，除了掌握电气控制的基本知识外，还必须掌握成套控制系统设计的一些基本知识，才能设计出用户满意的电气控制系统;如果你是从事电气控制系统的安装、调试或维修工作的电气工程师,你必须能够看懂电气图纸,了解设计者的设计思路,才能正确地布线、接线、调试或维修;即使你是港机生产厂家的一位接线工,你至少应该看懂接线图。因此看懂电气原理图和接线图,是电气技术人员的基本技能。

二、课题分析

在模块二课题一的开始部分已经提到过电气原理图的概念,本课题中将详细学习电气控制系统图相关知识。从事港口电气设备的设计、维修与管理工作,就应该了解电气控制系统的设计知识,至少对于正确分析电气图大有帮助。一套完整的港口电气控制系统的图纸,应该包括以下内容:

(1)电气原理图;

(2)安装接线图;

(3)外部接线图。

三、相关知识

(一)电气原理图

电气原理图包括主电路、控制电路和所有附属电路的原理图,还应包括所用元器件明细表。电气原理图是最主要的图纸,是设备生产、安装、调试、维修的依据。

电气原理图所用元器件的图形符号和文字符号都应符号国家标准的规定。文字符号可以横向标注,也可以纵向标注。

图纸幅面应符合国家标准的规定,有 A4、A3、A2、A1、A0 幅面等,画不开时还可以加长,但加长的尺寸应符合国家标准的规定。现在多数采用计算机制图,一般采用 A4 和 A3 幅面的图纸。

图纸应画出边框,边框尺寸也应符合国家标准的规定。A4 和 A3 图纸边框距离图纸左边 25mm,便于装订,距离图纸其他三边 5mm。大于 A3 幅面的图纸,左边距仍为 25mm,其他边距为 10mm。采用计算机制图时,如果边距太小无法打印时,可适当加大页边距。

每一张图纸,都应有标题栏,标题栏画在图纸的右下方,尺寸符合有关标准规定,由于用计算机制图一般使用的图幅较小,可以使用简单的标题栏。标题栏一般包括图纸名称、图纸编号、设计或制作单位名称和设计、审核、标准化、工艺、制图、批准等有关人员的签名。有的标题栏还应包括图纸更改标记。

手工画图时,可以将整个原理图画在一张图纸上,根据绘图的内容确定图纸幅面的大小。如果原理图内容较多,也可以画在不同的图纸上。采用计算机画图,通常受打印机的限制,一般采用 A4 幅面或 A3 幅面的图纸,将电气原理图画在多张图纸上。

若图形较小,画不满整张图纸,应画在图纸的中央。

不管多大的图纸,一般折叠成 A4 幅面大小装订。

由于本书幅面所限,本书所画各种图纸均小于 A4 幅面,并且没有画出图形边框和标题栏,特此说明,请读者见谅。

1. 通路标号

通路标号也就是线号，在电气原理图中为了方便绘制接线图和读图，每根连线都标上线号。线号可以使用字母，也可以使用数字，还可以字母和数字混合使用。如图 3-1 中的 N、V_1、23 等都是线号。

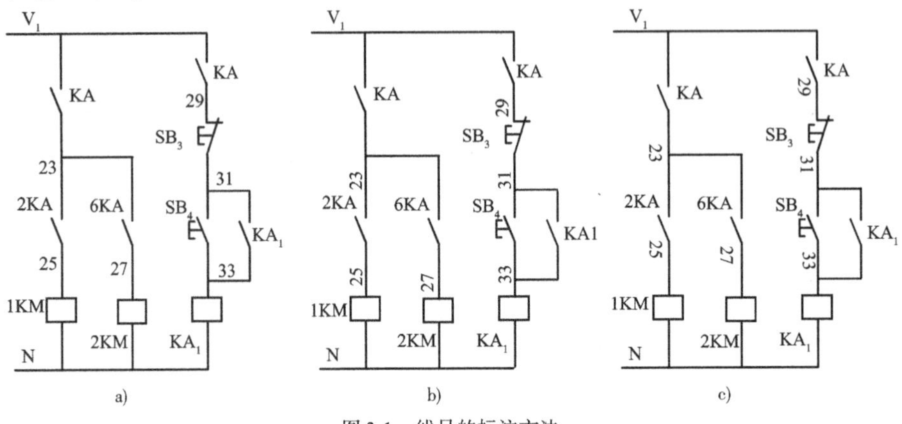

图 3-1 线号的标注方法

a）允许；b）允许；c）不允许

线号尽量按一定的规律编制，以便于接线和维修。通常主电路第一单元以数字 1 开头，第二单元以数字 2 开头，然后再加字母，如 1U1、2U1、3U1、2V 等。控制电路一般使用数字，可以只使用奇数或只使用偶数，一旦漏掉某一线号时，便于插入。如使用奇数编制时，漏掉线号可插入偶数。

线号一般标注在横线的上方或纵线的左侧，尽量不要上下左右同时标注，否则在图线密集时容易引起混淆。

线号通常横向标注，如图 3-1a）所示。图线密集时可以纵向标注，纵向标注时字体的方向如图 3-1b）所示，不允许图 3-1c）所示的方向。

特别注意的是：线号是一个电气通路的标号，相同线号的线应接在一起，并非一根导线一个线号。例如图 3-2 所示控制电路线号 17 的标注就存在明显的错误。因为 17、40、42、44、46、48、50、52、54、56、58、60 本来就是一个电气通路，用 17 就足够了，不应再加其他线号了。图中 N 线的标注就不存在错误，只标注了一个 N，HL_6、1HL ~ 10HL 是信号灯的文字符号，不是线号。

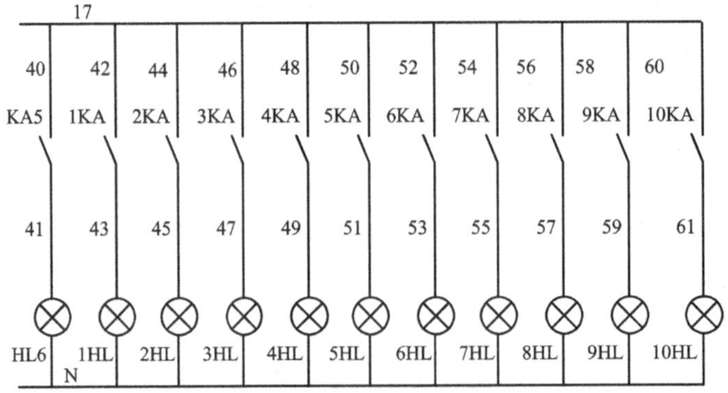

图 3-2 错误的线号标注

2. 识图坐标

在港口电气设备中由于一个继电器或接触器的不同触点和线圈画在图中不同的区域，甚至画在几张图纸上，这样会给读图带来了不便，给分析原理图增加难度。因此比较复杂的原理图一般都要加上识图坐标。识图坐标一般分为：单坐标和双坐标两种。

1）单坐标

单坐标就是只有横坐标，没有纵坐标。坐标线通常画在原理图的下方，坐标一般用数字表示。在接触器或继电器线圈下方标出该接触器或继电器所用触点的数量和坐标，如图 3-3 所示。从图 3-3 可以看出，交流接触器 1KM 共使用了 3 个常开触点，没有使用常闭触点，3 个常开触点的位置分别在 82、83、84（没画出，下同）；交流接触器 2KM 也只使用了 3 个常开主触点，3 个常开主触点的位置分别在 90、91、92；中间继电器 KA_1 使用了 2 个常开触点和 1 个常闭触点，常开触点的位置在 112、172，常闭触点的位置在 172，其中在 112 的触点就是图 3-3 中的 KA_1（31，33）自锁触点；中间继电器 KA_2 使用了 3 个常开触点其位置在 153、175、185。

2）双坐标

双坐标就是既有横坐标，又有纵坐标。坐标线通常画在图纸边框内，横坐标一般用数字表示，纵坐标一般用字母表示，在接触器或继电器线圈下方标出该接触器或继电器所用触点的数量和坐标，如图 3-4 所示。

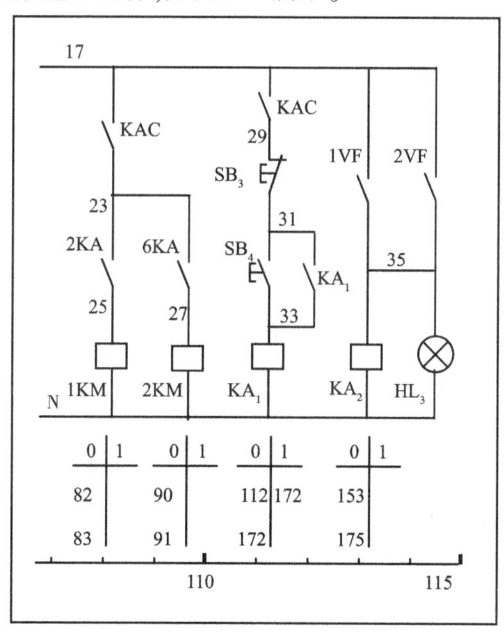

图 3-3 单坐标

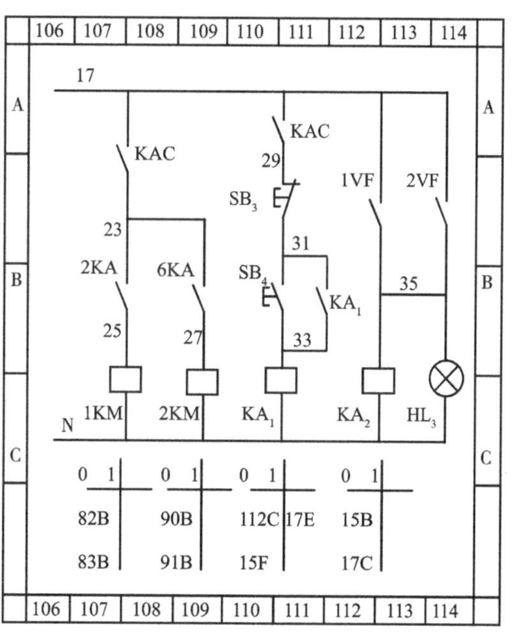

图 3-4 双坐标

从图 3-4 可以看出，交流接触器 1KM 只使用了 3 个常开触点，其位置分别在 82B、83B、84B；交流接触器 2KM 也只使用了 3 个常开触点，3 个常开触点的位置分别在 90B、91B、92B；中间继电器 KA_1 使用了 2 个常开触点和 1 个常闭触点，常开触点的位置在 112C、15F，常闭触点的位置在 17E，其中在 112C 的触点就是图 3-4 中的 KA_1（31，33）自锁触点，112C 就是横坐标 112 与纵坐标 C 的交叉位置；中间继电器 KA_2 使用了 3 个常开触点其位置在 15B、

17C、18F。

在港口机械电气控制系统中有些港口机械企业在原理图的绘制与线号编辑方面具有自身的原则。现作一介绍。线号通常由两个部分组成第一单元以字母 A ~ F 开头，表示通路所位于原理图纵坐标的位置，如线号为 D21 的线路一定是在纵坐标 D 所指示的区间内；第二单元由两数字组成，第一位数字表示线路位于横坐标的 1 ~ 8 中的某一区域，第二位数字表示在同一个区域内，竖线是向从左向右开始计数的线路数，横线是向从上向下开始计数的线路数，如线号 C22 中，第一个“2”说明线路位于横坐标的 2 区域内，第 2 个“2”则说明该线路在 C2 同一个区域内从左（上）开始数是第二根线，如图 3-5 所示。

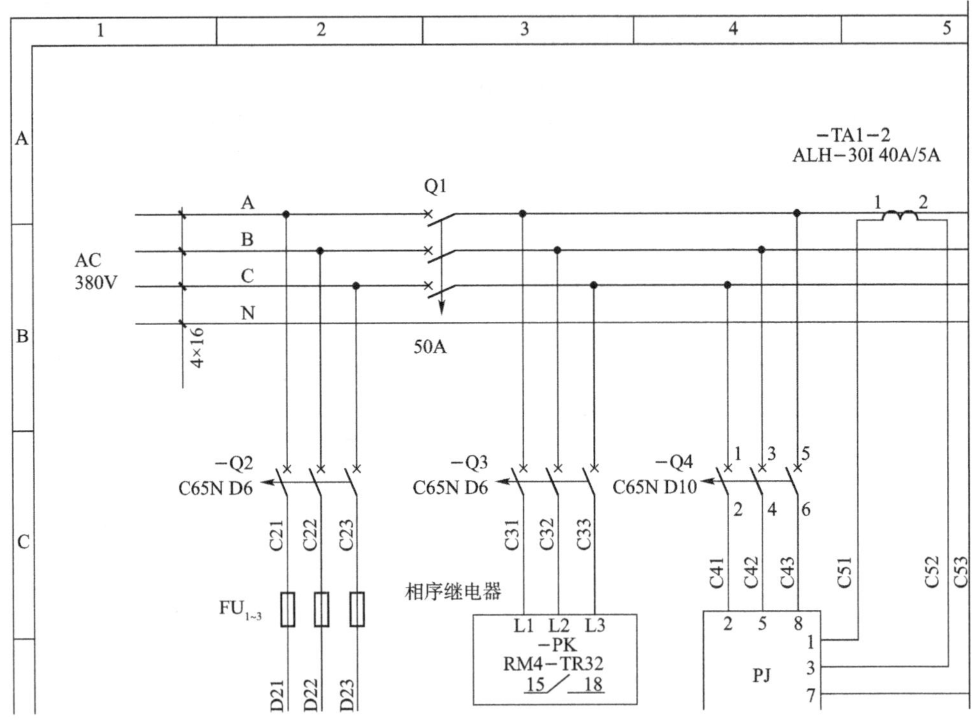

图 3-5　竖向的线路标号

在图 3-6a）中右上角的“P2A1 主回路电源”是说明此电源的去向是到 P2 图中的 A1 位置；图 3-6b）中左上角的“P1A8”是说明电源与 P1 图的 A8 线相连接。

在图 3-7 中，“P7A1”是说明此控制电源是到图页号为 P7 中的 A1 接线。

在原理图中接触器或继电器线圈下方标出该接触器或继电器所用触点的数量和坐标，如图 3-8 所示。

从图 3-8 中可以看出，交流接触器 KM_2 线圈的下方标明了，KM_2 的主触点（MAIN）在原理图 H3 的 C2 位置上，只使用了 1 个常开辅触点（NO），其位置分别在原理图 C3 的 B2 上；KM_2 的常闭辅触点（NC）没有使用到，因此在原理图不作标注。

（二）安装接线图

安装接线图是电控柜生产单位接线的依据，也供电控柜使用单位安装接线和维修参考。

接线图按照元件实际安装的位置画出的，应知道所有器件的安装尺寸。对于器件的尺寸不太了解或者对器件的排列是否合理没有把握时，可以先用实物排列，然后再画接线图。

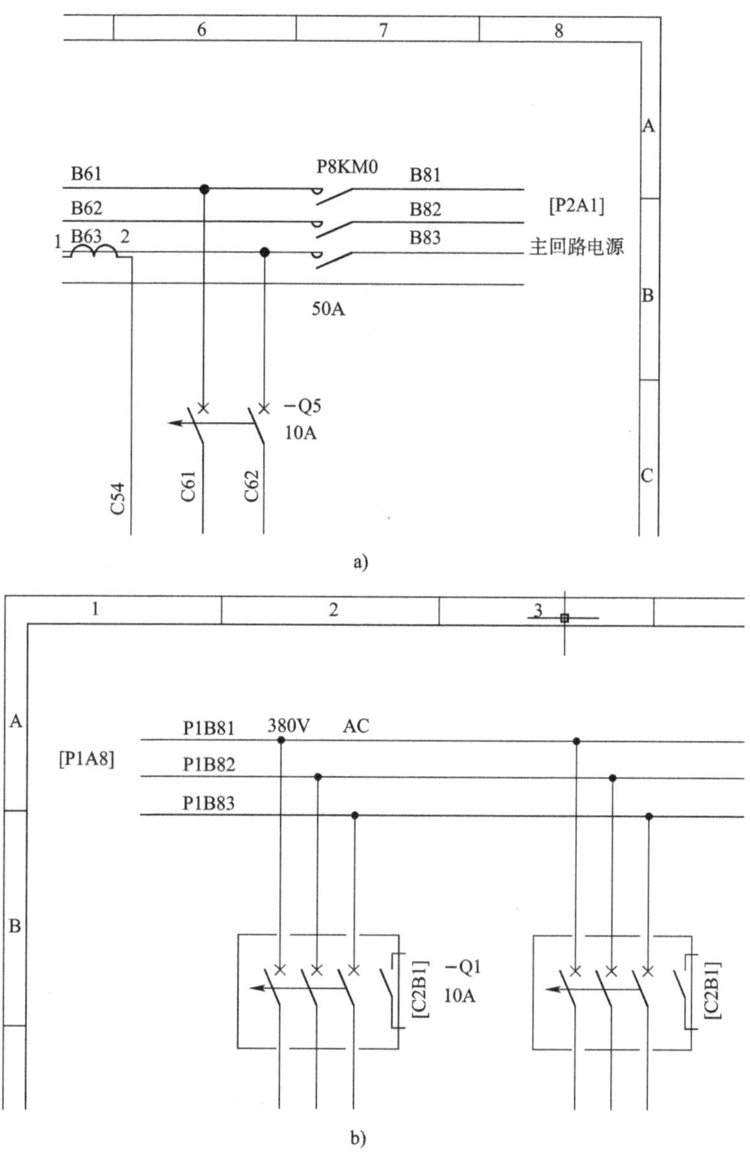

图 3-6 同一根线在不同图页中的标注方法

a）图页号为 P1；b）图页号为 P2

在港口机械电气控制系统中元器件的编号是由两部分符号组成，第一部分是图纸页码，第二部分是元器件的编号。如 $P8KM_0$，说明是 P8 图中 0 号接触器。

连接线是连接两个器件之间的电线，在控制柜中每个器件的接线端都有线管编号，这个编号也由两部分构成，前部和后部用一个短划来隔开，如图 3-9 所示。在图中器件 1 的接线端为 P1B61，器件 2 接线端为 P1TA1。

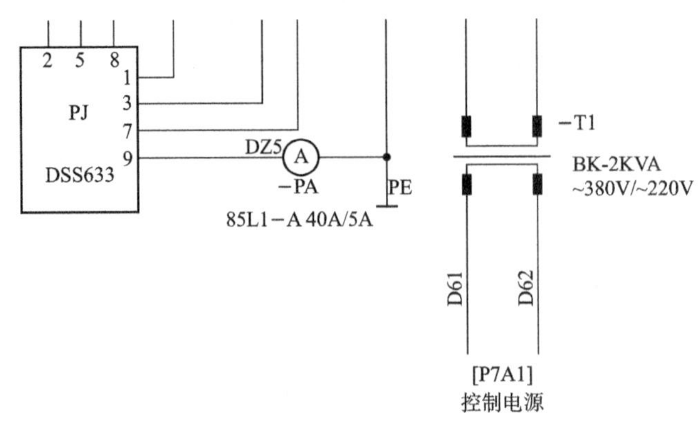

图 3-7 电源的去向标注

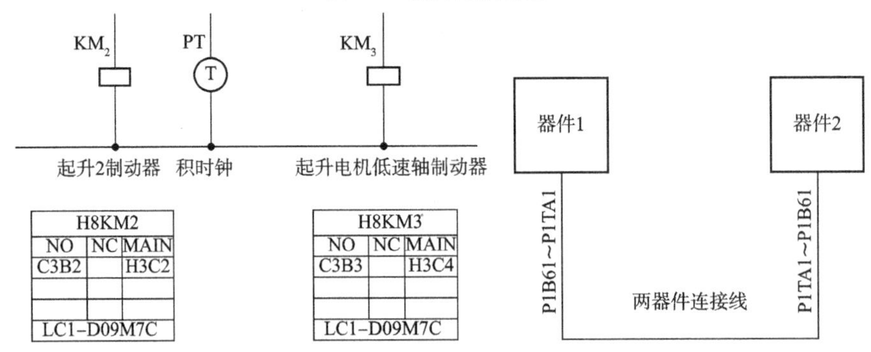

图 3-8 接触器触点标注

图 3-9 两器件间的连线标注

1. 器件接线的画法

在电气原理图中，一个器件的不同触点和线圈往往画在图形的不同位置，甚至画在多张图纸上。但在接线图中，一个器件的所有触点和线圈应画在一起。画图时可以只画实际使用的触点，不用的触点不画，如图 3-10a）所示。也可以将所有触点都画出，不用的触点不接线，如图 3-10b）所示。

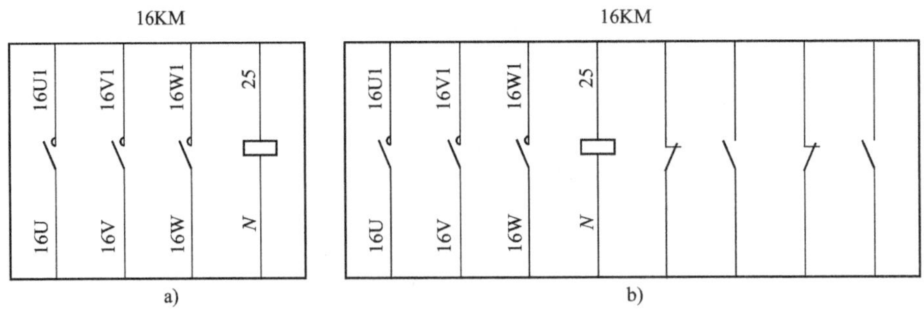

图 3-10 接触器接线图

在接线图中有时还说明每一根线的准确去向，如图 3-11 所示。在图中 16U1、16V1、16W1 接熔断器 16FU 的对应线号；25 接 5 号端子（在端子处标出 DZ5），16U 接 57 端子，如此类推。N 从变压器 T 来，到接触器 17KM，说明在该处接有 2 根线，斜线前的器件说明该线的来向，斜线后的器件说明该线的去向，一般每根接线点最多接 2 根线。

2. 接线端子

控制柜、控制箱和操纵台的下方都有大量的接线端子，这些接线端子是用于控制柜、控制箱和操纵台之间或与电动机的连接，端子的数量和排列对于用户维护与使用来说非常重要。

在电控柜中，需要下到（接到）端子的线有：

（1）电源进线，当电源进线太粗时，为了减小接线电阻，可以直接接主空气开关的输入端，不留接线端子。

（2）电动机或其他装在机械上的元件的引出线，若电动机的功率太大，所用导线太粗，可以直接接到变频器的输出端。不用变频器时可以直接接热继电器，以减小接线电阻。一般情况都是接到端子上。

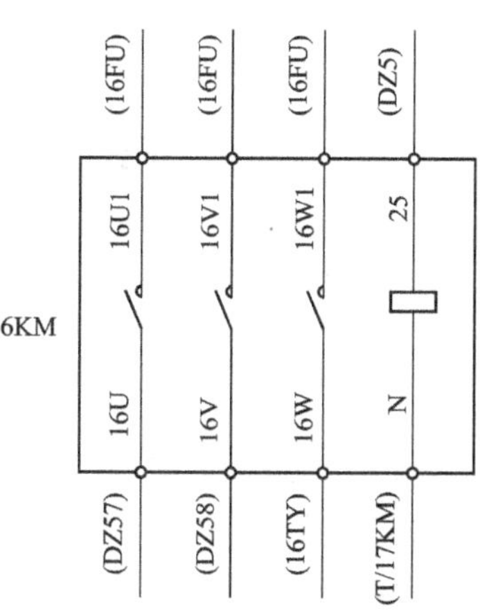

图 3-11 接触器接线图

（3）各柜之间的连接线。

（4）其他的过渡线，如有一个外接器件共需要 3 根线，其中 2 根需要在操纵台接，有 1 根需要在 1 号控制箱接。但实际安装放线时，不可能 2 根线放在操纵台，1 根线放在 1 号控制柜，而是 3 根线一起放在操纵台。而操纵台又没有该线的接线端子，因此外面应该在操纵台留出 1 个空端子，1 号控制柜与操纵台的连线多放 1 根，在操纵台接在一起。

接线端子的排列主要是用户接线方便，各电缆线最好不交叉接线，且每一接线端子最多接两根线，外接线较多的线号最好多留端子，以用户接线非常方便。

（三）外部接线图

外部接线图供电控柜用户安装接线用，也供电控柜生产单位设备调试时柜间连线参考。

外部接线图一般画在大幅面的图纸上，也可以画在较小幅面的多张图纸上。通常使用双坐标，标出线的起始和终止位置。再加上接线表，说明导线的数量和型号。

课题二 港口起重机电控设备

知识点

1. 港口起重机械电气驱动的特点、供电与保护电路原理；
2. 平移机构的电气控制工作原理及特点；
3. 起升机构的电气控制工作原理及特点；
4. 抓斗控制屏电气控制工作原理及特点；
5. 起重电磁铁的电气控制工作原理及功能。

技能点

1. 读懂港口起重机通用电控设备的电气原理图，分析其电气控制原理；
2. 能排除通用电控设备的简单故障。

一、课题引入

由于起重机械的功能不同，配置不同特殊吊具，如起重电磁铁、电动或液压抓斗等，一些电气设备也将随之作相应的增设。本课题主要学习起重机械的移动供电装置、各机构的通用的控制屏电气控制原理。

二、课题分析

因港口起重机械负载具有特殊性，经过长期对港口起重运输机械使用与研究，针对港口机械的特点，设计出适应港口机械特点的通用的电气控制设备。

三、相关知识

（一）港口起重机电气驱动的基本特点

随着我国经济的迅速发展，港口码头的运输作业也越加繁忙。为适应新的形势，大型电动装卸机械也随之发展，向着大型化、专业化的方向发展。特别是集装箱机械的迅猛发展，使得起重机的高度越来越高，载重量越来越大，速度越来越快。港口码头上的起重机要求在不同的场合、用不同的速度进行工作，其目的在于使起重机在各种合理的速度下有效的工作，以提高生产率和确保安全生产，而这种调速过程又需要在运行过程中进行，且变换次数较多，因此机械变速一般不合适，绝大多数情况下需采用电气调速。为应对起重机向高、重、快的方向发展，要求大型电动装卸机械的电气驱动系统具有非常高的性能，即必须具有宽广的调速范围、较高的稳速精度、快速的动态响应和较大的功率等性能，以保证在进行起重作业时平稳、可靠，有良好的低速就位性能。

大型电动装卸机械的电气驱动系统必须根据起重机所带的负载的特点而设计，因此先要了解起重机负载的特点。

1. 实现恒转矩调速和恒功率调速

起重机的起升机构所带负载有两个特点，一个特点是所带负载是位能性负载，当负载一定时，在任何转速下负载转矩总是保持恒定，而且负载转矩的方向也不随电机转速方向的改变而改变。另一个特点是起重机的负载有效率是50%，即有一半时间是空载运行的。即使是在带有负载时，也不都是满负载达到起吊额定负载。为了提高生产效率，希望在空载或轻载时能提高速度。由于负载转矩与转速成反比，即形成恒功率控制。负载的恒功率性质是就一定的速度范围而言的，即使当负载很低时，受机械强度和电气系统特殊性的限制，转速也不可能无限增大，一般恒功率调速范围为额定速度的2～2.5倍。而在重载情况下，起重机则工作在额定转速下，即恒转矩控制。

基频以下实现恒转矩调速，空载或轻载时可运行在基频以上，速度提高1倍以上，实现恒功率调速。若调速系统采用PLC与变频器通讯控制，则起升速度控制可随负载自动升速或降速。PLC通过检测吊重物起动时的电流值进行控制，也可通过超负荷限制器的重量信号来控制恒功率升速，提高生产率。

为避免低频时满负载工况下发生带不动负载的现象，应采用闭环控制方式。闭环控制的速度反馈采用增量式脉冲编码器，使系统具有足够的调速硬度和良好的低频转矩特性，即使在 0Hz 下电机也能以 150% 额定转矩输出，即由变频器提供零速转矩功能，不会发生带不动负载的现象。

2. 防下坠功能

起重机属于位能性负载，当起升上升时必须克服地球引力，当起升下降时又有重力加速度加快下降速度。当货物吊在半空中，若此时需要向上，首先须打开制动器，同时电动机输出向上转矩，如果这个输出的转矩小于重物重量产生的转矩，重物就会因制动器的释放而先下坠，随后因电动机输出转矩的逐渐加大，超过重物产生的转矩后，重物才会被向上提升。在装卸过程中出现这种下坠现象是很危险的，比如，当岸边集装箱起重机吊着重箱对准集装箱卡车时，这种下坠现象就会把集装箱卡车砸坏，必须绝对避免。所以大型电动装卸机械电控系统中都应具有起升防下坠功能。其基本的原理是在每次制动器抱闸时，记录下此时的电动机输出转矩，当下一次制动器再打开时，电动机就会输出上一次记忆着的转矩值。即若上一次是空吊具重量，则提供空吊具的输出转矩；若上一次是额定重量，则提供额定重量电动机转矩，这样就不会出现重箱下坠的现象了。此外，起升机构有机械制动器，当变频器作为调速手段时，在起升机构上升或下降以及在空中停止的瞬间，机械制动回路与变频器加、减速时间的匹配是一个非常关键的方面。在工作过程中，既要防止重物下坠现象的产生，又必须防止由于时间匹配不当而引起松闸太慢或抱闸太快现象。若匹配不当可能引起电机的堵转导致变频器保护跳闸，致使工作中断。通过在起动时控制起升制动器延时松闸，停止时控制变频器零速信号进行抱闸能较好地控制下坠现象。

3. 防摇系统

随着起重机的起升高度越来越大，速度越来越快，吊着的货物会跟着晃动，造成司机跟钩对位操作越来越困难，因此港口起重机应设有防摇系统。防摇系统主要有两种类型：一是机械防摇系统，上海振华港机公司创造性地设计了起重机八绳主起升与防摇一体化新结构，实现了起升和防摇由同一八绳系统共用的集装箱起重机。这种新型集装箱场桥的防摇系统采用新型的八绳双向防摇系统如图 3-12 所示。该系统利用了三角形稳定的几何原理，将传统的起升缠绕系统改为 4 个完全相同的倒三角系统，从而提高了悬吊系统的刚性，小车与吊具好似刚性连接，从根本上消除了吊具的摇摆，大大提高了司机的对箱率。另一种是电子防摇系统。电子智能防摇控制系统效果较好，结合现代高速发展的微处理器芯片，使控制系统具有精度高、易操作、价格合理等优点。例如在集装箱桥吊上，一般都用电子防摇系统来克服吊具随小车运行时引起的摇摆。常用两种方式控制：一种是在小车架下安装一个发射装置（有的用激光发射器，有的用一摄像头）和一个接收装置，在吊具上架安装一个反射器。当吊具前后摆动时，接收装置检测到吊具前后摆动的角度，从而控制小车的运行方向和速度，将这个摆动角度限制到最小，达到防摇的目的。另一种是全电子防摇，它把小车的加速分成两个阶段，第一阶段加速到一半速度后，保持这个速度运行一段时间，其目的是等吊具的摆动跟上这个速度，然后再进行第二阶段加速，达到最高转速，此时吊具也能跟上这个速度了；停止也分两个阶

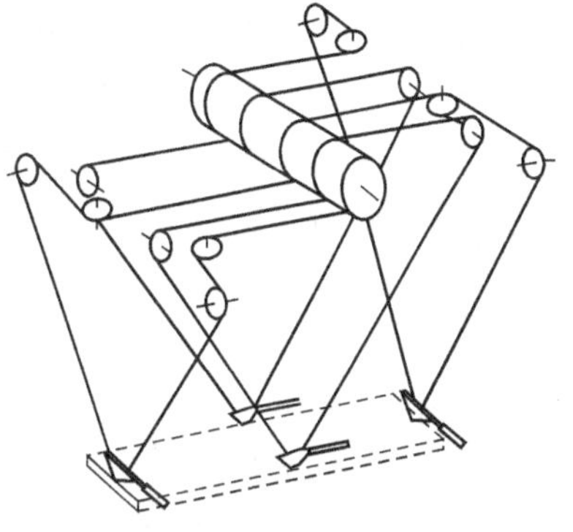

图 3-12 八绳双向机械防摇原理

段,先减到一半速度,保持一段时间,让吊具的速度也慢下来,然后再进行第二阶段的减速,跟着吊具的摆动直到速度为零。这种方法的突出优点是在不需要任何附加硬件设备就能实现小车摇摆,故障率很低。

4. 制动能量的释放

电动机减速或重载下放过程是一个能量转换的过程,此时电动机处于发电状态。如何吸收这部分机械能量,是大型电动装卸机械的电气驱动系统必须解决的问题。

对再生制动能量的处理方式有两种,一种是用制动单元和制动电阻来吸收,另一种是通过在直流侧设置公共母线的逆变桥使之回馈到电网。采用能耗电阻的方式,在制动单元和制动电阻的选择上应考虑到起升机构属位能性负载特性,电阻的阻值决定着制动电流,也就是决定着制动时间的长短,在起重机电气驱动系统中长时间的制动转矩特性决定需要考虑的并不是它的阻值,而是它的功率,这样才能保证再生制动能量迅速释放。

采用公共直流母线下的多逆变器驱动方式,使系统电路形式简洁、紧凑。再生制动能量采用回馈到电网的方式,这是因为考虑到起升机构重载下放时长时间的制动转矩必须由大量的制动电阻来吸收。另外,当任意两个以上的机构同时运行时,若某一机构传动电机处于再生制动状态,其再生制动能量可经直流母线直接供给处于电动状态的电机,可大大提高能量的再生利用率。系统由一个整流/回馈单元加多个逆变器组成,逆变器的数量取决于整个电气传动系统所需的逆变器个数,整流/回馈单元为各逆变器提供公共直流母线(COMMON DC BUS),它除了设有整流桥外还设有逆变桥,当电机处于减速或重载下放工况使直流母线电压升高时,其逆变桥开始工作并将再生制动能量回馈至电网,从而使系统实现四象限可逆运行。

(二)港口起重机械的供电与保护

1. 起重设备常用的电控产品

起重设备常用的电控产品主要有:

1)保护柜(箱)和总受电柜(屏)

目前在用的主要有 XQ1 和 XQB1 两个系列保护箱和 XSK(PSK)系列总受电柜。还有 QB1 ~7 共 7 个系列,其中 QB1 ~3 系列为较高指标型,QB4 ~7 系列为通用型。

2)轻小型起重机电控设备

这类产品主要包括电动葫芦控制箱,电动葫芦单梁起重机控制箱(柜)和电动葫芦双梁机控制柜,还包括与其配套使用的按钮站。典型产品有 QK1 系列电动葫芦控制箱和 QD1 系列电动葫芦单梁起重机控制柜及与其配套的 QA2 系列按钮箱(站)等。

3)低调速要求起重机电控设备

低调速要求起重机电控设备指以电阻调速为主要手段,调速比低于 1∶3 的起重机各机构控制屏。目前在用的产品有 PQR(XQR)1 ~6 系列、PQS1 ~3 系列、PQY1 ~4 系列 PQZ1 系列,还有 QR1—6Y 平移控制柜屏、QR1 ~2S 起升控制柜屏和 QR1Z 抓斗机构控制柜屏等共 9 个系列产品,这些产品主要靠调节转子电阻调速,辅以单相制动,反接制动等制动调速手段。

4)高调速要求起重机电控设备

高调速要求起重机电控设备是相对于低调速要求起重机电控设备而言,泛指采用各种传动控制方案,调速比能达到1:3以上的起重机各机构控制屏。目前国内高调速要求起重机电控设备产品采用的调速方案主要有他励动力制动调速(包括开环和闭环)、自励动力制动调速、涡流制动器调速、晶闸管定子调压调速和晶闸管转子脉冲调速等几种,前三种方案应用较为广泛。

5)直流起重机电控设备

主要产品有PQZ2600系列和PQK1系列,这两种系列产品可控制复励或串励直流电动机。PQZ2600系列采用直流串励制动器,有单电动机平移、单电动机起升、双电动机平移、双电动机起升和起动电阻并联切换的单电动机起升等5个品种。PQK1系列增加了四电动机平移的品种,制动电磁铁可接成串励,也可接成并励,还可采用液压电磁铁。

2.起重机械对移动供电装置的功能要求

(1)容量要求随着起重机吨位的增加和工程应用的要求,有时几台设备需共用供电滑触线,因此移动供电容量从几十安培到几千安培。

(2)速度要求起重机各种装卸机械均在向高速发展,由25m/min发展到600m/min,移动供电装置要求满足以上速度要求,并且能够保证具有与设备相同的寿命周期。

(3)安全防护要求起重机在移动受电时,要求移动供电装置具有可靠的绝缘和雨水防护,以防止发生触电、漏电等人身事故。

(4)信号通信要求起重机调速、报警及安全等各种控制功能,要求能够在移动状态通过移动供电装置可靠地传递多种信号,要求信号不丢失、不失真。

(5)特殊使用环境要求在易燃、易爆或高温湿热环境,要求移动供电装置、移动受电状态和载流状态应能适应这些特殊环境的要求,确保安全运行。

3.移动供电装置

根据移动供电装置的应用状况及功能特点,其分类有多种方式,大多数产品按供电方式可分为有线移动供电和无线移动供电两大类,由于有线供电方式无论从可靠性、还是价格成本方面均比无线方式优越,因此在港口机械中大量采用的是有线移动供电装置。有线式具有使用可靠、成本低、使用寿命长、安装维修简便等特点。

有线移动供电装置可分为非滑接式和滑接式两大类。非滑接式一般采用电缆(圆电缆和扁电缆)供电,按电缆收放运动的不同,可分为挂缆滑车、卷缆装置和电缆拖链(又称柔性电缆桥架)几种;该类装置具有传输动力和控制信号可靠,无接触电弧,安全可靠,可在易燃易爆场所使用的特点,然而,移动距离不能过长,移动轨迹受到限制,电缆使用寿命有限。

滑接式移动供电装置,可分为无防护式和防护式两种。无防护式俗称裸滑线,有电车裸滑线、供电导轨。现就港口起重机械常用的供电装置作一介绍。

1)非滑接式移动供电装置

(1)挂缆滑车

这种装置是用电缆供电,并固定在专制的夹具或滑轮上,夹具或滑轮沿着钢丝绳或工字钢上移动。图3-13为电缆滑车沿钢丝绳移动的供电情形及夹具的结构,这种一般用于小吨位起重机。图3-14为电缆滑轮沿工字钢移动的供电情形及滑轮的结构,这种装置一般适用于大吨位或机构较多的小车,可挂较多的电缆,但轨道敞露,易受冰雪、积尘堵塞。

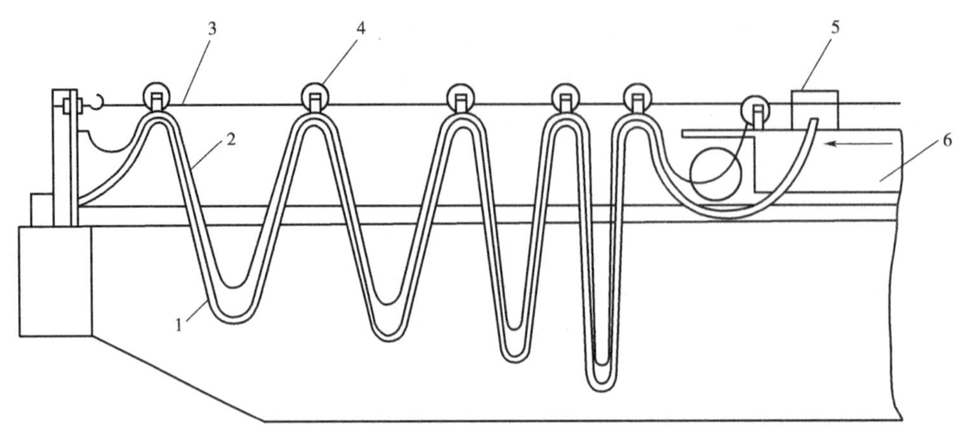

图 3-13　钢丝绳轨道

1-电缆;2-钢丝绳;3-钢线;4-滑轮;5-接线盒;6-小车

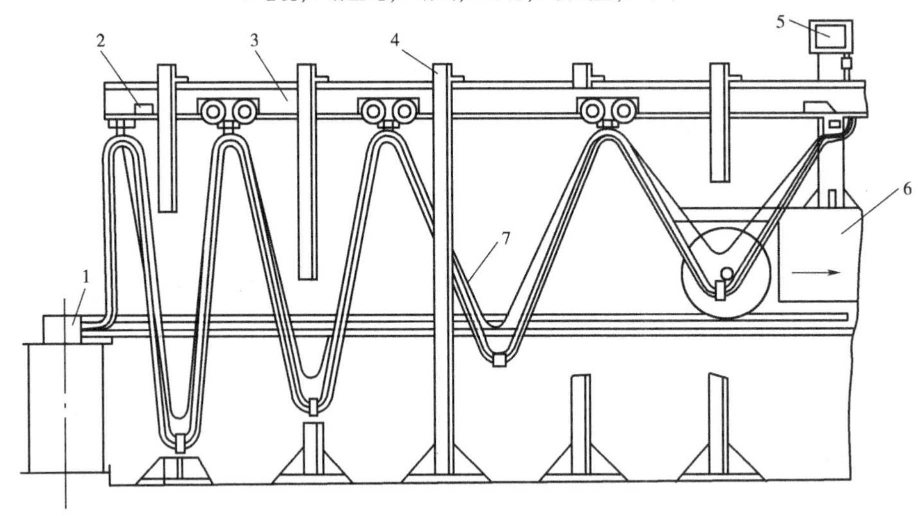

图 3-14　角钢或工字钢轨道

1-电缆;2-挡头;3-工字钢;4-支架;5-接线盒;6-小车;7-钢丝绳

(2)电缆卷筒装置

起重机械供电电缆的一端固定在电缆卷筒上,另一端接在电源接线箱上。电缆卷筒安装在起重机械一侧的支架或支腿上。卷筒内装有集电环装置,电缆的芯线接在集电环的电刷上,电刷随卷筒转动,滑环不动。电流从电刷经滑环进入机械,实现了旋转部分与固定部分间电气连接。机械移动时,为了避免电缆放出后不能及时卷起而被机械的车轮轧断,必须解决电缆卷绕的拖动问题。电缆卷筒根据其卷绕动力可分为重力蓄能式、弹簧蓄能式、电动式和液压式。在港口机械中前三种最为多见。

电动电缆卷筒的结构如图 3-15 所示;电缆卷筒用平衡重拖动的情形如图 3-16 所示。

重力蓄能式电缆卷筒是利用平衡重带动时,通常在卷筒轴上装有一个同心轴的绳轮,钢丝绳一端固定在绳轮上,另一端绕过固定在支架上的滑一轮与平衡重锤相连。当机械离开插头箱移动时,也借机械本身的走行动力带动卷筒转动,使电缆自动放出,这时钢丝绳被绕在绳轮上,重锤被举起;当机械移向插头箱时,电缆拉力减小,重锤下降,钢丝绳从绳轮上放出,而带动电缆卷筒旋转,电缆即被绕上卷筒。

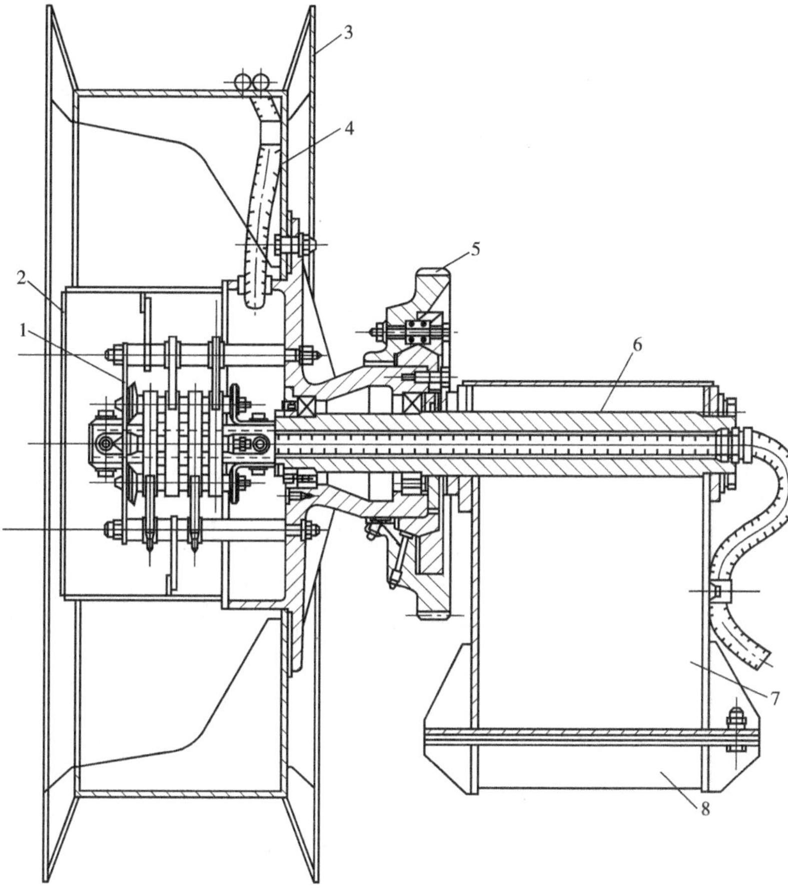

图3-15 电动电缆卷筒结构

1-集电环装置;2-护罩;3-电缆卷筒;4-电缆;5-大齿轮;6-轴;7-支架;8-底座

弹簧蓄能式电缆卷筒见图3-17。由支架、接线盒、卷筒、转轴、弹簧盒、集电环、电刷等组成。蜗卷弹簧外端固定在弹簧盒的圆柱面上,内端固定在旋转轴上,动力电源连接在电缆一端,经过轴的内孔与集电环连接,与移动受电设备连接的一端,在卷筒上缠绕后,由侧孔进入卷筒内部与电刷连接。电刷在弹簧压力的作用下,压紧在集电环上,保证两者既可自由转动,又保持良好的接触导电。当放电缆时,电缆受拉力,卷筒和转轴同时转动,弹簧上紧,外力机械能变为弹簧能;当收电缆时,弹簧变形能逐步释放,驱动转轴,卷筒转动,回收电缆。

电动式电缆卷筒有两种:一种是采用力矩电动机,另一种是采用普通电动机。力矩电动机用电阻值较大的导电材料作鼠笼转子的辐条及端环。由于电阻较大,允许长期低速运转甚至堵转,具有独特的机械特性。力矩电动机的转速随负载增加自动降低,在卷绕过程中对电缆保持一定的拉力,用来配合电缆的收放最为合适。在力矩电动机与电缆卷筒之间配上一套齿轮或其他传动装置就构成了电动式电缆卷筒。

2)滑接式移动供电装置

(1)集电环

集电环又称环形集电器、中心受电器,它也是一种活动触头,用来实现固定部分与转动部分之间的电气连接。在具有回转机构的装卸机械(如电动轨道起重机)中,位于回转机构上的电气设备与电源之间以及这些电气设备与固定于车架下的走行电动机之间的连接,必须通过集电环来实现。图3-18为集电环的结构,由一组铜滑环组成,各个滑环用绝缘螺栓相互连接起来,从每一个滑环上引出绝缘的接线头,回转机构的电气设备通过连接导线接在这些接头上。绝缘螺栓两端装有角钢支持板,由这些支持板将集电环固定在回转机构的回转支柱上。滑环随机构一起回转,每个滑环都有一组固定不动的电刷与之紧密接触。电刷装在刷握中,固定部分的连接导线即接至相应的刷握。

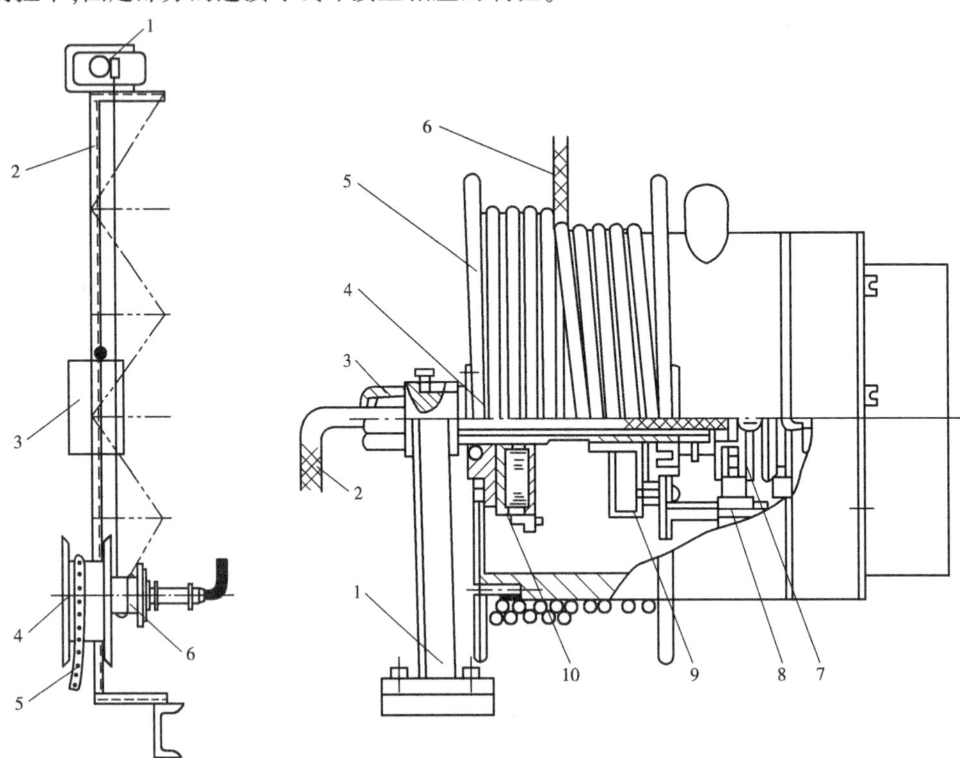

图3-16 重力电缆卷筒结构

1-滑轮;2-支架;3-配重锤;4-电缆卷筒;5-电缆;6-绳轮

图3-17 弹簧蓄能式电缆卷筒结构

1-支架;2-进线;3-轴;4-轴套;5-卷筒;6-电缆;7-集电环;8-电刷;9-蜗卷弹簧;10-弹簧盒

集电环上滑环的数量根据电路的实际需要而定,一般留有一两环作备用。

(2)滑线供电装置

沿着机械或机构运动的路程而敷设的光导线(即不带绝缘的导线)或角钢。在用滑线供电时,机械或机构上装有导电器(又称受电器),导电器沿滑线表面滑动或滚动,将滑线上的电流引至机械或机构。

滑线供电装置在桥式起重机上用得很广泛,其中整个起重机供电的由两组滑线供电装置一组是对整机供电的主滑线或大车滑线;另一组是对小车和起升机构供电的小车滑线。

滑线一般都采用型钢(角钢、圆钢、钢轨)作材料为硬滑线,有时也采用铜线、电车线或钢芯铝线,为软滑线。

硬滑线供电装置如图3-19所示。用型钢做滑线时,可以用生铁滑块作为导电器,利用导电器本身的重量压在滑线的工作面上,获得良好的接触。

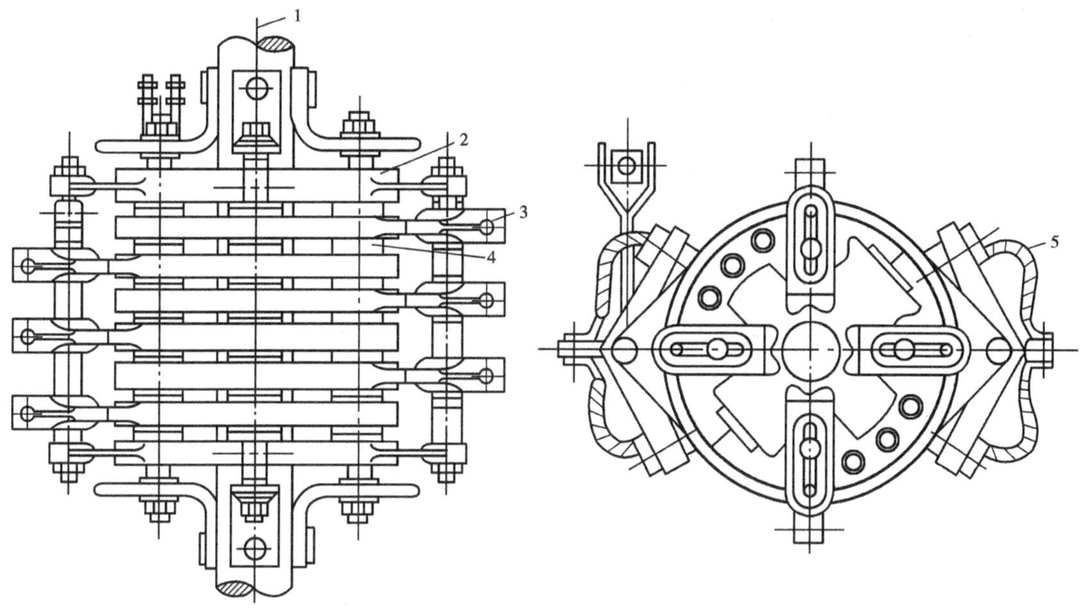

图3-18 集电环结构

1-回转中心;2-滑环;3-电刷;4-绝缘环;5-轮导线

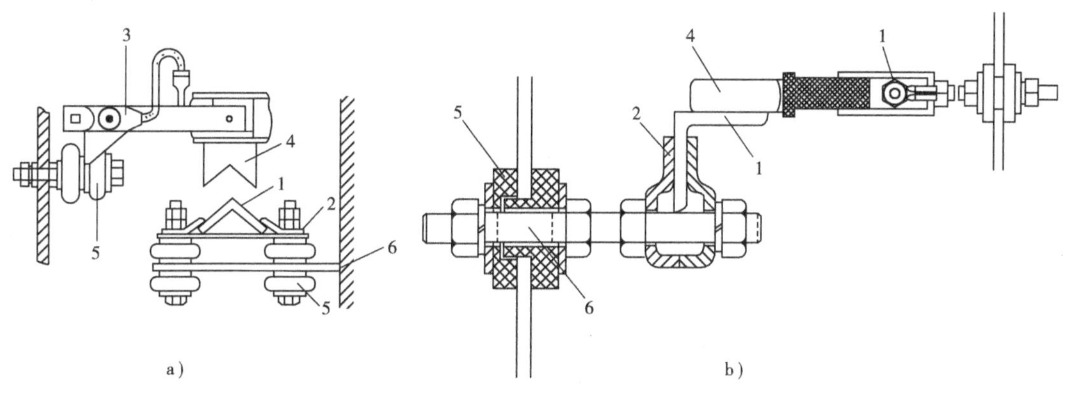

图3-19 硬滑线供电装置

1-角钢;2-夹架;3-受电器;4-铁靴;5-绝缘瓷瓶或绝缘套;6-馈电支架

软滑线供电装置是用裸导线滑线固定悬挂,这时中间部分的滑线由支架通过线夹来固定,中间支架的间距不超过6m,固定悬挂时软滑线用的导电器如图3-20所示。这时滚轮式导电器于滑线的下方通过,导电器借弹簧的作用压向滑线,以保证良好接触。

4. 总受电屏与保护屏

在大型港口起重机械中广泛使用总受电屏和保护屏,对起重机械进行控制和保护。总受电屏和保护屏一般安装在靠近起重机电源滑线侧的桥架内,在司机室和总受电屏可以分别控制起重机的总电源。

1)总受电屏电气原理

总受电屏控制原理见图3-21。主要由总断路器 Q_{00} 和总接触器 KM_0 组成。断路器分断能力强,但电寿命、机械寿命较短,因而仅作隔离开关和断路保护用。一般情况下,分、合总电源都由总接触器 KM_0 完成,总接触器还可以起失电压保护作用,门开关 S_{61}、S_{62} 等串接在线圈回路作安全保护。断路器不允许经常操作,仅在总接触器因某种原因卡住或烧死时,才操作紧急开关 S_{20},使断路器分励脱扣器线圈得电,断开总电源。

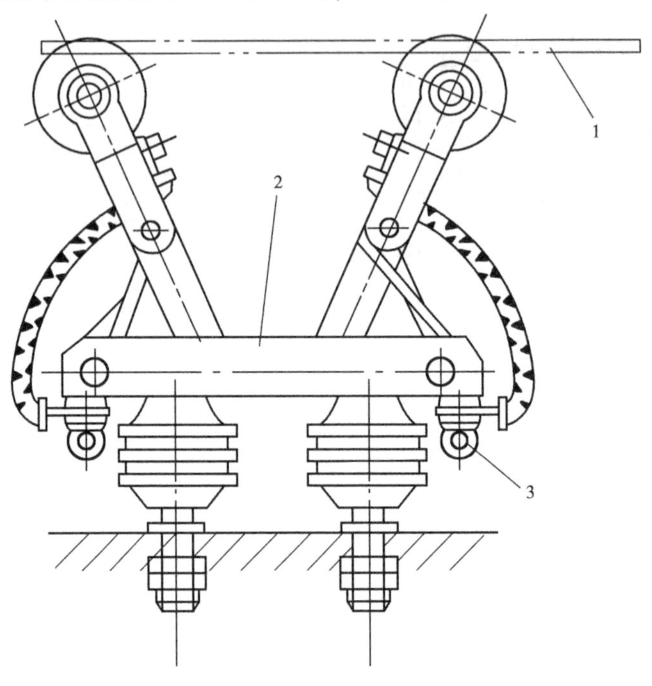

图3-20　软滑线供电装置

1-滑线;2-滚轮集电器;3-电线接头

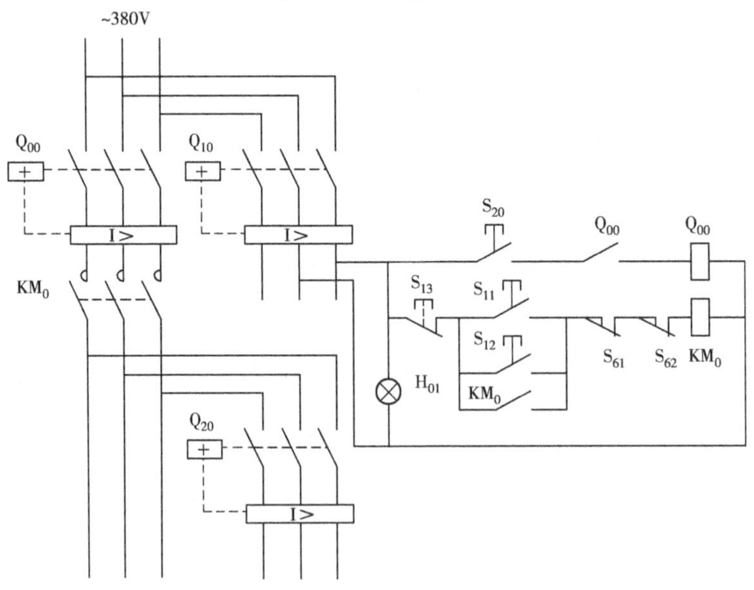

图3-21　总受电屏控制原理图

2)保护箱

用凸轮控制器或主令控制器操纵的桥式或门式起重机,广泛地使用保护箱。保护箱由刀开关、接触器、过电流继电器等组成,用于控制和保护起重机,实现电动机的过载与短路保护,以及失电压、零电压、安全、限位等保护。保护箱主回路电气原理图,见图3-22。QS为总电源开关,非工作时间及检修时作隔离开关用。KM_1为线路接触器,正常工作时用来接通及分断电源,非正常情况下用来紧急切断电源,兼作失电压保护。KI_1为总电流继电器,各机构电动机共用。KI_2、KI_3、KI_4、KI_5等为各机构电动机用过电流继电器,每台电动机有两相电流继电器进行保护。保护箱控制回路电气原理图如图3-23所示。图3-23中HL_{01}为电源接通指示灯,SB_1为紧急开关,作事故情况下紧急停电用和正常情况下分断电源用。按钮SB_2为正常情况下接通电源用。S_{61}、S_{62}、S_{63}为舱口门、横梁门、栏杆门安全开关,任何一个门打开时起重机均不能工作。当某个机构电动机过载或短路时,过电流继电器动作KI_1、KI_2、KI_3、KI_4、KI_5,其触点之一使线路接触器KM_1线圈断电,从而切断电源。SA_1、SA_2、SA_3分别大车、小车、起升机构的控制器,只有当各控制器处于零位时,才能接通KM_1实现了零位保护。$1SQ_1$、$1SQ_2$、$2SQ_1$、$2SQ_2$、$3SQ_1$分别为大车、小车、起升机构行程限位开关,$12S_1$、$12S_2$分别为大车向前、向后接通开关,$10S_1$、$10S_2$分别为小车向左、右接通开关,$05S_1$为起升机构上升接通开关,当机构向前(或上升)方向运行时,则与此方向相应的限位开关和控制器辅助触头接入线路,而向后(或下降)方向运行的控制器辅助触头断开。当机构运行至某个方向的极限位置时,相应的限位开关断开而使线路接触器分断,整个起重机停止工作。此后,必须将全部控制器置于零位重新送电后,机构才可以向另一方向运行。

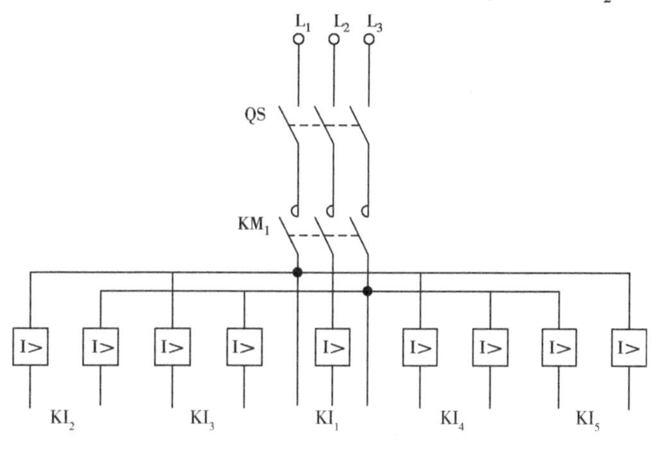

图3-22 保护屏箱主回路原理图

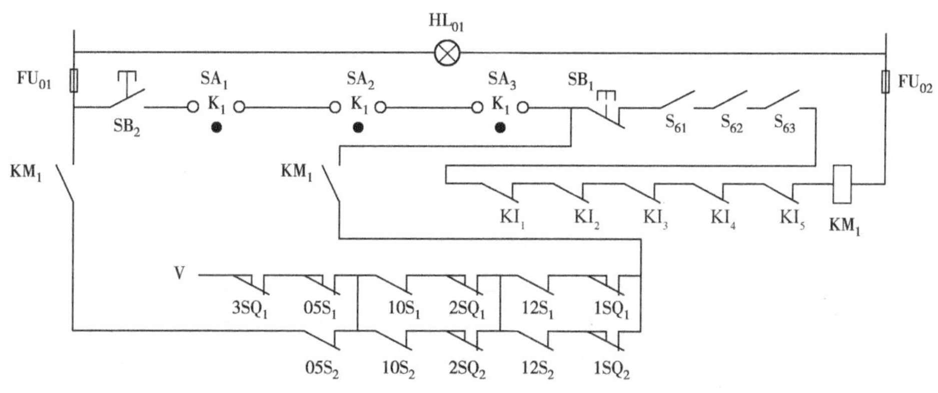

图3-23 保护箱控制回路电气原理图

总受电屏与保护箱相比,具有供电电流大,可达 1200A,有直流、交流两种;采用断路器,分断能力大,短路保护能力强。但价格较贵,用在凸轮控制的机构时还要另增设过电流继电器。

(三)平移机构的控制电路

本课题以 PQR(XQR)系列产品为例,分别介绍平移机构、起升机构和抓斗控制屏的工作原理。PQR(XQR)系列起重机交流控制屏与主令控制器相配合,用于控制起重机各机构的绕线转子电动机的起动、制动、调速和换向。

PQR(XQR)系列产品型号的含义:

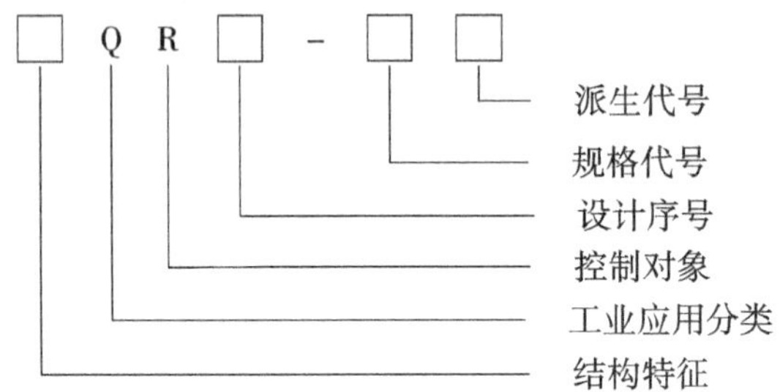

结构特征——P 表示屏,X 表示箱。

工业应用分类——Q 表示起重机用。

控制对象——R 表示绕线转子异步电动机。

设计序号——1 表示单电动机驱动的运行机构;2 表示单电动机驱动的起升机构;3 表示双电动机驱动的运行机构;4 表示双电动机驱动的起升机构;5 表示四电动机驱动的运行机构;6 表示用于抓斗开闭和升降机构。

规格代号——以被控电动机允许定子电流的安培数表示。

派生代号——S 表示带延时继电器的过渡型产品;ZS 表示控制回路为直流 220V 的过渡型产品;TS 表示制动器为电磁铁的过渡产品;ZTS 表示控制回路为 220V、制动器为直流电磁铁的过渡产品。

图 3-24 为 PQR1 系列平移控制屏典型电路原理图。

1. 主电路

QS_1 电源隔离开关,KI_1 和 KI_2 为过流继电器,KM_1、KM_2 为主接触器,控制电动机 M 的正反向运转。Y 为液压推力制动器的油泵电动机,R_S 为绕线电动机转子中串接四段起动电阻,另有一段电阻为软化电阻。

2. 控制电路

主令控制器 SA 具有左右各 3 个挡位,包括 0 位共 7 个挡位。

置 SA 于 0 挡位,中间继电器 KA_1 得电,其常开触头闭合自保并使控制部分获电;当 SA 置于左"1"挡时 K_3 触头闭合,KM_2 得电,电动机 M 转子接入全部电阻起动,同时制动器 Y 得电松闸;SA 在左"2"挡时,K_4 触头闭合,KM_3 的线圈获得电压而吸合,短接第一段电阻,电动机 M 得到第一次加速,同时 KM_3 的常开触头闭合为 KM_4 得电作准备;SA 置于左"3"挡位时,K_5 触头又闭合,KM_4 得电,短接第二段电阻,电动机 M 继续加速;KM_4 的常闭触头断开,使时间继电器 KT_1 失电,经过 KT_1 整定时间延时结束后,KT_1 的延时闭合常闭触头合上,KM_5 得电,短接第三段电阻，加速电动机运行；KM_5的常闭触头断开使KT_2失电，经过KT_2整定时间延时结束后，KT_2的延时闭合常闭触头合上，KM_6得电，短接第四段电阻，电动机全速运行。

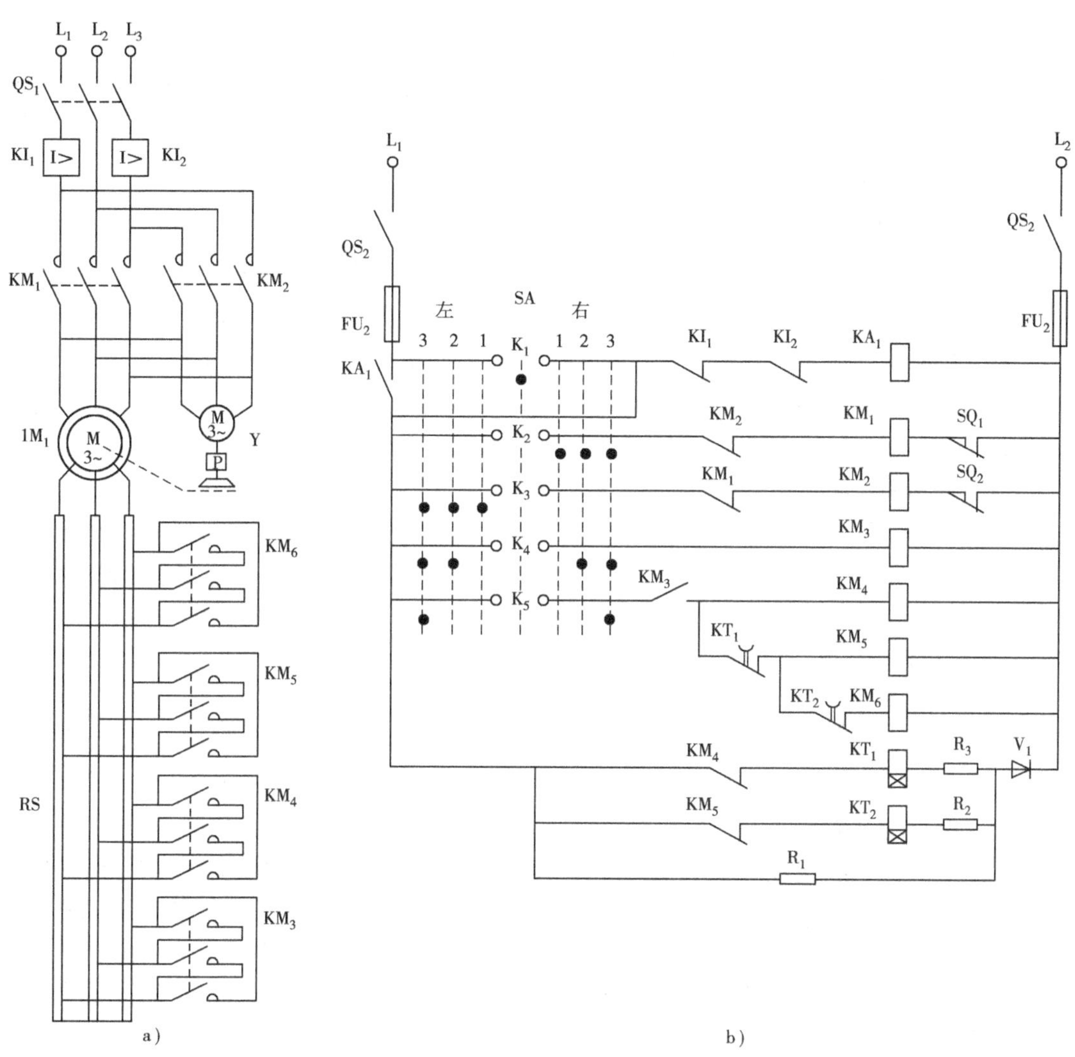

图 3-24 PQR1 系列平移控制屏典型电路原理图

a）主电路；b）控制电路

SA 在右边的各挡位时，K_2触头闭合，使KM_1得电，电动机 M 获得反序三相电压而反向运行。其余的工作过程与左挡位相同。由上述分析可知，起动电阻的第一、二段的短接完全由操作者来控制，第三、四段电阻由时间继电器按时间原则自动短接。

KT_1、KT_2为直流时间继电器，故使用了V_1二极管作整流用，R_2、R_3为降压电阻，由于KT_1、KT_2获得是半波直流，在V_1不导通时，R_1为KT_1和KT_2线圈提供放电回路，以提高时间继电器的稳定性。

3. 保护措施

（1）SQ_1、SQ_2分别是机构两极限位置的限位开关，作限位保护。

(2)主接触器 KM_1、KM_2之间有电气联锁,主令控制器 SA 具有机械联锁保护作用。

(3)中间继电器 KA_1与 SA 的 K_1触头形成零位保护,避免起动电阻在没有完全接入的情况下起动电动机。

(4)KI_1、KI_2作过流保护,FU_2作短路保护。

PQR3 系列的平移控制屏典型电路与 PQR1 系列不同之处是双电动机驱动,其余工作原则相同。

(四)起升机构的控制电路

PQR2 系列起升机构控制屏的典型电气原理图如图 3-25 所示。这种起升机构的控制屏可根据负载的情况用单相制动、回馈制动和倒拉反接制动控制下降速度。

1. 主电路

在主电路中,电动机 M 的转子中有四级起动电阻分别用加速接触器 KM_4、KM_5、KM_6、KM_7来短接,一级软化电阻常接在转子回路中以改善电动机的机械特性。KM_1、KM_2为正反向主接触器,KM_3为制动接触器,KM_8是控制制动器电磁抱闸的接触器。

2. 控制电路

控制电路中的主要电器有:SA 为主令控制器,有上升与下降各 3 挡位,KT_1为换相直流时间继电器。KT_2为电路实现完善功能而设的直流时间继电器,KT_3 ~ KT_5为直流时间继电器用于控制短接起动电阻的加速接触器的动作。V_1、V_2整流元件,为时间继电器提供电源,R_1 ~ R_5为限流电阻,R_6为可变电阻,是稳定工作而设定的。

1)起升过程

将主令控制器 SA 拨至零位,K_1闭合,继电器 KA_1得电,完成零位保护功能,K_5闭合不起作用。

(1)SA 的手柄推至上升"1"挡时,K_3、K_4、K_5、K_8、K_{11}接通,K_3的接通将下降的限位开关 SQ_2短接,保留上升限位开关 SQ_1,使其起限位保护作用。K_4、K_{11}的接通,先后使上升接触器 KM_1和制动器控制接触器 KM_8得电,KM_1的常闭触头断开,使 KT_3失电,经过延时后,KT_3延时闭合触头与触头 K_8,使 KM_4得电,将制动电阻短接,电动机 M 转子绕组中串入全部电阻起动,同时电磁抱闸也松闸。KM_4的常开触头闭合,为 KM_5的接通做好准备,K_5的闭合仍不起作用。

(2)SA 手柄推至上升"2"挡时,K_9又闭合,使 KM_5线圈得电,短接第一段起动电阻,电动机得到第一次加速。KM_5的常闭触头断开使 KT_4失电,KT_4断电延时开始。

(3)SA 手柄推至于上升"3"挡时,K_{10}也闭合,此时如果 KT_4的整定时间到,其延时闭合的常闭触头接通,则 KM_6线圈得电,短接第二段起动电阻,M 进一步加速。若 KT_4的整定时间未到,即使 K_{10}接通 KM_6也不能将第二段电阻短接。就是说从第一挡位转到第二挡位时,第二段电阻的短接的最短时间取决于 KT_4的整定时间,而最长时间取决于 SA 的操作使触头 K_{10}的闭合时间。随后,KM_6的常闭触头断开使 KT_5失电,经过 KT_5整定延时结束后,KM_7吸合将最后一段电阻短接,仅留下软化电阻,电动机全速运行。

2)下降过程

(1)下降"1"挡位是专门用于重载下降时用,这时电动机将处于倒拉反接制动状态,为

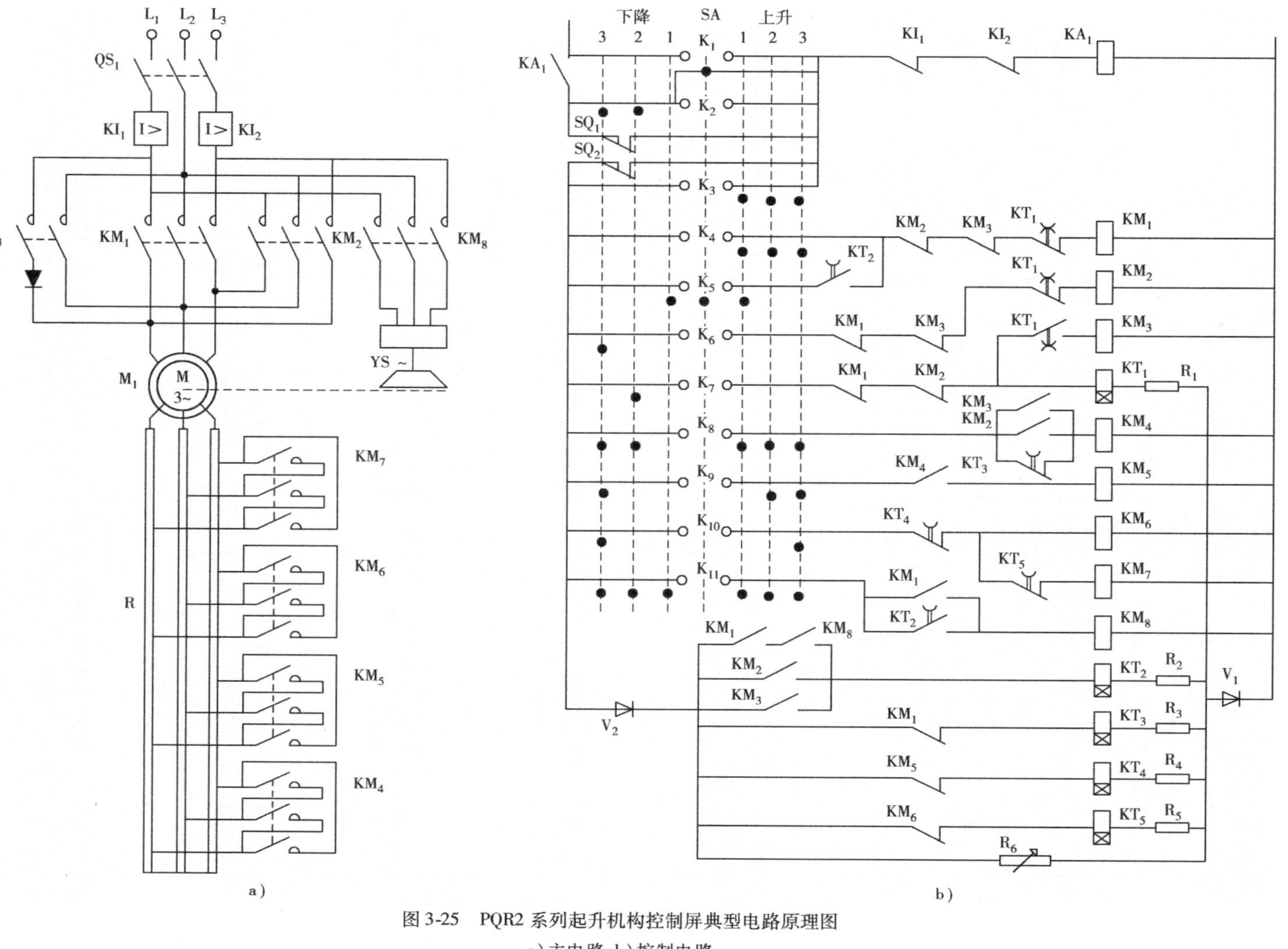

图 3-25 PQR2 系列起升机构控制屏典型电路原理图

a）主电路；b）控制电路

了防止轻载回升的现象出现，在电路上作了这样的安排，只有 SA 手柄从下降“2”挡（单相制动状态）和“3”挡（强力下降、回馈制动状态）返回“1”挡时，才能工作。因此，SA 手柄从“0”挡位推至下降“1”挡位时，由于 KT_2 的延时断开常开触头不闭合，整个电路不工作。

（2）SA 手柄推至下降“2”挡时，K_2、K_7、K_8、K_{11} 闭合，K_2 闭合把上升限位开关 SQ_1 短接，下降限位开关 SQ_2 串入电路中，KT_1 得电经延时后，KM_3 得电，给电动机 M 定子绕组加入单相电源，同时 KM_3 的常开触头闭合使 KT_2 得电，KT_2 的延时断开常开触头闭合，KM_8 得电制动器松闸，电动机处于能耗制动状态慢速下降。如果发现负载下降速度太快，立刻将 SA 手柄反推至下降“1”挡位，此时 SA 只有 K_5、K_{11} 闭合，由于 KT_2 原来在下降“2”挡位是接电的，虽然现在 KM_3 失电了，但 KT_2 的两个延时断开的常开触头保证了 KM_1 和 KM_8，在 K_5、K_{11} 闭合时能得到电压，这时电动机转子中将全部电阻包括制动电阻串入，处于倒拉反接制动状态，电动机产生的电磁力矩小于重力负载力矩，重物慢速下降。KM_1、KM_8 得电后，其常开触头的闭合又使 KT_2 产重新获得电压，保证 KT_2 的延时断开的常开触头闭合。这是一个连环互锁过程。

（3）SA 手柄推至下降“3”挡时，K_6、K_8、K_9、K_{10}、K_{11} 闭合，KM_2 得电，接着 KM_4、KM_5 也依次得电，先后短接两段电阻，因为 KT_2 原来是得电的，此时其延时断开常开触头仍是闭合，所以 KM_8 仍使电制动器松闸，电动机 M 获得电压，产生的电磁力矩与负载下降力矩方向相同。KM_2 的常开触头闭合，使 KT_2 重新获得电压，保证在下降期间，KM_8 的线圈始终有电，制动器始终处于松闸状态。

若是空钩或轻负载时，电动机就一直处于这种强力下降状态。若较重负载，由于重力负载力矩的作用，使电动机的转速超过同步转速，而使电动机进入回馈制动状态。

3）时间继电器 KT2 的作用

（1）SA 只有从单相制动、回馈制动返回第一挡位时才能接通倒拉反接制动电路，避免了轻载情况下采用反接制动的回升现象。

（2）控制单相制动和回馈制动（强力下降）制动器 Y 的电源，实现制动与电动机运行的同步；第三，当 SA 回零位时，由于 K_1 和 K_5 均闭合，K_5 与 KT_2 延时打开常开触头相配合，仍使 KM_1 短时间保持电源，从而电动机还具有向起升方向的转矩。这样不管在上升过程中停止或下降过程中停止，使制动器 Y 有充分的时间抱闸，防止重物下滑或溜钩。

3. 保护电路

（1）除了过流保护、限位保护、电气互锁、零位保护外，控制电路中用 KT_1 的常开延时触头串在单相制动接触器 KM_3 线圈回路中，用 KT_1 的常闭延时触头与正反向接触器 KM_1、KM_2 线圈串接，保证了 SA 的手柄从零挡位快速推向下降“3”挡位或由下降“3”挡位返回零挡位时，使 KM_3 不能得电，排除了单相制动接触器的关合干扰，防止相间短路。

（2）上升接触器 KM_1 的常开触头串接于制动接触器 KM_8 线圈回路，KM_2、KM_3 常开触头串接于 KT_2 线圈回路，而 KT_2 的常开触头又串接于制动接触器 KM_8 线圈回路，使得 KM_1、KM_2、KM_3 先得电后，KM_8 才得电，制动器才松闸，避免了先松闸现象发生。

通过上述分析可知，PQR2 系列起升机构控制屏在电路原理的设计上比较完善也很巧妙，保护环节考虑得很全面，是具有特色的典型电路。

（五）抓斗的电气控制

抓斗的提升和下降都是双机驱动。使用抓斗时，根据抓斗钢丝绳的连接，支持抓斗重量的钢丝绳称支持绳,开闭斗口的钢丝绳称闭合绳。如图 3-26 所示,*B* 卷筒卷绕的绳称支持绳,*A* 卷筒卷绕的绳称闭合绳。抓斗攫取货物向上卷绕 *A* 绳,同时斗身随之下沉才能抓得更满,这就必须同时将控制 *B* 绳的电动机松闸。在 *A* 绳下放,开口吐货的同时,*B* 绳电动机非但不能松闸,而且要紧紧制动,将斗身固悬于空中,否则将一起下落,造成事故。

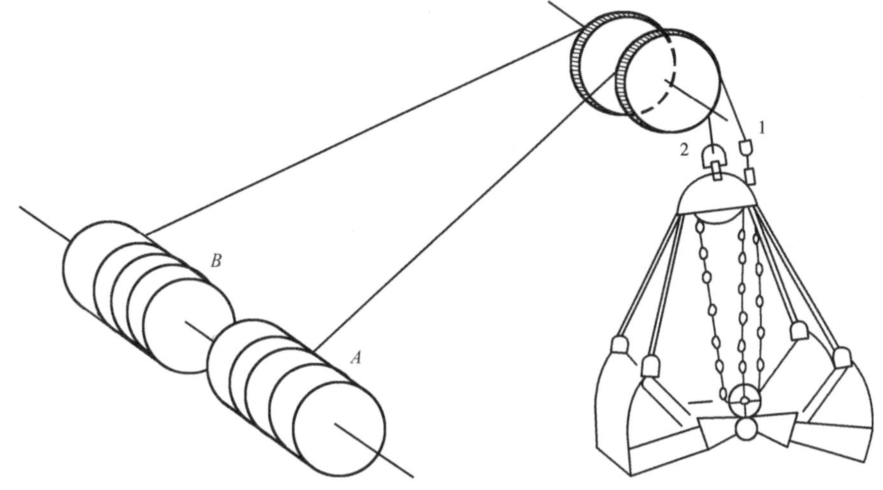

图 3-26 抓斗开闭示意图

1-抓斗闭合绳;2-抓斗支持绳

图 3-27 为 PQR6 系列抓斗控制屏典型电路原理。

1. 主电路

$1KM_1$、$1KM_2$、$2KM_1$、$2KM_2$分别是两台电动机 M_1和 M_2的正反向主接触器,两台电动机分别驱动两台卷扬机,两台卷扬机分别作为支持绳和闭合绳的驱动。Y_1、Y_2为两制动器,电动机的转子中串接三段起动电阻和一段软化电阻 RQ_1和 RQ_2。$1KI_1$、$1KI_2$、$2KI_1$、$2KI_2$为过流继电器。QS_1、QS_2为电源隔离开关。

2. 控制电路

PQR6 系列抓斗控制屏的两个主令控制器 SA_1、SA_2仅有三个挡位(包括零挡位)和三组触头,分别控制两电动机的运行。SA_1、SA_2都在零位时,中间继电器 KA_1得电吸合,其常开触头闭合电气自锁。SA_1的手柄推到上升挡时,其 K_2触头闭合,$1KM_1$线圈吸合,电动机 M_1串接全部起动电阻开始起动,同时电动液压推动制动器的油泵电动机 Y_1得电器松闸。$1KM_1$的吸合,其常闭触头断开,使 $1KT_1$失电并开始延时,经过 $1KT_1$的整定延时后,其延时闭合常闭触头闭合,加速接触器 $1KM_3$线圈得电,短接第一段电阻,电动机第一次加速;$1KM_3$的一个常闭触头断开使得 $1KT_2$失电,经过一个 $1KT_2$的整定延时后,其延时闭合常闭触头闭合,加速接触器 $1KM_4$线圈得电,短接第二段电阻,电动机又一次加速;就这样 $1KM_4$的吸合又使 $1KT_3$失电,经过延时后,$1KM_5$得电全部短接起动电阻,完成了自动短接起动电阻的过程。

用 SA_2来控制电动机 M_2的过程与 SA_1控制 M_1一样。所有时间继电器均为直流继电器,故用二极管 V_1作整流,R_1 ~ R_6为限流电阻。电阻 R_7的用途是:V_1在截止期间为时间继电器提供放电回路,使时间继电器线圈中产生的磁通和吸力波动减少。

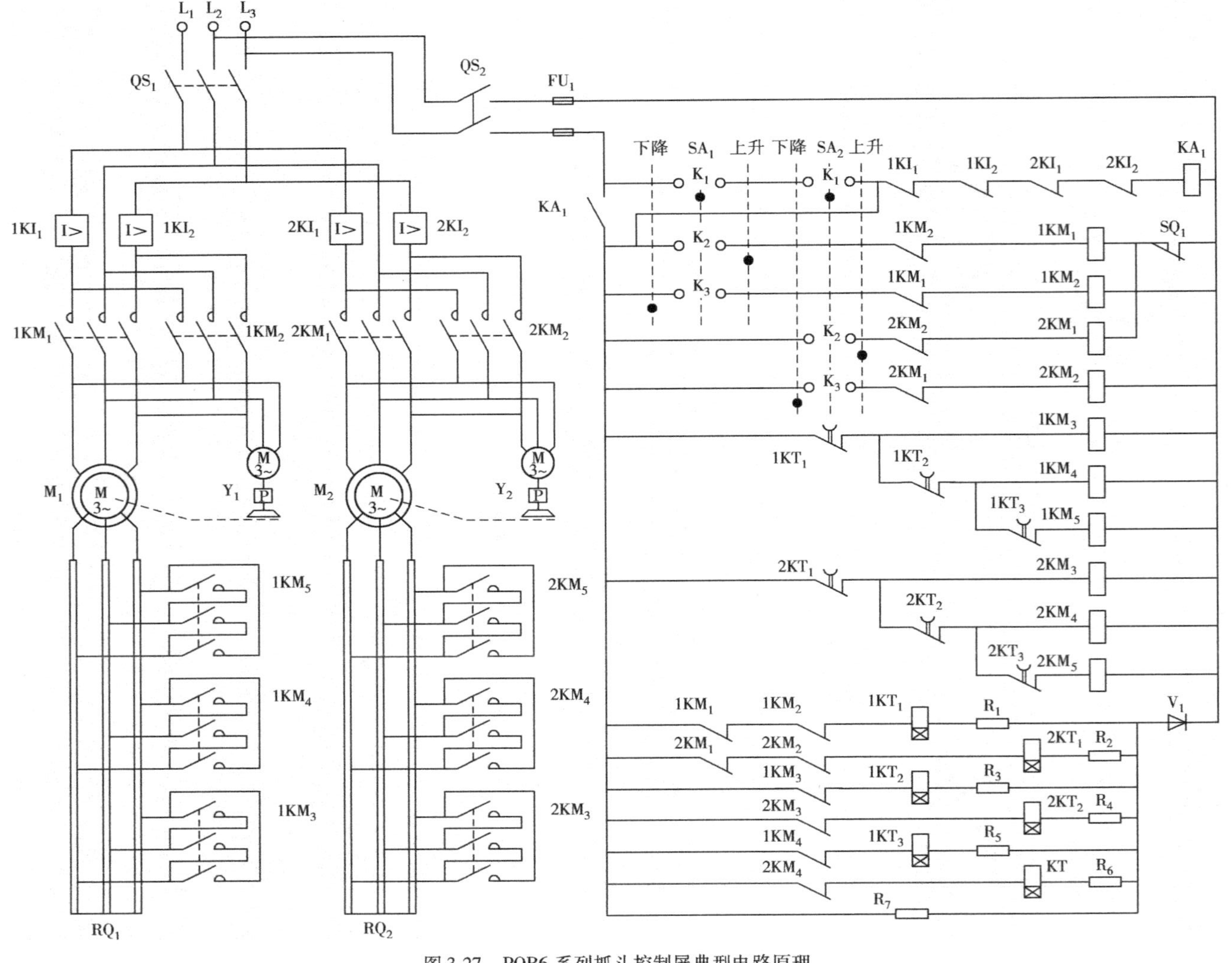

图 3-27　PQR6 系列抓斗控制屏典型电路原理

从上述分析可知,起动电阻的短接是完全由时间继电器按时间原则来自动进行的。由于两台电动机分别由两个主令控制器来控制,在抓斗的开闭过程中,支持绳和闭合绳之间的协调动作就由操作者来完成,在电路原理上没有考虑抓斗操作的特殊性。后面的章节中会讲到如何从电路电气原理上保证抓斗的开闭过程中支持绳与闭合绳协调动作,提高抓斗的满载率。

3. 保护措施

在 PQR6 系列抓斗控制屏典型电路中,保护措施是常见的由过流继电器组成的过流保护,SQ_1构成的上升限位保护,SA_1的K_1、SA_2的K_1与KA_1组成的零位保护,正反转接触器间的电气与机械联锁。

(六)起重电磁铁的电气控制电路

起重电磁铁用于搬运铁、钢等铁磁性物件,能省去吊挂钩工序,减轻劳动强度,提高装卸效率,降低运输成本和便于实现遥控,还可以与称重装置相配合,实现称重自动化,提高生产效率。

1. 起重电磁铁的控制电路的功能

起重电磁铁的控制电路应具有三方面的功能:

(1)给电磁铁线圈正常供电使其吸重;

(2)断电后电磁铁被放电电阻短接,控制其产生的过电压,并使过电压限制在 1000V 以下;

(3)当电磁铁释放重物时,反向供电于电磁铁使其消磁,以达到尽快释放重物提高劳动生产率的目的。

与控制电路功能对应的电磁铁起重过程分:吸重、续流放电、去磁三个过程。

2. 控制电路原理

起重电磁铁是由单独的控制屏来控制的,图 3-28 为 MW1 系列圆形电磁铁用的控制屏控制原理图。

控制屏由刀开关 QS、熔断器FU_1、FU_2、吸重接触器KM_1、消磁接触器KM_2、放电电阻R_1、R_2、消磁电阻R_3、R_4、经济电阻R_5、主令开关 SA 等组成。YA 为起重电磁铁的线圈,电路的工作包括吸重、续流放电及去磁三个过程,具体工作过程如下:

1)吸重过程

先合上刀开关 QS,闭合主令开关 SA,则吸重接触器KM_1得电吸合,电磁铁 YA 的得到供电,即可吸住铁磁性重物。

2)续流放电过程

当电磁铁断电时,其线圈一端会

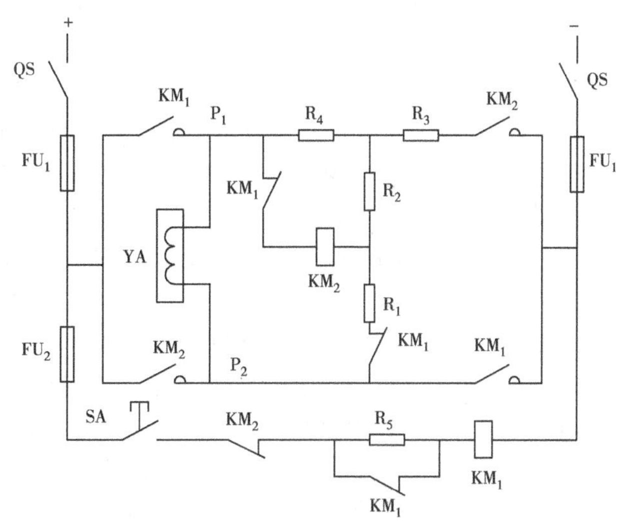

图 3-28　MW1 系列起重电磁铁控制屏电气原理

产生一个较高的自感电动势，线圈承受过电压而容易击穿，为了防止过电压的有害影响，在电磁铁 YA 线圈两端并联一个由电阻 R_1、R_2、R_4组成的续电电路，其工作过程为：断开主令开关 SA，吸重接触器 KM_1断电释放，电磁铁释放重物，线圈经续流回路 YA→P_2→KM_1常闭触头→R_1→R_2→R_4→P_1→YA 而自动放电，从而使线圈产生的过高电压得到抑制。

3）去磁过程

当电磁铁在断电后，由于剩磁的作用，还会有部分被吸物不能脱落，为了使残留的被吸物迅速可靠地脱落，就需要在电磁铁的线圈两端中加一个反方向低电压产生去磁电流，其去磁过程如下：在续流放电过程中，放电电流在 R_2与 R_4上所产生的电压降方向一致，故并联于这两个电阻两端的消磁接触器 KM_2，因获得 R_2、R_4上的两个叠加电压而吸合，使电磁铁线圈 YA 通过了一个反方向的电流，使电磁铁很快退磁，从而清除了残留在电磁铁上的被吸物。这时去磁电流使电阻 R4 上的电压降反向，使 R_2、R_4两个电阻上的电压降的方向变成相反，接触器 KM_2放线圈上所加的电压很快下降，当反向去磁电流达到要求数值时，加在 KM_2线圈两端的电压低于 KM_2的释放电压值时，消磁接触器自动释放，去磁过程终止，整个工作过程结束。

上述续流放电与去磁过程实际上是一个连续的过程。当断开主令开关 SA 时，电磁铁即自动放电，并进行反向去磁。消磁接触器 KM_2的释放时间由电磁铁的消磁电流自动控制，该电路能根据被吸物的大小自动控制电磁铁的去磁时间。

带强励磁的起重电磁铁控制原理见图 3-29，其特点是采用强励磁（290V）来克服气隙磁阻的影响，有利于吸料，然后再弱励磁（220V）保持，不仅降低了电力消耗，而且使吸吊量增加，一般能提高装卸效率 10% ~15%。

其控制原理：励磁时，合上空气开关 QS，闭合主令开关 SA，励磁直流接触器 KM_1和强励磁交流接触器 KM_3得电，将整流变压器 TR 的副边输出较高电压，由三相桥式全波整流器 U_1获得 290V 对起重电磁铁 YA 实现强励。与此同时，时间继电器 KT 线圈也得电，经一段延时 Δt 后，Δt 为控制强励磁的持续时间。它的延时闭合的常开触头闭合，使中间继电器 KA 得电，常闭触头打开，强励磁交流接触器 KM_3失电，其常开触头闭合，使维持励磁交流接触器 KM_4得电，将变压器 TR 副边以较低电压送入整流器 U_1，输出 220V 的维持励磁电压，供给 YA。

去磁时，将 SA 打开，励磁直流接触器 KM_1断电，时间继电器　KT、中间继电器 KA 和维持励磁的交流接触器 KM_4也先后失电，电磁铁线圈 YA 断电，其自感电势沿放电电阻 R_1→R_2→R_3放电，由于 R_2和 R_3上所产生的电压降方向一致，使并联在此一端的去磁直流接触器 KM_2的线圈吸会，它的常开辅助触头闭合使维持励磁交流接触器 KM_4也得电，从而使电磁铁线圈 YA 获得了一个反方向的电流，得到去磁。此时由于放电电阻 R_3上的电压反向而使 KM_2线圈两端的电压降低，当降到其释放值时，将 KM_2和 KM_4都断电，从而 YA 停止了工作。

电压表 V 用来测量电磁铁的励磁电压，励磁电流由电流表 A 通过分流器来指示，并用过电流继电器 KI 作过电流保护。C_1、R_4为磁路的过压保护。FU_1、FU_2分别为整流器 U_1交流侧和控制回路的短路保护。整流器 U_1为励磁直流接触器 KM_1提供直流励磁电流。

为防止电网突然停电而造成人身和设备事故，有的电磁铁还具有停电保磁系统，可借助备用电源在设定的时间内保持被吸物不致掉落，并可控制打开卷扬机制动器，将被吸物安全放下,保证安全。

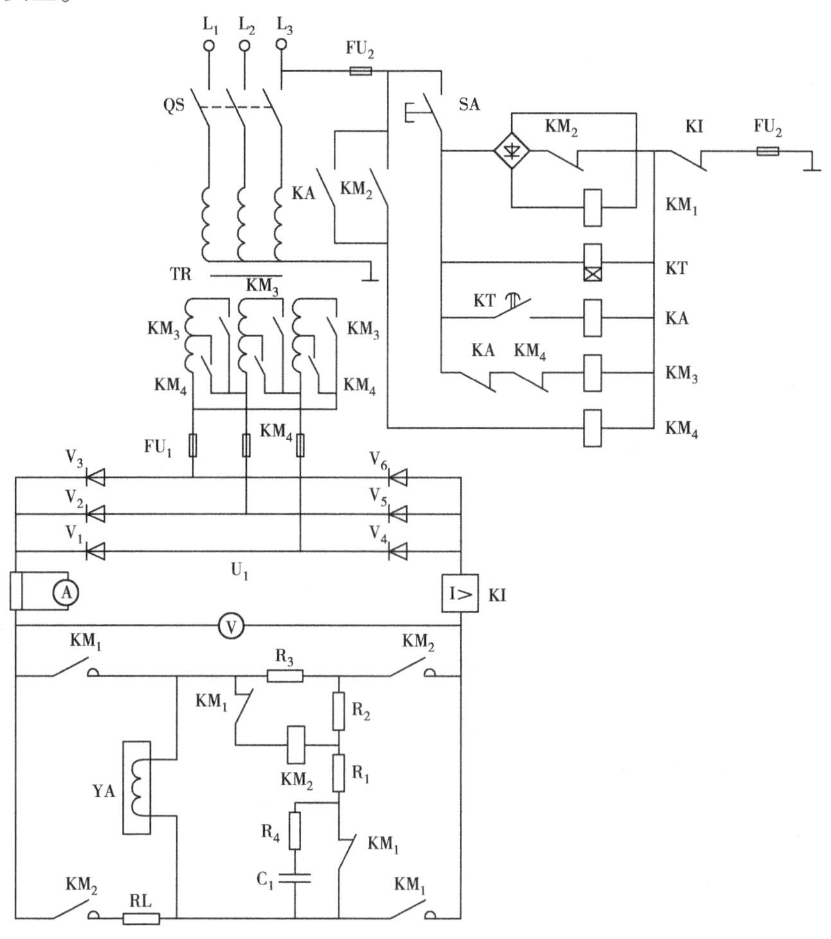

图 3-29 带强励磁的起重电磁铁控制电路

课题三 桥式起重机电气设备与控制

知识点

1. 桥式起重机大车、小车和副钩电气控制原理;
2. 桥式起重机主钩电气控制原理;
3. 桥式起重机电气保护措施。

技能点

1. 读懂桥式起重机电气原理图;
2. 会凸轮控制器电气控制的接线。

一、课题引入

桥式起重机主要用于码头、矿山、船厂、室外堆场,其大车行走沿着铺设在地面上的轨道作纵向移动的。也有沿着架设在室内墙上的轨道作纵向移动的,主要用于室内车间及库场、工地船坞、水坝等处。

二、课题分析

港口常用的桥式起重机虽然电气控制系统简单,但作为用常规电气控制的起重机,采用了凸轮控制器控制为主的形式,通过本课题的学习,进一步掌握凸轮控制器使用方法与特点。

三、相关知识

(一)概述

桥式起重机的主要工作机构是大车行走、小车行走、起升机构三部分。港口常用的桥式起重机都是大车沿着铺设在地面上轨道行走的桥式起重机,其跨距比较大,一般在40m以上。两支承腿一个与主梁做成刚性连接,俗称"刚性腿";另一个与主梁铰接,俗称"柔性腿"。铰接以适应大跨距因温度变化而产生的跨桥金属结构的变形。为提高装卸效率,小车行走速度很高,有的可达150~250m/min,为减少小车高速行走时的冲击作用,小车装在有弹簧缓冲装置的走轮上,而且大多数走轮都是驱动轮,以增大附着力,保证加速和制动时工作可靠。为增大工作范围,除两支承腿之外,都有较长的悬臂伸出,一般在10m以上。外形结构示意如图3-30所示。本模块以20/5t交流桥式起重机为例,说明桥式起重机电气电路工作原理。20/5t交流桥式起重机有吊重20t的主钩和5t的副钩,其电气控制部分除了采用一般凸轮控制控制外,在主钩部分采用了由主令控制器操纵继电器-接触器系统。图3-31为20/5t交流桥式起重机电气原理图。

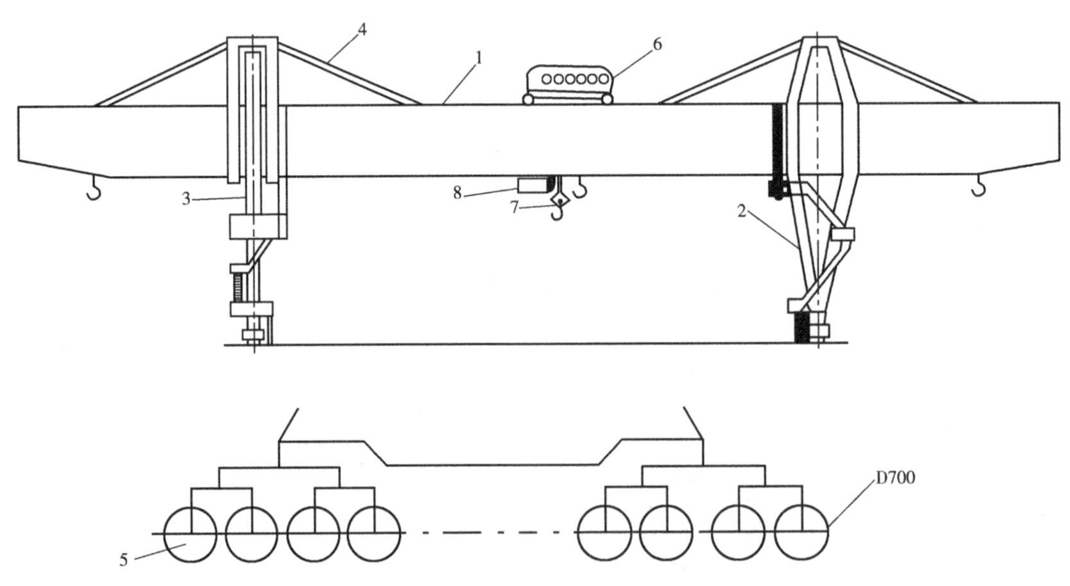

图3-30　桥式起重机外形结构图

1-主梁;2-刚性腿;3-柔性腿;4-拉杆;5-大车行走轮;6-小车;7-吊钩;8-司机室

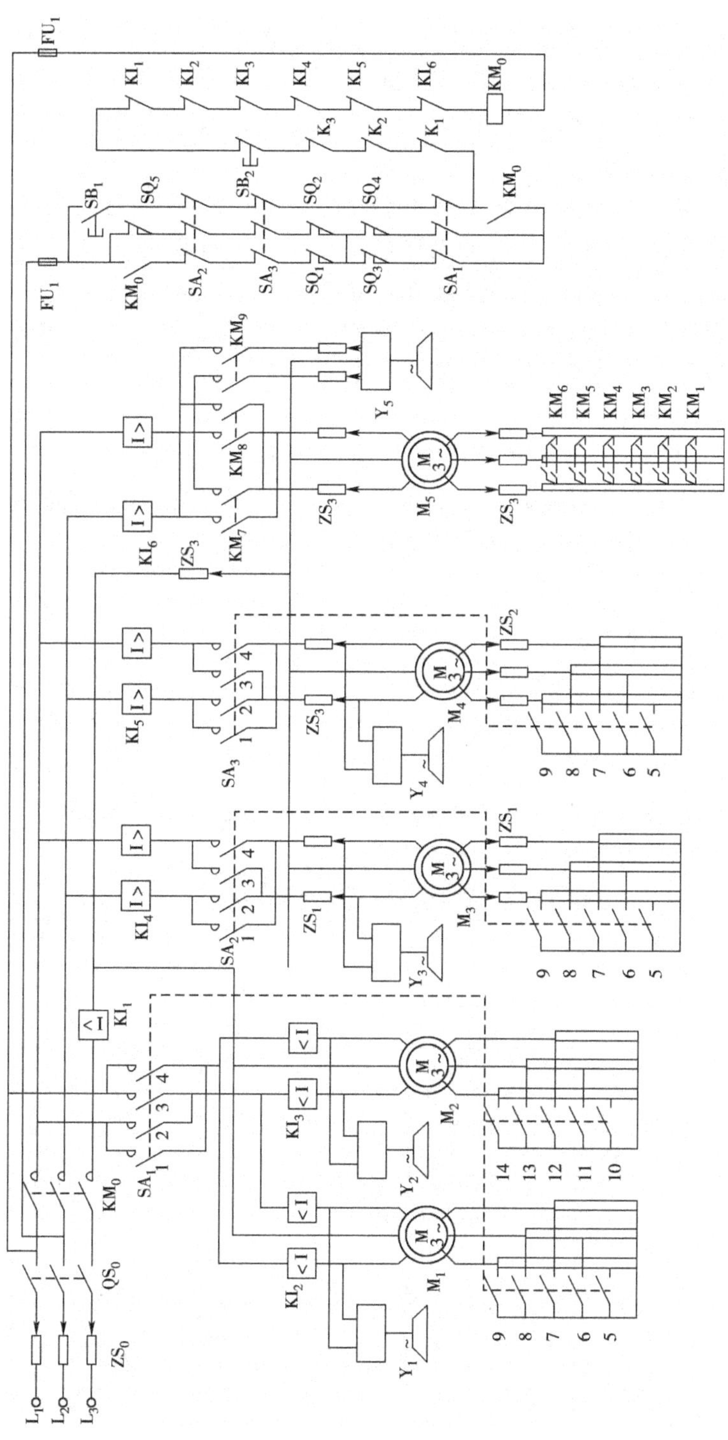

图 3-31 20/5t 桥式起重机电气原理图

(二)桥式起重机主电路

20/5t 桥式起重机整个电气线路分为四个部分,分别以主钩、副钩、大车和小车驱动电动机为中心的控制电路,M_1、M_2为大车电动机,M_3为小车电动机,M_4为 5t 副钩电动机,M_5为对 20t 主钩电动机,5 台电动机均为 YZR 系列绕线转子异步电动机,5 台电动机的制动均采用电磁抱闸分别为 $Y_1 \sim Y_5$。大车行走机构采用分别传动方式,即装于桥架两侧的主动轮分别由两台规格相同的电动机拖动。

供给起重机的三相 380V 交流电源,是由滑触受电器 ZS_0由电缆卷筒装置或从车间或库房的行车滑触线引到驾驶室保护控制屏的电源总开关 QS_0、线路接触器 KM_0、整机过电流保护继电器 KI_1和大车、小车、副钩部分的过电流继电器 $KI_2 \sim KI_5$,都是安装在保护控制屏内的。从保护控制屏引到凸轮控制器及引到主钩控制电路去的电源线,只有三相中的两相,另一根直接接到电动机的定子绕组接线端。所有安装在小车上的电动机、制动电磁铁和限位开关都是用滑触线作为导线。

当大车的凸轮控制器 SA_1、小车凸轮控制器 SA_2和副钩凸轮控制器 SA_3都在零位,驾驶室和端梁栏杆的门都关闭,其对应的门开关 K_1、K_2、K_3均闭合,按下 SB_1按钮,线路接触器 KM_0闭合,整机电源供电。紧急情况下按下 SB_2按钮可切断电源。

(三)控制电路分析

1. 大车、小车、副钩的电气控制

20/5t 桥式起重机大车电气制电路如图 3-32 所示。图中,SA_1是型号为 KT14-25J/2 的凸轮控制器,两台驱动电动机 M_1、M_2同时受 SA_1控制,SA_1凸轮控制器的触头关合表见表 3-1,从表中可见,凸轮控制器有 17 个触头,左右(对应提升或向前、下降或向后)各 5 个挡位,包括零位内,共 11 个挡位,其中触头 5、6、7、8、9 分别与 10、11、12、13、14 通断状态一致,分别用于两台电动机转子绕组中起动电阻非对称性短接控制。

KT14-25J/2 凸轮控制器触头关合表 表 3-1

触　头	提升或向前					零　位	下降或向后				
	5	4	3	2	1		1	2	3	4	5
1							×	×	×	×	×
2	×	×	×	×	×						
3							×	×	×	×	×
4	×	×	×	×	×						
5	×	×	×	×				×	×	×	×
6	×	×	×						×	×	×
7	×	×								×	×
8	×										×
9	×										×
10	×	×	×	×				×	×	×	×
11	×	×	×						×	×	×
12	×	×								×	×

续上表

触头	提升或向前					零位	下降或向后				
	5	4	3	2	1		1	2	3	4	5
13	×										×
14	×										×
15						×	×	×	×	×	×
16	×	×	×	×	×	×					
17						×					

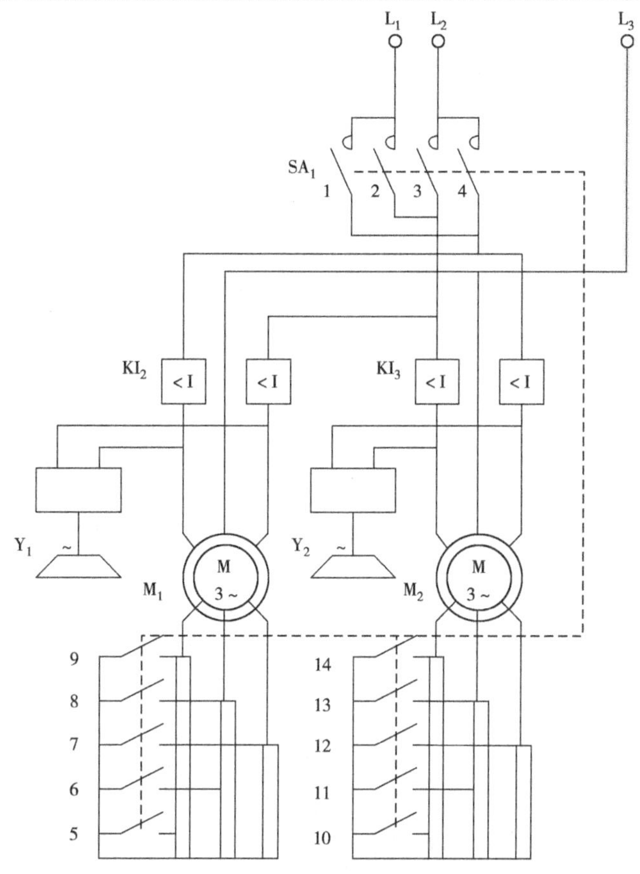

图 3-32　桥式起重机大车电气控制电路

操作凸轮控制器 SA_1 由零位推到向前 1 挡，2、4 号触头接通，电动机 M_1、M_2 接入全电阻起动，同时制动器 Y_1、Y_2 得电松闸；SA_1 推到向前 2 挡时，5、10 号触头通接，短接第一段电阻，电动机加速；SA_1 在向前 3、4、5 挡依次将起动电阻短接，直到电阻全部被短接电动机进入全速运行。

SA_1 置于零位时，2、4 号触头断开，大车电动机停止运行，同时制动器 Y_1、Y_2 失电制动抱闸。

SA_1 被推到向后 1 挡时，1、3 号触头接通，M_1、M_2 得到反相序的三相电压而反转，同时制动器 Y_1、Y_2 得电松闸。其他挡位的运行过程与向前对应挡位相似。

小车与副钩的电气控制中，与大车电气控制不同是都采用 KT14-25J/1 凸轮控制器，其触头的关合表见表 3-2。由于小车在主梁上移动，而副钩和主钩随小车移动，因此用集汇装置 ZS_1、ZS_2 和 ZS_3 来完成小车、主副钩电动机的接电。其他工作原理与大车控制电路原理相同。

KT14-25J/1 凸轮控制器触头关合表 表 3-2

触 头	提升或向前					零 位	下降或向后				
	5	4	3	2	1		1	2	3	4	5
1							×	×	×	×	×
2	×	×	×	×	×						
3							×	×	×	×	×
4	×	×	×	×	×						
5	×	×	×	×				×	×	×	×
6	×	×	×						×	×	×
7	×	×								×	×
8	×										×
9	×										×
10						×	×	×	×	×	×
11	×	×	×	×	×	×					
12						×					

2. 主钩的电气控制

图 3-33 为主钩主电路原理图。主钩的电气控制原理图如图 3-34。主令控制器触头关合表见表 3-3。

主令控制器触头关合表 表 3-3

触头	下 降						零位	上 升					
	5	4	3	2	1	C		1	2	3	4	5	6
1							×						
2	×	×	×										
3				×	×	×		×	×	×	×	×	×
4	×	×	×										
5				×	×	×		×	×	×	×	×	×
6	×	×	×	×	×			×	×	×	×	×	×
7	×	×	×		×	×		×	×	×	×	×	×
8	×	×	×			×			×	×	×	×	×
9	×	×								×	×	×	×
10	×										×	×	×
11	×											×	×
12	×												×

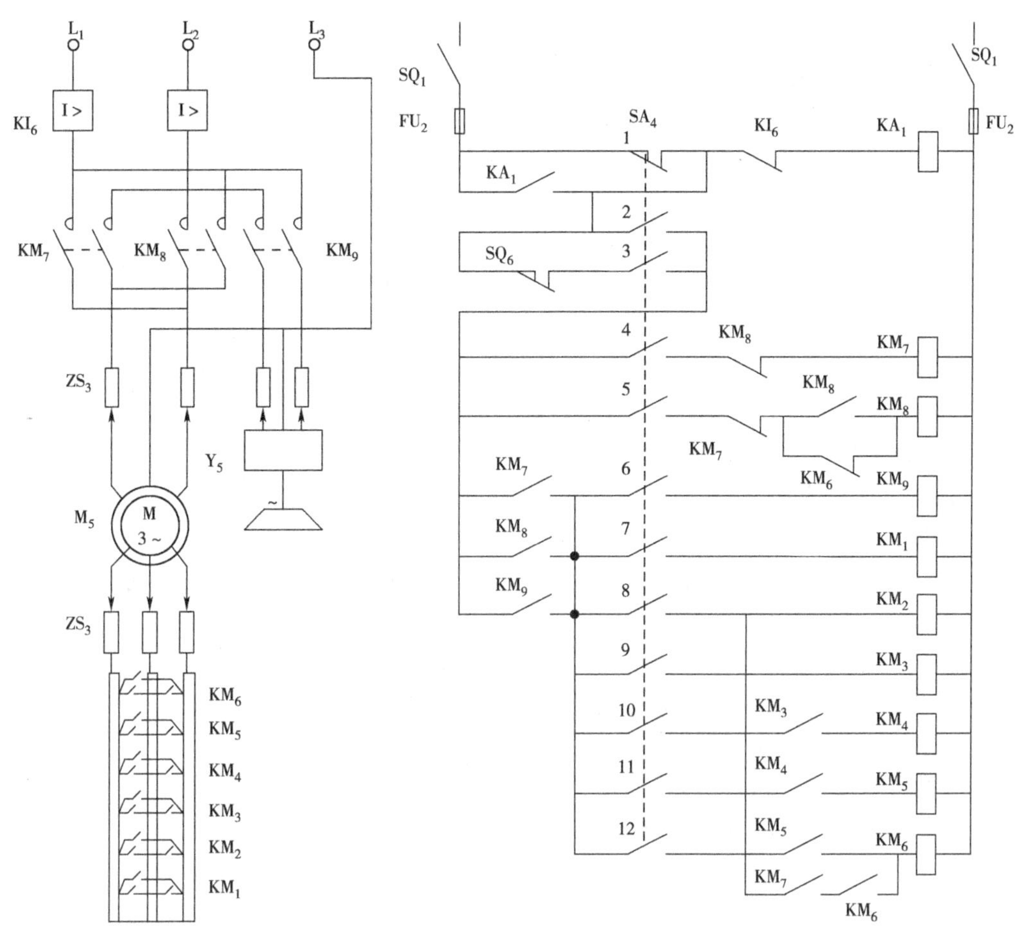

图 3-33 桥式起重机主钩主电路原理图

图 3-34 桥式起重机主钩控制电路

主钩由主令控制器 SA_4控制，SA_4共有 12 个触头，上升与下降各有 6 个工作挡位。

把 SA_4手柄置于“0”位，触头 1 闭合，因过电流继电器 KI_6常闭触头闭合，电压继电器 KA_1通电吸合并自锁，控制回路接通电源，为操作主钩电动机 M_5做好准备。KM_7为下降接触器，KM_8为上升接触器。

1）提升重物时的工作情况

主令控制器 SA_4手柄置于上升侧“1”挡，触头 3、5、6、7 都闭合。触头 3 闭合，将上升限位开关 SQ_6串入电路起上升限位保护作用。触头 5、6 闭合，使上升接触器 KM_8通电吸合并自锁，制动接触器 KM_9也通电吸合并自锁，制动电磁铁 Y_5通电而松开电磁抱闸，上升电动机起动运转。触头 7 闭合，使接触器 KM_1通电吸合，转子切除一段电阻，手柄在“2 ~ 6”的位置，触头 8 ~ 12 依次闭合，相继接通接触器 KM_2 ~ KM_6，依次切除转子外接电阻，使转子回路串入的电阻依次减少，上升速度逐步提高。若重物上升到极限位置，将限位开关 SQ_6压下，接触器 KM_8线圈断电释放，电动机失电，同时接触器 KM_9也断电使电磁制动器抱闸给电动机加上制动力矩，电动机迅速停车。

2）下放重物时的工作情况

（1）制动下降“C”位置。触头 3、5、7、8 闭合，行程开关 SQ_6也闭合，接触器 KM_8、KM_1、

KM_2线圈通电吸合。由于触头 6 断开，故制动接触器 KM_9线圈未通电，制动器的抱闸未松开，尽管上升接触器 KM_8已通电动作，电动机 M_5已得电并产生了提升方向的转矩，但在制动器的抱闸和载重的重力作用下，迫使电动机不能起动旋转。此时转子回路接入 4 段起动电阻，为起动做准备，这一挡仅是下放的准备挡，电动机通电而不能转动，虽转子回路串有电阻，但电动机电流仍很大，故手柄置于这个位置的时间不能太长，以免损坏电动机。

(2)制动下降“1”位置。SA1 的触头 3、5、6、7 闭合，制动接触器 KM_9线圈通电，电磁制动器 Y_5通电，抱闸松开，同时接触器 KM_8、KM_1得电吸合，由于触头 8 断开，接触器 KM_2断电释放，转子回路接入 5 段电阻，使电动机 M_5产生的提升方向的电磁转矩减小，若此时载重足够大，则在负载重力作用下，电动机开始作下降方向运转，电磁转矩成为制动转矩，重负载低速下降。

(3)制动下降“2”位置。SA_1触头 3、5、6 闭合，触头 7 断开，接触器 KM_1断电释放，此时转子回路电阻全部接入，使电动机向提升方向的电磁转矩进一步减小，重负载下降速度比“1”位置时增加。

(4)强力下降“3”位置。触头 2、4、6、7、8 闭合，3 断开，把 SQ_6从控制回路切除，触头 5 断开，上升接触器 KM_8线圈断电释放，触头 4 闭合，下降接触器 KM_7线圈得电吸合，7、 8 触头闭合，接触器 KM_1、KM_2线圈得电吸合，切除两段电阻，制动接触器 KM_9的自锁，保证接触器 KM_8、KM_7切换过程中保持通电松闸，不致产生机械冲击。这时，轻负载在电动机 M_5下降方向的电磁转矩作用下强力下降。

(5)强力下降“4”位置。触头 2、4、6、7、8、9 闭合，接触器 KM_3线圈得电吸合，又切除一段电阻，电动机 M_5下降转速度进一步加快，轻负载加速下降。

(6)强力下降“5”位置。SA1 的触头 2、4、6 ~ 12 触头闭合，使接触器 KM_4、KM_5、KM_6线圈先后得电吸合，它们的常开触头依次闭合，电阻被逐级切除，从而避免过大的冲击电流，电动机 M_5以最高速运转，负载加速下降。在这个位置上，下降较重负载时，负载转矩大于电磁转矩，则转子下降速度大于同步转速，电动机将处于发电状态，使重负载稳速下降。若要获得较低的下降速度，就必须将主令控制器 SA_4手柄拉回下降“3”或“2”挡实现反接制动，但为了避免转换过程中可能发生高速下降情况，电路中将 KM_6、KM_7的常开触头相串联后接在 SA_4的 8 号触头上。

由上述分析可知：在操作时，轻载或空钩应强力下放，不应在下降的“C”挡、“1”挡、“2”挡停留。重负载时应在强力下降“5”挡，使负载平稳下降。

在 KM_8线圈回路中，将其常开触头与 KM_6的常闭触头并联，这样连接的目的是：如果 KM_8先是失电状态，只有当 KM_6先断开后，KM_8才能接通，防止全部电阻被短接的情况下起动电动机。

(四)保护措施

(1)由图 3-32 可见，线路接触器 KM0 使整机的电源接通，起着失电保护作用。

(2)在 KM_0线圈控制回路中，SA_1的 15 ~ 17、SA_2的 10 ~ 12、SA_3的 10 ~ 12 常闭触头分别是大车、小车及副钩的凸轮控制器的零位触头，只有当这三个凸轮控制器都在零位时，才可能使 KM_0得电，允许接通交流电源，起着零位保护，防止 SA_1、SA_2、SA_3在短接部分电阻的位置时，起动电动机。

(3) KI_1是电源电路的过电流保护,KI_4、KI_5、KI_6分别是小车电动机、副钩电动机和主钩电动机的过电流保护,KI_2、KI_3是大车电动机的过电流保护,任何一个过电流继电器动作,都能使接触器 KM_0断电释放。

(4)开关 K_1、K_2、K_3分别为操纵室门、端梁栏杆门上的安全开关,当门打开时,自动切断电源,以防触电。

(5) SB_2是紧急开关,当发生紧急情况时,可以使 KM_0失电而切断总电源。

(6) SQ_1、SQ_2为小车限位开关,SQ_3、SQ_4为大车限位开关,SQ_5为副钩限位开关,这些开关中有一个动作,就会使 KM_0失电,整机断电。要使机构退出极限位置,必须将手柄退至零位,并按下 SB_1可起动接触器 KM_0,并操纵凸轮控制器,使机构反向运动,退出极限位置。

(7) SQ_6为主钩的上升限位开关,串接在主钩上升控制接触器 KM_8的回路中,作限位保护。

(8) FU_1作短路控制回路的保护。

课题四 带式输送机电气设备与控制

知识点

1. 胶带机的电气控制原理;
2. 胶带机保护装置的类型和保护原理。

技能点

根据故障现象,分析跑偏、打滑、撕裂等所产生的原因。

一、课题引入

带式输送机是港口常用的生产机械,在港口输送散货中起着重要作用。为确保带式输送机械正常运行,减少生产损失,在其电气控制电路中采用了多种保护措施,掌握这些保护措施的工作原理是排除故障的关键。

二、课题分析

带式输送机是连续运动的无端输送带输送货物的连续运输机械。用胶带作为输送带的输送机称为胶带输送机,简称胶带机,俗称皮带机。输送带既是承载货物的构件,又是传送牵引力的牵引构件。工作时,电动机通过减速机驱动滚筒转动,依靠驱动滚筒与输送带之间的摩擦力使输送带运动。一台完整的皮带机通常由输送带、支撑托辊、驱动装置、制动装置、张紧装置、改向装置、装载装置、卸载装置、清扫装置、工艺保护装置等组成。

皮带机因速度控制要求不高,所以一般不采用变频调速方式。普通鼠笼电动机起动一般根据供电容量的大小,采用直接起动或自耦变压器降压起动方式。电气保护设短路保护和过流保护两种形式。带式输送机械的电气控制虽然简单,根据其工作运行和结构特点,设置了独特工艺保护装置,如紧停、轻重跑偏、打滑、漏斗堵塞、纵向撕裂等。

三、相关知识

(一)胶带机的驱动装置

通用固定式和功率较小的胶带机,都采用单滚筒驱动,即电动机通过减速器和联轴器带动一个驱动滚筒运转。一般采用封闭式笼形电动机,Y 系列笼形电动机具有体积小、重量轻、性能先进、过载能力强,以及维修方便等特点,它的起动转矩大,起动电流小,对胶带机满载起动工况比较适应。当电动机功率较大时,比如 75kW 以上时,可配以液力耦合器,再通过减速机带动驱动滚筒工作。液力耦合器的使用,大大地改善了电动机的起动性能,对电动机起到了良好的保护作用,同时它的使用可以节约大量的能源消耗,因而在连续运输机械系统中正得到了越来越广泛的应用。

对于长距离胶带机,可采用多点驱动的方式带动多个驱动滚筒工作。所谓多点驱动就是指一台皮带机由多台电动机在不同地点进行驱动。例如,由两台电动机驱动的就称为两点驱动。电动机一般采用绕线型异步电动机,它便于调速,使长距离带式输送机更加平稳起动。一般情况下,为了避免多台电动机同时起动给电网带来的冲击,多采用逐台起动电动机的方式来起动胶带机,当起动结束,胶带机平稳运行时,又可根据实际负荷的大小将其中某些电动机从电网中切除以节约电能。

电动滚筒是把电动机和传动装置放在驱动滚筒内,因而具有结构紧凑、重量轻、便于布置的特点,适用于环境潮湿,有腐蚀性的工况。但是它又具有电动机散热条件不好,检修不方便等缺点,因而电动滚筒的功率一般都不大,大都在 55kW 以下,多用于小型移动式胶带机中。

(二)胶带机的保护装置

胶带机在运行过程中,其工艺保护很重要,因为胶带机的跑偏、打滑、撕裂均能带来生产上的巨大损失,影响作业流程的正常工作。尤其对于长距离的胶带输送机,跑偏、打滑、胶带撕裂是经常出现的故障,应该加以积极地防护。

1. 防跑偏保护

输送带在运转时偏向一边是带式输送机运转中常见的故障。引起输送带跑偏的原因有很多,主要有以下几方面:

(1)支撑托辊或滚筒安装不正;

(2)机架两侧高低不平;

(3)输送带连接不正,输送带边与输送机中心线不平行;

(4)滚筒表面粘有物料,使滚筒直径发生了不规则的变化;

(5)部分托辊转动不灵活造成两边阻力不等;

(6)装载不当,物料过于集中一边。

从上述分析来看,胶带机在工作过程中发生跑偏是不可避免的,问题在于跑偏的程度是否在正常工作的允许范围内,为此在胶带机跑偏工艺保护中,一般采用轻跑偏和重跑偏两种检测形式。首先跑偏开关检测到轻跑偏信号,轻度跑偏只作为报警信号,胶带机可继续工作,工作人员可根据现场具体情况,采取一定的手段,克服胶带的轻跑偏。其次是重跑偏,胶带机发生重跑偏事故是比较严重的，若不及时停车，就有可能造成物料的洒落和胶带的撕裂，因此当跑偏开关检测到重度跑偏信号后，对于胶带机应该立即停车。

由于跑偏开关在使用过程中，一般都要求既能检测到轻度跑偏信号又能检测到重度跑偏信号，因此该类跑偏开关称之为两级跑偏开关。从国内外跑偏开关的形式和结构来看，都差不多，都是通过一定的机械结构作用于微动开关来发信号。

2. 防撕裂保护

当输送带因跑偏其边缘与机架摩擦，或者由于大的金属物与胶带堵卡时均能造成输送带的磨损或扯坏。小范围的撕裂比较容易补救，可以通过硫化或修补方式恢复，影响生产的时间不会太长，经济损失也不会太大。但是如果对于小范围的撕裂不能及时发现而将造成大范围的撕裂，那么对于生产上来讲其经济损失将会是巨大的。因此，作为防撕裂保护的最基本要求就是在发现小范围的胶带撕裂时就能及时检测到并能通过控制电路，对胶带机施行急停保护使经济损失降低到最小限度。

由此可见，最佳的防撕裂保护装置应该是在胶带还未发生撕裂的情况下，就能够提前报警、停机，但是如何才能够正确及时地检测胶带的张力呢？由于检测元件可靠性、造价、安装条件等诸多因素的限制。因此国内外大多数生产厂家普遍生产的防撕裂保护开关还是以机械形式的开关为主。在胶带机支架上垂直于胶带机中心轴线的方向横拉着钢丝绳，当撕裂的胶带撞击到钢丝绳上时，将使钢丝绳带动的微动开关动作以检测胶带撕裂信号。该方式的撕裂保护装置结构简单，动作可靠，应用较为广泛。

3. 防打滑保护

胶带机在工作过程中，如果驱动滚筒与输送带间摩擦力不足以克服运行阻力，则输送带在驱动滚筒上就会出现打滑现象。当出现打滑现象时，将造成胶带上物料的积压，使作业流程中断，事故处理后的胶带清扫量很大，影响再工作的时间。因此，当发现胶带打滑现象时，作业流程应及时响应，立即停车，避免胶带上物料的积压。造成胶带的打滑故障的主要原因有以下几方面：

(1) 输送带初张力不够；

(2) 驱动滚筒表面雨水，油污较多造成输送带与驱动滚筒间摩擦力不够；

(3) 输送带绕过驱动滚筒的包角太小；

(4) 输送机驱动装置润滑保养不够，造成运行阻力较大；

(5) 液力耦合器油量不足。

打滑检测开关有两种形式：一种是电子式，另一种是机械传动式。电子式打滑检测器通常装于非驱动滚筒附近，检测滚筒的转速。它是非直接接触式，因而不存在机械磨损问题，通过光码检测来实现胶带机的转速检测，它具有测量准确、可靠性高、易于安装等优点，但是其造价较高，其应用将越来越广泛。

4. 防料斗堵塞保护

由于连续运输机械流程作业系统在工作时，其生产工艺要求各设备之间根据实际需要相互联锁，其中也包括料斗的堵塞。当料斗因草包、木棒或者存在冰冻物料结块等杂物使漏斗堵塞时，势必造成物料在料斗中的大量积压，使得物料输送中断，给恢复生产带来很大量的清扫工作。因此当料斗中物料的堆积达到一定程度时，物料位置检测开关就要向中控系统发出“料斗堵塞”信号，在料斗中物料还未溢出之前，提前将上游设备紧停。生产调度员可以根据中控系统提供的信号派工作人员前去清理现场，恢复生产。

为防料斗堵塞物料溢出，可采用料位检测开关（如倾斜开关）。当物料到达一定位置，使倾斜开关由竖直方向倾斜到一定角度时，开关内部相应触点被接通，信号发出。

5. 拉线开关

在胶带机运行过程中，当发现胶带机有撕裂、料斗堵塞或其他危及设备人身安全等严重大事故发生时，通过拉动拉线开关可以立即使胶带机停下来，以防止恶性事故的发生或扩大。拉线开关的形式有多种，目前国内外普遍使用的拉线开关多为机械结构作用于微动开关的形式，有自动复位和需人工手动复位两种方式。

由于胶带机大多工作在露天或者粉尘较大的工作环境中，因此它同上述其他开关一样要求防护等级较高。

（三）胶带机的电气控制

1. 主电路及其控制电路

根据胶带机的驱动功率的大小以及供电距离的长短等因素来考虑胶带机的供电电压等级，根据胶带机供电变压器的容量大小，来确定胶带机的起动方式，一般多采用直接起动方式和自耦变压器降压起动方式。

胶带机主电路，一般设在变电站高低压开关柜内。对于低压开关柜，主电路一般有刀开关、低压断路器和低压接触器等元器件组成。对于高压开关柜，主电路有高压断路器或者高压熔断器与高压接触器配合组成。在低压开关柜中，低压断路器常采用塑料壳式断路器如DZX10 型等。当电动机容量较大时，可采用框架式低压断路器如 DW15 型等，在高压开关柜中，断路器多采用真空断路器，工作电源为直流 220V。真空断路器具有结构紧凑、维修量小等特点，因而对于起动不频繁的胶带机的控制是适合的。

但是，真空断路器在分断小电流电路时，有截流现象，会产生过高压，对设备的电气绝缘带来不利影响，而且其操作机构具有断电保持功能，为保证安全生产，还应设计断电分闸电路。真空断路器在合分过程中机械振动较大，因此从发展角度来看采用 SF6 接触器来代替真空断路器是胶带机高压主回路的发展方向，图 3-35 所示为某煤码头胶带机 6kV 电动机主回路电路。

在 JYN2 型高压开关柜手车中，装有 SF6 接触器、高压熔断器、合分闸试验按钮及指示灯等元器件。中间继电器、时间继电器、信号继电器、电流继电器、计量仪表等装在仪表室内或仪表盘上。电流互感器装在开关柜背后互感器室内。

图中 1K、K_1为中控室控制继电器，KM_1为合闸接触器，KM 为 SF_6 接触器，SBC 为手车试验位合闸试车按钮，SQT 为手车试验位限位开关，（手车在试验位时，主回路触点不接通）KS1 为过流跳闸指示信号继电器，KAM 为中间继电器，KT 为时间继电器，KS_2 为零序保护信号继电器，SQW 为手车工作位限位开关，SBO 为手车试验位分闸按钮，SQ 为 SF_6 接触器合闸联动限位开关（合上时，SQ 分断），BM 为阻尼线圈，BA 为合闸线圈，R_V 为压敏电阻。

当开关柜接到中控室合闸命令的瞬间，K_1闭合，1K 动断触点打开，禁止屏上操作 KM_1吸合，KM_1起到信号放大作用，阻尼线圈 BM 被短接，合闸线圈在大电流作用下使 SF_6 接触器电磁机械迅速动作。当合上闸后，SQ 动断触点断开，阻压线圈 BM 串入电路使流过接触器线圈的电流大大减少,以维持 SF_6 接触器吸合。

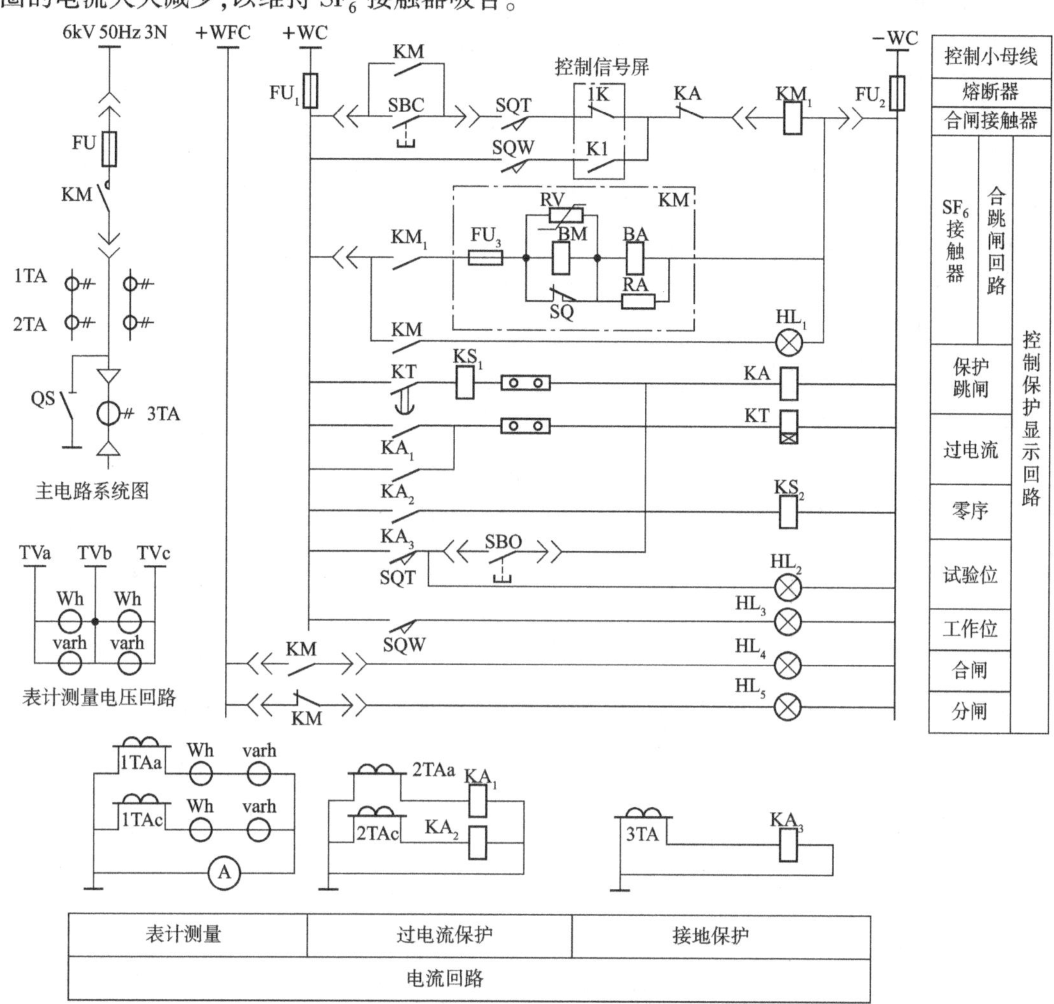

图 3-35 6kW 电动机电气控制回路

当开关柜接到中控分闸命令时,K_1 打开,1K 动断触点仍然打开,KM_1 失电,SF_6 接触器失电,阻尼线圈由于匝数多,将产生高电压,此时由压敏电阻来吸收过高压,合闸线圈 BA 由于匝数相对较少,其感生电流由 R_A 电阻吸收。

电磁式电流继电器 KA_1、KA_2 起到电流保护作用,当检测到过电流信号时,经时间继电器 KT 延时,使得中间继电器 KA 动作,同时,信号继电器 KS_1 掉牌指示,KA 动断触点打开,使得 SF_6 接触器分断。

HL_5 指示灯颜色规定为绿色,HL_4、HL_1 为红色,HL_3、HL_2 为白色。

3TA 为单相对地保护检测互感器,即零序互感器,KA_3 信号继电器作报警指示,在该三相三线供电方式中,零序保护信号只作为报警信号不作为跳闸信号,TV_a、TV_b、TV_c 来自避雷压变柜的电压互感器的二次侧,作为有功、无功电度表的电压信号。对于电流互感器,每只互感器铁芯中有两只线圈,其中一组线圈用于电气保护,另一组用于计量回路。

2. 控制电路

图 3-36 所示为带式输送机双点驱动控制电气原理图。在通常情况下,控制回路电气元

件放在开关柜中，由于开关柜中主回路元件已占用较多空间，将带式输送机的控制回路元件单独集中地放在信号屏中，这样在信号屏中，既有来自中控室的信号，又有来自开关柜和输送机现场的控制信号。

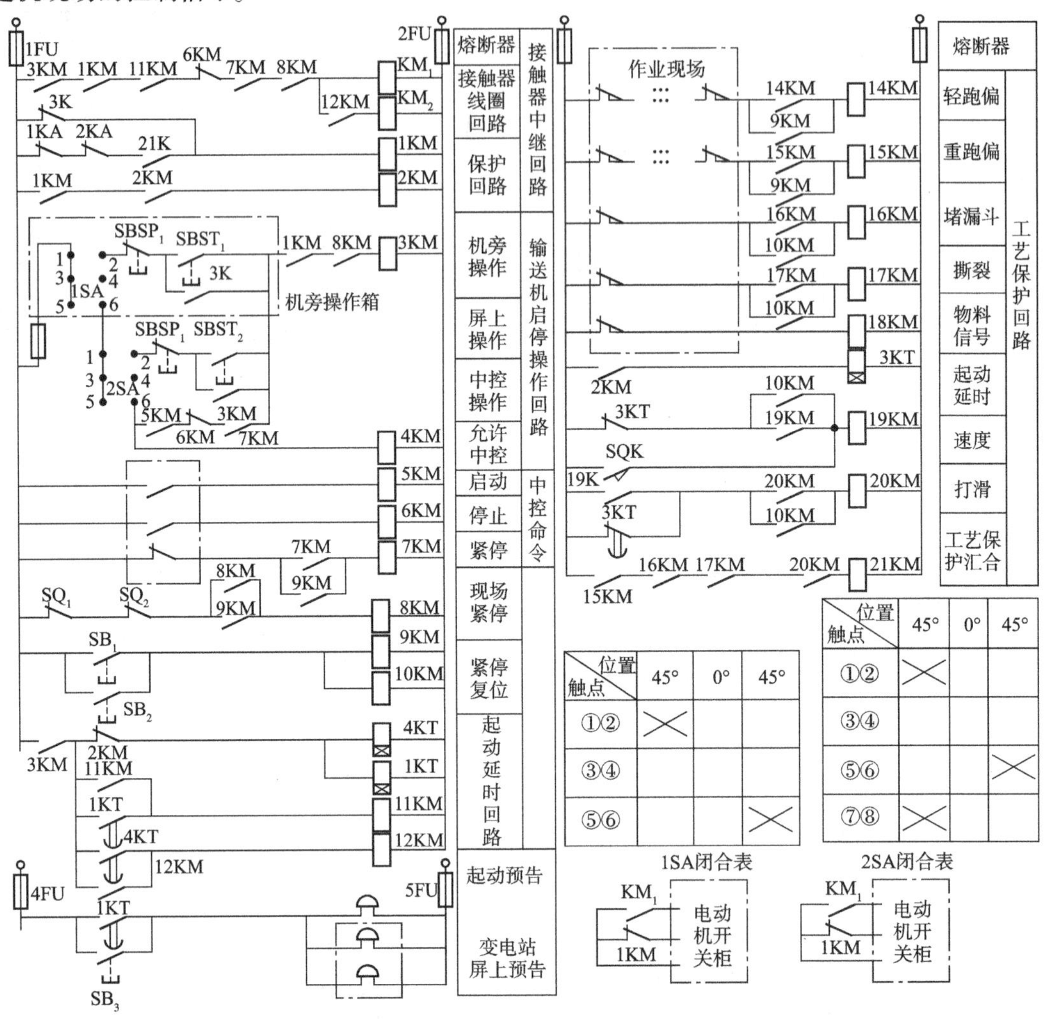

图 3-36 带式输送机双点驱动控制电气原理图

在现场机房，如转运站内，设机旁操作箱，输送机现场工艺保护信号由机旁接入机旁操作箱内，同时在箱内设开、停机按钮和工艺保护动作复位按钮，以及操作转换开关。当转换开关置于“机旁操作”挡位时，变电站、中控室操作无效；当转换开关置于“屏上操作”挡位时，变电所信号屏操作有效。设“机旁操作箱”的目的是为了输送机现场试车方便，同时又将工艺保护信号集中后送入变电站信号屏。

在变电站控制信号屏上设一套开停机按钮、故障复位按钮、起动警铃预告按钮及操作转换开关等。当转换开关置于“屏上操作”时中控室操作被闭锁，当转换开关置于“中控操作”时，中控室操作方为有效。设该转换开关的目的是为了方便变电站设备调试。如图 3-36 所示，5KM、6KM、7KM 由中控室中间继电器控制，中控室负责皮带机起停、急停的中间继电器又被中控室 PLC 和集中操作按钮所控制，正常情况下，当输送机起动时，5KM = 1、6KM = 0、

7KM＝1且4KM＝1，表示所有操作转换开关置于允许中控挡。在现场设备无工艺保护信号即21K＝1，且无机旁紧停信号（即8KM＝1）情况下，3KM＝1，此时起动过程进入皮带机起动预告阶段，时间继电器1KT被接通，使变电站、输送机机旁电铃预警，通知变电站操作人员及现场工作人员注意该输送机即将起动。在1KT被接通的同时4KT也得电延时，首先1KT计时到，使得11KM先吸合，使KMl＝1起动第一台驱动电动机。当4KT＝1，计时到时，12KM＝1，使KM_2＝1起动第二台驱动电动机。当两台电动机均起动成功时，2KM＝1，切断1KT、4KT，使电铃停止预警。此时，起动过程进入电动机起动阶段。在起动阶段，电动机拖动胶带缓慢运动，打滑保护开关的触点SQK是断开的，19KM＝0，但是3KT＝1，其得电延时动合触点闭合使得20KM＝1而吸合。随着起动过程的继续，胶带机带速的不断提高，打滑开关的触点SQK＝1而闭合，19KM＝1从而保证20KM＝1，使打滑开关在胶带机起动过程中，躲过起动阶段而不误发“打滑”信号。

在时间继电器的时间整定上，1KT取10s，3KT取5s，4KT整定时间一般大于1KT的延时时间3～4s。对于信号屏上的胶带机工艺保护信号，该控制电路具有记录功能，只有在该故障解除，再按“故障复位按钮”时，屏上记录工艺保护信号指示灯才能熄灭，这样使值班人员能够迅速查找故障而指挥生产。“机旁紧停”信号严格来讲不属于设备故障，同样信号屏对于该信号具有记忆功能。对于保护信号，在变电站信号屏上、中控室操作台上、模拟屏上，以及管理上位机显示器上均有故障显示记录。

对于胶带机故障，紧停信号中控室管理用上位机均通过PLC采样后能够对上述信号进行实时打印。

课题五 电动轮胎式起重机的电气设备与控制

1. 电动轮胎式起重机的电气控制特点；
2. 电动轮胎式起重机四大机构电气控制与保护原理。

分析复励和串励直流电动机工作原理。

一、课题引入

电动轮胎式起重机的类型很多，如Q161型、GX—67型、QL16A型等，它们的电气设备各不相同。本课题以直流电动机驱动的Q161型全回转动臂式电动轮胎起重机为例，分别介绍其起升、行走、变幅及旋转四大机构直流电动机的控制电路原理。交流异步电动机驱动的轮胎式起重机与课题六中常规电气控制的门机系统相似，本书不作讲述。

二、课题分析

本课题着重学习直流电动机在起重机的运用，分析复励和串励电动机起动、调速和制动特性。

三、相关知识

(一)概述

Q161 型轮胎起重机(图 3-37)是以一台 4135 型 58.8kW 柴油机为原动力,拖动 Z2—19 型 48kW 直流复励发电机发电,再将电能分别供给各机构的电动机。轮胎起重机的各个机构可独立也能联合工作。图 3-38 为 Q161 型电动轮胎起重机电气原理图。

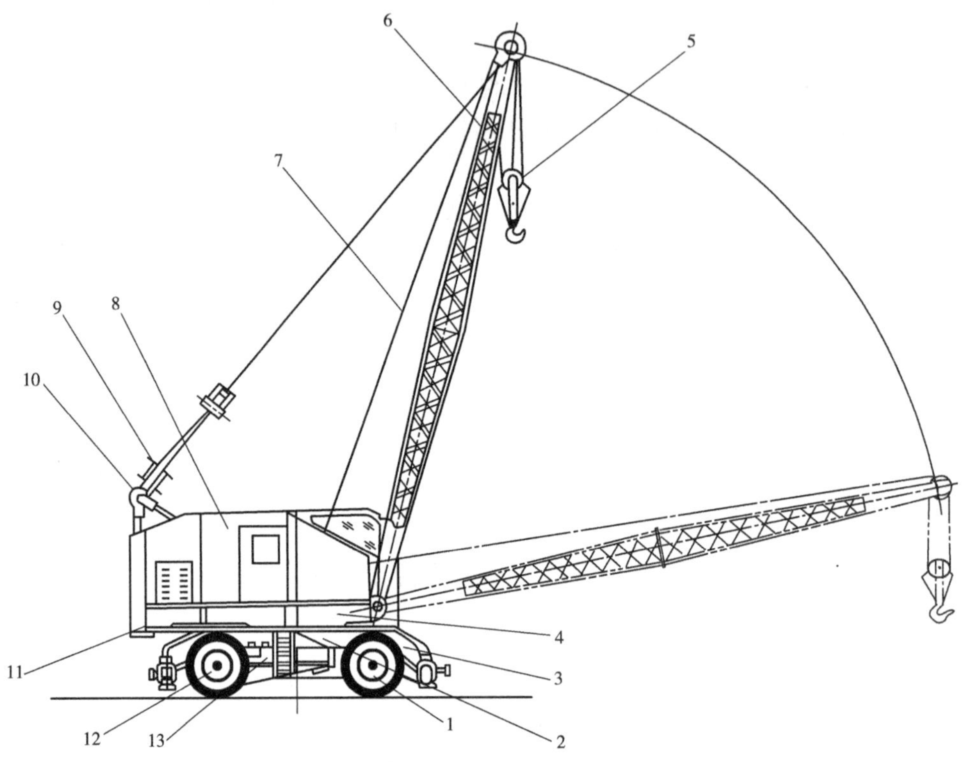

图 3-37 Q161 轮胎起重机外形图

1-前桥;2-旋转机构;3-车架;4-转盘;5-吊钩;6-起重臂;7-起升机构;8-司机室和机器房;9-变幅机构;10-支架;11-配重;12-后桥;13-行走机构

直流复励发电机 G 与柴油机同轴运转,L_1、L_2、L_3 分别是发电机的附加绕组、串励绕组和并励绕组,FU_1 是发电机主回路的熔断器,A 为电流表,V 为电压表,GL 为分流器。直流发电机的输出电压随着柴油机的转速变化而变化,其输出电压最高可达 230V,各机构电动机的起动与调速都是通过改变发电机输出电压来实现。全车的控制线路、照明和信号系统由蓄电池(24V)供电,油位表由蓄电池组抽头 12V 供电。

Q161 轮胎起重机除起升机构采用复励电动机外,其他三大机构都以串励电动机为动力,以充分利用其过载能力及重载低速运行的特点。

以下对起升、行走、变幅和旋转四大机构的工作情况分析。

(二)起升机构的电气控制

Q161 型轮胎起重机起升机构电气原理见图 3-39。起升电动机 M_4 为复励式直流电动机,

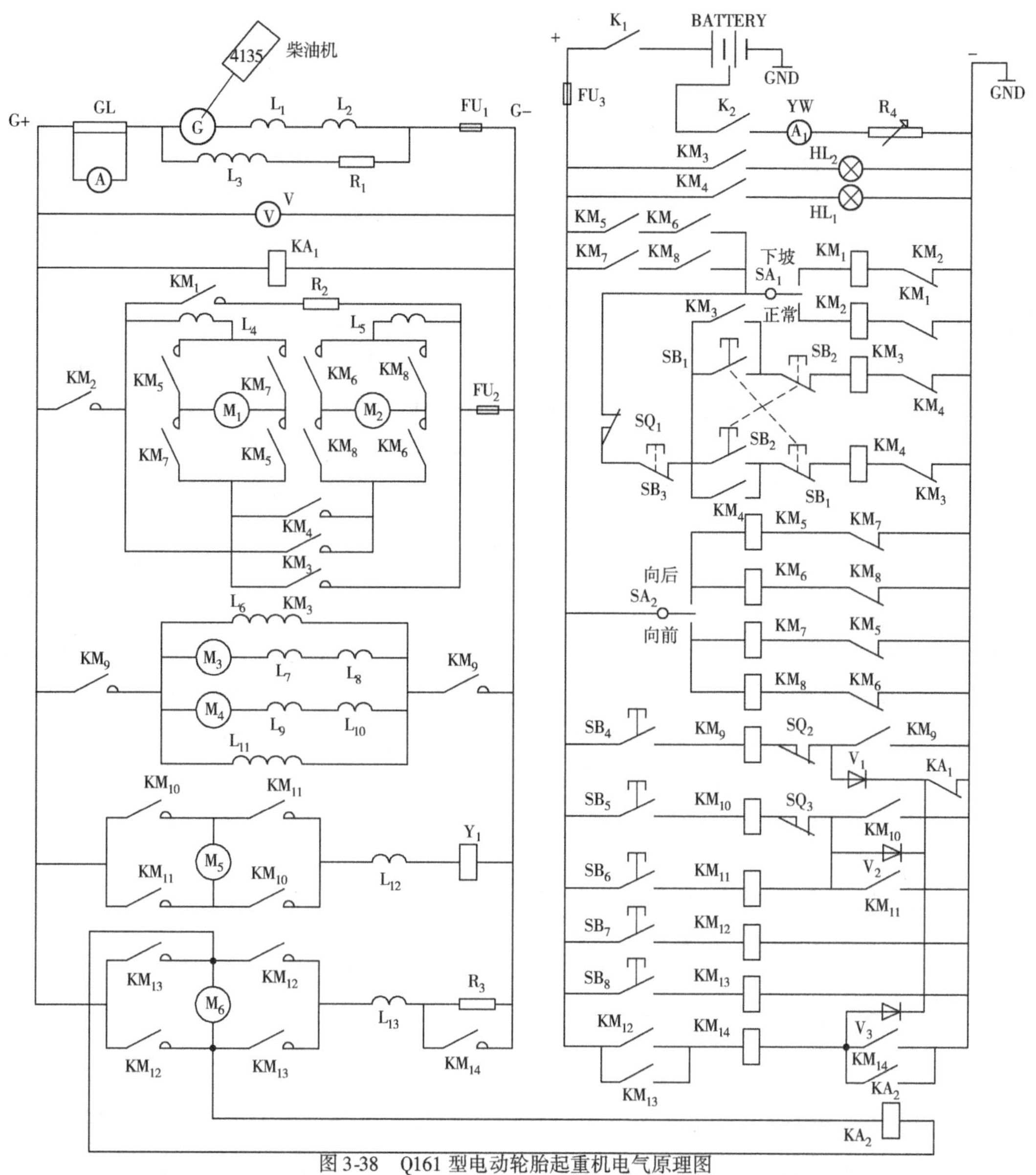

图 3-38 Q161 型电动轮胎起重机电气原理图

G-直流发电机；L_1-直流发电机 G 的附加极绕组；L_2-直流发电机 G 的串励绕组；L_3-直流发电机 G 的并励绕组；R_1-直流发电机 G 的磁场变阻器；FU_1、FU_2-熔断器；A-直流电流表；GL-直流电流表 A 的分流电阻；V-直流电压表；KA_1-直流电压继电器；M_1、M_2-直流串励行走电动机；L_4、L_5-行走电动机的串励绕组；KM_4-两行走电动机的串联接触器；KM_3-两行走电动机的并联接触器；KM_1-下坡能耗制动用接触器；KM_2-线路接触器；R_2-下坡能耗制动电阻；SB_2-两行走电动机串联用按钮（低速按钮）；SB_1-两行走电动机并联用按钮（高速按钮）；SB_3-行走停止按钮；SA_1-行走主令开关；HL_1-两行走电动机串联运行指示灯；HL_2-两行走电动机并联运行指示灯；KM_5、KM_6、KM_7、KM_8-行走机构的前进、后退接触器；M_4-起升直流复励电动机；L_{10}、L_{11}、L_9-分别为起升复励电动机的串、并、附加绕组；M_3-冷却用复励电动机；L_8、L_6、L_7-分别为冷却复励电动机的串、并、附加绕组；KM_9-起升接触器；SB_4-起升主令开关；SQ_2-起升高度限位开关；V_1-硅整流元件；M_5-变幅用直流串励电动机；L_{12}-变幅串励电动机的串励绕组；Y_1-变幅用直流串励制动电磁铁；KM_{10}-上升（减幅）接触器；KM_{11}-下降（增幅）接触器；SB_5、SB_6-吊臂上升、下降按钮；SQ_3-变幅最小幅度限位开关；V_2-硅整流元件；M_6-旋转用直流串励电动机；L_{13}-旋转串励电动机的串励绕组；R_3-旋转电动机起动电阻箱；KM_{12}-左旋接触器；KM_{13}-右旋接触器；SB_7、SB_8-左右旋转按钮；KM_{14}-加速接触器；KA_2-电压继电器；V_3-硅整流元件；K_1-电源开关，即电门锁；K_2-油位表开关；YW-油位表，R_4-油位变阻器。

由接触器 KM_9控制。该电动机只能向起升方向运转，通过离合器带动卷筒提升货物，放开带式离合器，电动机空转，负荷靠自重下降，下降速度由踏板带动制动带调节。

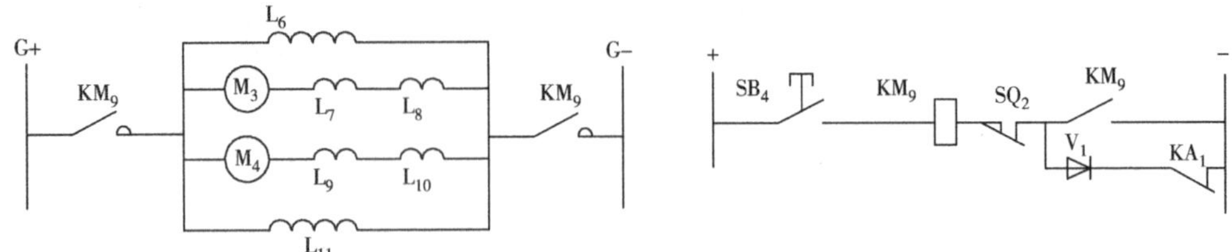

图 3-39　Q161 型轮胎起重机起升机构电气原理图

由电压继电器 KA_1和硅整流元件 V_1组成的电压限制系统，限制起升电动机在 80V 以下才能起动。如发电机在控制起升前输出电压已超过 80V，电压继电器 KA_1动作，切断了 KM_9线圈的电源，这时必须降低柴油机的转速，使发电动输出电压降低到 80V 以下方能平稳起动。起动后 KM_9的辅助触头闭合，与 KA_1常闭触头和整流元件 V_1形成并联分路，发电机输出电压升高，KM_9线圈仍继续吸合。这样安排除使负荷平稳起动外，还保证了重载的慢速提升。如要改变转速，可通过对柴油机油门的调节，从而控制供给起升复励直流电动机的电源电压，可获得无级调速的效果。

起升机构的工作过程：先接通主令开关 SB_4，接触器 KM_9得电，电动机向起升方向运转。再松开外制动带踏板，同时拉紧控制离合器的操作手柄，通过离合器的作用，吊钩及负荷向起升方向运行。制动车时，将外制动带踏板踏下，离合器分离，电动机空转，吊钩及负荷及时制动。下降时将外制动带踏板向上抬起，吊钩及负荷靠自重下降，下降速度由外制动带控制。电动机运转于整个操作过程中。M_3为冷却起升电动机 M_4 而专设的强制冷却风扇电动机，其通电状态与 M_4同步。

起升机构装有两个卷筒，使用吊钩时，只用一个卷筒。使用抓斗时，主卷筒上的钢丝绳接抓斗的开闭绳，副卷筒上的钢丝绳控制斗身，作支持绳。

起升机构的保护措施主要是起升高度限位保护，由限位开关 SQ_2完成。

（三）变幅机构的电气控制

变幅机构用串励电动机 M_5拖动，由 KM_{10}和 KM_{11}两个接触器通过开关 SB_5和 SB_6来控制臂架的动作。制动电磁铁的线圈 Y 与电动机电枢及其激磁绕组串联，吸力随负载的轻重变化。在电动机起动时，起动电流大而使制动器具有吸力大，动作快的特点，电气原理见图 3-40。

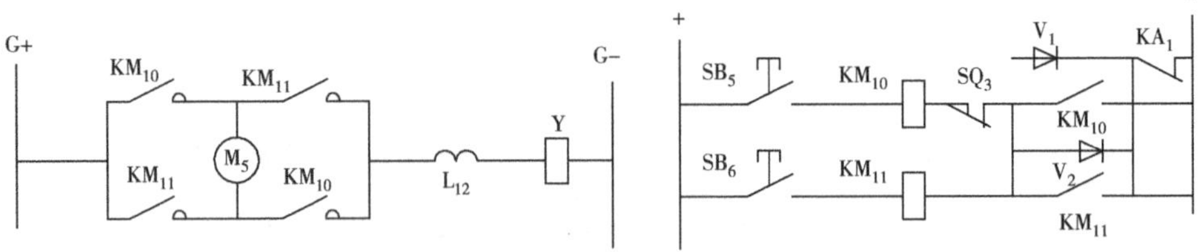

图 3-40　Q161 型轮胎起重机变幅机构电气原理

SB_5和 SB_6两个开关与控制旋转的两个开关 SB_7和 SB_8同由一个手柄操纵，类似于十字开关。其操作方向与变幅、旋转机构相对应，按上、下、左、右 4 个方向控制机构动作。

变幅机构控制线路仍受电压继电器 KA_1 和硅整流元件 V_1 组成的限制电压系统控制，只能在80V以下方能起动。SQ_3 为臂架起升极限限位开关。

（四）旋转机构的电气控制

旋转机构由串励电动机 M_6 拖动。通过开关 SB_7、SB_8 控制左旋、右旋接触器 KM_{12}、KM_{13} 进行操作。电气原理见图3-41。

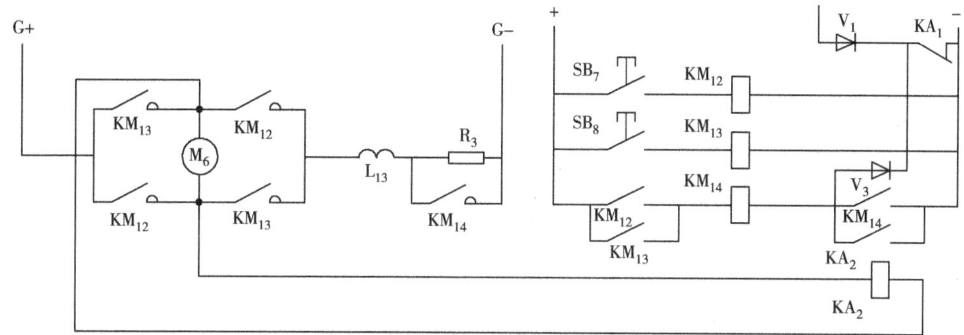

图3-41 Q161型轮胎起重机旋转机构电气原理

该机构控制线路的特点是，电动机 M_6 可在发电机端电压高于或低于80V的条件下起动，而电动机所获得的起动电压仍可控制在80V左右。当发电机端电压低于80V时，继电器 KA_1 不动作，加速接触器 KM_{14} 的线圈通过左或右旋接触器 KM_{12}、KM_{13}、的辅助触头和 KA_1 的常闭触头得电，加速接触器 KM_{14} 动作，其主触头闭合，将电阻 R_3 切除，电动机 M_6 在低压下直接起动。

当发电机电压高于80V时，继电器 KA_1 的常闭触头断开，加速接触器 KM_{14} 不能得电，电动机 M_6 串接电阻 R_3 起动，同样得到低压起动的效果。随着电动机的加速，反电势不断增高，当反电势到达180V时，电压继电器 KA_2 动作，其常开触头闭合，使加速接触器 KM_{14} 线圈得电，其常开触头闭合，切除起动电阻 R_3。

旋转机构也是采用带式制动器控制制动。

（五）行走机构的电气控制

Q161型轮胎式起重机行走机构的设计是比较完善的，但控制比较复杂，其电气原理见图3-42。

行走机构由两台串励电动机 M_1、M_2 分别驱动两个后轮，低速运行时，将两台电动机串联，使每台电动机电枢所承受的电压为电源电压的一半；高速时，将两台电动机并联，提高电动机的供电电压。下坡时采用自励能耗制动限制车速。

主令控制器 SA_1 为正常行走和下坡能耗制动的选择开关。KM_7、KM_8 和 KM_5、KM_6 为向前行走或向后行走的换向接触器。从整个控制电路分析，起重机有五种行驶状态：低速向前或向后行驶；高速向前或向后行驶；长距离下坡行驶。现将向前、向后和能耗制动等控制情况分述如下：

1. 起重机向前、向后低速正常行走

首先将主令开关 SA_1 拨向“正常”行走挡，接触器 KM_2 得电动作，向后行走时将主令控制器 SA_2 拨至“向后”，使 KM_5、KM_6 得电，接通了两行走电动机反转供电回路，为两电动机反向起动做好准备。低速行走应再按下低速按钮 SB_2，低速接触器 KM_4 动作，使两电动机电枢串联得电，电动机驱动整车向后慢速运行。KM_4 的辅助触头接通指示灯 HL_1，表示运行于低速。这时每台电动机只分到电源电压的一半，其主电路见图 3-43。

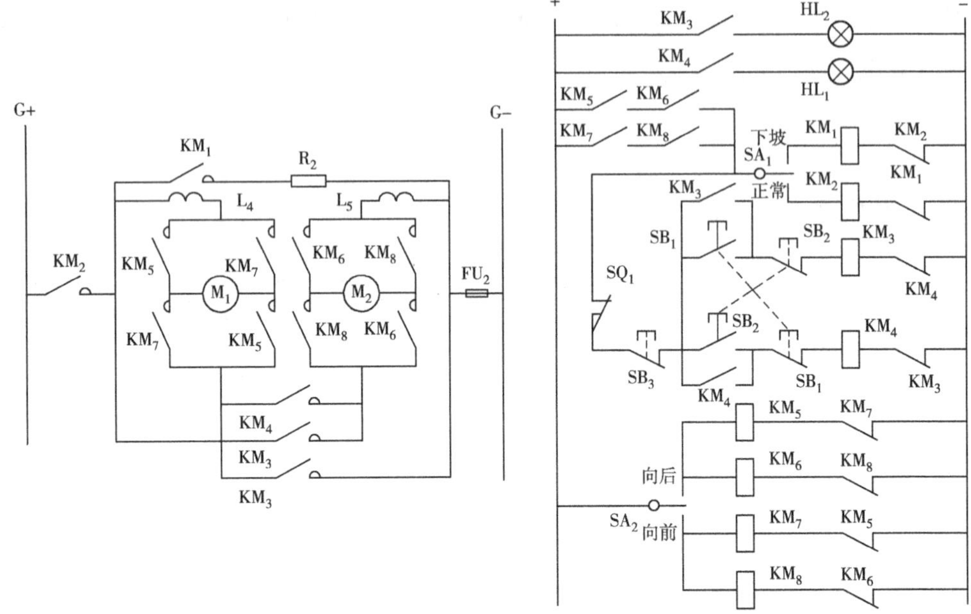

图 3-42　Q161 型轮胎式起重机行走机构电气原理图

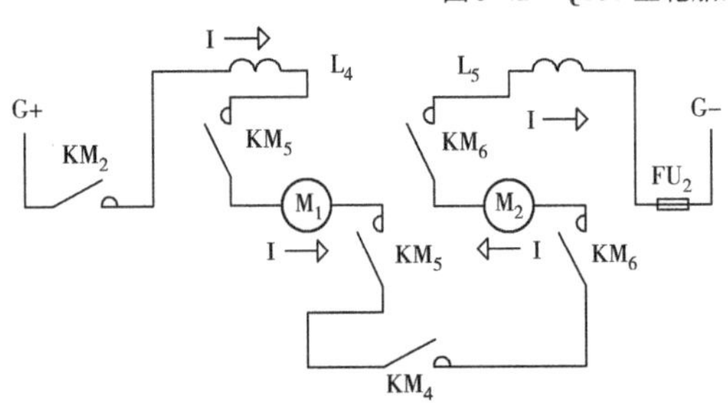

图 3-43　Q161 型轮胎起重机向后低速行走主电路

向前低速行走应将主令控制器 SA_2 拨至"向前"，KM_7、KM_8 的线圈得电，KM_5、KM_6 线圈失电，SA_1 的位置不变，这时两台电动机的电枢电流方向和向后行走时相反，磁场方向不变，电动机反转，起重机反向行走。

2. 向前、向后高速行走

如果需要提高行走速度时，按下停止按钮 SB_3，切断低速接触器 KM_4 线路，使两台串联的电动机分开。再按下高速按钮 SB_1，高速接触器 KM_3 得电吸合，主触头闭合，两台电动机并联，电压比串联时提高了一倍，运行于高速。其主电路见图 3-44。KM_3 的辅助触头接通指示灯 HL_2 的电源，表示高速行走。高速时倒顺车仍由换向接触器 KM_5、KM_6、KM_7、KM_8 来控制。

不论是低速运行，还是高速运行，如需停车，首先按下 SB_3 切电源，再制动停车。

3. 长距离下坡能耗制动行走

长距离下坡时，为了避免制动带的发热和磨损，采取能耗制动限制车速。操作过程是，先将主令开关 SA_1 拨到"下坡"位置，接触器 KM_1 得电动作，主触头闭合。然后将主令控制器 SA_2 拨至"向后"挡，KM_5、KM_6 得电动作，其主触点闭合，按下低速 SB_2 或高速 SB_2 按钮，抬起制动踏板，两电动机都脱离电源，接在能耗制动电阻 R_2 上，靠自重分力向下滑行，带动电枢旋转，使电动机处于自励能耗制动状态，重力势能转成的电能消耗在电阻 R_2 上。其主电路如图 3-45 所示。

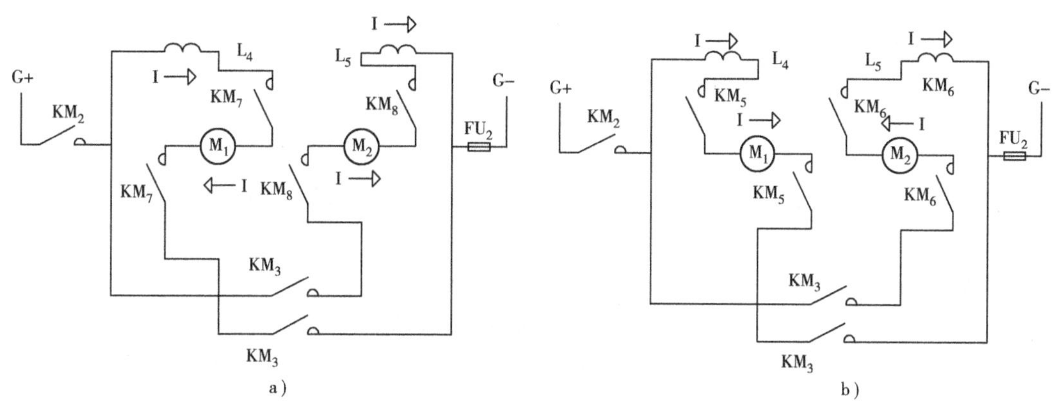

图 3-44 Q161 型轮胎起重机高速行走主电路

a)向前高速行驶；b)向后高速行驶

下坡制动时，为了使电动机处于自励发电状态，而获得制动力矩，这就必须保持电动机磁场方向不变，应将主令控制器 SA_2 手柄拨到“向后”位置，将 KM_5、KM_6 接通，使自励电流与原电流同向。

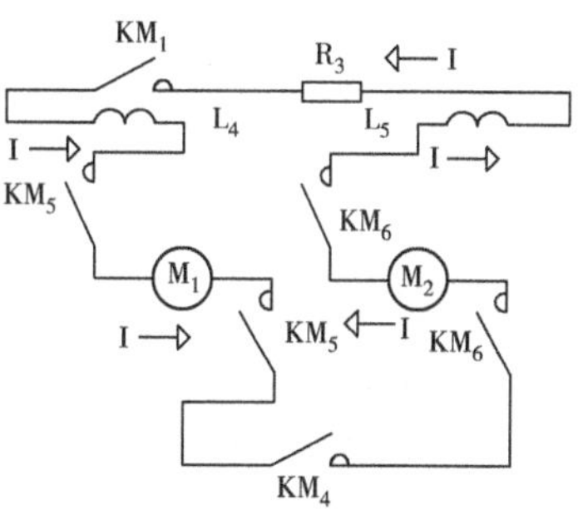

图 3-45 Q161 型轮胎起重机低速下坡自励能耗制动主电路

图 3-46a）表示正常行走时电动机接线图（只画出一台电动机线路），电流由电源 G^+ 经励磁绕组、KM_7 触头到电动机左侧电刷，由右侧电刷流出到 KM_7 的另一触头，最后流至电源 G^- 端。根据电流与磁场的相互作用，电动机产生电磁力矩 M_e，驱使轮胎起重机向前行走。N 极下导体的电流方向为⊙，S 极下导体电流方向为×，反电势 E_f 的方向与电源 G^+、G^- 的方向相反。图 3-46b）表示下坡能耗制动时电动机接线图。起重机自重分力形成的转矩 M_f，驱使起重机向下滑行，这时电动机电枢被带动旋转。为了使电机根据自励的原理建立磁场，实现能耗制动，必须使电机励磁绕组中流过的电流所产生磁场与剩磁方向一致，即要求上铁

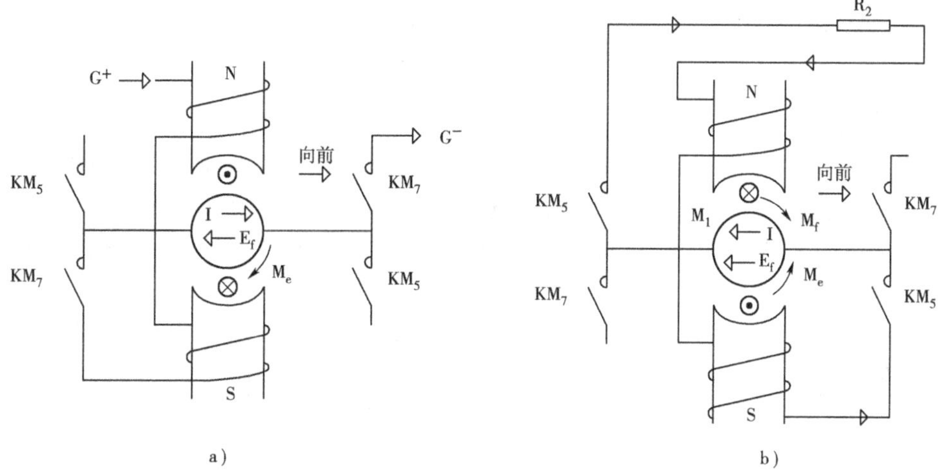

图 3-46 Q161 轮胎起重机正常行走和能耗制动时电动机的接线图

a）正常向前行走时；b）下坡能耗的制动时

芯仍为N极,下铁芯仍为S极。为此必须把控制手柄SA_2拨向"向后",使KM_7、KM_8失电,KM_5、KM_6得电,使电流由右电刷流进,左电刷流出。这时在N极下导体的电流方向为×,S极下方向为⊙,由左手定则可知,这时电磁转矩M_e的方向与电枢的实际转向相反,起制动作用。

在下坡过程中,可以用制动踏板控制车速和停车。下坡过程结束后,将选择开关控制手柄恢复原位。

在整车电气控制电路中,除了上述提及的限位保护外,在行走控制电路中,KM_3、KM_4的线圈回路采用电气与机械联锁措施。在变幅机构、旋转机构中,虽然没有电气联锁,但由于SB_5、SB_6变幅主令和SB_7、SB_8旋转主令是一个主令操纵手柄所控制的四个不同位置,实现了机构联锁。

和行走控制电路中的停止按钮SB_3相串联的限位开关SQ_1,与行车制动器是联动的,为最后驻车制动用。

课题六　门座式起重机的电气设备与控制

知识点

1. 常规门座式起重机的四大机构电气控制原理;
2. 常规门座式起重机的电气控制保护措施;
3. 现代门座式起重机的四大机构电气控制原理及特点;
4. 现代门座式起重机的PLC控制程序流程;
5. 现代门座式起重机硬件与软件保护措施。

技能点

1. 常规电气控制的门座式起重机电气工作原理分析;
2. 现代门座式起重机电气控制原理分析;
3. 变频调速系统的日常故障检查方法。

一、课题引入

门座起重机(以下简称门机)是港口码头使用数量最多、结构复杂且最典型的电动装卸机械。它具有较好的工作性能和独特的优越结构,通用性好,被广泛地用在港口杂货码头。

目前门机的型号很多,有国产的也有引进的,其电气控制系统有采用接触器—继电器控制的常规电气控制方式,也有以PLC和变频器为核心的现代电气控制方式。本课题以国产M10—30型门机为例介绍其行走、变幅、旋转、起升四大机构的常规电气设备。以MQ25—33型门机为例介绍其四大机构的PLC控制的变频调速电气控制系统。

二、课题分析

分析门机常规电气控制系统的原理是门机PLC电气控制系统的基础,门机的常规电气控制系统中根据门机的工作特点有许多经典设计思路,在以PLC为核心的现代门机电气控制系统中这些经典的设计思路为 PLC 的控制程序编辑提供了帮助。现代门机中电气保护措施更为严密和完备,为整个系统的安全与可靠运行提供了保障。

三、相关知识

(一)常规电气控制门座式起重机

M10—30 型门座起重机整机外形如图 3-47 所示。其变幅机构采用齿条传动系统,结构简单、维修方便。起重机可作 360°旋转作业,起升、旋转、变幅三个机构可单独或联合动作。行走机构供门机移仓口、泊位之用。行走台车上的 4 个夹轨器能夹在钢轨上,台风袭击时可保证门机的安全。该起重机的起重重量是 10t,最大幅度 30m,起升高度在轨道面以上用吊钩作业时是 25m,用抓斗作业时是 16m,在轨道面以下的下降最大距离都是 15m。门机总高为 45m 左右,轨距为 10.5m。该门机的起升速度是 60m/min,变幅速度平均 52m/min,行走速度为 26m/min,旋转速度为 1.48 度/min。

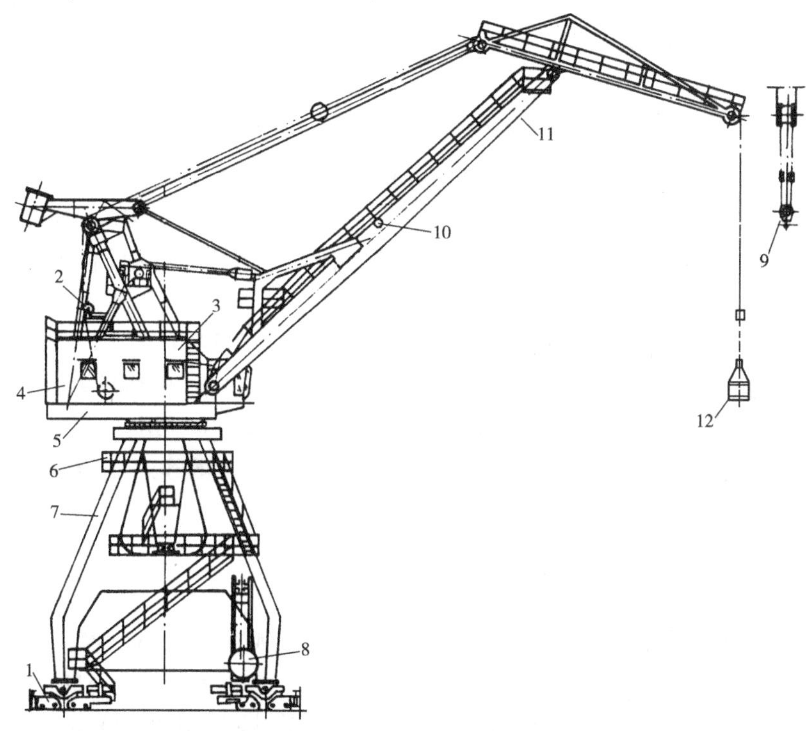

图 3-47 M10—30 型门机外形图

1-行走机构;2-超负荷限制器;3-驾驶室;4-机器房;5-转盘;6-梯子平台;7-门架;8-电缆配重系统;9-吊钩;10-抓斗稳定器;11-起重臂系统及人字架;12-抓斗

该门机各机构的拖动电机共 9 台,制动用电动机(配电动液压推动器制动器)共 8 台,起升机构设有完善的速度控制装置,整个电气系统是一个较完善的电力拖动控制和安全装置。

1. 门机的移动供电装置

M10—30 门机采用电缆卷筒装置供电,电缆卷筒可以是重力蓄能式或电动式。供电部分的电气线路如图 3-48 所示。门机的电源是交流 380/220V 三相四线,由码头电网上的电缆插座箱供给。缠绕在电缆卷筒上的四芯橡套软电缆,一端接于码头电缆插座,一端接于电

缆卷筒的滑环 ZS_0上。从 ZS_0用电缆经过中心受电器 ZS_1(即中心滑环)接到驾驶室内的自动开关 Q_0。司机用 Q_0来控制整个门机的动力电源。

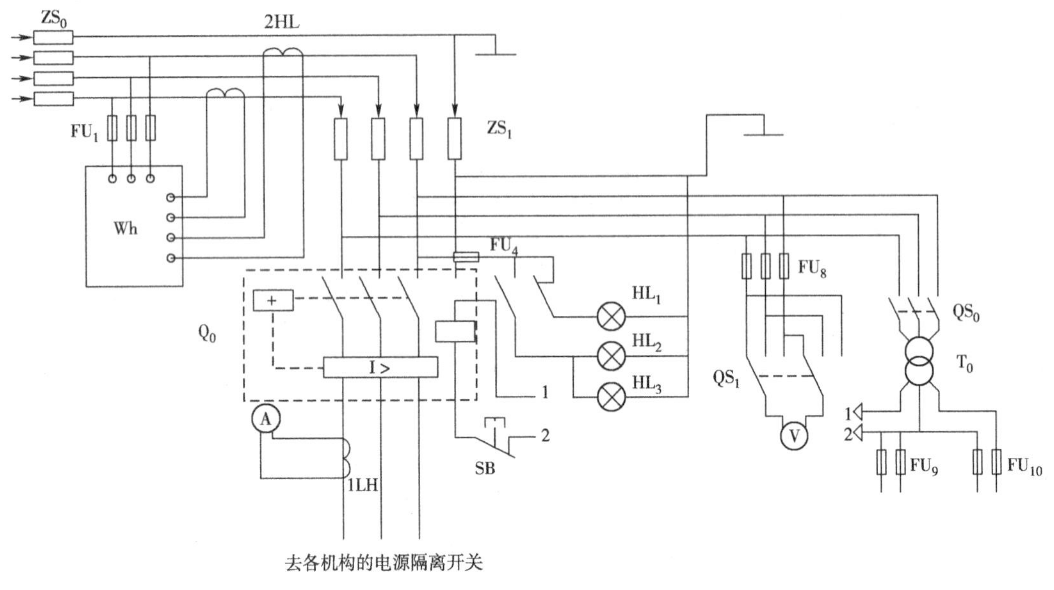

图 3-48　M10—30 型门机供电线路图

门机是否得电由电源指示灯 HL_1和运行指示灯 HL_2、HL_3显示。HL_2、HL_3分别安装在控制箱及司机室内,用以指示自动开关 Q_0是否合上,它们点亮则表明 Q_0已合上,电源已送到门机各控制部分。

在发生意外故障或事故时,可按下紧急停止按钮 SB,切断整个门机电源。门机的控制电源(~220V)、照明用电,由专设的4000VA 隔离变压器 T_0供给,自动开关 Q_0的失压脱扣器控制电源也由此变压器供给。QS_0是照明总开关,电流互感 1LH 和电流表 A 指示门机的总电流用。电压转换开关 QS_1和电压表 V 配合,可测量三相电源的线电压,看是否平衡。电流互感器 2LH 与三相电度表 Wh 配合测量整个门机的用电量。

2. 门机行走机构电气线路分析

1)主电路

图 3-49 为门机的行走机构主电路电气原理图,$5M_1$、$5M_2$、$5M_3$、$5M_4$为门机的四门腿驱动电动机。5QS 为三相闸刀开关起隔离作用,$5KM_1$、$5KM_2$是电动机 $5M_1$-$5M_4$的正、反转接触器,电流继电器 $5KI_1$、$5KI_2$作过流保护用。$5ZS_1$是受电器,因为 $5KM_1$、$5KM_2$、5QS、$5KI_1$、$5KI_2$都安装在可转动的机房内,而 4 台电动机安装在门腿上,所以它们之间的连接导线必须经过集电环装置。$5YM_1$ ~ $5YM_4$ 是电力液压推动器的油泵电动机。$5FR_1$ ~ $5FR_4$是电动机的过载保护继电器。为了限制行走电动机的起动电流,四台行走电动机的转子中分别接有三相不对称电阻 $5QR_1$ ~ $5QR_4$,$5KM_3$ ~ $5KM_7$为切除电阻的交流接触器,也称为加速接触器。

2)控制电路

行走机构的控制电路原理图如图 3-50 所示。5SA 为行走机构主令控制器。当 5SA 手柄置向前 3 位,$5KM_1$得电吸合,电动机 $5M_1$ ~ $5M_4$转子中接入全电阻起动,$5KM_1$的常开辅助触头闭合,重复延时时间继电器 5KT 得电,到整定时间,一个晶闸管 V 导通,$5KM_3$得电吸合,短接一段起动电阻,4 台电动机都加速一次。$5KM_3$的常开辅助触头中,一对闭合自锁,另一对闭合为$5KM_4$得电作准备。待 5KT 的又一个整定时间到了,另一个晶闸管导通,$5KM_4$得电吸合,短接第二段起动电阻,4 台电动机又加速一次。$5KM_4$的常开辅助触头中,一对闭合自锁,另一对闭合为$5KM_5$得电做好准备。同时串接在$5KM_3$线圈回路中$5KM_4$常闭触头断开,避免形成寄生回路。由于 5KT 重复延时继电器中的两个晶闸管 V 交替导通,使得$5KM_5$、$5KM_6$和$5KM_7$依次得电($5KM_6$和$5KM_7$同时得电),整个切除电阻的过程按时间原则进行。四台电动机获得第三、第四次加速后,进入全速运行。$5KM_7$的一对常闭辅助触头断开,使 5KT 停止工作。

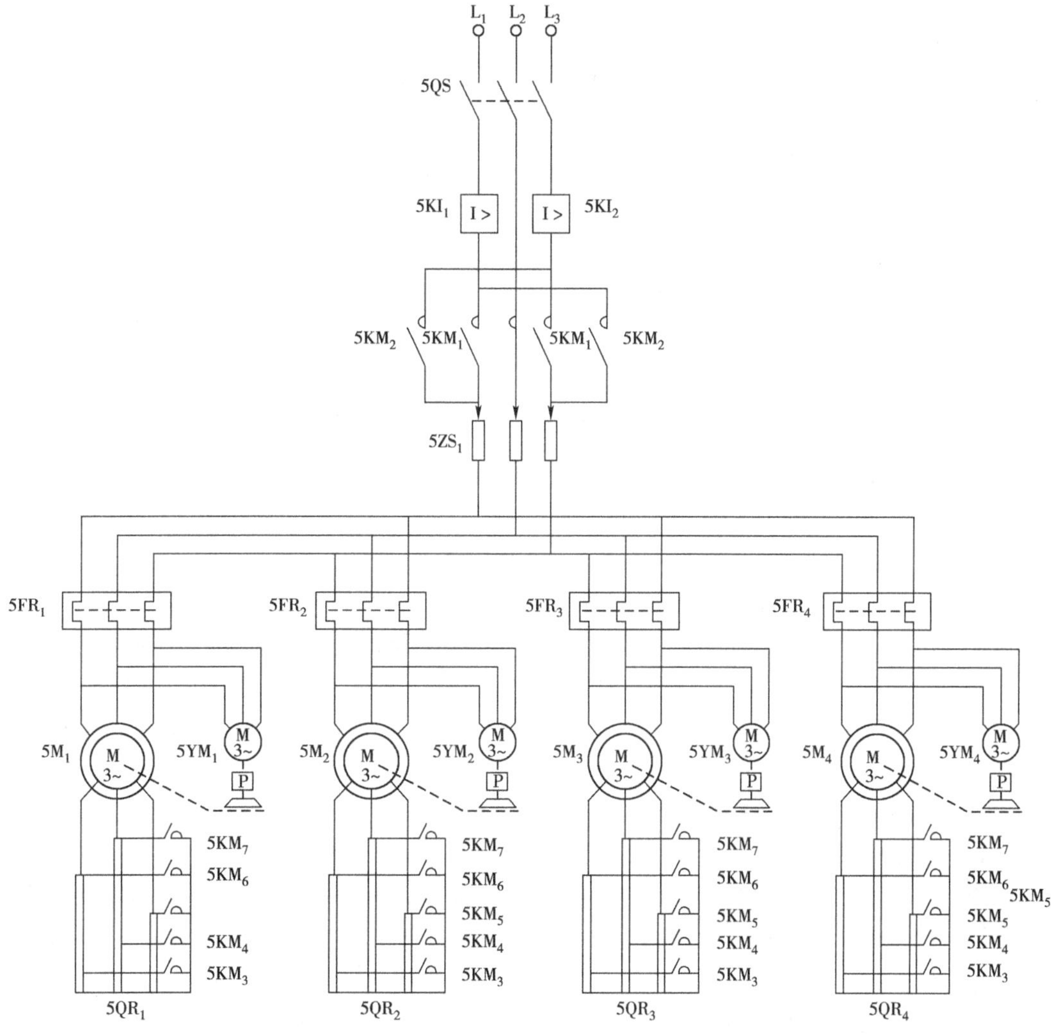

图 3-49 门机行走机构主电路电气原理图

主令控制器 5SA 手柄回零,$5KM_1$失电释放,电动机$5M_1$ ~ $5M_4$失电,同时制动器油泵电动机$5YM_1$ ~ $5YM_4$同时失电,抱闸制动,门机停止行走。

门机后退控制,5SA 手柄置向后 3 位,反转接触器$5KM_2$及各加速接触器$5KM_3$ ~ $5KM_6$按时间原则得电,起动与停止过程与向前类同。

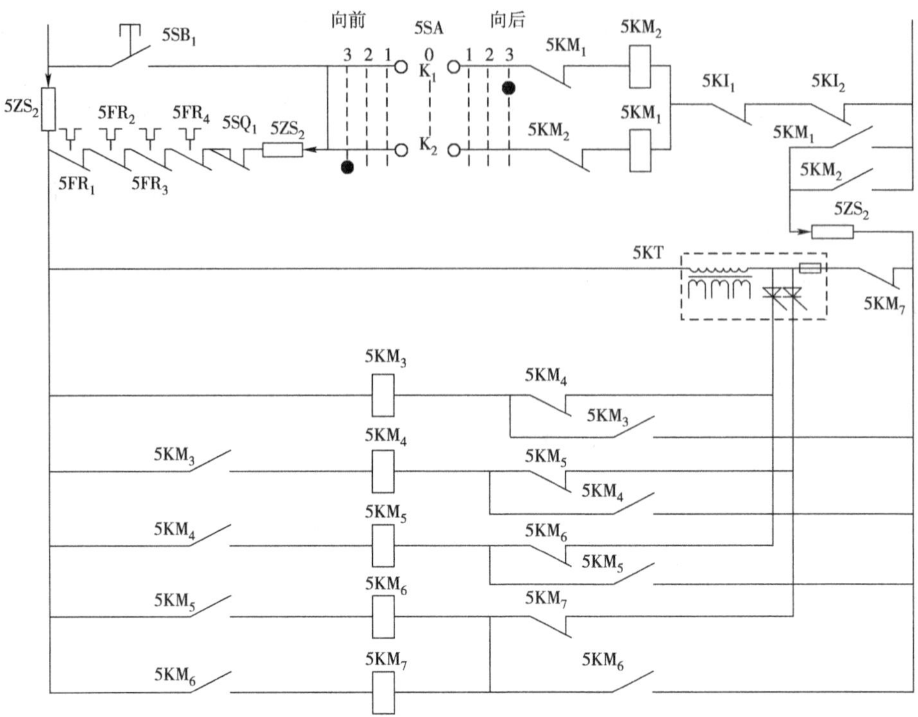

图 3-50 门机行走机构的控制电路原理图

3)保护措施

(1)在行走控制电气线路中,为了防止主电路电源被短路,$5KM_1$、$5KM_2$之间用其辅助触头作电气联锁保护,用主令 5SA 作机械联锁保护。

(2)$5KI_1$、$5KI_2$是线路短路保护的电流继电器触头。

(3)$5FR_1$ ~ $5FR_4$热继电器为电动机 $5M_1$ ~ $5M_4$作过载保护。

(4)为了防止电缆被拉断,用 $5SQ_1$行程限位开关作保护,当电缆放完时,$5SQ_1$的常闭触头会切断控制电路。这时必须按下强迫收缆按钮 $5SB_1$,并将 5SA 手柄置反向位置,使反向接触器得电,电动机反转,门机反方向行走,才能使 $5SQ_1$的常闭触头复原,最终使控制电路恢复到正常状态。

3. 门机旋转机构电气线路分析

1)主电路

M10—30 门机的旋转机构是由两台电动机 $4M_1$和 $4M_2$同时拖动,为了使两台电动机能同步,用同一接触器 $4KM_1$或 $4KM_2$实现正向或反向控制。M10—30 门机旋转机构主电路见图 3-51。旋转机构没有使用电气制动,而采用的是脚踏液压开式制动器,制动的力矩由司机脚踏力量的大小来控制。电动机 $4M_1$、$4M_2$的转子中串接有四级起动电阻,由加速接触器 $4KM_3$ ~ $4KM_6$依次短接。$4KI_1$ ~ $4KI_4$是过电流继电器,作过电流保护。

2)控制电路

M10—30 门机旋转机构控制电气原理图见图 3-52。旋转机构用主令控制 4SA 操纵,3SA(变幅机机构主令控制器)与 4SA 的零位触头 K_1相串联,只有 4SA 和 3SA 的手柄都在零位时才能接通控制电源。实际上 3SA 和 4SA 是同一个操纵手柄的两个不同方向的控制主令，这个操纵手柄的左右方向 4SA 是旋转控制，而前后方向 3SA 是变幅控制，从机械上保证了 3SA 和 4SA 能同时到零位。

主令 4SA 的操纵手柄在“零位”时，3SA 和 4SA 的 K_1 闭合，3KA 得电，其常开触头闭合，为旋转机构的控制部分提供了电源。4SA 的手柄从“零位”转到“右 1”位时，K_2 触头闭合，接触器 $4KM_1$ 吸合，电动机 $4M_1$ 和 $4M_2$ 转子接全电阻起动，门机右转。$4KM_1$ 的常开辅助触头闭合，为 $4KM_3$ 的吸合做好准备。

当 4SA 的手柄从“右 1”位转到“右 2”时，K_4 触头闭合，4KT 得电开始工作，待整定时间一到，$4KM_3$ 线圈得电而吸合，两台电动机的第一级起动电阻被短接。同时，$4KM_3$ 的常开辅助触头闭合，一对为 $4KM_4$ 的吸合做好准备，另一对自锁自身线圈回路。

当 4SA 的手柄从“右 2”位转到“右 3”位时，K_5 触头闭合，4KT 重复延时继电器的一个整定时间一到，$4KM_4$ 得电吸

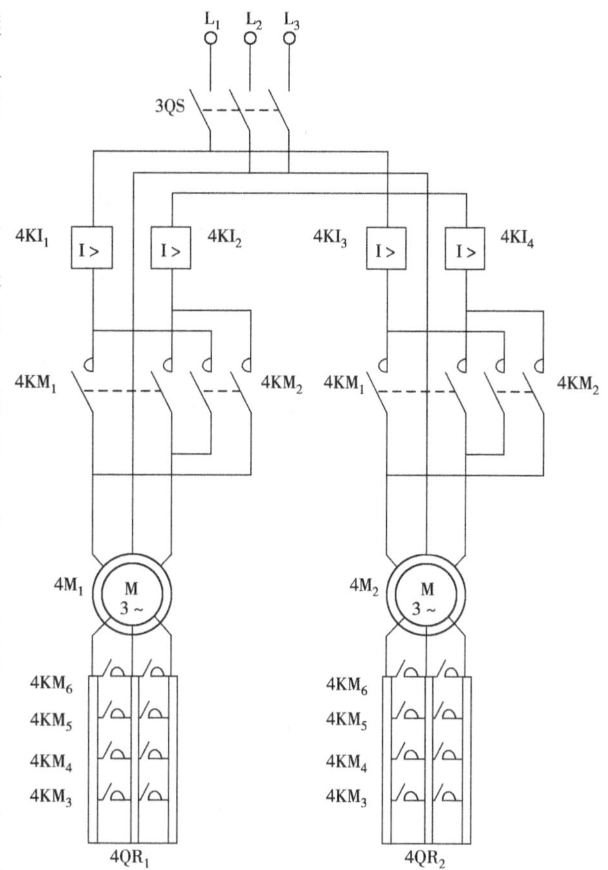

图 3-51 门机旋转机构主电路

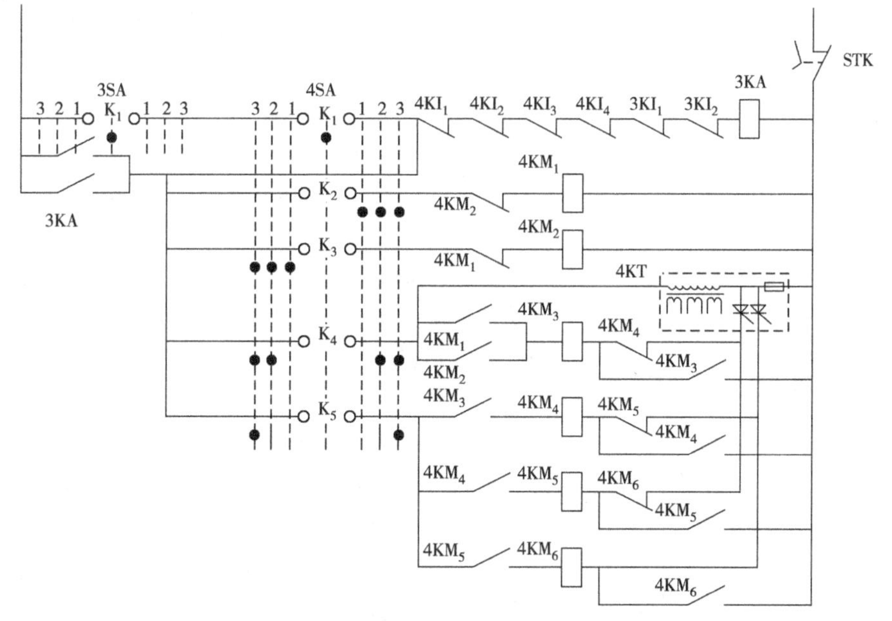

图 3-52 门机旋转机构控制电路原理

会,$4M_1$、$4M_2$的第二级起动电阻被短接。$4KM_4$的常开辅助触头闭合,一对为$4KM_5$的吸合做好准备,一对自锁自身线圈回路。$4KM_4$的对常闭触头断开,切断$4KM_3$线圈与4KT之间的电路,防止产生寄生回路。

加速接触器$4KM_5$、$4KM_6$在4KT的控制下,间隔4KT重复延时的一个整定时间,依次得电吸合,短接两电动机$4M_1$、$4M_2$的第三级、第四级电阻,电动机进入全速运转状态。$4KM_6$的常闭辅助触头断开4KT电源回路,4KT停止工作。

由上述可知,短接电动机的第一、第二级起动电阻是由手动操作4SA的时间与时间继电器4KT整定时间相结合来控制的,而第三、第四级起动电阻的短接是由4KT按时间原则来自动控制完成的。

要使门机停止转动,可将主令控制器4SA的手柄转到零位,此时$4KM_1$及$4KM_3$ ~ $4KM_6$全部释放,电动机$4M_1$、$4M_2$失电,在液压开式制动器的制动下停转。电阻$4QR_1$和$4QR_2$又全部接入电动机转子中。

要使门机左转,可将4SA的手柄从"零位"转向"左1",电动机$4M_1$、$4M_2$的反向起动,其后加速、运转、停止等过程与右转相似。

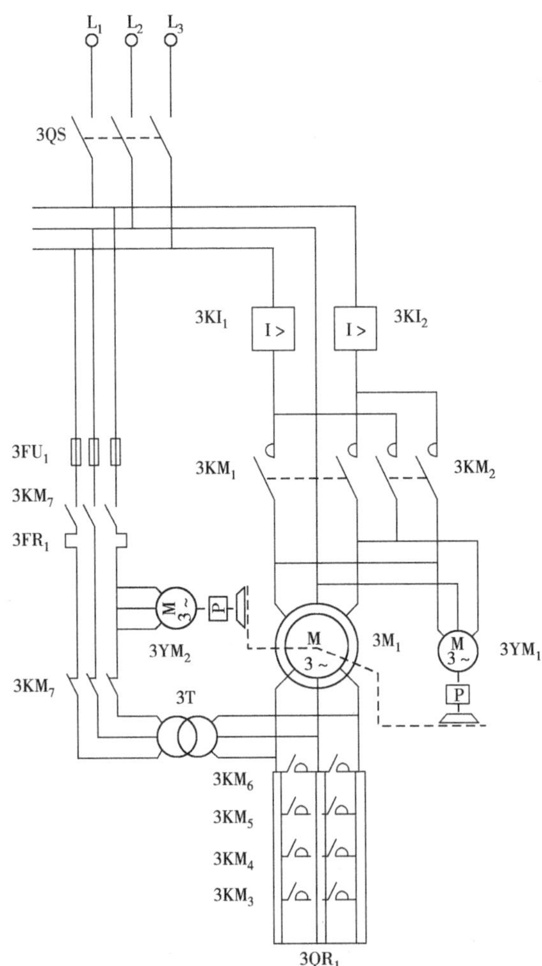

图3-53 变幅机构主电路原理图

3)保护措施

(1)防电动机堵转保护。这个保护功能是用脚踏开关STK来实现的,STK与脚踏液压开式制动器的踏板联动,由于脚踏液压开式制动器的制动力矩由司机脚踏力的大小来控制,当司机踩得轻时,电动机受到较小的制动力而减慢速度,这时电动机还处在通电运行状态,STK没有动作。当司机踏得过猛时,电动机受到较大制动力矩,踏脚板压在开关STK上,使STK的常闭触头断开,切断整个控制电路,使两台电动机立即失电停转,避免电动机堵转而烧毁。

(2)$4KI_1$、$4KI_2$作过电流保护。

(3)3KA作零压保护,主令控制器的K_1触头作零位保护。

(4)$4KM_1$、$4KM_2$之间还有电气联锁保护。

4. 门机变幅机构电气线路分析

1)主电路

变幅机构的主电路如图3-53所示。

变幅用电动机$3M_1$,经由三相闸刀3QS,正、反转接触器$3KM_1$、$3KM_2$从电网获得电能,其中两相电源线上串有过电流继电器$3KI_1$、$3KI_2$的线圈,作为$3M_1$的过电流保护之用。电动机转子中接有 $3QR_1$ 起动电阻。$3KM_3$ ~ $3KM_6$ 为加速接触器。

M10—30 型门机的变幅机构采用齿条传动系统，由电动机 $3M_1$ 带动减速器和单齿条传动机构来实现的。为了避免制动时的冲击，采用了二级制动的方法。$3YM_1$、$3YM_2$ 是电力液压推杆上的油泵电动机，它们得电后制动闸瓦松开，$3M_1$ 就可以自由转动。

2）控制电路

图 3-54 为变幅机构的控制电路原理图。

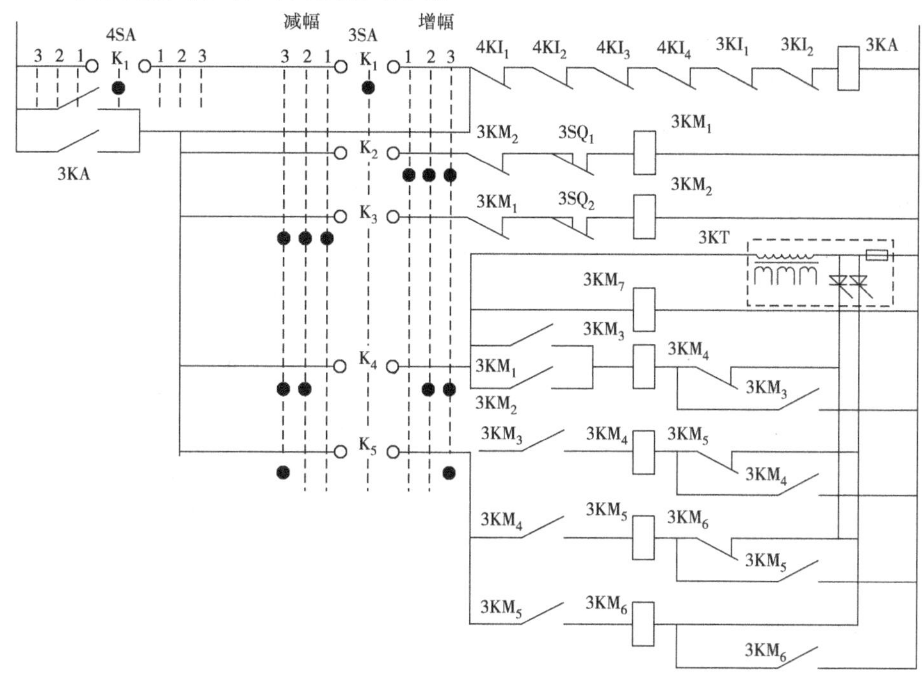

图 3-54 变幅机构的控制电路原理图

变幅机构电气控制原理与旋转机构相似，不同之处是变幅机构有一套制动机构，对于电动机 3M 的制动过程可以分三个状态：

（1）当 3SA 手柄置于“增幅 1”或“减幅 1”位时，$3KM_1$ 或 $3KM_2$ 得电，$3YM_1$ 与 $3M_1$ 同时得电松闸，电动机 $3M_1$ 起动。由于电动机 $3M_1$ 转子中有较高的感生电势经反馈变压器 3T，中间继电器 $3KM_7$ 常闭触头，给 $3YM_2$ 供电，$3YM_2$ 也立即松闸，电动机 3M 自由转动。

（2）当 3SA 手柄置“增幅 2”或“减幅 2”位时，K_4 触头闭合，3KT 得电，控制短接电阻。$3KM_7$ 得电，其常闭触头断开，切断反馈变压器 3T 与 $3YM_2$ 之间的电路。$3KM_7$ 的常开闭合，将 $3YM_2$ 直接接入 380V 电网，保证 $3YM_2$ 电动机 $3M_1$ 运行期间始终处于松闸状态。

（3）当 3SA 手柄“零”位时，$3KM_1$ 或 $3KM_2$ 失电，电动机 $3M_1$ 失电停车，$3YM_1$ 同时也失电，由于齿条传动惯性大，如果制动太快，冲击力就很大，因此为了减少振动，$3YM_1$ 并未将电动机 $3M_1$ 制动到停转的程度，使电动机 $3M_1$ 仍以一定惯性旋转，这是第一制动阶段。与此同时，$3KM_7$ 失电，其常开触头复原而断开，$3YM_2$ 脱离电网电源，但 $3KM_7$ 的常闭触头复原闭合，接通了 $3YM_2$ 与反馈变压器 3T 电路，电动机感生电势的存在，使 $3YM_2$ 并没有失电，它仍使制动器处于松闸状态。随着 $3M_1$ 转速的下降，转子感生电势也随之降低，$3YM_2$ 转速也下降，当它产生的松闸力矩减小到不足以维持松闸状态时，$3M_1$ 被彻底制动停车，第二阶段制动结束。整个制动过程是连续的,两阶段制动的过渡是自动的,保证了二级制动的平稳实现。

3)保护措施

(1)熔断器 $3FU_1$ 为第二级制动器电气设备的短路保护;

(2)热继电器 $3FR_1$ 作电动机 $3YM_2$ 的过载保护;

(3)主电路中的 $3KI_1$、$3KI_2$ 作过流保护;

(4)为防止电源短路,在 $3KM_1$ 与 $3KM_2$ 之间的电气联锁保护;

(5)主令 3SA 和 4SA 的 K_1 触头与 3KA 配合构成了零位保护和失压保护;

(6)限位开关 $3SQ_1$ 与 $3SQ_2$ 是变幅机构的增幅、减幅限位保护。

5. 门机起升机构电气线路分析

1)主电路

门机起升机构的主电路中 $1QS_1$ 为电源隔离开关,两台电动机 $1M_1$ 和 $2M_1$ 分别驱动两只卷扬机。用吊钩时,两台卷扬机的钢丝绳通过钩头滑轮使两电动机的负载达到平衡。用抓斗时,两台卷扬机的钢丝绳一根作为支持绳,另一根作为闭合绳。起升机构主电路如图 3-55 所示。

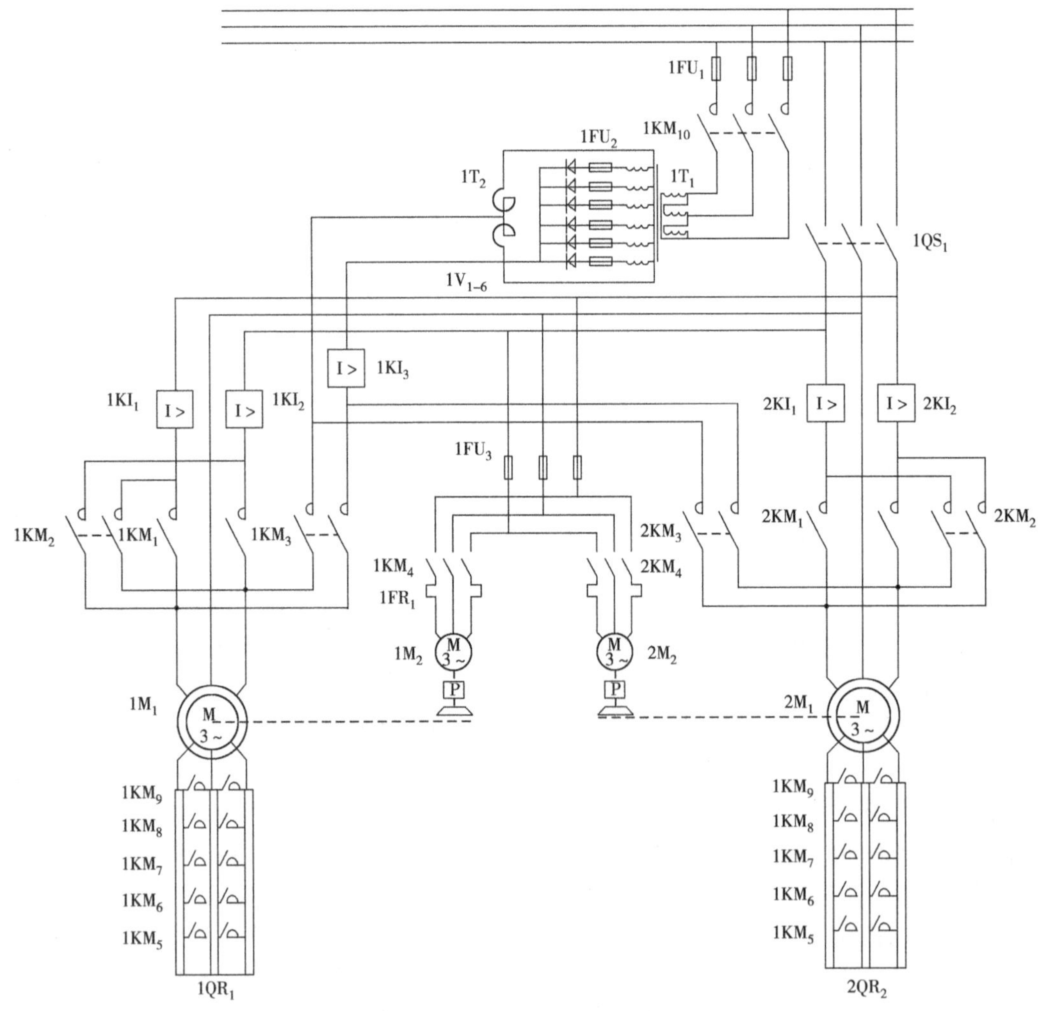

图 3-55 门机起升机构主电路原理图

主接触器 $1KM_1$、$1KM_2$、$2KM_1$ 和 $2KM_2$ 用以分别控制电机 $1M_1$ 和 $2M_1$ 的正反向运行。$1M_2$ 和 $2M_2$ 是电力液压推动器的油泵电动机，分别由接触器 $1KM_4$ 和 $2KM_4$ 来控制。$1QR_1$ 和 $2QR_1$ 为 $1M_1$ 与 $2M_1$ 的五级起动电阻。$1KM_5$ ~ $1KM_9$ 为加速接触器，两个电动机的分级起动电阻使用同一接触器短接，以利于同步加速。变压器 $1T_1$ 为电动机提供能耗制动所需的电能，$1V_1$ ~ $1V_6$ 为三相整流硅元件，$1T_2$ 为平衡电感，$1KI_3$ 为直流过流继电器，$1KI_1$、$1KI_2$、$2KI_1$ 与 $2KI_2$ 交流过流继电器。

2）控制电路

起升机构的控制电路原理如图 3-56 所示。

起升机构的工作过程分吊钩、抓斗作业两种情况。线路由主令控制器 1SA 操作，1SA 的手柄位置在升、降方向各有三位。第一位是电动机 $1M_1$、$2M_1$ 的全电阻起动，第二位、第三位是手动操作与重复时间继电器相结合控制短接电动机的第一、第二级起动电阻，随后完全由重复延时继电器 $1KT_3$ 控制，短接第三到第五级起动电阻。下面分吊钩作业和抓斗作业两种情况进行分析。

（1）用吊钩作业时控制电路工作过程

使用吊钩时，将选择开关 1HK 应转至“吊钩”侧。1SA 的手柄在零位时，K1 触头闭合，$1KA_1$ 吸合并自锁，接通控制电源。时间继电器 $1KT_1$ 得电，其延时断开常开触头瞬时闭合，为 $1KM_1$、$2KM_1$ 的吸合做好准备。

提升：主令控制器 1SA 手柄从“零位”拉到上升第一挡时，K_2、K_3 触头闭合，$1KM_1$、$2KM_1$ 吸合，电动机 $1M_1$、$2M_1$ 得电起动。同时，$1KM_1$、$2KM_1$ 的吸合使 $1KM_4$、$2KM_4$ 也得电吸合，$1M_2$、$2M_2$ 得电，制动器松开抱闸。电动机 $1M_1$、$2M_1$ 转子接全电阻起动，吊钩吊起重物开始上升。

将 1SA 的手柄拉到上升第二挡位时，K_5 闭合，同时 $1KT_3$ 得电开始工作，待整定时间到达时，$1KM_5$ 得电吸合，电动机 $1M_1$、$2M_1$ 的第一级电阻同时被短接，电动机第一次加速。若 1SA 的手柄就停在此挡位，其他电阻不再被短接，电动机低速运行。若 1SA 手柄拉至上升第三挡位，K_6 触头闭合，在 $1KT_3$ 整定时间到达时，$1KM_6$ 得电吸合，短接第二级 $1M_1$、$2M_1$ 转子外接电阻。随后便在 $1KT_3$ 的控制下，$1KM_7$、$1KM_8$、$1KM_9$ 依次以 $1KT_3$ 的一个整定时间为间隔吸合，$1M_1$、$2M_1$ 的起动电阻中的第三、第四、第五级逐一被短接，手动和自动相结合的切除电阻过程结束，电动机进入全速运转。$1KM_9$ 的常闭触头断开，$1KT_3$ 失电而停止工作。

如果将 1SA 手柄从“零位”直接拉到第三挡位时，切除电阻的过程就完全由 $1KT_3$ 控制，按时间原则自动地短接 $1M_1$、$2M_1$ 中的第一级到第五级电阻，使电动机自动过渡到全速运转。这个过程中与上述过程不同之处在于，第一、二级电阻的短接也是以一个 $1KT_3$ 整定时间为单位实现自动短接，与手柄操作时间无关。

①停止提升：将 1SA 的手柄回零，电动机 $1M_1$、$2M_1$ 失电，$1M_2$、$2M_2$ 也失电，将电动机牢牢刹住，吊钩与货物停留在半空中，所有加速接触器失电复位，全部起动电阻串入电动机的转子回路中。

②空钩或轻载下降：在吊钩空载或轻载下降时，将 1SA 手柄从“零位”推向下降一挡或二挡，$1KM_2$、$2KM_2$ 反转接触器吸合，$1M_1$、$2M_1$ 反转，吊钩低速下降，1SA 手柄推三挡位，K_2、K_4、K_5、K_6 都闭合，随后 $1KT_3$ 得电，加速接触器 $1KM_6$、$1KM_7$、$1KM_8$、$1KM_9$ 以时间原则依次吸合，短接起动电阻，实现高速下降，这是强力下降的过程。在这种状态下电动机极有可能出

现回馈制动的情况，这时电动机在超过同步转速的情况下运行。

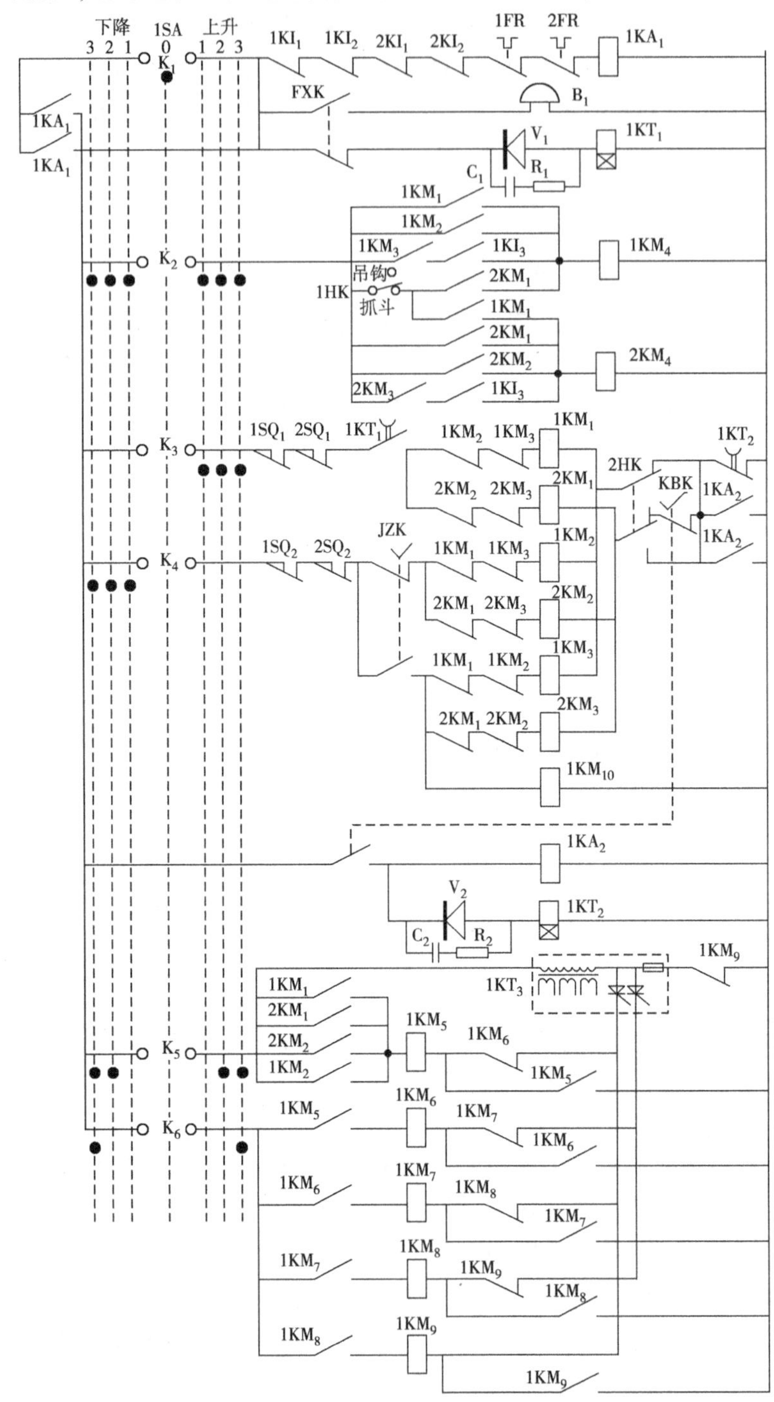

图 3-56　起升机构控制电路原理图

③重载下降：吊钩吊着重载下降时，为了获得慢速下降的效果，1SA 手柄推向下降一挡位，并踩下脚踏开关 JZK，$1KM_2$、$2KM_2$、$1KM_5$ ~ $1KM_9$ 全部释放，起动电阻全部接入 $1M_1$、$2M_1$ 的转子中。接触器 $1KM_{10}$、$1KM_3$、$2KM_3$ 吸合，电动机 $1M_1$、$2M_1$ 的定子绕组中通入直流电，电

动机处在能耗制动状态，使负载慢速下降。重物着落后能耗制动结束，松开 JZK，并将 1SA 手柄回零挡位。

(2)用抓斗作业时线路的工作过程

抓斗在攫取货物和开口吐货时支持绳和闭合绳的动作过程在前面章节已讲述过，这里主要分析电气电路是如何实现抓斗开斗与闭斗操作过程的工作原理。

选用抓斗作业时，将选择开关 1HK 应转到“抓斗”一侧。现将电动机 $1M_1$ 所驱动卷扬机的钢丝绳作为闭合绳，而把电动机 $2M_1$ 所驱动卷扬机的钢丝绳作为支持绳。实际工作中操作者根据抓斗钢丝绳的连接方法，用转换开关 2HK 可以改变电动机 $1M_1$、$2M_1$ 与支持绳和闭合绳之间的对应关系。控制抓斗开闭口的电气原理图见图 3-57。

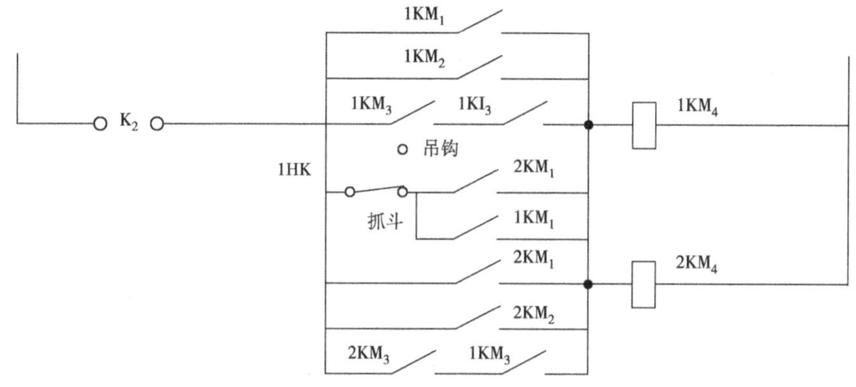

图 3-57 控制抓斗开闭口的电气原理图

抓斗“闭斗”：假设抓斗处在开口状态并已降落在被抓货物的上面。要闭斗攫取货物时，可将主令 1SA 手柄拉到上升任一挡位，同时踩下脚踏开关 KBK，则 $1KM_1$ 吸合，电动机 1M1 带动卷扬机收紧闭合绳，$2KM_1$ 不吸合，电动机 $2M_1$ 不运转使支持绳松弛，抓斗闭斗。同时为了使抓斗抓满，$2KM_4$ 线圈电路中串有 $1KM_1$ 的常开辅助触头，$1KM_1$ 吸合后，$2KM_4$ 也吸合，电力液压推动器的油泵电动机 $2M_2$ 得电，使制动抱闸是松开，抓斗随着货物重量的增加自动下沉，支持绳充分放松，以抓满货物。

抓斗抓满货物后，松开 KBK 开关，时间继电器 $1KT_2$ 经过 1s 延时后，其延时闭合常闭触头闭合使 $1M_1$、$2M_1$ 同时起动，以后上升的操作与吊钩起升相同。

抓斗“开斗”：当抓斗上升到适当的高度并旋转到放落地的上空时，就要下降抓斗，并使抓斗吐出物货。把主令 1SA 的手柄回零，再推到下降第二位，电动机 $1M_1$、$2M_1$ 按下降方向运转，抓斗下降到适当位置时，司机可踩下 KBK 脚踏开关，接触器 $2KM_2$ 失电，$2M_1$ 停转，同时 $2KM_4$ 失电制动器抱闸，支持绳拉紧使抓斗停止在空中，$1M_1$ 继续运转，闭合绳继续放松，抓斗“开斗”，开口吐物，货物卸完，松开 KBK。

由上述分析可知，抓斗的操作是通过对脚踏开关 KBK 的控制来实现的，也就是说是脚踏开关 KBK 实现了电动机 $1M_1$、$2M_1$ 分动运行。

抓斗的“上升”和“下降”：抓斗在“闭斗”结束到“开斗”开始间的上升或下降过程与吊钩相同。

时间继电器 $1KT_2$ 和继电器 $1KA_2$ 相互配合，保证电动机 $1M_1$、$2M_1$ 在抓斗“开斗”或“闭斗”过程中，两电动机分动后重新起动时同步。

3)保护措施

(1)在起升机构的电气线路中除了过电流、零压、失压、过载、短路、联锁保护外，还设有超负荷保护。超负荷保护是用时间继电器 $1KT_1$ 与超负荷限制开关 FXK 来完成。当门机所提升的货物重量超过允许值，超负荷限制开关 FXK 就动作，其常闭触头切断 $1KT_1$ 的线圈电源，经过延时后 $1KT_1$ 的延时断开常开触头断开，使 $1KM_1$、$2KM_1$ 释放，电动机停转。同时，FXK 的常开触头闭合接通警报的电铃。采用 $1KT_1$ 延时后再切断 $1KM_1$、$2KM_1$ 是为了防止起动时货物的惯性作用引起 FXK 短暂的超重，而影响正常起升作业。

(2)在两台卷扬机上都装有上升限位开关 $1SQ_1$、$2SQ_1$ 和下降限位开关 $1SQ_2$、$2SQ_2$，分别串联在上升接触器 $1KM_1$、$2KM_1$ 和下降接触器 $1KM_2$、$2KM_2$ 的线圈回路中。

(二)现代电气控制门座式起重机

MQ25—33 型门座起重机具有工作幅度大、运行速度快、有效面积大、起升高度高等特点，其起升机构、变幅机构、旋转机构可单独和联合动作，而行走机构可单独运行。该机的电气控制系统采用以先进的 PLC 和变频技术为核心，从而克服了常规电气控制系统所固有的缺点，不仅工作稳定性高，而且能实现故障检测，并通过显示屏显示故障点；各种保护措施完备，除传统的硬件保护外，还设有软件保护功能，使整机的电气控制系统可靠性更高。

在行走机构、变幅机构、旋转机构和起升机构的电气控制系统中都采用变频调速方式，因行走机构的调速控制要求低而采用开环控制方式外，其他三个机构的调速控制系统均采用增量式光电旋转编码器作为测速传感器的闭环速度控制系统。现在起重机械中所使用变频器均为载重高性能专用变频器，一般为矢量控制型或直接转矩控制型的变频器，这类变频器的自学习功能可自动计算和读取电机有关技术参数，实现变频器与电机的控制匹配。其零速度功能即在 0Hz 时电机也能以 150% 额定转矩输出，很好地解决了起升机构低频时满负载工况下的带负载能力和防止溜钩的问题。

1. 电气控制系统概述

MQ25—33 型门座起重机的电气控制系统以日本安川公司的 PLC 和变频器为核心的现代电气控制系统，其系统框图如图 3-58 所示。

联动台作为操作指令发出单元，把控制指令(速度方向即变频器运行控制、调速给定、机构控制等)送入 PLC 的输入模块，经 CPU 单元处理后，主令信号中变频器运行控制信号通过输出模块向开闭/行走变频器、支持/行走变频器、变幅变频器、旋转变频器的逻辑控制端子发出运行信号；主令信号中的调速给定信号通过 PLC 的通信端口(CN3)给开闭/行走变频器、支持/行走变频器、变幅变频器、旋转变频器的各通信端口传送调速指令。各变频器的运行状态也分别通过输入模块(故障信号、零速检测信号等)和通信端口反馈给 PLC。PLC 还通过输出模块发送指令信号去控制各机构主电动机的风机、制动器等的接触器。安装在 PLC 柜和联动台上的两个触摸屏可显示故障诊断码和对运行状态监视。

门机的 PLC 的 CPU 及各模块由主机架和扩展架固定，各 I/O 模块通过电源电缆及通信电缆连接，如图 3-59 所示。

其中：

(1)CPU 模块含电池及通信卡一块。型号：CP316H/216IF + BATIERY + RS—232C—TP；

(2)电源模块一块。型号：JAMSP—PPS22AV；

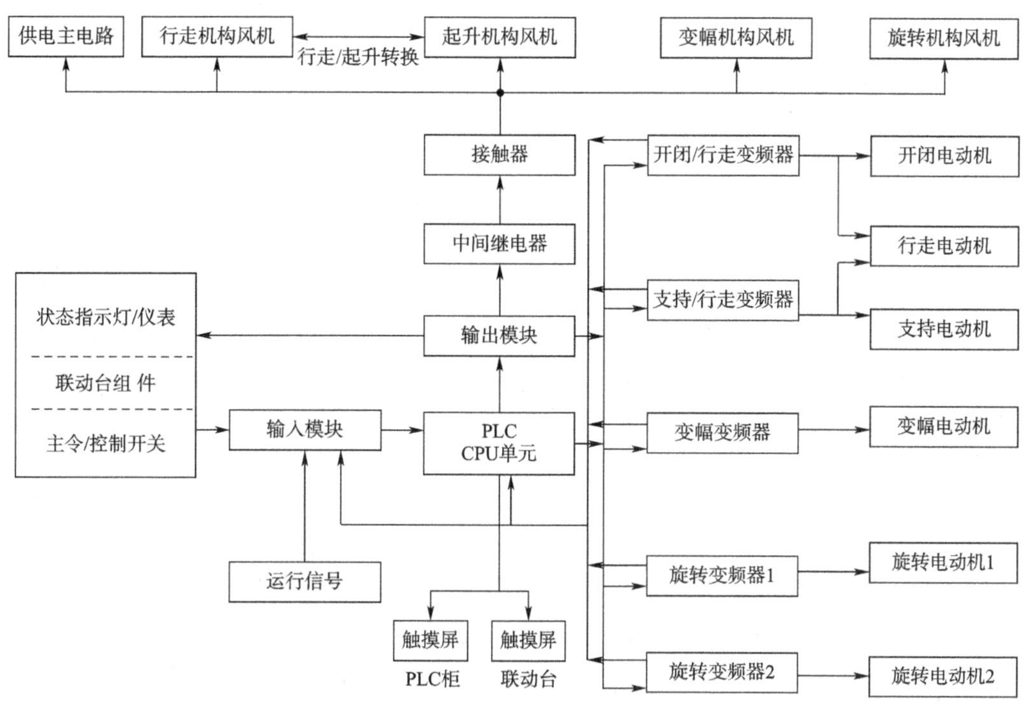

图 3-58 MQ25—33 型门座起重机电气控制系统框图

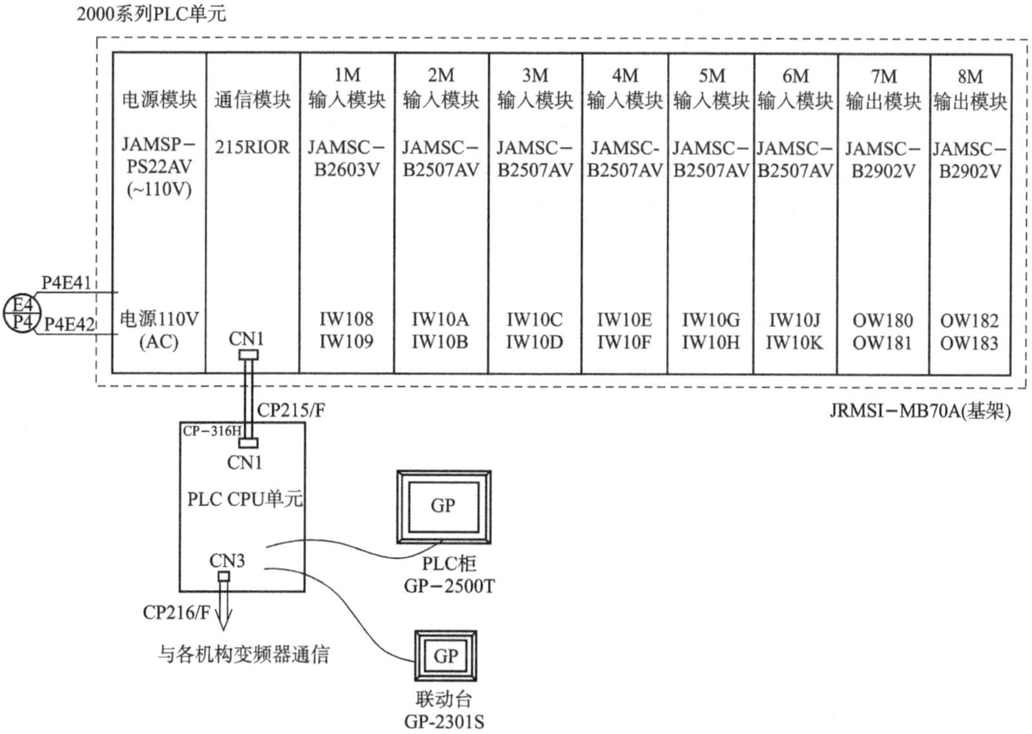

2000系列PLC单元

电源模块	通信模块	1M 输入模块	2M 输入模块	3M 输入模块	4M 输入模块	5M 输入模块	6M 输入模块	7M 输出模块	8M 输出模块
JAMSP−PS22AV (~110V)	215RIOR	JAMSC−B2603V	JAMSC−B2507AV	JAMSC−B2507AV	JAMSC-B2507AV	JAMSC−B2507AV	JAMSC−B2507AV	JAMSC−B2902V	JAMSC−B2902V
电源110V (AC)	CN1	IW108 IW109	IW10A IW10B	IW10C IW10D	IW10E IW10F	IW10G IW10H	IW10J IW10K	OW180 OW181	OW182 OW183

P4E41
E4
P4
P4E42
JRMSI−MB70A(基架)
CP215/F
CP−316H
CN1
PLC CPU单元
CN3
CP216/F
与各机构变频器通信
GP
PLC柜
GP−2500T
GP
联动台
GP-2301S

图 3-59 CP316H 系列`PLC 单元

(3)通信模块含触摸屏通信卡。型号:215R10R + RS—232—TP;

(4)输入模块6块。型号:JAMSC—B2603V,32点,一块;JAMSC—B2507AV,32点,5块;

(5)输出模块2块。型号:JAMSC—B2902V,32点。

门机四大机构的调速部分均采用安川公司的CIMR—G7A系列的G7A4220、G7A4055、G7A4075三种型号变频器。

2. 供电线路

MQ25—33型门座起重机供电系统单线图如图3-60所示。

整机采用电缆供电方式。交流三相四线380V ±10%,50Hz ±1Hz码头电源主动力电缆磁滞式电缆卷筒TS_1通过滑环向机上供电,作业时使用主电缆供电,主电缆长75m。为了便于门机长距离移机,该机特设移机专用副供电电缆,长度165m,在大车长距离移机状态,由副缆通过磁滞式副电缆卷筒TS_2向机上供电。两个磁滞式电缆卷筒与大车同步运行,电缆卷筒上的电缆只剩下两圈时,限位开关将起作用切断大车的供电回路,防止大车行走机构继续前进而发生事故。在副电缆供电状态下,只能操控行走机构运行,为防止其他机构运行而烧毁副缆,在主控程序中进行主、副缆电气互锁,以防止副电缆过荷而烧毁。

主、副电缆供电方式由专用切换刀闸QS_1切换。保证门机更换电缆孔后电源相序的一致性,在机上OKP柜设有电源监控用的相序继电器PIKV和相序倒顺开关QS_2,当总电源回路相序正确时,相序继电器信号指示灯亮,当总电源回路相序反相时,信号指示灯熄灭,这时司机可将相序倒顺开关QS_2掷向另一端进行电源换相。另外,该相序继电器对当总电源回路缺相和电压进行检测,当电源缺相或电压超出额定范围时,该相序指示灯熄灭,这时可排查故障原因进行解决。

在电气房总电源控制柜中设有容量为1250A总电源空气开关Q_1,该开关具有短路,过载等保护功能,在右联动台、海侧门腿及电气房PLC柜门上设有ES_1、ES_2、ES_4三只急停开关,在紧急状态下,在以上的任一地方按下这些紧停开关使总电源空气开关Q_1脱扣分闸;切断动力电源。而控制电源、照明及维修电源不受控制。

整机AC380V工作电源由总电源空气开关Q_1出线柱引出,经$P6KM_1$和$P6KM_2$主接触器分配,接至各机构变频器输入电源断路器,向机上各机构的变频器主回路供电,主接触器通断由右联动台“主接触器通”“主接触器断”按钮操作。

为平衡负载,支持机构和旋转机构三台驱动器作为一动力支路由$P6KM_1$接触器回路供电,开闭机构和变幅机构两台驱动器作为另一动力支路由$P6KM_2$接触器回路供电。照明、机上维修及控制电源全部采用隔离变压器供电,控制电源的分断用右联动台上的按钮“控制电源通”“控制电源断”操作。

总电源部分设置了德国施耐德公司PM500型多功能组合仪表,可实现电压、电流、频率、功率因数、电能等各重要数据的计量和统计。

3. 起升机构电气控制

因为抓斗工况为门机的主要工况,故起升机构由开闭机构和支持机构两个机构组成。起升机构通过联动台上的转换开关可进行起升单机、开闭单机、抓斗、吊钩等四种运行方式的操作。抓斗的升降,开闭完全由起升机构的支持机构和开闭机构协调实现,由于抓斗是机械合成,必须保证支持、开闭4根钢丝绳的协调运行,该门机在抓斗闭合时,开闭机构和支持

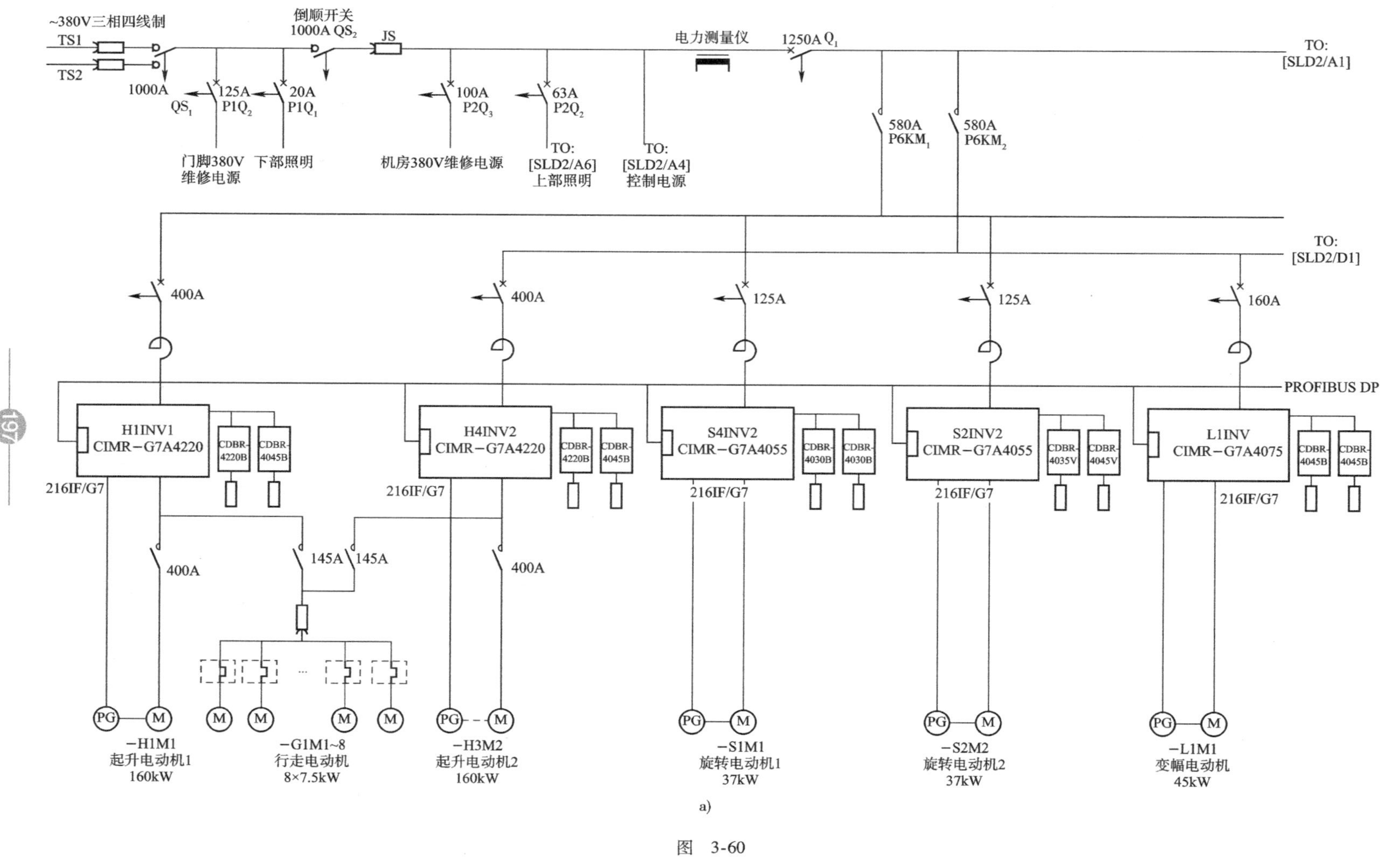
~380V三相四线制
TS1
TS2
1000A
QS1
125A
P1Q2
20A
P1Q1
门脚380V
维修电源
下部照明
倒顺开关
1000A QS2
JS
100A
P2Q3
机房380V维修电源
63A
P2Q2
TO:
[SLD2/A6]
上部照明
TO:
[SLD2/A4]
控制电源
电力测量仪
1250A Q1
580A
P6KM1
580A
P6KM2
TO:
[SLD2/A1]
TO:
[SLD2/D1]
400A
400A
125A
125A
160A
PROFIBUS DP
H1INV1
CIMR−G7A4220
CDBR-
4220B
CDBR-
4045B
H4INV2
CIMR−G7A4220
CDBR-
4220B
CDBR-
4045B
S4INV2
CIMR−G7A4055
CDBR-
4030B
CDBR-
4030B
S2INV2
CIMR−G7A4055
CDBR-
4035V
CDBR-
4045V
L1INV
CIMR−G7A4075
CDBR-
4045B
CDBR-
4045B
216IF/G7
216IF/G7
216IF/G7
216IF/G7
216IF/G7
400A
145A
145A
400A
PG
M
−H1M1
起升电动机1
160kW
−G1M1~8
行走电动机
8×7.5kW
−H3M2
起升电动机2
160kW
−S1M1
旋转电动机1
37kW
−S2M2
旋转电动机2
37kW
−L1M1
变幅电动机
45kW

a)

图 3-60

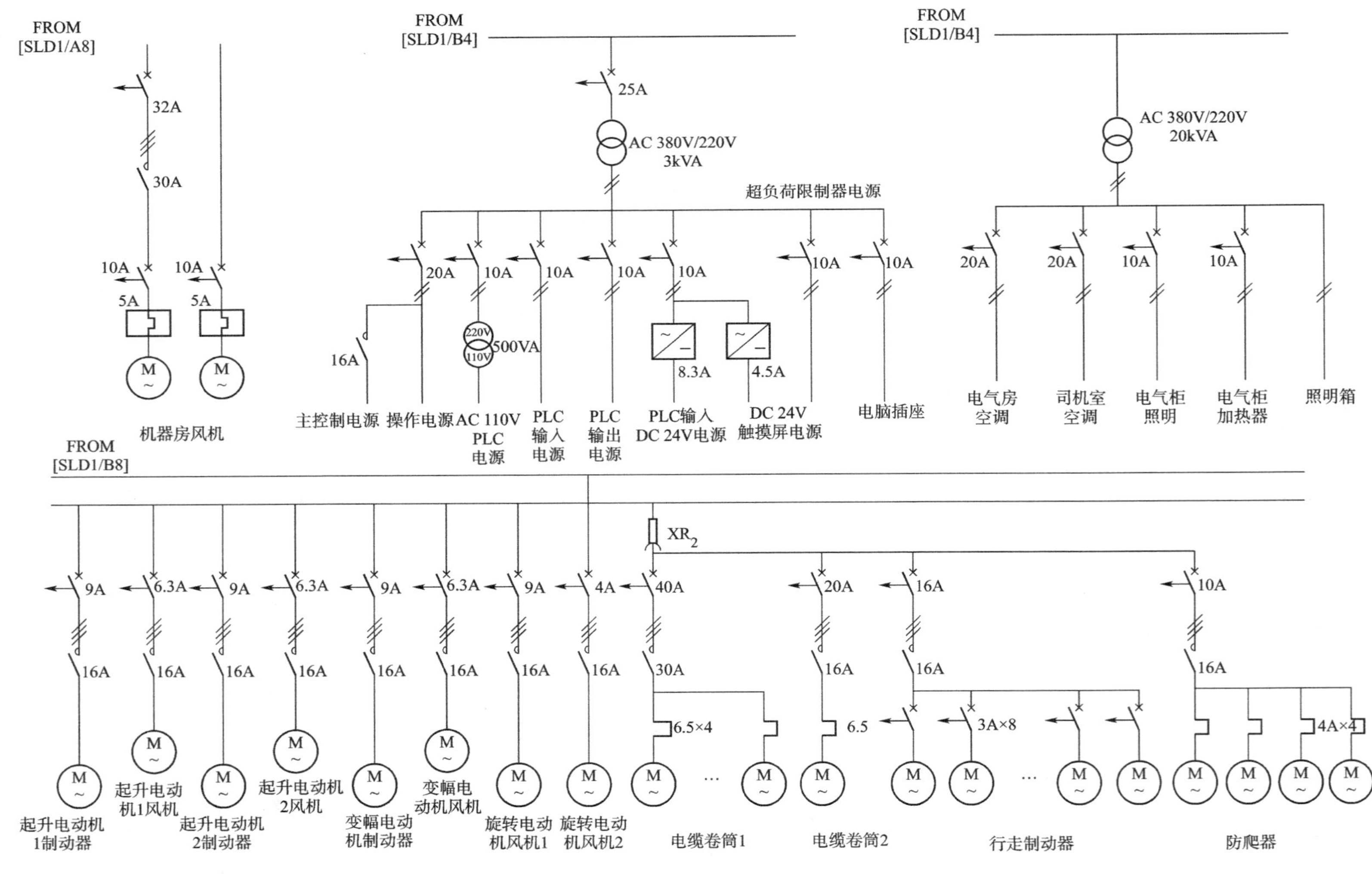

b)

图 3-60 供电系统单线图

机构的驱动系统采用负载平衡、速度平衡和位置平衡的工作方式。而在吊钩工况下，驱动系统则采用负载平衡和位置平衡的工作方式。门机抓取物料时，程序专门设有"挖掘"方式，挖掘动作时，闭合驱动处于手柄全速控制，支持驱动则在一较低预置给定命令和小力矩限制方式下运行，其作用是保证支持绳的张力达到设定的电流限制值，当抓斗闭合时抓斗略微上升，支持绳趋于缠紧状态，该速度给定值为全速的11%，力矩限制在额定的12%，该力矩越大，支持绳张力就越大，抓斗抓取物料越少，反之抓斗沉入更深，深挖功能越强。为消除货物种类、抓斗绳索、作业状态不同等因素对门机作业效率的影响，尽量发挥设备效力，25t门机在抓斗作业工况下，专门设计了抓斗设定程序，程序依据抓斗设定的数据对抓斗的开、闭减速及停止操作自动进行控制。司机可通过联动台上的开、闭斗设定按钮对抓斗斗型进行设定，作业中司机可根据现场作业实际情况，随时调整抓斗设定状态，确保抓斗满载作业。抓斗设定后，系统对抓斗开、闭斗状态的有关参数进行记忆，以此作为抓斗控制的依据，进行实时调整、控制，保证每个作业循环中的抓斗斗型不变。抓斗工况下，程序对抓斗的开闭操作自动进行速度控制和力矩控制，确保抓斗开、闭平稳，安全可靠。

支持机构和开闭机构在外围线路方面几乎相同，其动力驱动采用二台大连伯顿公司YZP355M1—8M 160kW变频电机驱动，二台安川公司CIMR—G7A4220型变频器，构成带PG矢量控制方式变频调速系统。

这里起升机构的线路分析仅以支持机构INV1为例。

支持机构主电路如图3-61所示。

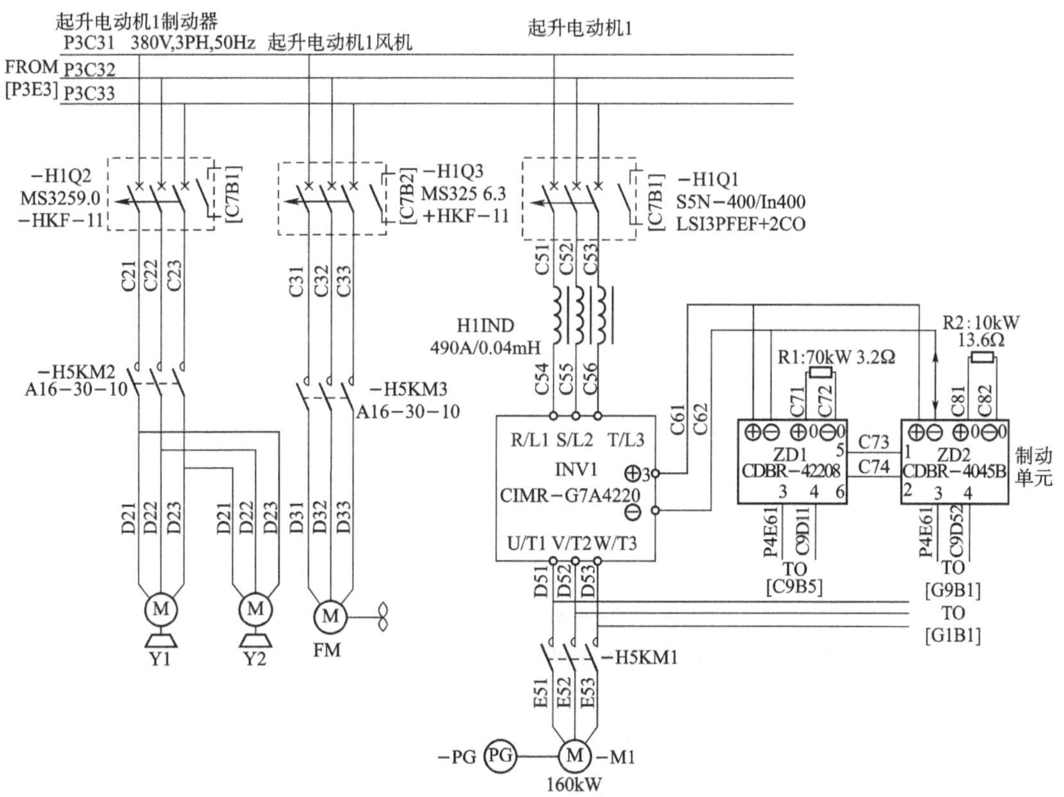

图3-61 支持机构主电路图

主回路三相电源经 $H1Q_1$ 开关、H1IND 输入电抗器输入到支持变频器 R、S、T 端作为变频器输入电源，变频器进行速度调整后，从 U、V、W 端输出，经 $H5KM_1$ 接触器输出到起升电机进行速度控制，同时经分支回路 $G4KM_1$ 接触器输出到 8 台行走电机，无论是起升还是行走时，电动机转速下降、停止运转时反馈到直流母线上能量由 ZD_1、ZD_2 制动单元经过制动电阻按要求进行能量释放。

支持机构变频器接线如图 3-62 所示。

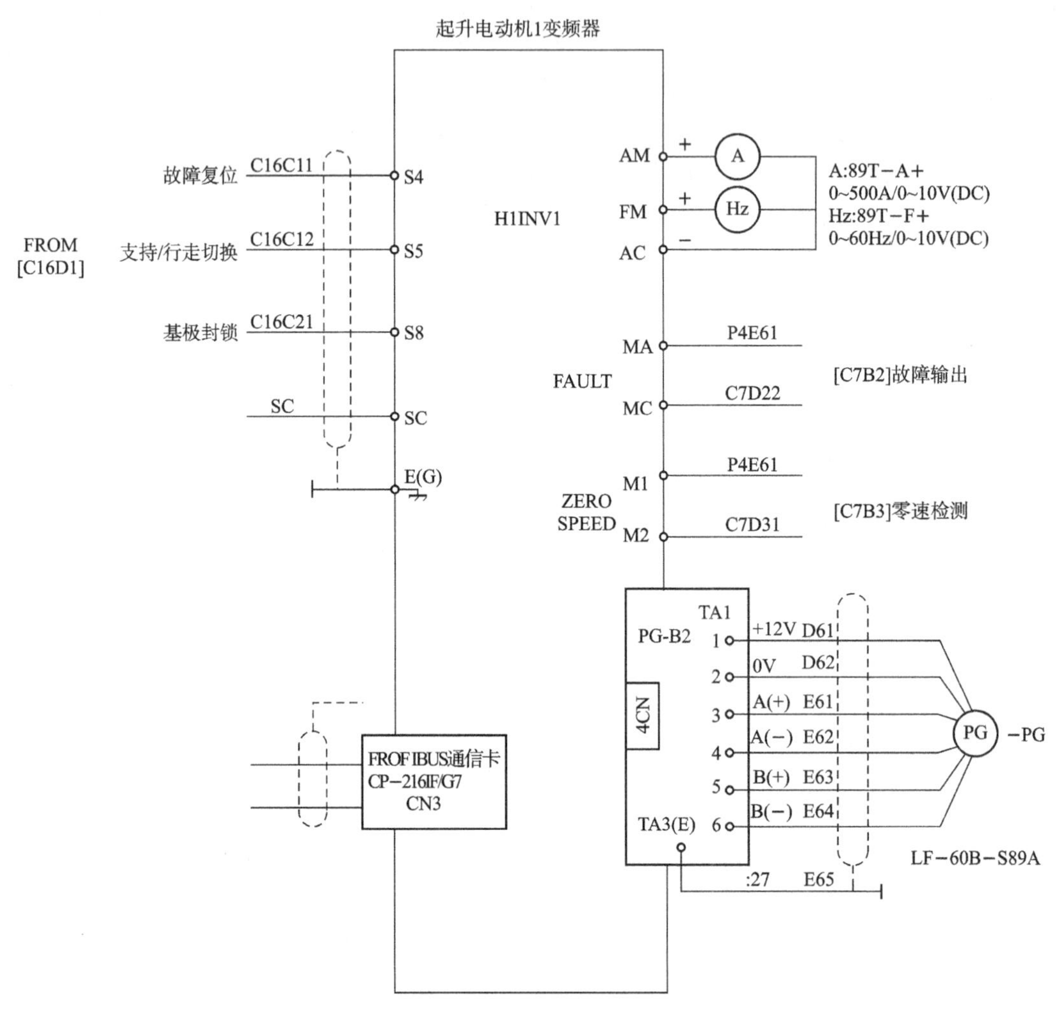

图 3-62 支持机构变频器接线图

起升主令编码器 SA_3 输出的速度信号经 1M 高速模块进入 PLC，经转换、计算等一系列控制后由 CN_3 通信端口输入变频器进行速度给定控制信号，用起升电机同轴连接的增量型光电旋转编码器 PG 作为电机速度反馈信号传感器，编码器 PG 的 A、B 相脉冲信号给变频器 PG 卡，同时经 CN_3 通信端口反馈到 PLC 进行比较运算控制，形成闭环转速控制系统。

AM 端输出 0～10V 的直流电压与 0～500A 电流对应，来指示输出电流。FM 端输出 0～10V 直流电压与设置的最高频率对应，用于指示变频器输出的频率。

在25t抓斗工况下，变频器运行在70Hz，在40t吊钩工况下，变频器运行在35Hz。PLC实时读取变频器的参数，并通过输入给PLC的主令控制器信号控制变频器的频率及电动机的转速。

起升机构各开关、接触器、联锁限位、保护限位、联锁触点等外部信号，经4M输入模块进入PLC，经严格的逻辑控制后进行机构的可靠控制，当机构发生故障时，PLC马上停止变频器运行，同时，制动器紧急制动，并通过安装于司机室和PLC柜的触摸屏进行故障显示，当故障排除后，司机按下故障复位按钮，PLC输出复位信号经8M输出模块对变频器进行复位。

起升机构机械制动采用双制动器形式，电控采用力矩控制和零速抱闸控制方式，减少抱闸闭合时的振动及抱闸磨损，使停车更平稳。起升机构设有两级限位保护开关，碰撞第一级限位后，机构自动进行减速，碰撞到第二级限位后，机构停止运行。

起升机构的电气保护有短路及过电流保护、过载保护、失压、缺相及零位保护、超负荷保护、大风保护及超速等多种保护。当变频器出现故障信号时，必须通过联动台上的故障复位按钮进行复位。

超负荷限制器设定为90%额定负载时发出声光报警，110%额定负载则自动切断上升电路，使机构只能下降，超负荷限制器的显示器装在司机操作台的前方，具有重量，幅度等显示。

单机方式为门机更换钢丝绳、调节抓斗或吊钩等辅助情况下的工作方式，在单机方式下，机构按手柄给定速度运行，这时负载平衡和速度/位置平衡方式功能都不存在。

4. 行走机构电气控制

行走机构电动机所用的变频器是与起升机构两台变频器兼用，通过司机室右联动台上的工况选择开关和"支持/行走切换"和"开闭/行走切换"旋钮选择大车行走控制，当旋钮转到"行走"侧时，大车行走由支持变频器驱动；当"开闭/行走切换"旋钮转到"行走"侧时，大车行走由开闭变频器驱动；大车行走可通过左联动台的独立大车主令手柄进行速度和方向控制，也可通过海侧门腿大车运行操作箱进行点动控制。行走机构可通过联动台上的转换开关进行机上行走、地面行走两种运行方式的选择。由于行走控制选用开环V/f控制模式，而起升控制采用带PG矢量控制方式，且两个机构电机功率不同，因此，变频器内部设有两套不同的控制参数分别对应两个机构的控制，这两个机构在逻辑控制上有可靠的电气互锁，内部控制参数由PLC经变频器S_5端子进行切换。通过变频器输出接触器反馈自动调用所需的变频器参数，通过系统对机构进行精密控制。驱动行走机构的电动机共8台，型号为DV132M4，功率为7.5kW。其主电路如图3-63所示。

行走机构在门腿设置了门腿操作箱，门腿操作箱只用于行走机构的操作，行走左、右行按钮是用来执行行动方向的，行走速度程序设定为全速的10%，通过工况选择开关的"地面行走"挡位进行地面与司机室的行走切换。门腿操作箱的紧停按钮为整机的电源紧停按钮，一旦按下会造成整机失电，因此该按钮仅用于特殊情况下的紧停使用，不得作为门机的停电开关，该旋钮为机械自锁式，按下后必须顺时针旋转才能复位。

为防止大车行走时拉断供电电缆，在主、副缆电缆驱动部分设有电缆终点限位，终端放缆限位开关动作后，自动切断行走机构电源，使其停车。若须反方向运行，必须按住极限退出按钮并同时操作行走手柄方可控制行走。在门腿两侧顺轨道方向设有大车防撞限位和红外线防撞限位，检测临近门机与本机的安全距离，当防撞限位动作后，系统自动切断行走机构电源，使其停车。另外，在行走锚定器及防跑器操作机构增设动作反馈限位与大车行走进行联锁，锚定、防跑器提起前行走不能动作；8 台行走电机制动器全部设有联锁限位，当行走制动器发生故障时，机构马上切断行走电源，停止大车行走。另外，行走机构还设有短路、过电流、失压、零位等多种可靠的电气保护。

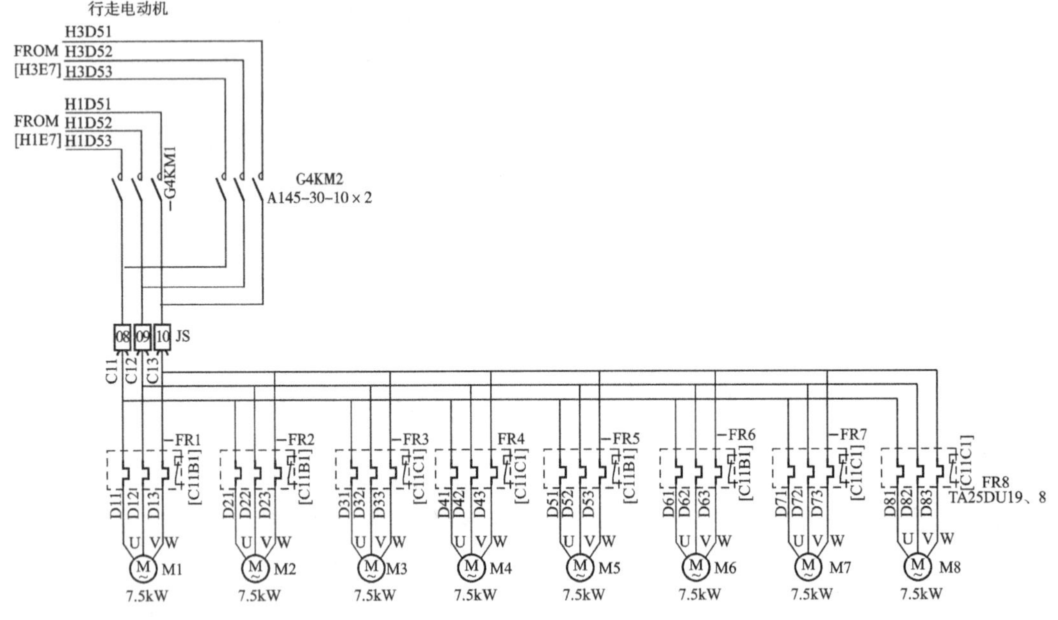

图 3-63　行走电动机主电路

电缆卷筒采用电机—磁滞耦合器驱动方式，很好地解决了行走过程中的力矩和速度要求，且使电缆随时处于张紧状态，电缆卷筒与行走电机同步起动，但当行走电机停止时，电缆卷筒电机延时后断电。为方便电缆更换或移车后多余电缆的卷绕，在司机室联动台上专门设计了主缆强收和副缆强收控制按钮，特殊情况下可对主、副电缆进行强收。

5. 变幅机构电气控制

变幅机构主电路如图 3-64 所示，变频器接线如图 3-65 所示。

操作手柄从零位推至所需挡位或由一个方向推至另一个方向 PLC 会控制变频器以设定的加、减速时间平稳加、减速至所需速度。采用旋转增量编码器作为速度传感器，编码器的 A、B 相信号由变频器的 PG 卡采集，实现带 PG 矢量控制模式。PLC 实时读取变频器的参数，并通过输入给 PLC 的主令控制器信号控制变频器的频率及电动机的转速。主回路三相电源经 $L1Q_1$ 开关、L1IND 输入电抗器输入到变幅变频器 R、S、T 端作为变频器输入电源，变频器进行速度调整后，从 U、V、W 端输出到变幅电机进行速度控制，电机停止时反馈到直流母线上能量由 ZD_1、ZD_2 制动单元经过制动电阻按要求进行能量释放。

变幅机构各开关、接触器、联锁限位、保护限位、联锁触点等外部信号，经输入模块 5M 进入 PLC，经逻辑运算后进行机构的可靠控制，当机构发生故障时，PLC 马上停止变频器运行，同时，制动器紧急制动，并通过安装于司机室和 PLC 柜的触摸屏进行故障显示，当故障排除后，司机按下故障复位按钮，PLC输出复位信号对变频器进行复位。

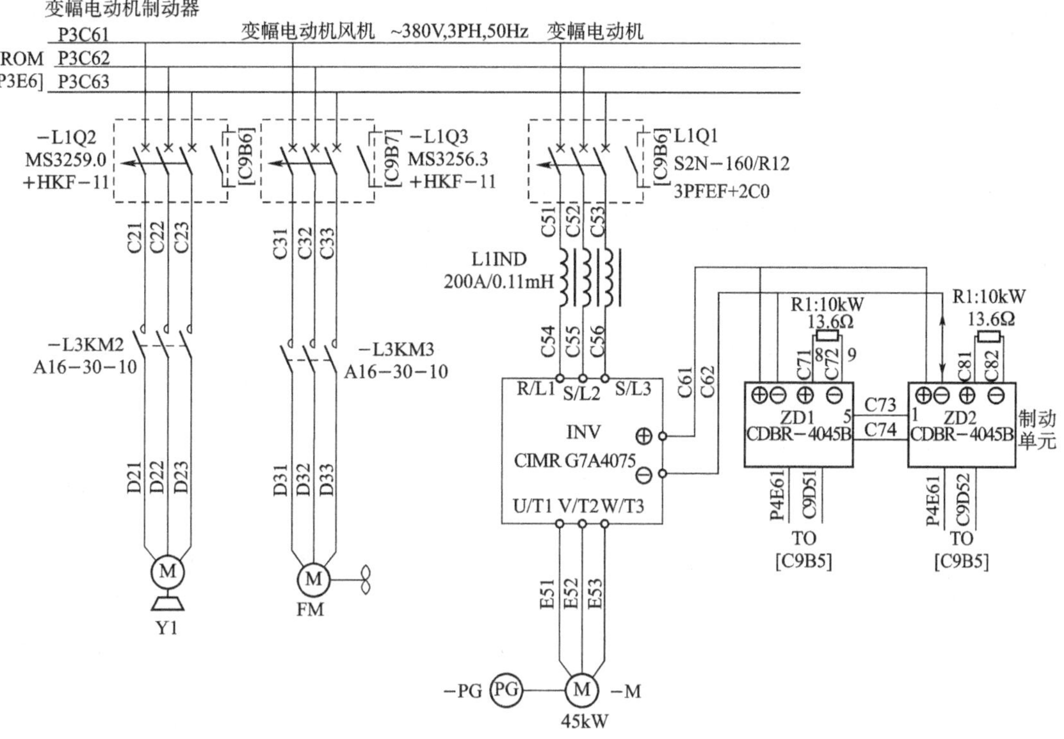

图3-64 变幅机构主电路

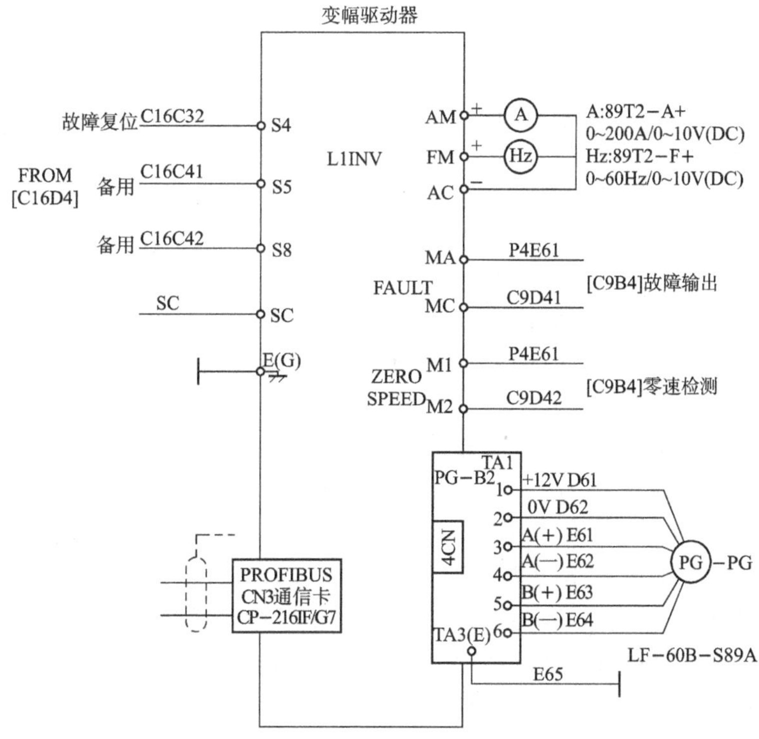

图3-65 变幅变频器接线图

变幅主令编码器 SA_1 输出的速度信号经 1M 高速模块进入 PLC，经转换、计算等一系列控制后由 CN_3 通信端口进入变频器进行速度控制，由变幅电机同轴连接的增量型编码器 PG 将电机速度信号反馈给变频器进行闭环控制，同时经 CN_3 通信端口反馈到 PLC 进行机构的运算控制。

变幅机构制动器采用力矩控制和零速抱闸方式，减少抱闸闭合时的振动及抱闸磨损，确保机构起、停平稳。

变幅机构的电气保护有短路保护、过电流保护、过载保护、失压保护、缺相保护、零位保护、大风保护和超速等多种保护，当变频器出现故障时，必须通过左联动台上的故障复位按钮进行复位。

变幅机构设有三级限位保护开关，碰撞第一级限位后，机构自动进行减速，碰撞到第二级限位后，机构停止运行；当第二极限位失灵后，机构运行碰撞到第三极变幅极限限位开关，机构停止运行，第三级限位动作程序作为故障自锁，变幅正反向操作被禁止，若操作变幅机构，必须按下极限退出按钮且同时操作主令手柄方可运行。

6. 旋转机构电气控制

旋转机构采用双电机、双变频器驱动方式，变频器选用两台安川公司 CIMR—G7A4055 型变频器，分别驱动两台 YP250M—6MV1 变频电机，两套驱动器采用同一控制信号，控制方式均采用带 PG 矢量控制模式，保证两套驱动机构的动作协调，机构闭环控制的速度反馈传感器采用增量式脉冲编码器。

旋转制动采用脚踏液压制动器和变频器内部电气制动两种方式，当旋转手柄回零后，变频器自动进行减速制动，制动时间为 6s，脚踏液压制动器为汽车制动泵驱动机械摩擦片方式，制动力矩完全由人工控制，为防止在旋转制动器司机作业中误踩脚踏制动器或运行中紧急制动造成变频器过流，在脚踏制动杆处设有电气联锁限位，当脚踏制动杆踩下时，该联锁限位马上动作，程序会快速切断旋转驱动回路，自动将旋转制动时间调整为 3.5s，使机构快速切换到安全运行方式。

旋转机构的电气保护有短路保护、过电流保护、过载保护、失压保护、缺相保护及零位保护，当变频器出现故障时，必须通过左联动台上的故障复位按钮进行复位。

旋转机构除在制动器设有脚踏制动器联锁限位和液压制动器联锁限位外，还设有旋转锚定联锁限位保护。液压制动器联锁限位和旋转锚定限位在联动台有明确信号指示，旋转锚定限位打开后，即锚定销插入锚定孔后，程序切断旋转机构控制，禁止旋转运行。

旋转机构由两套相同的驱动系统组成，仅以其中一套为例分析。旋转机构主电路如图 3-66 所示。旋转变频器接线图如图 3-67 所示。

操作手柄从零位推至所需挡位或由一个方向推至另一个方向 PLC 会控制变频器以设定的加、减速时间平稳加、减速至所需速度。

主回路三相电源经 $S1Q_1$ 开关、S1IND 输入电抗器输入到旋转变频器 R、S、T 端作为变频器输入电源，变频器进行速度调整后，从 U、V、W 端输出到各自的电机进行速度控制，电机下降、停止时反馈到直流母线上能量由 ZD_1、ZD_2 制动单元经过制动电阻按要求进行能量释放。

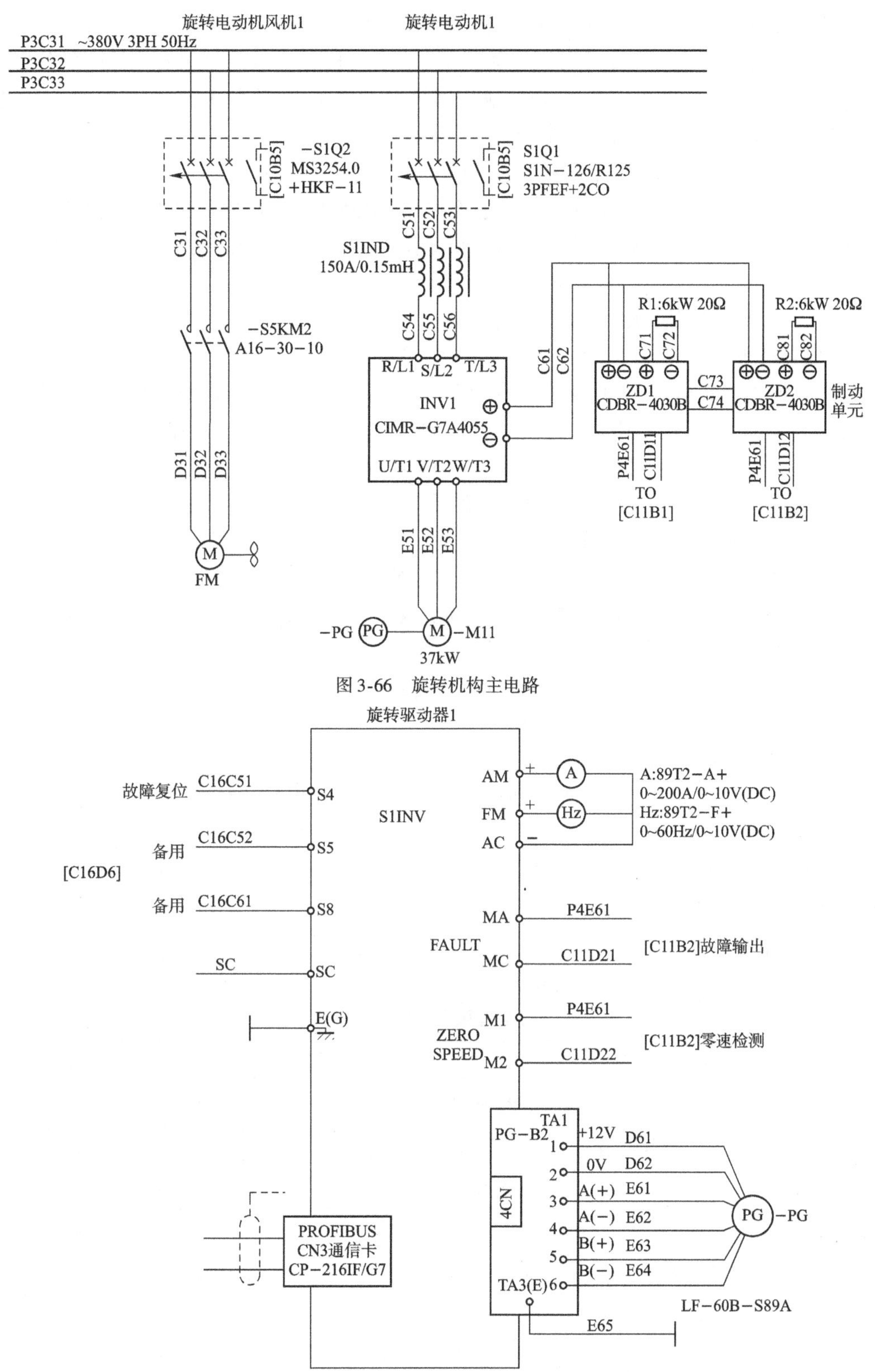

图3-66 旋转机构主电路

图3-67 旋转变频器接线图

旋转机构各开关、接触器、联锁限位、保护限位、联锁触点等外部信号，输入模块5M、6M进入PLC，经运算后控制旋转机构的电动机运转，当机构发生故障时，PLC马上停止变频器运行，并通过安装于司机室和PLC柜的触摸屏进行故障显示，当故障排除后，司机按下故障复位按钮，PLC输出复位信号对变频器进行复位。

旋转主令编码器SA_2输出的速度信号经1M高速模块进入PLC，经转换、计算等一系列控制后由CN_3通信端口进入变频器进行速度控制，由旋转电机同轴连接的增量型编码器PG将电机速度信号反馈给变频器进行闭环控制，同时经CN_3通讯端口反馈到PLC进行机构的运算控制。

7. 日常维护与故障排除

1)日常维护

(1)电缆卷筒集电环，中心受电器的滑环和炭刷导电部分均应保持清洁，滑环与炭刷之间的接触面积不得少于炭刷面积的85%，炭刷弹簧应保持与滑环之间有足够的压力。

(2)应经常检查各接触器、继电器的触点，遇烧毛现象应用细齿锉或细砂纸仔细磨平，烧毛严重时应及时更换。接触器的衔铁接合面防锈油要擦干净，以防吸合不牢，发出噪声或严重事故。

(3)经常检查继电器上的微动开关是否动作可靠，如有异常应及时更换。

(4)室外的电气元件应有经常检查其防水性能。

(5)注意检查电阻片的发热情况，若局部发现高温发红，应将该电阻片夹紧，螺钉紧，以减少片间接触电阻。

(6)所有电气元件的接线螺栓应紧固连接可靠。

(7)应保证所有的电气元件的清洁。

(8)应经常检查PLC及变频器的运行情况。

(9)电缆卷筒驱动电动机工作时所产生的卷绕力应以两人合力能拉下电缆为度，否则应增减动力头或调整磁间隙。

(10)为了保持超负荷限制器的准确可靠，应经常清洁传感器及放大器上的油污和锈斑，并定期校对超载限制器的准确性。

2)故障排除

MQ25—33型门座起重机常见外围故障及排除方法如表3-4所示。

MQ25—33型门座起重机常见外围故障及排除方法 表3-4

故障现象	显示故障内容	对　策	备　注
起升不动作	相序和缺相检测	电源电压超出允许范围(342~418V)，或电源缺相，解决电源质量问题，若为电源波动冲击，则观察电压表当指示的电压值在正常范围内时，分断一次主开关即可	出现该情况时整机不动
	大风报警>25m/s	风力过大，超出安全设定值25m/s，停止作业	出现该情况时整机不动作，特殊情况下，可按极限退出按钮强制动作
	零位检测故障	有手柄不在零位，检查起升、闭合、变幅、选择、行走机构主令	出现该情况时整机不动

续上表

故障现象	显示故障内容	对　　策	备　注
起升不动作	I/O 电源未合	检查输入、输出电源是否合上	
	电机 1 接触器检测故障	检查主接触器是否正常吸合,检查其辅助触点是否误动作	
	电机 1 制动器检测故障	检查制动器推杆动作情况,检查制动器限位调整情况	
	电缆卷筒 2 投入	转换开关在副缆位置,切换到主缆	
	大车选择	转换开关选择错误	
	起升变频器故障	根据变频器的故障显示排查故障	
	电机 1 互锁故障	检查转换开关和变频器零速信号	
闭合不动作	电机 2 互锁故障	检查转换开关和变频器零速信号	
	电机 1 接触器检测故障	检查主接触器是否正常吸合,检查其辅助触点是否误动作	
	电机 2 制动器检测故障	检查制动器推杆动作情况,检查制动器限位调整情况	
	闭合变频器故障	根据变频器的故障显示排查故障	
	大车选择	转换开关选择错误	
	电缆卷筒 2 投入	转换开关在副缆位置,切换到主缆	
变幅不动作	变幅互锁检测	检查变频器零速信号和变幅柜主空气开关	
	变幅零位故障	手柄不在零位,检查变幅手柄	
	变幅接触器检测故障	检查主接触器是否正常吸合,检查其辅助触点是否误动作	
	变幅制动器检测故障	检查制动器推杆动作情况,检查制动器限位调整情况	
	闭合变频器故障	根据变频器的故障显示排查故障	
	增幅极限	拔杆底增幅极限限位动作	按极限退出收幅
	减幅极限	拔杆底减幅极限限位动作	按极限退出增幅
	电缆卷筒 2 投入	转换开关在副缆位置,切换到主缆	
旋转不动作	旋转互锁检测	检查控制接触器的反馈信号和旋转 1、2 的主空气开关	
	旋转接触器检测故障	检查主接触器是否正常吸合,检查其辅助触点是否误动作	
	旋转风机空开未合	检查相对应的空气开关	
	旋转变频器故障	根据变频器的故障显示排查故障	
	旋转锚定限位	检查旋转锚定是否打开,检查旋转制动是否到位,检查限位是否误动作	
	电缆卷筒 2 投入	转换开关在副缆位置,切换到主缆	

VARISPEEDG7 变频器常见故障、原因及排除方法如表 3-5 所示。

VARISPEEDG7 变频器常见故障、原因及排除方法　　表 3-5

故障显示	故障内容	故障原因	对　策
OC Over current	过电流 变频器的输出电流超过电流检出值(约为额定电流的 200%)	变频器输出侧短路、接地 负载过大,加减速时间过短 使用特殊电机或最大容许容量以上的电机	原因调查,实施对策后进行复位
GF Ground fault	接地 在变频器输出侧的接地电流超过变频器额定输出电流的 50%	在变频器输出侧发生接地(由电机的烧损、绝缘劣化、电缆破损引起的接地等)	原因调查,实施对策后进行复位
PUF Main IGBT fuse blown	熔断丝熔断 装在主回路的熔断丝被熔断	因变频器输出侧的短路、接地、输出晶闸管损坏	原因调查,更换变频器
OV DC bus fuse open	主回路过电压 主回路直流电压超过过电压检出值,400V 级约为 820V	减速时间太短 电源电压过高	延长减速时间或连接制动电阻器 在规格范围内降低电压
UV1 DC bus undervolt	主回路低电压 主回路直流电压降到允许值 400V 级约为 380V	输入电源缺相	原因调查,实施对策后进行复位
UV2 CTL PS undervolt	控制电源电压太低		连续发生故障时更换变频器
PF Input pha loss	主回路电压故障 主回路直流电压发生故障	输入电源发生缺相 发生瞬时停电 输入电源电压波动过大 三相电压不平衡	原因调查,实施对策后进行复位
LF Output pha loss	变频器输出侧缺相	输出电线断线 电机绕组断路 输出端子故障	
RH Dynbrk transistr	制动电阻过热	减速时间过短 频繁正反转操作	减小负载,延长减速时间,降低速度,规范操作,更换制动器电阻单元
OL1 Motor overloaded	电机过载	负载太大,加减速时间、周期太短	调整负载大小,延长加减速时间、周期
OL2 Inv overloaded	变频器过负载	负载太大,加减速时间、周期太短 变频器容量小	调整负载大小,延长加减速时间、周期更换大容量变频器
OS Overspeed DET	电机超速	速度太高	

课题七 集装箱装卸桥的电气设备与控制

知识点

1. 集装箱装卸桥各机构电气控制原理及特点；
2. 集装箱装卸桥各机构 PLC 控制程序流程；
3. 集装箱装卸桥硬件与软件保护措施。

技能点

1. 分析集装箱装卸桥各机构的电气控制原理；
2. 识读集装箱装卸桥电气控制原理图。

一、课题引入

随着经济的发展，港口码头的运输作业也越加繁忙，尤其是集装箱机械的迅猛发展，集装箱装卸桥作为集装箱的专用起重机，在集装箱港口码头的生产中发挥着重要的作用。集装箱装卸桥是港口起重机械中自动化、智能化程度最高的高效装卸机械。集装箱装卸桥的电气控制系统原理是港口电气技术人员必修内容。

二、课题分析

集装箱装卸桥各大机构的电气控制系统均以 PLC 为核心，而电气驱动系统均采用变频器为主的高效调速系统。分析掌握集装箱装卸桥的 PLC 电气控制基本原理、变频调速系统的控制方法是岸桥电气控制系统安装调试的基础，是岸桥电气系统维护、故障排除的前提条件。控制系统以西门子 S7 400 系列 PLC 为例，变频器以日本安川 G7 系列为例讲述岸桥各机构的电气控制原理。在学习相关内容时，可结合配套辅助材料《集装箱装卸桥电气控制原理图集》的读识，加深对本课题内容的理解。

三、相关知识

（一）集装箱装卸桥简介

集装箱装卸桥是集装箱装卸船的专用起重机，布置于集装箱码头前沿，所以又简称为岸桥。岸桥装卸能力和速度直接决定码头作业生产率，是港口集装箱装卸的主力装卸设备。

集装箱装卸桥整体结构如图 3-68 所示。其工作机构主要包括起升机构、大车机构、小车机构和俯仰机构。并配有专用集装箱吊具和减摇装置。驱动装置是指变频驱动装置，主要为电动机及其装置、调节元件组成的控制系统。岸桥采用 PLC 控制系统和 CMS（Crane Monitoring System，CMS，起重机控制监视系统）监控系统，具有自动监测和诊断功能，工作安全可靠。

（二）岸桥供配电与电气操作控制设备

1. 岸桥的供电

在岸桥中以三相三线、10kV、50Hz 的交流岸电为主电源，以三相四线、380V、50Hz 交流岸电作为备用电源。根据不同用途采用不同的电压等级与类别,其中:主动力电源为三相、440V、50Hz 交流电;辅助动力电源和维修照明电源均为三相、380/220V、50Hz 交流电;控制电源为单相、220/110V、50Hz 交流电。整个岸桥采用三种供电方式供电:

(1)本机的上机电源为三相三线,10kV ±10%,50Hz ±1Hz。供电方式为将设在码头海侧地面供电坑中的高压电源,通过安装在海侧门框上的电缆及电缆卷筒和滑环箱接至机房内的高压进线柜,并由变压器配电柜给高压变压器供电。

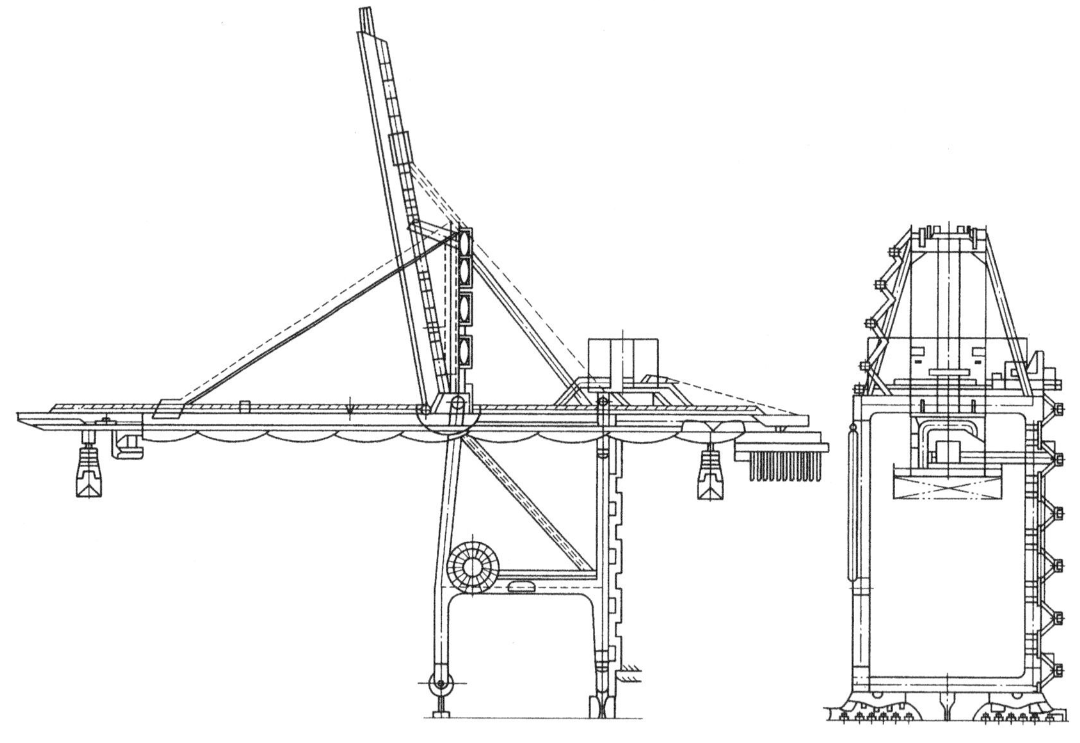

图 3-68 集装箱装卸桥整体结构图

(2)应急岸电电源(380V、50Hz),通过海侧门腿上的应急电源箱接到电气房内低压柜,供辅助机构和 PLC、照明、维修用电。

(3)装卸桥的起升、俯仰、大车运行、小车运行等机构的控制与通信,以及小车运行机构和吊具上的电源是由连接司机室与机房之间的电缆小车即电缆拖令系统悬挂的电缆来供电的。吊具与小车之间采用一根 48 芯的吊具电缆进行电气连接。

岸桥供电框图如 3-69 所示。岸桥供电单线图如图 3-70 所示。

2. 主要电气设备

1)高压设备

(1)高压开关柜

高压电缆经过滑环箱后连接到高压开关柜。高压开关柜是机上总电源的分合装置。主要包括电压互感器、电流互感器、断路器和综合继电保护装置。开关柜面板上装有电压表、电流表、功率因数表及相序检测装置。

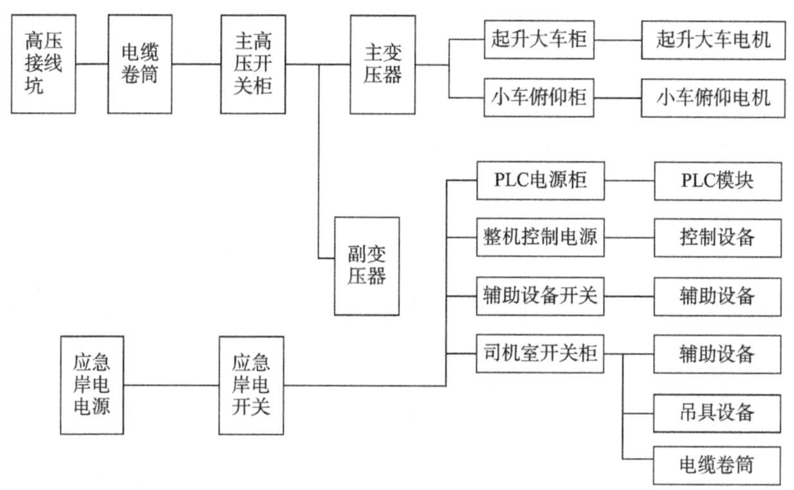

图 3-69 集装箱装卸桥供电框图

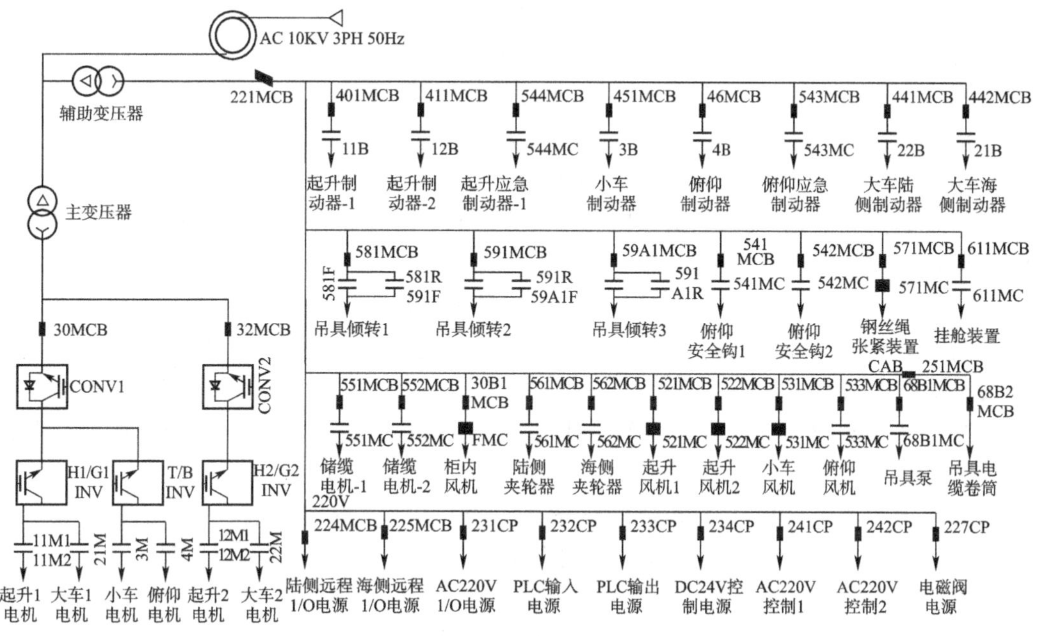

图 3-70 集装箱装卸桥供电单线图

(2)高压输电装置

高压馈电装置包括:高压电缆、高压电缆卷筒及高压滑环箱。

高压电缆用于连接地面高压电缆坑和机上高压滑环箱。高压电缆卷筒是高压电缆的收放缆机械装置,由一台电缆卷筒牵引电动机和 4 台电缆卷筒储缆电动机控制,都是 380V、1.5kW。电缆卷筒上装有左右方向判别装置和终点保护开关。

附设导缆架,导缆架装有相应的检测装置,用于检测电缆过松或过紧并反馈给 PLC 进行调整。

高压滑环箱是一个高压电缆过渡连接设备,高压电缆通过电缆卷筒上机后接到滑环箱内集电器的动滑环上，机上高压电缆接到集电器的静触点上，动滑环与静触点之间用炭刷进行电力传导。高压滑环箱内配有加热器、温控开关进行除湿和保护。

(3)主变压器

主变压器为干式变压器，采用△—Y连接，是机上的主变电设备，容量为1000kVA，负责将10kV高压降至440V的低压供机上设备使用。

2)低压供电设备

(1)低压进线柜

柜内装有AC 440V驱动器进线总开关、辅助变压器进出线低压断路器、辅助电源开关、接触器、岸电开关、接触器等。正常工作时，岸电开关断开，只有当高压断电时才将岸电开关合闸。高压恢复供电前，要将岸电开关断开。

(2)辅助变压器和控制变压器

辅助变压器△-Y连接，125kVA，负责将440V的交流电压变为380/220V，给机上照明、空调、加热器、辅助电动机等辅助设备供电。两台控制变压器额定容量分别为3kVA和2kVA，两相380V输入，单相220V输出，用于提供征集的控制电源。

还有一台控制变压器，额定功率3kVA，两相440V输入，单相110V输出，为盘柜冷却风扇提供电源。另外在PLC控制柜中还有1kVA，220V/110V单相电源变压器。

3)控制屏柜

所有电气控制屏柜均采用防尘型，并安装有干燥防冷凝装置(加热器)。

(1)辅助控制柜：主要包括低压电源总开关、司机室电源开关、辅助机构(照明、风机、倾转、油泵等)控制、应急装置等。

(2)PLC控制柜：PLC控制器、控制变压器、各个从站电源开关等。

(3)起升/大车驱动柜：包括起升/大车驱动电源进线、滤波、整流、逆变和输出环节，起升/大车切换控制部分。

(4)小车/俯仰驱动柜：包括小车/俯仰驱动电源进线、滤波、整流、逆变和输出环节，小车/俯仰切换控制部分。

(5)吊具控制柜：包括吊具控制电源开关、吊具油泵电源及吊具控制用继电器等。

(6)吊具电缆卷筒柜：包括吊具电缆卷筒开关、变频器及控制用继电器等。

4)联动台

(1)司机室左联动台：在左联动台面板上设有小车/俯仰主令控制器，及其他按钮、选择/控制开关和指示灯等。

①按钮：吊具归零带灯按钮，电源通带灯按钮，电源断、故障复位、试灯、强迫收缆、吊具旁路按钮。

②选择/控制开关：陆侧/海侧制动器液压站停/起开关，吊具左旋/右旋开关，陆侧/海侧导板抬起、小车/俯仰选择开关，小车张紧电机停/起开关，司机室/本地，放下操作开关，导板全起、全落操作开关，吊具左右倾、前后倾开关，极限旁路、大风旁路开关。

③指示灯：总断路器通，总断路器断，小车锚定，俯仰水平，俯仰60°。

④蜂鸣器：故障报警。

(2)司机室右联动台：在右联动台面板上设有起升/大车主令控制器，及其他按钮、选择/

控制开关和指示灯等。

①按钮：吊具油泵起动、停止按钮，司机室雨刮洗涤器按钮，吊具开锁、闭锁以及紧停按钮，大车夹轮器夹轨、大车夹轮器松轨。

②选择/控制开关：吊具20/40ft、起升/行走选择开关，司机室刮水器开关，重量传感器旁路开关，吊具左倾、右倾、前倾、后倾、左旋、右旋，防摇选择。

③指示灯：吊具20ft、40ft位置、小车锚定到位、大车锚定、起升超负荷、高压主变超温指示灯。

5)俯仰操作箱

①按钮：控制电源复位，紧停，俯仰上升、下降，电笛，投光灯。

②选择/控制开关：安全钩抬钩/松钩、俯仰手动/自动、俯仰慢速/快速。

③指示灯：俯仰水平、俯仰正常、控制电源复位、紧停、俯仰上升停止、俯仰挂钩、安全钩抬起、安全钩放下。

6)大车操作箱

①按钮：控制电源复位、大车慢速左行、大车慢速右行、夹轨、松轨、紧停。

②指示灯：控制电源复位、夹轨、松轨、大车正常。

7)机房操作箱

①按钮：单机构正转、单机构反转、停止、紧停。

②选择/控制开关：起升/俯仰/小车、正常/应急俯仰选择开关。

③指示灯：单机构操作正常。

(三)岸桥保护系统

岸桥具有一套完整的保护系统，在各个机构的控制系统上，通过各种传感器采集信号运用PLC的逻辑控制功能实现的各种检测保护，这种保护称作“软保护”；而在常规继电器—接触器控制系统中采用相关触点联锁的保护，称为“硬保护”。这两套保护系统在岸桥中同时运行从而提高设备的可靠性和连续运行能力。这里先介绍岸桥的整机控制保护，对于四大机构的联锁保护在各变频驱动系统中介绍。

1. 电气保护

岸桥一般都具有以下电气保护：

(1)岸桥电源总开关有失压保护。

(2)岸桥上所有电源开关有过载和短路保护。

(3)各种电动机有短路保护、过流保护和缺相保护。

(4)各类维修开关带有漏电保护。

2. 零位保护

设有零位保护。当运行时或失压恢复供电时，必须先将控制器手柄置于零位后，才能送控制电源。

3. 过温保护

电气房、变频器与电机均设有过温保护。电气房过温保护是通过过温继电器进行检测保护；变频器通过安装在变频器内部的温度传感器进行检测，一旦发生过温，则变频器直接报过温故障代码，变频器停止工作；电机过温是通过安装在电机定子上的热敏电阻将电流值传至温度继电器进行检测。

4. 大风保护

在岸桥梯形架上安装一套测量风向和风速地风速仪，在司机室的适当位置装一套指示、报警装置。风速达到 16m/s 时给出灯光报警。风速达到 20m/s 时，同时给出声光报警，四大机构均不能工作。超过 20m/s 时大车轮边制动器立即制动，提供岸桥安全保护。

5. 控制系统保护

岸桥都设有整机的总控制电源继电器（现简称“UVA”），就是一个总条件继电器，当 UVA 断开，就停止了各种机构的运行。极限限位、超速开关、紧停按钮、变压器温控开关与 PLC 故障等均串联在继电器 UVA 吸引线圈的供电回路中。在各机构均正常的情况下，用复位按钮（起动按钮）就能使 UVA 吸合，PLC 控制系统才能控制四大机构的运行。

紧停按钮控制整机的工作机构，分别设在以下位置：

(1) 司机室联动操作台上。

(2) 俯仰操作室内。

(3) 电气房控制屏门上。

(4) 大车地面操作站处。

(5) 机器房起升、小车及俯仰机构处。

(6) 海侧门腿内侧锚定处，高于码头面 1.4m 处。

(7) 陆侧门腿内侧锚定处，高于码头面 1.4m 处。

(8) 前大梁顶端工作平台处。

(9) 小车车架上。

（四）PLC 控制系统

1. PLC 控制系统的功能

集装箱装卸桥的电气控制系统以 PLC 为核心，PLC 系统除根据各机构操作指令，实现对相应的变频驱动系统控制的主要功能外，为了满足岸桥的生产工作与维护的需要，一般还具有如下的功能：

(1) 具有远程能力的 PLC 系统，它能同变频驱动器有通信和连接功能，且有足够的存储容量，可用于将来扩展，提供 I/O 接口，并留有 10% 的备用。

(2) 机上 PLC 控制器具有故障及状态监测功能。允许显示不少于 300 个监测信号。

(3) 具有一个故障显示器（电气室），故障及状态情况由 PLC 监视。如果同时产生多个故障，只能有一个故障能够显示，如果第一个故障仍然存在，那么这个故障会继续显示。第一个故障排除完，显示第二个故障，排除完显示第三个故障，如此顺延，直至排除所有故障为止。同时能把故障存储下来。

(4) 故障信息用中文/英文打印，同时有参考编码，以便对照相应的中文。

(5) PLC 具有联网及远距离通信能力，留有接口，以便将来能与港口计算机联网。

(6) PLC 能通过模块插入公共支座进行功能的扩展。

(7) 对于起升机构，设置的重量监测器纳入 PLC 控制，并在司机室用数字显示其负荷重量。

(8)电气室中具有配置便携式编程器及相连接的激光打印机的接口。

(9)具有电路监视系统,该装置作为控制设备的一个完整组成部分,对线路及设备中的故障进行监测,并在显示屏上显示出故障及位置,便于快速准确地排除故障。

(10)监测并显示电气设备的故障如下:过载、短路、过流、过电压、失压、过热、缺相、超速、主回路故障、线路、驱动器、欠压、PLC 运行状态。

(11)交流变频系统回路及控制回路设监测和试验点,以便查找故障,在监测点附近设有正常波形和相应数据的永久性标牌。

(12)多发性故障点用蜂鸣声和指示灯报警,由 CMS 指示故障发生部位。

2. PLC 控制系统的组成

由 Siemens S7—400 系列 PLC 所组成的集装箱装卸桥电气控制系统主要有 CPU416—DP、电源模块 PS407、CP443—1 以太网通讯模块、CP443—5 通信构成主 PLC 处理单元。整个系统网络采用 PROFIBUS—DP 现场总线实现系统通信。人机界面与 PLC 之间的通讯是通过以太网模块 CP443—1 实现。电子防摇模块以从站的形式通过通信处理器 CP443—5 连接。PLC 控制系统的实物图如图 3-71 所示。以 PLC 为核心 CPU 通过 PROFIBUS 通信来实现对变频器(变频器由整流器与逆变器组成)与分布式 I/O 模块进行控制,每个分布式的 I/O 有各自的 PS 电源模块、通信模块与输入输出模块。PLC 同时也带有以太网接口,可也与计算机连接,实现 CMS 功能。

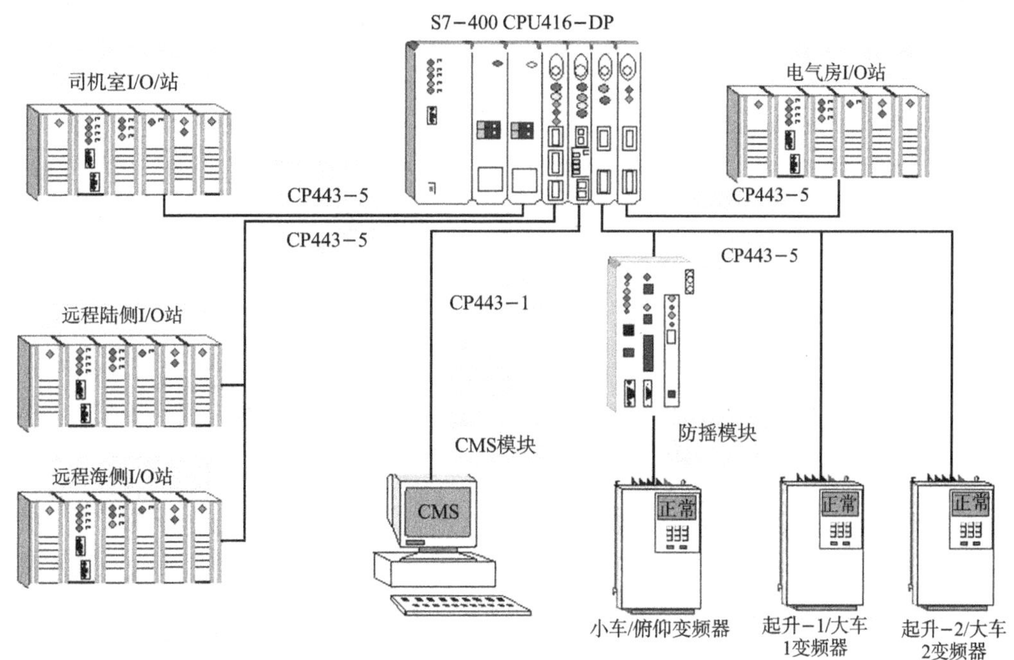

图 3-71 PLC 控制系统实物图

PLC 通信单线图如图 3-72 所示。在图 3-72 中,CPU 现场总线通信分三路:第一路是与变频器通信连接,由起升 1/行走 1 整流器、起升 1/行走 1 逆变器、起升 2/行走 2 整流器、起升2/行走2逆变器、小车/俯仰整流器、小车/俯仰逆变柜组成；第二路与分布式I/O通信连接，依次为电气房模块站、辅助控制柜模块站、大车模块站、俯仰模块站；第三路与司机室分布式I/O通信连接，通过OLM光电转换器，将profibus信号转换成光纤信号，通过托令光缆传入司机室，再将其转换成profibus信号，依次连接至吊具柜模块站、联动台模块站、吊具电缆卷筒柜模块站。

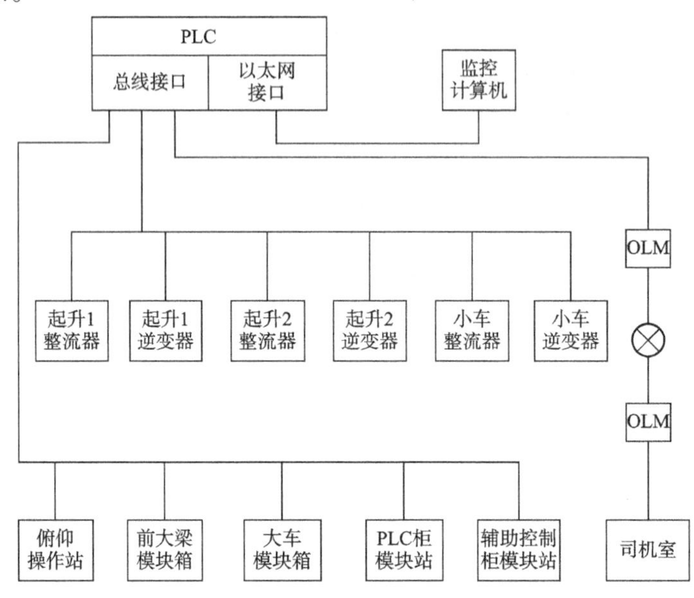

图3-72 PLC控制系统通信单线图

PLC控制系统模块组成如表3-6所示。

Siemens S7-400系列集装箱装卸桥PLC控制系统模块组成表 表3-6

站名	模块名称及数量	I/O地址分配	站名	模 块 名 称	I/O地址分配
主PLC单元	CPU416—DP×1		前大梁	24VDC×16DI×4	I60.0～I73.7
	CP443—1×1			4×AI×1	IW80～IW87
	CP443—5×1		俯仰	24VDC×16DI×3	I60.0～I73.7
	PS407×1			4×AQ×1	QW32～QW39
联动台	24VDC×16DI×6	I144.0～I173.7	电气房	24VDC×16DI×7	I184.0～I253.7
	24VDC×16DQ×2	Q76.0～Q89.7		120VAC×16DQ×2	Q108.0～Q201.7
	4×AQ×2	QW92～QW107		4×AI×1	IW272～IW279
电子防摇	CPU×1			SSI×1	IW224～IW239
	PS996×1		大车	24VDC×16DI×12	I0.0～I49.7
	FM586×1			120VAC×16DQ×4	Q0.0～Q21.7
	IM I05×1		吊具	24VDC×16DI×3	I128.0～I137.7
	IM—UCP×1			24VDC×16DQ×4	Q52.0～Q65.7

(五)能量回馈系统

在由通用变频器、异步电动机和机械负载所组成的变频调速系统中，当电动机减速或所拖动的位能负载下降时，电动机的转速将大于当时的同步转速，电动机将处于再生发电制动状态。从变频器基本原理图如图3-73可看出,逆变器中的6个续流二极管$VD_7 \sim VD_{12}$将这种电能整流回馈到直流侧,此时的逆变器处整流状态。如果在标准型的变频器中不采取另外的措施,这部分能量将导致直流侧储电电容上的电压U_D上升。如果电动机的制动并不太快,电容器电压升高的值并不十分明显,一旦电动机恢复到电动状态,这部分能量又被负载所重新利用。但当制动器制动过快或位能负载下降过快时,直流侧电压就会升得过高,不采取措施就会损坏变频器或使制动过程变长。

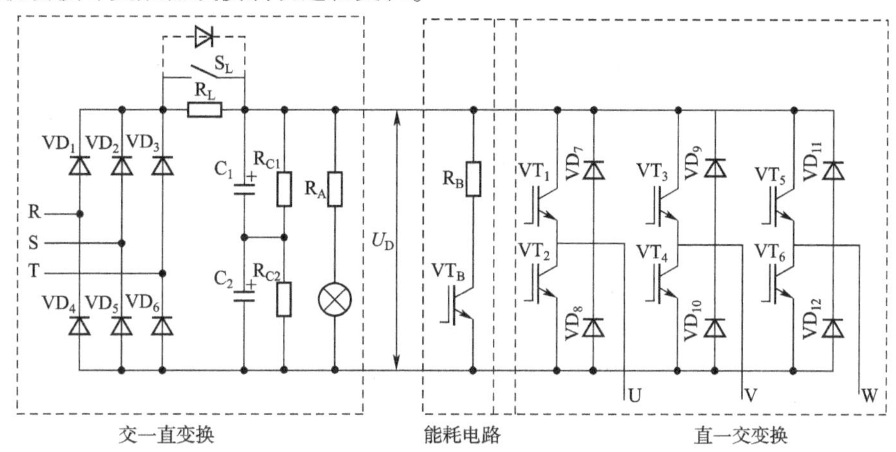

图3-73 通用变频器基本原理图

在通用变频器中,常用的方法是在直流侧安装制动电阻R_B,一般根据电动机的功率大小选择外接制动电阻,当电容器电压升到一定数值时,控制制动电阻支路上的开关元件VT_B导通,从电动机回馈到直流侧的能量消耗在制动电阻上,避免直流侧电压进一步上升。

为了充分利用电动机在再生制动过程中所产生的这部分能量,尤其是电动机功率特别大的情况下可以大量节约能源,目前有两种利用方法,一种是将这部分能量回馈电网,就是需要把网侧整流器换成变流器。变流器有两种工作状态:整流状态和逆变状态。在电网向电动机提供能量时,变流器整流状态;在电动机再生制动时,变流器工作于逆变状态,把升高的直流电压逆变成与电网同频率、同相位和同电压的交流电回馈电网;另一种是用快速充电电容或锂电池,将这部分能量存储起来,电动机由再生发电状态转入电动状态时,再将这部分能量释放出来,这种新技术已经在港口起重机的电气控制系统开始运用。

这里介绍采用日本安川系列变频器。安川VS—656DC5变流器内部由EUJ651505X变流模块将440V、50Hz三相交流电整流输出600V直流电,然后以公共直流母线的形式,分别给起升/大车、小车/俯仰变频器作为动力源,各变频器再通过各自的逆变装置变成频率和电压可调的交流电驱动对应的变频电机;同样电动机反馈回来的再生能量,也通过变频器整流返回直流母排,如果小车/俯仰变频器运行时,则将直接从母线上获取这部分能量,否则再通过656DC5变流器将能量回馈电网。原理框图如图3-74所示。

(六)各大机构的运行控制

对岸桥的PLC控制系统来说,其需要控制的内容有岸桥的起升、大车、小车、俯仰四大主要机构的运行与辅助机构的运行。四大机构均采用变频调速驱动和能量回馈控制方式,整机电气控制系统以PLC为核心集中控制,并保持对系统的各个部分(驱动器、主令手柄、限位等)信号监控。4 个主要机构都有相同的运行过程,如图 3-75 所示。

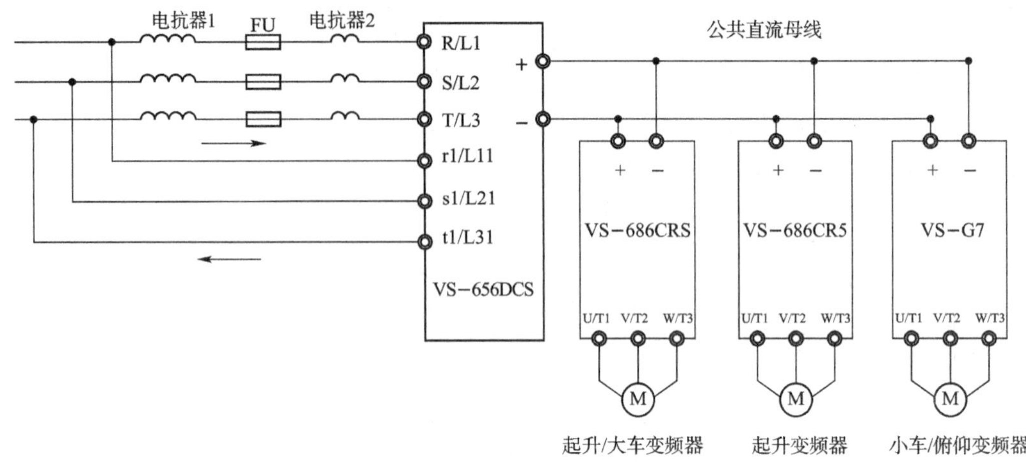

图 3-74　VS—656DC5 构成能量反馈原理图

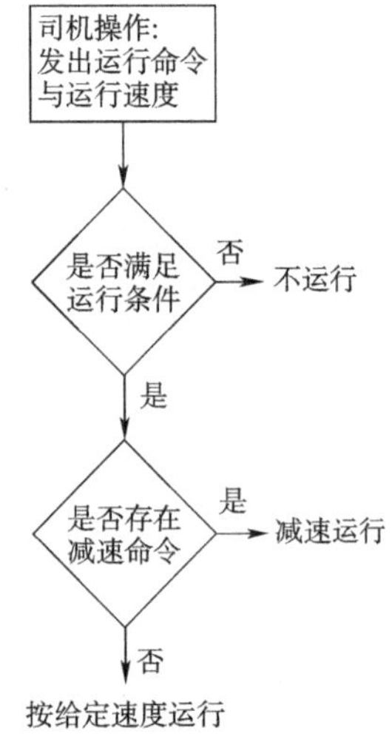

图 3-75　运行流程

(1)PLC 采集司机发出的运行指令及速度给定指令。

(2)通过 PLC 程序进行逻辑判断,判断是否满足“运行允许”的情况。

(3)如果 PLC 程序逻辑判断满足“运行允许”,则进行各个机构调速处理。

(4)PLC 需将这些运行命令、运行速度通过现场总线传输给变频器,变频器带动电机运行,实现各个机构的运行。

1. 起升机构

1)电气设备

起升机构电气控制部分主要由联动台上起升主令控制器、相关按钮和开关和 PLC 及模块组成。驱动部分由两台 220kW、420V 变频电动机驱动,起升电机由两台安川 VS686CR5 300kW 变频器控制,为带 PG 的矢量控制。起升电动机由 3kW 风机冷却,内部装有 300W 加热器防潮,由两台 0.45kW 电动机带动液力推杆的盘式制动器制动。安装有凸轮式限位开关作上升终点,上升终点前减速,下降海侧终点,下降海侧终点前减速,下降陆侧终点前减速。下降陆侧终点由编码器控制。起升机构实物示意图如图 3-76 所示。

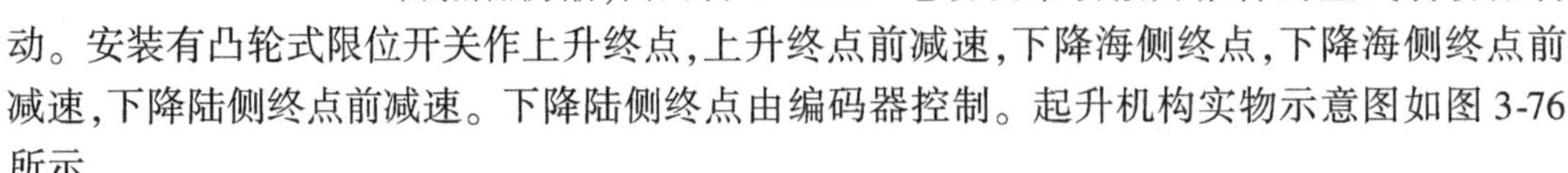

起升制动器释放限位安装在两个起升制动器上,当制动器释放时,限位动作。

起升卷筒尾部安装超速开关,用作起升超速保护。

2)起升机构控制过程

司机室联动台上的“起升 1/行走”选择开关置于“起升”位置,因为起升电机 1 与大车电动机共用一台变频器,所以按先到先服务的控制方式,变频器的输出端通过接触器切换,接通起升电机。手动操作主令控制器的手柄,手柄的方向触点触发方向命令。起升机构 PLC 控制程序流程如图 3-77 所示。起升变频器电路如图 3-78 所示。

高速制动器
风机
正常
风机
正常
15m
上升超程
上升停止/归零
上升减速检测
陆侧下降
减速检测
陆侧下降停止
起升－1 变频器
起升1电机
起升2电机
起升－2 变频器
−0.22m
海侧下降
减速检测
海侧下降停止
−5m
起升1 卷筒
起升2 卷筒
低速制动器
低速制动器

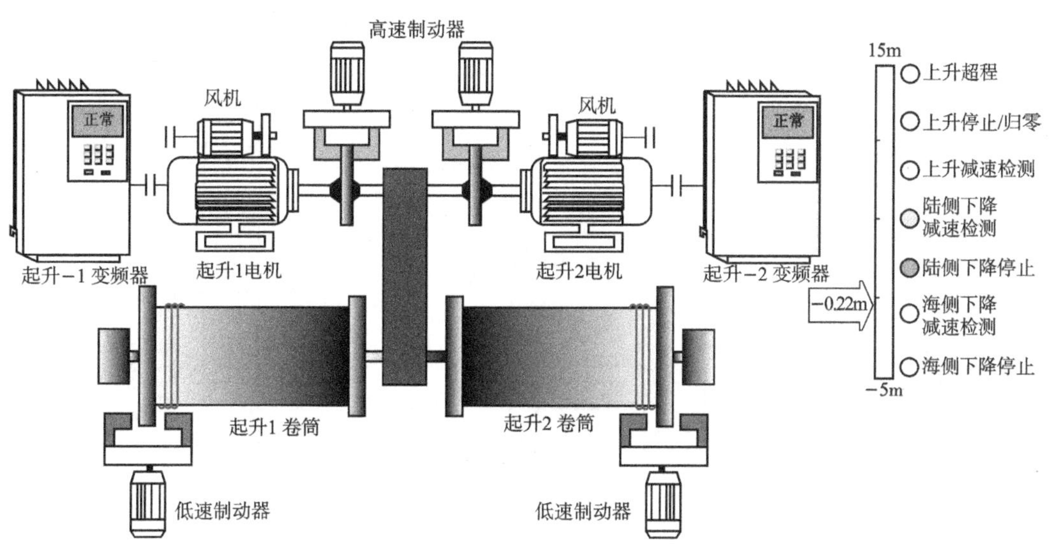

图 3-76　起升机构实物示意图

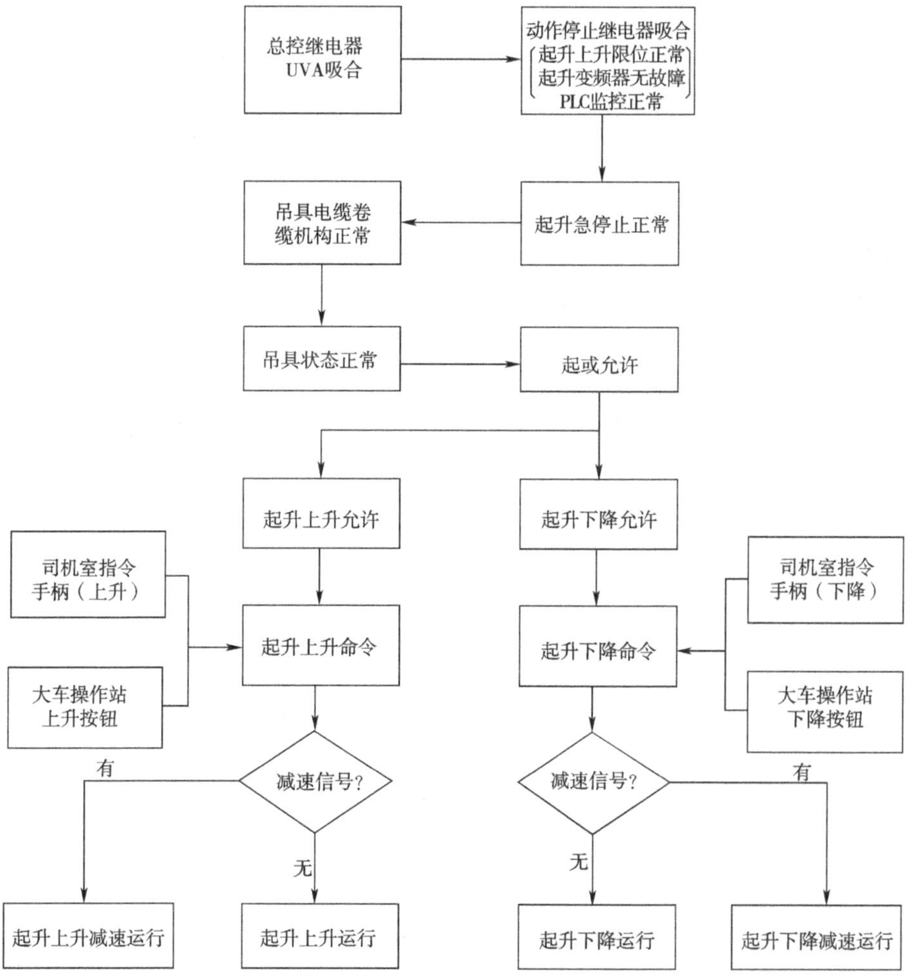

总控继电器
UVA吸合
动作停止继电器吸合
起升上升限位正常
起升变频器无故障
PLC监控正常
起升急停止正常
吊具电缆卷
缆机构正常
吊具状态正常
起或允许
起升上升允许
起升下降允许
司机室指令
手柄（上升）
大车操作站
上升按钮
起升上升命令
起升下降命令
司机室指令
手柄（下降）
大车操作站
下降按钮
有
减速信号?
无
减速信号?
无
有
起升上升减速运行
起升上升运行
起升下降运行
起升下降减速运行

图 3-77　起升机构 PLC 控制程序流程图

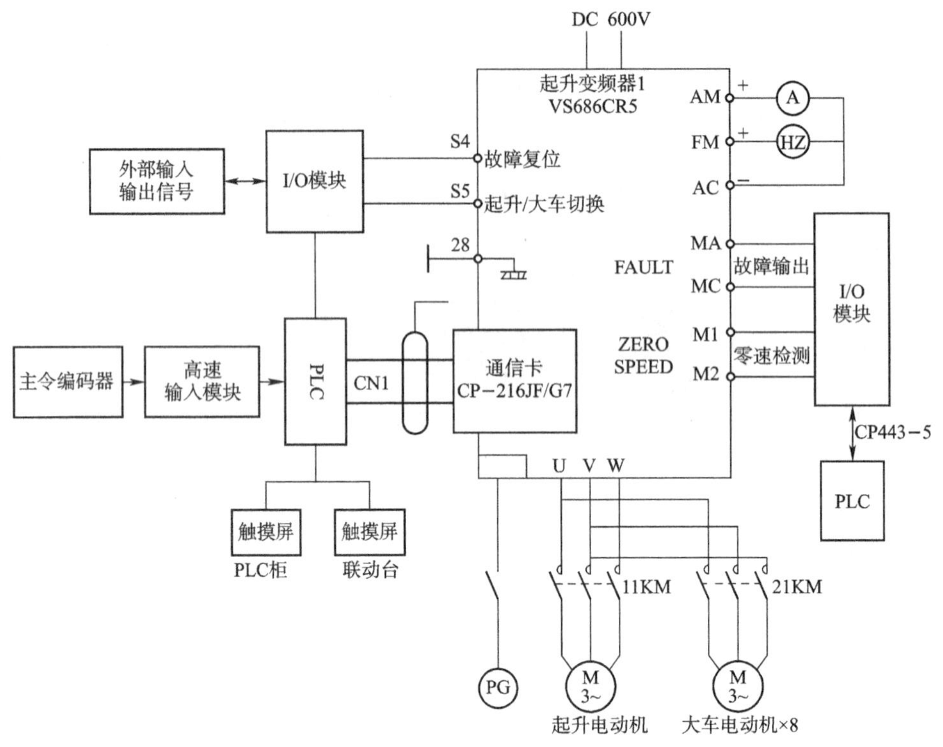

图 3-78 起升/大车变频器电路

主令控制器的手柄动作时，其编码器发送一个格雷码至远程输入模块。输入模块将此信号处理后送到 PLC 的 CPU 模块，通过软件运算，被校准为手柄零位为 0、手柄最大为 10000 的数。此数值范围为 －10000 ～ ＋10000，与手柄下降（负号）和上升（正号）操作每一个位置相对应。这个校准信号作为频率给定送到起升变频器，变频器以设定的加减速时间平稳加减速至所需速度，控制起升电动机运行。

起升电动机通过旋转编码器将转速通过速度控制卡 PG—B2 反馈给变频器，形成闭环控制。同时将转速、电流、转矩等信号经 CN_2 通信端口反馈到 PLC 进行机构的运算控制，再反过来控制电动机，以达到更好的控制效果。

当控制复位，起升电动机风机、起升变频器风机起动时，只要控制电源保持通电，风机就一直运行。如果 5min 后一直没有手柄指令信号，起升电动机将自动停止。如果在 PLC 中，起升电动机和起升变频器风机命令与风机接触器辅助触点输入不一致达 1.5s，风机接触器将失电，起升运行条件不满足，起升动作被禁止直至此状态被改正。

在图 3-78 中，主电路由变流器输出的直流 600V 公共直流母排供电，变频器进行速度调整后，从 U、V、W 端经 11KM 接触器输出到起升电动机。电动机转速下降或停止时反馈到公共直流母排上的能量，或被小车变频器利用或通过变流器逆变成 440V、50Hz 的三相交流电回馈电网。

3）保护措施

（1）变频器故障保护。当发现起升过电流、接地、过电压、欠电压、缺相、电动机过载、变频器过热等故障时，变频器从 MA、MC 端子（变频器内部继电器常开触头，有故障时闭合）输出故障信号，动作停止继电器失电，断开起升电动机接触器；同时送到 PLC 远程输入模块，由 CPU 模块处理后与 CMS 通信显示故障。

(2)超速保护。主电机后端装有离心式超速开关，当起升、下降转速超过额定转速 15% 时，超速信号被送到远程输入模块，切断动作停止继电器电路，断开起升电动机接触器，使变频器停止工作，并将故障信号送到 PLC 远程输入模块，由 CMS 显示故障。

(3)超重保护。在吊具上装有 4 个重量传感器，每个传感器被校准，4 个加起来决定总重量。司机室的液晶显示屏上可显示起升重量。超重 10% 以下，PLC 控制联动台上的超重指示灯亮，并且蜂鸣器报警，但能慢速上升；起重 10% 以上时，延时 1.5s 停止上升，超重指示灯亮，同时蜂鸣器报警，只能下降，不能上升，小车也不能工作，由 CMS 显示故障。

(4)超程保护。编码器、超速开关、凸轮限位开关安装在里侧轴承座卷筒出轴上。通过上述元器件的检测可使起升机构得到下列保护：

①起升上终点。

②起升上终点前减速。

③小车在横梁位置时下降终点。

④小车在码头面时下降终点。

⑤小车在码头面时下降终点前减速。

⑥小车在海侧时下降终点。

⑦小车在海侧时下降终点前减速。

⑧起升超速紧急停止。

(5)偏载保护。当任何一个重量传感器检测到重量超过允许偏载重量的 10%，只能允许下降，不能上升。

(6)制动器释放检查。起升制动器安装限位开关，制动器打开，限位开关内部触点闭合。如果 PLC 在 1.5s 内没有检测到这个信号，则不允许起升电动机起动。

(7)机构联锁保护。前大梁未在水平位置时，起升不允许运行；大车运行时，起升不允许运行。

(8)PLC 动作停止逻辑监控起升运行的异常状态。在检测到工作状态异常时，通过打开起升动作停止继电器触点来判断相关电路，并由 CMS 显示故障。

2. 大车机构

1)电气设备

大车行走机构控制操作设备是司机室联动台、地面操作箱、PLC CPU 和相关 I/O 模块。驱动设备由 8 台 11kW 带制动器交流笼形异步电动机驱动，海侧、陆侧各 4 台，与起升电机合用变频器，为不带 PG 的开环 V/f 控制。每台电动机都有液力推杆制动的盘式制动器和制动器限位开关，海陆两侧都有防风夹轮器和夹轮器松开限位开关，还有终点限位、防撞杆限位和激光防撞装置。

2)大车行走控制

在司机室联动台上将“司机室/本地”选择开关置于“司机室”、“起升 1/行走”置于“行走”，使大车电动机与起升电动机 1 合用的变频器，按先到先服务的控制方式通过接触器切换到行走电动机，同时因两机构在变频器中各自独立的控制参数，通过选择开关来控制变频器的逻辑控制端进行设定。大车行走机构 PLC 控制程序的流程如图 3-79 所示。

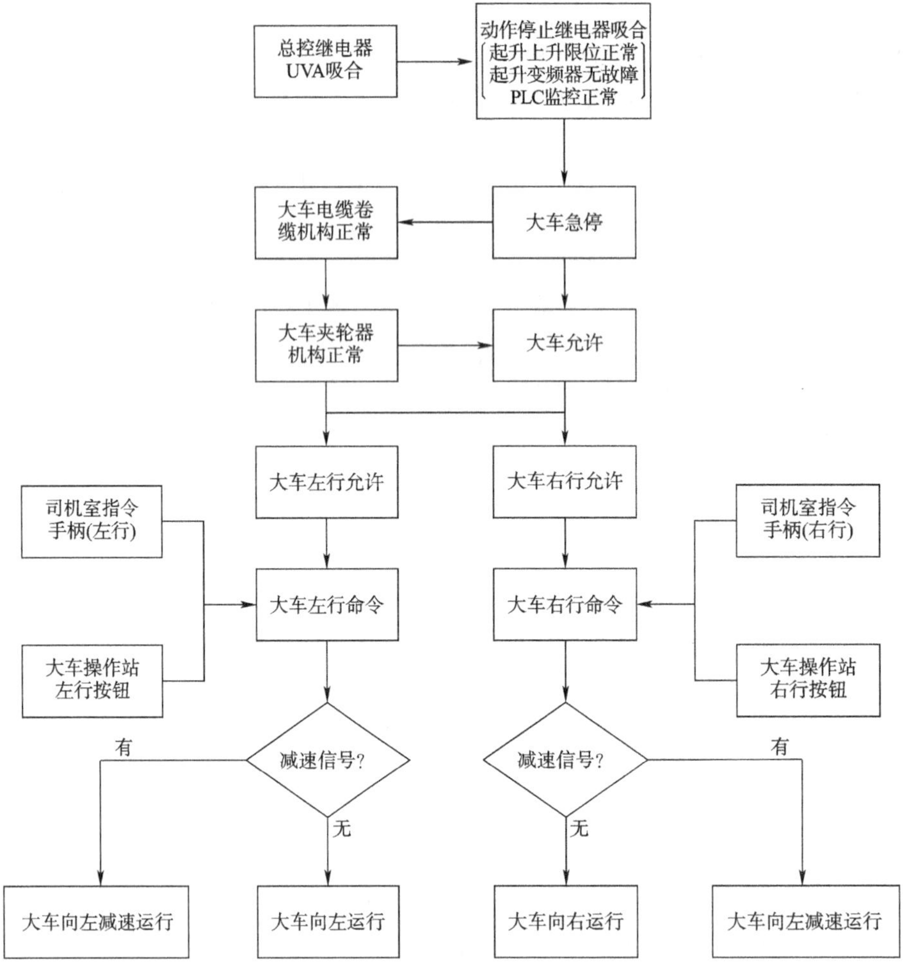

图 3-79　大车行走机构 PLC 控制程序流程图

操作行走主令控制器的手柄时，手柄的方向触点出发方向命令，其绝对编码器发送格雷码通过远程输入模块将此信号处理后送到 PLC 的 CPU 模块，通过软件运算，被校准为手柄零位为 0、手柄最大为 10000 的数。此数值范围 -10000 ~ +10000，与手柄左行和右行的每一位置相对应。这个校准信号作为调速给定信号送到起升 1/大车变频器，变频器以设定的加、减速时间平稳加、减速至所需速度，控制大车行走电动机运行。

在司机室联动台上将“司机室/本地”选择开关置于“本地”、“起升 1/行走”置于“行走”时，可在门腿地面操作箱操作大车机构，按下“大车左行”、“大车右行”按钮时，大车以 20% 额定速度行走。根据需要还可以实行点动操作。

大车夹轮器控制如下：

(1) 当司机室大车控制手柄离开零位或按下开闸按钮或大车地面操作站按下开闸按钮时，油泵电动机起动，电磁阀得电，开始释放夹轮器，至行程开关动作，操作台面板上的“开闸指示”灯亮，允许大车行走。当压力继电器的高压触点断开后，油泵电动机停止，系统进入自动保压状态，当压力继电器低压触点闭合后，油泵电机再次起动。

(2)当司机室大车控制手柄回零位保持5min或按合闸按钮或大车地面操作站按合闸按钮后,电磁阀失电,油泵电动机停止,压力下降,至限位断开,操作台上的“合闸指示”灯亮,大车不允许运行。

3)保护措施

(1)变频故障保护。当大车行走出现过流、接地、过电压、欠电压、缺相、电动机过载、变频器过热等故障时,变频器从MA、MC端子输出故障信号,动作停止继电器失电,停止变频器工作,断开电动机接触器;同时送到PLC远程输入模块,由CPU模块处理后与CMS通信显示故障。

(2)电缆卷盘故障保护。如果出现电缆过松、过紧、终点等,都会使动作停止继电器失电,断开大车电动机接触器,并使起升1/大车变频器停止工作,同时将故障信号送到远程输入模块,由PLC的CPU模块处理。

(3)行程终点保护。终点限位动作将切断控制电源,停止当前动作,制动器制动。

(4)大车防撞杆防撞保护。当相邻起重机大车防撞缓冲器碰撞或大车防撞缓冲器碰触障碍物时,触发大车停止控制。

(5)起动机间激光防撞保护。利用激光测距原理,通过安装在大梁左右两端的激光探头,检测相邻起重机之间的距离。当距离小于25m时,触发大车减速控制;当距离小于5m时,触发大车停止控制。

(6)制动器释放检查。PLC送出释放制动器命令,同时检测制动器是否真正打开,若在1.5s内送出的命令与收到的检测结果不一致,立即切断控制电源,停止大车运行。

(7)大风保护。当风速大于20m/s时,大车不允许运行。

(8)PLC动作停止逻辑监控大车运行的平常状态,当监测到状态异常时,通过打开动作停止继电器触点来切断相关电路,并由CMS显示故障。

3. 小车机构

1)电气设备

小车机构控制设备有联动台、PLC相关模块,驱动设备有两台45kW变频电动机。分别用两台VS—G7变频器控制,采用带PG的矢量控制,其中一台变频器与俯仰电动机共用,功率110kW,另一台小车电动机自用,功率55kW。每台小车电动机都有0.21kW液力推杆电动机控制的盘式制动及释放限位开关,并由0.18kW风机冷却,内部有300W加热器防潮。在大梁上安装有小车终点限位开关、小车终点极限停止限位开关、小车减速接近限位开关、小车运行海陆侧鉴别限位开关、小车运行横梁保护限位开关和小车停车接近限位开关。

小车实物示意图如图3-80所示。

2)电气控制

将司机室联动台上的“小车/俯仰”选择开关置于“小车”,使小车/俯仰变频器通过接触器切换给小车电机。操作小车主令控制器的手柄控制小车的运行,小车的运行PLC控制程序流程如图3-81所示。手柄上的方向触点触发方向命令,编码器发送一个格雷码至远程输入模块,输入模块将此信号处理后送到PLC的CPU模块,通过软件计算被校准为手柄零位为0、手柄最大为-10000~+10000,与手柄后退和前进操作手柄的位置相对应。

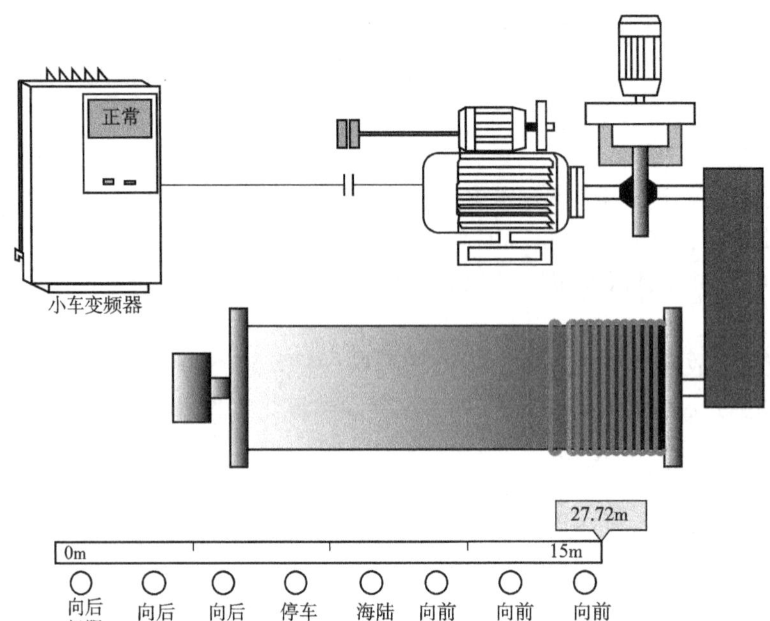

图 3-80　小车实物示意图

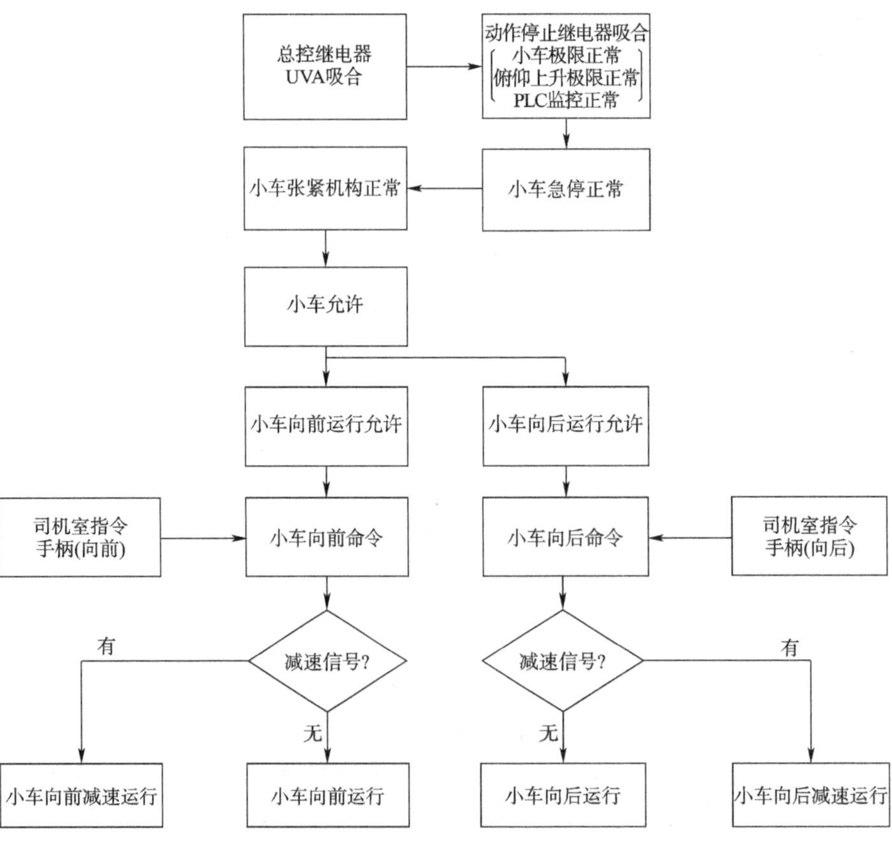

图 3-81　小车运行 PLC 控制程序流程图

这个校准信号作为调速给定信号送到小车变频器，变频器以设定的加减时间平稳加减速至所需速度，控制小车电动机运行。因为小车机构由两台变频器共同控制小车动作，所有命令都复制给两台变频器。

小车电动机通过旋转编码器将转速通过 PG—B2 速度控制卡反馈给变频器，形成闭环控制。同时经 CN1 通信端口反馈到 PLC 进行机构的运算控制。

小车变频器电路如图 3-82 所示。主电路由变流器输出的 600V 公共直流母排供电，变频器进行速度调整后从 U、V、W 端经 31KM 接触器输出到小车电动机。电动机转速下降、停止时反馈到公共母排上的能量，可能被起升变频器利用，也可能经变流器逆变成 440V、50Hz 的三相交流电回馈电网。

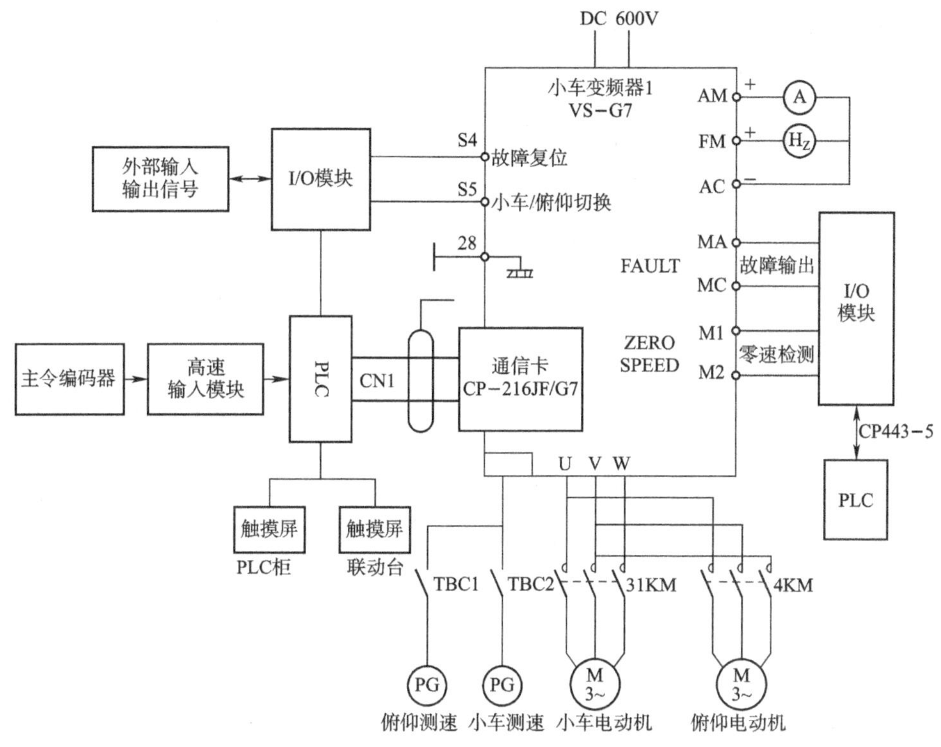

图 3-82　小车/俯仰变频器电路

3)保护措施

(1)变频器故障保护。当任何一个小车电动机出现过流、接地、过电压、欠电压、缺相、过载或变频器过热等故障时，变频器从 MA、MC 端子输出故障信号，动作停止继电器失电，断开小车电动机接触器，并使变频器停止工作。同时故障信号送到 PLC 远程输入模块，由 CPU 处理后与 CMS 通信显示故障。

(2)超程保护。任何一个终点限位动作都将使小车急停，制动器制动。需通过扭动左联动台上的极限限位旁路钥匙开关并反方向操作主令手柄方可退出，最大速度被限制在减速速度，直到超程终点限位复位，旁路钥匙开关复位。

(3)海、陆侧终点保护。海、陆侧极限位置之前分别装有机械摆杆限位，作为小车海陆侧终点停止用。

(4)终点前减速保护。由编码器检测出减速位置,当小车以全速通过此位置立即减速至20%额定转速。在海陆侧终点前分别装有磁性接近限位开关,做减速检测,通过该点后达不到减速要求,小车停止运行。

(5)小车过海、陆侧门框下横梁保护。该保护用于当吊具下带着集装箱或空吊具时不会撞击海、陆侧门框下横梁。逻辑控制根据小车和起升的位置反馈信号决定停止起升或小车运行。当在保护区域外时,机构的动作不受任何影响。吊具下是否带集装箱是根据是否锁销来判断,如果未锁销则认为是空吊具;如果已锁销,则认为吊具下有一个集装箱,相应起升高度根据上述进行调整。由于海、陆侧门框保护需要起升和小车的位置正确,因此当位置信号未归零校准时,起升和小车速度限制在20%的额定速度以下。

(6)驱动器过热及冷却风机保护。驱动器冷却风机运行后才允许小车机构运行,当驱动器温度超过允许值时,停止小车机构运行。

(7)制动器释放检查。驱动器送出释放制动命令,同时检测制动器是否真正打开,若在1.5s时间内送出的命令(制动器限位动作)与收到的检测信号不一致,切断控制电源,停止小车机构运行。

(8)PLC停止逻辑监控小车运行的异常状态,当监测状态异常时,通过打开动作停止继电器触点来关断相关电路,并由CMS显示故障。

4. 俯仰机构

1)电气设备

俯仰机构控制设备有联动台、俯仰操作箱和PLC相关模块,驱动设备由一台90kW变频电动机驱动,与小车电动机1共用一台VS—G7 110kW变频器控制,按先到先服务原则、带PG矢量控制的闭环调速控制系统。电动机由0.75kW风机冷却,内部有300W加热器防潮。俯仰机构采用两级制动,高速制动器和低速制动器分别是由0.37kW和4kW电动机控制的盘式制动器。俯仰机构设有安全钩,在岸桥停止作业时,前大梁上抬至某一角度后,安全钩会将俯仰机构挂住,可使钢丝绳放松,两个俯仰安全钩分别由0.45kW挂钩电动机控制,并设有检测限位开关。

在俯仰机构卷筒轴承座外侧安装有凸轮限位,梯形架上装有机械摆杆限位,共有:大梁收起减速限位、大梁收起终点限位、大梁收起60°限位、大梁放下减速限位、大梁放下终点限位和大梁收放超速限位。

2)俯仰控制

俯仰机构可通过联动台上选择开关的操作实现两地操作。在司机室可以拉起大梁向上仰起60°和下放到水平位置;在俯仰操作箱可以在全范围内操作俯仰直到大梁进安全钩。俯仰机构PLC控制程序流程如图3-83所示。

(1)司机室控制

当俯仰控制逻辑允许时,可以通过联动台上的俯仰主令控制器手柄操作俯仰机构。手柄动作时,手柄的方向触点触发运行方向命令,同时,其绝对型光电编码器发送一个字节的俯仰速度指令(格雷码数据)至PLC高速输入模块。此信号通过PLC软件运算,被校准为对应手柄零挡为0、手柄最大挡为正负10000的数,此数值范围为-10000~+10000,与俯仰主令手柄的每一个位置相对应,经过匀加减速运算(加减速时间在程序中设定)后送到俯仰变频器。俯仰电动机通过旋转编码器将电动机转速反馈给俯仰变频器,而将转速、电流、转矩等信号发送至PLC,在PLC中进行运算,再反过来控制电动机,形成调速闭环控制环节。

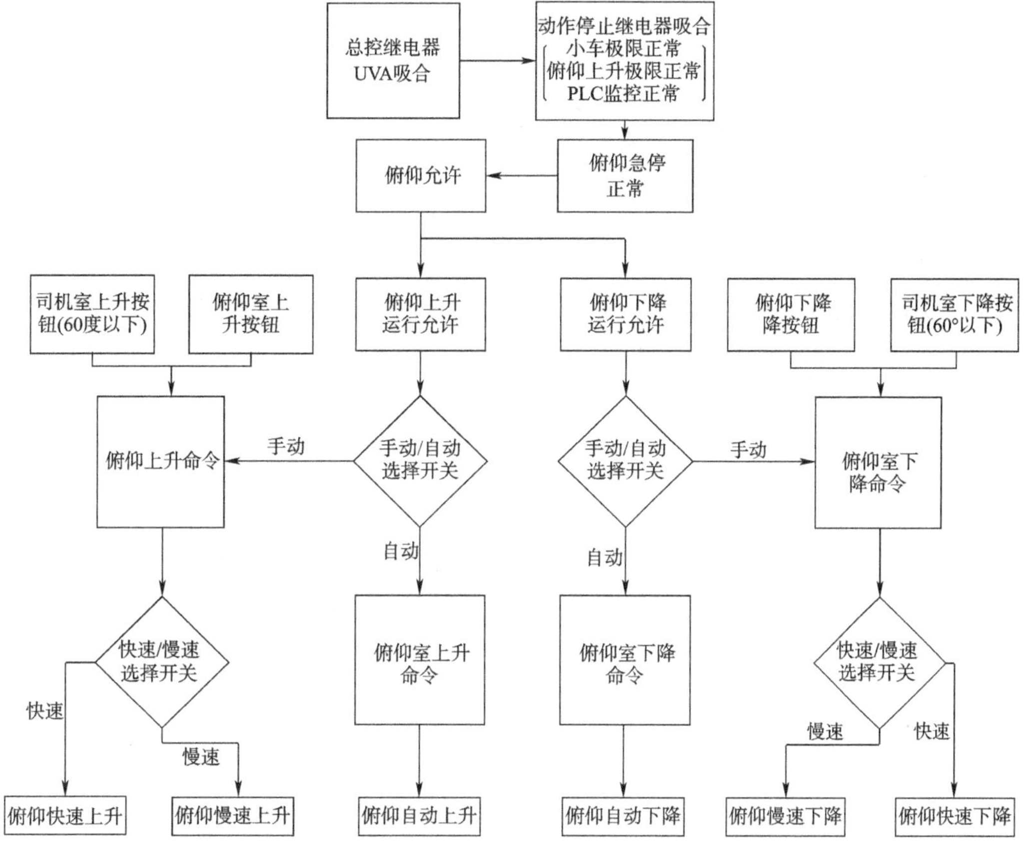

图3-83 俯仰机构PLC控制程序流程

俯仰机构采用两级制动,起动时,两级制动器同时释放。正常制动时,高速制动器首先制动,延迟0.5~1s后,低速制动器才能制动。紧急情况下,如俯仰超速或按下紧停按钮时,两级制动器同时制动,确保安全。

(2)俯仰操作箱控制

①联动台上将工况选择开关置于现场俯仰位置。在俯仰操作箱上看到面板上"俯仰正常"指示灯常亮后,选择相应的快速/慢速(快速为100%额定速度,慢速为20%额定速度)。

②选择自动/手动。当选择自动时,按俯仰上升按钮,下面动作自动进行:

a. 大梁慢速上升;

b. 上升加速;

c. 上升减速;

d. 上升进钩,至上终点停止;

e. 慢速下降,挂钩,停止。

按俯仰下降按钮,下面动作自动进行:

a. 大梁慢速上升,至上终点停止;

b. 安全钩抬起;

c. 大梁慢速下降,离开钩区;

d. 加速下降,安全钩落下;

e. 下降减速;

f. 下降至下降终点停止。

当选择手动时,需俯仰上升机构则按上升按钮,大梁上升至停止限位,上限指示灯亮,选择安全钩抬钩开关“安全钩抬起”,钩抬起,抬钩指示灯亮时,按俯仰下降按钮,大梁下降,当大梁离开钩区后,选择“安全钩放下”,安全钩放下,抬钩指示灯灭,大梁继续下降至水平位置,水平位置灯亮,俯仰自动停止。

3)保护措施

(1)变频器故障保护。当发现俯仰过流、接地、过电压、欠电压、缺相、电动机过载、变频器过热等故障时,变频器输出故障信号至 PLC 远程输入模块,由 CPU 处理后使俯仰电机停止工作,并与 CMS 通信显示故障。

(2)大梁的俯仰行程限位保护,如图 3-84 所示,大梁在水平位置时为零度。各限位保护说明如下:

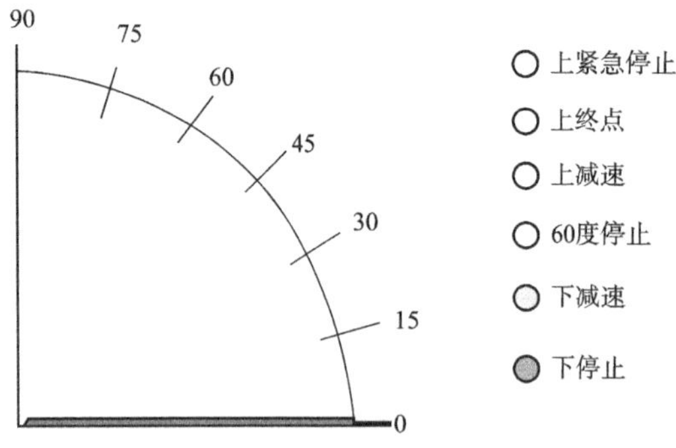

图 3-84　俯仰机构行程保护位置图

①上极限(即上紧急停止),安装在梯型架上。限位的动断触点控制一个中间继电器,继电器的触点被串入安全停车回路。触发限位会引起系统的安全停车。利用电气房控制柜上的“极限旁路”钥匙开关,可以让俯仰往下退出极限位置。

②上终点限位,大梁升到大约 80°时动作,前大梁角度在大约 80°以下时,限位触点闭合,而前大梁角度达到大约 80°时,限位触点断开。在手动操作俯仰情况下,控制系统得到此信号后正常停车。

③上减速限位,凸轮限位的一对动断触点,在检查点以下时闭合。前大梁在上升至大约 78°时,触点打开。控制系统得到此信号后,限制俯仰的上升速度为 10%。

④60°停止,在司机室操作俯仰时,前大梁的上升停止限位,为凸轮限位的一对动断触点,在检查点以下时闭合。前大梁在上升至大约 60°时,触点打开。控制系统得到司机室操作俯仰的信号和该限位动作信号时,正常停止前大梁的上升动作。

⑤下减速限位,凸轮限位的一对动断触点,在检查点以上时闭合。在前大梁下降至约 2°时,触点打开。控制系统得到此信号后,限制俯仰的下降速度为 10%。

⑥下终点限位,凸轮限位的一对动断触点,前大梁在水平位置以上时闭合。前大梁在下降中得到该限位触点闭合信号后,正常停车。

(3)制动器检查。驱动器发出制动命令,同时检测制动器是否真正打开,若在 1.5s 时间内发出的命令与收到的检测信号不一致,立即切断控制电源,停止俯仰运行。

(4)PLC 停止逻辑监控俯仰运行的异常状态,当检测到状态异常时,停止俯仰机构运行,并由 CMS 显示故障。

(七)吊具系统的控制

集装箱吊具是岸桥装卸集装箱的专用索具,它通过其上面四角的旋锁与集装箱的顶角配件连接,由司机操作或自动控制旋锁的开闭作业。

集装箱吊具常用规格为20ft和40ft,因而把吊具制成具有伸缩功能,即伸缩式吊具,以满足集装箱不同尺度的变化;当四角的旋锁插入集装箱顶角的锁孔后,要进行闭锁和开锁的操作;为了方便吊具与集装箱对位,集装箱装卸桥吊具除水平方向之外还可以在前后、左右方向倾转,使吊具与集装箱的对位更加灵活。为方便吊具准确对位,集装箱装卸桥吊具四角都有导板,吊具导板可以单个导板抬起、放下和全部导板抬起、放下两种工况选择。

另外设有防摇装置,以减缓小车加、减速及制动停车后引起的集装箱摇摆。吊具系统结构如图3-85所示。

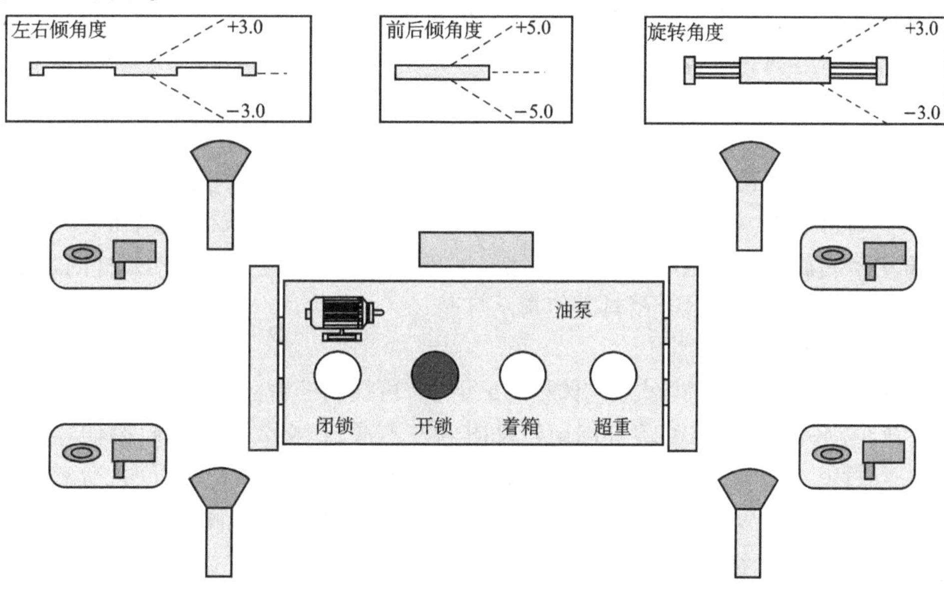

图3-85 吊具系统结构图

1. 电气设备

由于吊具上多数动作都采用液压传动,因此吊具泵是吊具的主要电气设备,配以伸缩、旋转的电磁阀和着箱、回转及开、闭锁的限位开关,便可进行吊具的各种操作。还有吊具上3台倾转电动机,在吊具上驱动螺杆设有终点限位开关。

2. 电气控制

所有吊具功能是由装在小车PLC柜中的I/O模块采集吊具的状态数据,通过总线受主PLC控制完成的,电子防摇装置的数据采集也是如此。

1)吊具泵控制

正常情况下按右联动台上的“吊具泵开”和“吊具泵关”按钮可打开和关闭吊具泵。但是当下列条件发生时吊具泵将自动被关断:

(1)控制电源关断;

(2)小车/吊具低压断路器断开;

(3)吊具电缆断开;

(4)在命令发出 1.5s 内吊具泵接触器辅助触点不闭合。

吊具泵停止后所有控制吊具功能的输出被关断,所有电磁阀断电。

2)吊具伸缩控制

按下右联动台上“吊具 20ft”按钮,吊具自动缩到 20ft 的位置;按下“吊具 40ft”按钮,吊具自动伸到 40ft 位置。

3)旋锁控制

当吊具正确放在集装箱上,4 个锁头正确放在锁孔中后着箱限位发出信号。检测到着箱信号才能进行开闭锁操作。

吊具旋锁是吊具两侧的小推杆推动的,在液压控制电磁阀的作用下,推杆伸缩,从而使旋锁旋转 90°,到达开锁和闭锁位置。

旋锁的操作是由司机通过右联动台上的“吊具旋锁”3 位自复中位开关进行的。左旋吊闭锁,右旋吊具开锁联动台,前方有开锁和闭锁指示灯供司机监视。

4)吊具回转控制

司机通过左联动台上的“吊具左右旋”3 位自复中位手柄操作来控制前大梁头部的 3 个 7.5kW 的倾转电动机使吊具旋转,1 号与 2 号、3 号电动机驱动螺杆反向转动时为左右转。左旋吊具逆时针旋转,直到司机松开手柄或左旋终点限位动作;右旋吊具顺时针旋转,直到司机松开手柄右旋终点限位动作。按下“吊具回零”按钮,3 个电动机驱动螺杆向零位回归,至零位,电动机停止,联动台上吊具零位指示灯亮。

5)吊具倾斜控制

司机通过左联动台上的“吊具左倾/右倾”开关,可控制三台倾转电动机使吊具发生左倾或右倾。3 个倾转电动机驱动螺杆同向转动时为左右倾,2 号、3 号电动机驱动螺杆反向转动时,为前后倾。3 个驱动螺杆设有终点限位,当终点限位开关动作断开时,所对应的电动机动作停止。由 3 个与电动机联转的编码器检测位置,控制机构运行。

(八)CMS 状态监视和管理系统

起重机控制监视系统 CMS(Crane Monitoring System)系统是一种采用网络通信、虚拟仿真技术设计的、具有人机友好界面的、集设备监视、维护、保养、预防、管理为一体的管理平台。现代的 CMS 系统真正实现大型起重设备的监视管理的信息要求,是协助企业实现设备高效使用预防保养和信息化管理的重要手段。

CMS 具有如下主要功能:

1. 实时状态监控

(1)对设备功能有重要影响的电气系统、子系统,以及所有基本元件的状态都实时受到监测,并以直观的状态及图表显示。

(2)整机的工作状态。软硬件安全联锁、高压装置工况、低压电源工况、吊具状态、负载、故障状态、外部工作环境如温度、湿度、风速等信息实时显示在 CMS 软件中。

吊具系统的实时状态画面如图 3-86 所示。该画面以实时动作仿真显示了吊具设备工作运行态。

2. 故障的收集、诊断、跟踪和分析

(1)故障的收集功能。系统能显示故障内容、发生及复位时间、所属机构、相应帮助文档等,能在同一画面显示 7 个参数以上的波形图用作分析;控制电路、变频器、PLC 的故障能显示到具体的故障点。以上实时监视状态的信息均可通过回放文件查看过去某一时段的状态。

(2)故障跳转功能。系统可以从故障处直接打开查看对应的 PLC 程序段。

(3)故障原理图功能。系统可以从故障处直接打开关联原理图进行查看。

(4)故障管理功能。系统能以故障所属机构、内容、发生复位时间、类型(轻/重)、发生频率等条件组合查询故障的各种信息,并能将重复发生故障的信息生成报表。

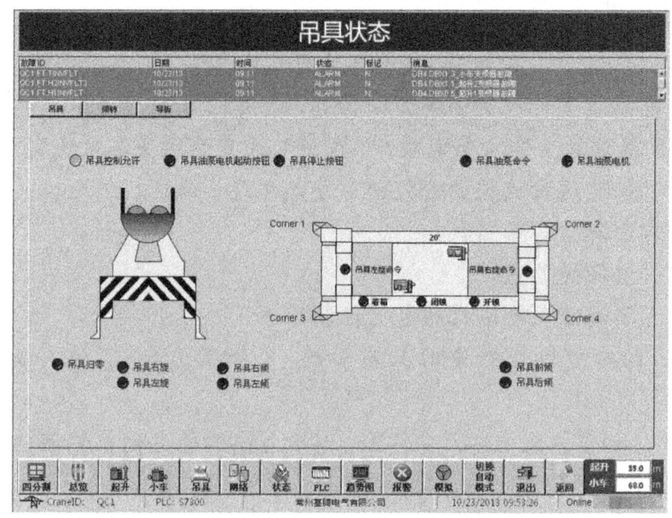

图 3-86　CMS 吊具系统实时监视图

(5)故障的跟踪功能。系统设有故障断点保护功能,可存储故障发生前后数秒钟内的开关量和模拟量,并以波形图的形式表示出来,以作故障分析、排除、现象归纳的依据。

3. 设备维护

自行设定预防保养和紧急维护的时间。

4. 生产数据自动存储与统计

根据班次、时间范围(天、周、月、年)、装入(卸出)、箱类型(20ft、40ft)等条件,实现查询功能,生成统计报表,并根据用户要求生成电子表格文件。

本章小结

熟练掌握读识电气控制原理的基本技能;掌握港口机械有供电常见方式、港口起重机电气驱动的基本特点;熟悉通用的平移机构、起升机构和起重电磁铁的控制电路原理;熟悉电动轮胎式起重机电气控制原理与保护措施;熟悉桥式起重机和带式输送机的电气控制原理;熟练掌握门机的常规电气控制和现代电气控制系统对四大机构的控制工作原理及其各种电气保护措施;熟练掌握集装箱装卸桥各电气控制系统的工作原理、保护措施。

练习与思考

1. 港口起重机械移动供电装置主要有哪些?

2. 港口起重机的电气驱动有哪些基本特点?

3. 分析图 3-25 所示的 PQR2 系列起升控制屏典型电路，主令 SA 手柄由下降“3”返推至下降“1”时电气工作过程。

4. 请说明在图 3-25 的电路中，采用了几种制动方式，各使用在什么情形下？

5. 指出 PQR6 系列抓斗控制屏典型电路原理(见图 3-27)其电气控制方面的缺陷。

6. 分析现象出现的原因：MW1 系列起重电磁铁控制屏正常使用几年后，出现电磁铁表面总残留一些铁磁物质。

7. 分析桥式起重机主钩在下降时主钩电动机所出现的几种制动状态。

8. 20t/5t 桥式起重机主钩控制主令 SA_4 的手柄在下降“C”“1”、“2”挡，3 号触头均闭合仍把上升限位开关 SQ_6 串在控制电路中，这是为什么？

9. 叙述 0t/5t 桥式起重机控制小车和副钩电动机电气工作过程。

10. 20t/5t 桥式起重机主钩控制电路中，将 KM_8 的常开触头与 KM_6 的常闭触头并联后串联在 KM_8 的线圈回路中，这种连接的好处何时才能体现出来？

11. 胶带机通常由哪些装置组成？

12. 胶带机有哪些保护装置？

13. 试分析双点驱动带式输送机的电气控制原理。

14. Q161 型轮胎起重机在行走时只有低速，不能高速行驶，试分析可能造成故障的原因。

15. Q161 型轮胎起重机发电机正常工作，但四大机构的电动机均不能起动，这可能有几种原因所致？

16. Q161 型轮胎起重机在发电机输出电压大于 80V 时，起动旋转机构时经常会烧断熔断器，可能故障原因是什么？

17. Q161 型轮胎起重机的四大机构中，为什么仅旋转机构的电动机允许在 80V 以上起动，电气原理上怎样保证旋转机构的电动机起动时有较小的起动电流？

18. 在 M10—30 型门机中，使用重复延时时间继电器，其依靠输出端的两个晶闸管轮流导通来驱动其他继电器或接触器。其效果与图 3-87 由时间继电器组成的振荡控制环节一样，分析图 3-87 电路工作原理。

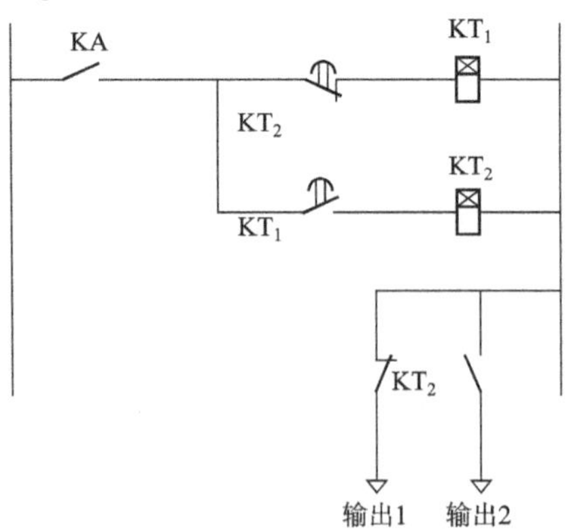

图 3-87　时间继电器振荡控制环节

19. 在 M10—30 型门机起升机构控制电路中，使用超负荷限制开关 FXK 作超负荷保护，而时间继电器 1KT1 在其中起什么作用？比较超负荷限制开关 FXK 与模块一课题四中所述的重量限制器各有什么优缺点？

20. 在 M10—30 型门机起升机构控制电路中，从电气控制原理上怎样保证使用抓斗作业时，支持绳和开闭绳协调动作的？

21. 在 M10—30 型门机起升机构电气控制中，电动机的制动方式有几种，每个方式出现在什么情况下？

22. 叙述 M10—30 型门机变幅机构电气控制中的电动机二级制动实现过程。

23. 在更换吊具时，把抓斗的支持绳和开闭绳与卷扬机连接对应关系搞错，将出现什么结果，怎样纠正这一错误？

24. 在 M10—30 型门机旋转机构中，为了防止电动机堵转采用了什么措施？

25. 分析说明 MQ25—33 现代电气控制的门机中联动台、PLC 与变频器之间两两之间、三者之间的控制信号流的关系是什么？

26. 说明 MQ25—33 现代电气控制的门机四大机构中各采用了什么样的变频控制模式？

27. 在 MQ25—33 现代电气控制的门机中四大机构均采用变频器驱动为什么还要求识别相序？

28. 在 MQ25—33 现代电气控制的门机的四大机构电气控制中各有哪些硬件和软件保护？

29. 集装箱装卸桥由哪几大机构组成？各起什么作用？各机构电气控制有什么特点？

30. 简述集装箱装卸桥供电系统的组成。

31. 集装箱装卸桥的操作系统由哪几部分组成？分别可以进行哪些操作？这些操作要通过哪些开关进行转换？

32. 集装箱装卸桥的变频调速系统采用了共直流母线的能量回馈方式，请说明其优缺点。

33. 说明集装箱装卸桥起升机构电气控制过程，并指出起升机构所采取的硬软件保护措施。

34. 说明集装箱装卸桥电气控制系统中模块(站)间控制信号的通信方法有几种？

模块四 实 训

从事港口电气设备的安装、调试与维修的工程技术人员除了掌握必备的专业理论知识外，还必须掌握一定电气控制操作职业技能，这是高职院校人才培养目标重要内容之一。本模块分两个课题，主要介绍电气控制基本电路实训项目和门座式起重机、集装箱桥吊的电气设备实训项目。

课题一 电气控制基本电路实训

1. 相关电气操作规程；
2. 万用电表、钳形电流表等常见电工仪表的使用；
3. 常用三相异步电动机控制电路的安装、调试、常见故障排除方法；
4. 通用变频器的参数设置与控制方法；
5. 港机传感器安装与信号检测方法；
6. 相关电工工艺。

一、课题引入

三相异步电动机基本控制电路的安装、调试及常见故障分析与排除是港口电气设备课程基本目标，通用变频器参数设置及控制是变频调速控制基础，港机中传感器正常状态的信号检测是港机电气控制维护基本方法。

二、实训项目

(一) 三相异步电动机点动、自锁、双向控制

1. 实训目的

(1) 巩固常用电器安装与接线；

(2) 巩固点动、自锁、正反转控制原理的理解；

(3) 熟练常用电工工具及仪表的使用；

(4) 掌握电动机拖动电路的接线规范；

(5) 分析与排除安装、调试过程中出现的故障。

2. 实训器材

(1)SC—1 型港口电气实训台;

(2)电工工具及仪表组;

(3)导线若干;

(4)鼠笼式异步电动机。

3. 电气原理图

(1)三相交流异步电动机点动控制电气原理图,如图4-1所示。

(2)三相交流异步电动机自锁控制电气原理图,如图4-2所示。

(3)三相交流异步电动机正反转控制电气原理图,如图4-3 所示。

4. 实训内容和步骤

(1)分析电路原理;

(2)列出如表4-1 所示的元器件表;

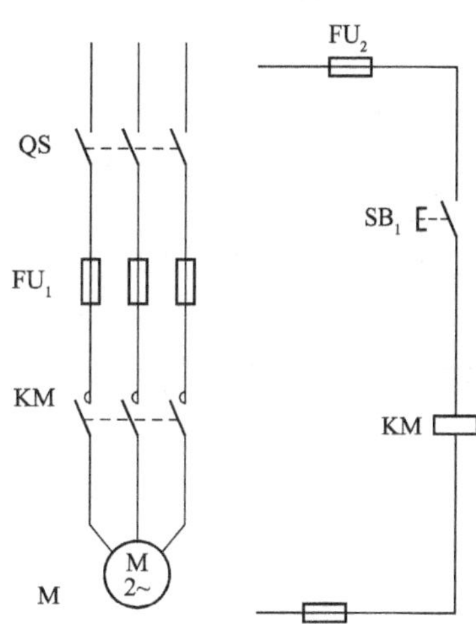

图4-1 点动控制

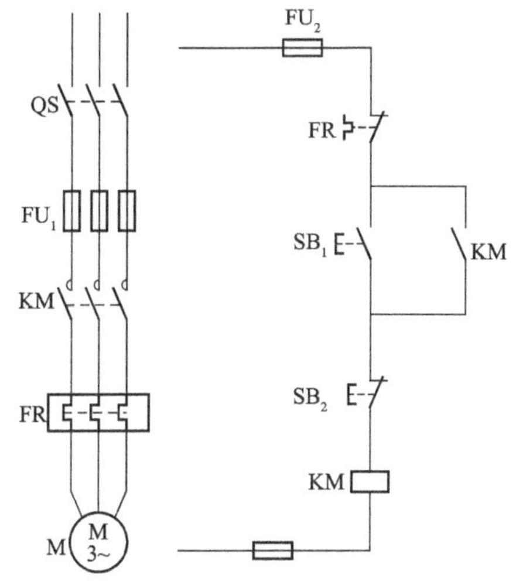

图4-2 连续控制

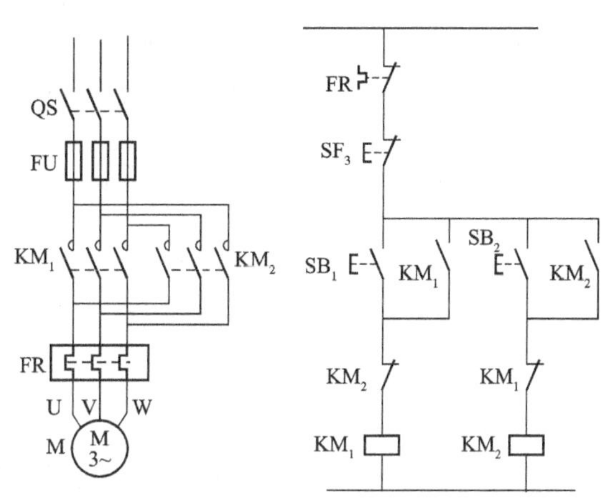

图4-3 电动机正反转控制电路

元 器 件 表 表4-1

代 号	名 称	型 号	规 格	数 量	备 注
QS	低压断路器				
FU	螺旋式熔断器				
KM	交流接触器				
SB_1、SB_2	按钮				
FR	热继电器				
M	三相鼠笼式异步电动机				

注:根据 SC—1 型实训台实际器件型号填写。

(3)参照电气原理图,在实训台上进行线路合理布局;

(4)必须断电安装;区分控制的不同额定电压和额定电流等级,以便采取变通的控制电源策略;

(5)认清保险、按钮、开关、接触器等电器的接线端子的作用,以及与原理图对应的位置;

(6)安装实验器材和导线连接完成后,不允许有裸露的带电金属,在老师检查认可后,再行上电检验;

(7)检验时,先不要接电动机通电,待控制电路调试正常后,方可带电动机运行;

(8)电路出现故障需要检查时,需要确认万用表的挡位,如当需要进行线路接通检查时确保放在电阻挡,当需要进行电压检测时,需要确认放在电压挡位。

5. 实训报告内容

(1)记录自己操作中的出现的问题及解决方法;

(2)接触器线圈的额定电压为220V,若接在380V的电压环境下如何处理;

(3)请在实训的基础上设计既能点动控制又能连续控制的控制电路。

(二)三相异步电动机星形—三角形降压起动控制

1. 实训目的

(1)加深交流接触器工作原理的理解和接线的应用;

(2)巩固定时器的工作原理和掌握其应用方法;

(3)通过接线的方式,掌握如何利用原理图进行电路组建的方法;

(4)进一步验证Y—△降压起动过程;

(5)熟练常用电工工具及仪表的使用。

2. 实训器材

(1)SC—1型港口电气实训台;

(2)电工工具及仪表组;

(3)导线若干;

(4)鼠笼式异步电动机。

3. 三相异步电动机Y—△降压起动控制电气原理图

电动机正反转控制电路,如图4-4所示。

4. 实训内容和步骤

(1)分析电路原理;

(2)参照电路图及工作原理分析,在实训台上进行线路合理布局;

(3)其余要求同实训项目一;

(4)用万用电表、钳形电流表测量电动机Y—△工作状态的参数,记录测量结果。

起动电压: $$U_Y=\frac{1}{\sqrt{3}}U_\triangle$$

起动转矩: $$M_Y=\frac{1}{3}M_\triangle$$

起动电流: $$I_Y=\frac{1}{3}I_\triangle$$

5. 实训报告

(1)记录自己操作中的出现的问题及解决方法;

(2)根据测量结果分析 Y—△降压起动的优缺点;

(3)分析 Y—△降压起动方法为何只适用于负载为轻载或空载情况下的起动。

若交流接触器 KM_3 在运行过程中发生故障,主触头熔焊短接,会造成什么故障现象?如何改进?

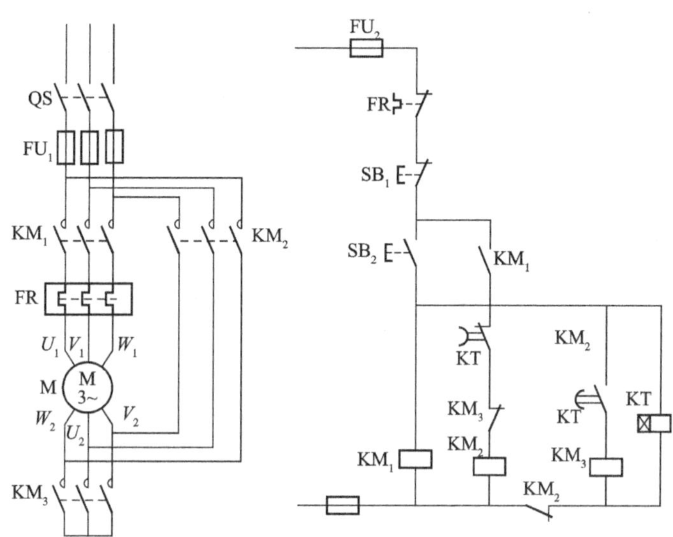

图 4-4　电动机正反转控制电路

(三)三相异步电动机双向控制箱故障排除

1. 实训目的

(1)熟悉低压电气电路故障分析排除步骤;

(2)掌握机械及电气互锁的连接方法及其在控制线路中所起的作用;

(3)掌握按钮和接触器双重互锁控制的三相异步电动机正反转的控制线路;

(4)掌握使用万用表查找故障的方法。

2. 实训器材

(1)三相异步电动机双向控制箱(具有故障设置盒,可预置 8 种常见故障);

(2)电工工具及仪表组;

(3)鼠笼式异步电动机。

3. 电气原理图

双向控制箱电气原理图,如图 4-5 所示。

4. 实训内容和步骤

(1)根据电路的实际工作状态体会电路工作原理;

(2)认清保险、按钮、开关、接触器和继电器等电器的接线端子与原理图对应的位置;

(3)请老师打开故障设置盒,设置故障,根据故障现象,查找故障所产生的原因;

(4)用电阻法查找故障点:在切断电源情况下,用万用表电阻挡进行检测;

(5)用电压法查找故障点:在通电情况下,用万用表电压挡进行检测;(教师特别提醒安

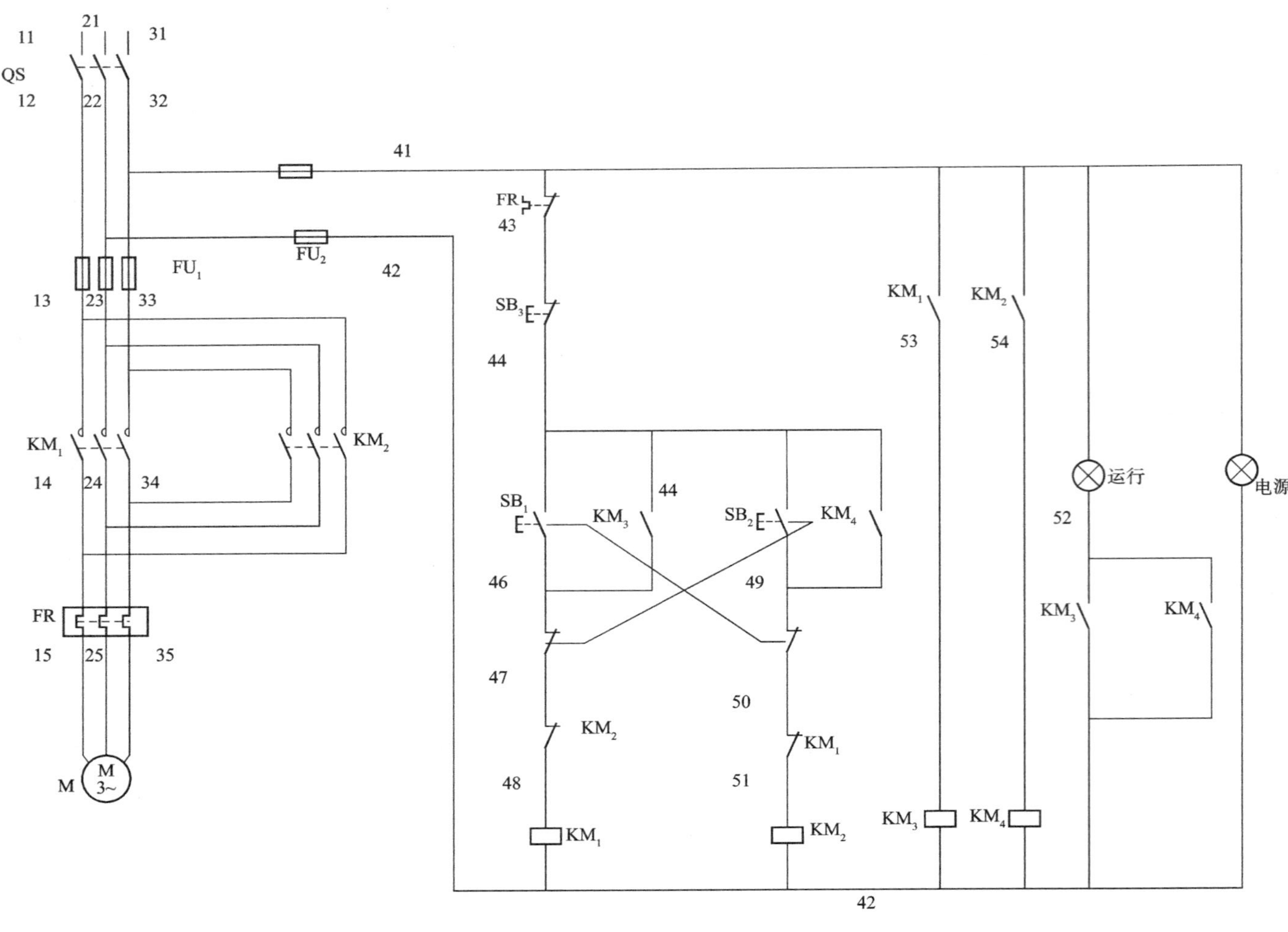

图 4-5　三相异步电动机正反向控制电气原理图

全用电及带电测量电压的方法)

(6)找出故障原因后,报告老师恢复正常。

双向控制箱故障码与设置开关对应关系见表4-2。

故障码与设置开关的对应关系 表4-2

故障码	开关号	故障原因	故障码	开关号	故障原因
1	K_1	主电路熔断丝断	5	K_5	热继电器动作
2	K_2	反转指示灯不亮	6	K_6	接触器线圈断
3	K_3	能正转但不能反转	7	K_7	控制电路电源熔断丝断
4	K_4	能反转但不能正转	8	K_8	主触点烧坏不能通电

5. 实训报告

(1)对照电气原理图,分析电路故障并记录在表4-3中。

故障记录表 表4-3

故障序号	观察到的故障现象	分析、检查后得出的故障原因 (写明故障点的位置,什么元件以及线号)
1		
2		
3		
4		
5		
6		
7		
8		

(2)分析电动机起动保持停止电路可能出现的故障现象和故障点。

(3)分析过载保护与短路保护的区别。

(四)三相异步电动机降压起动控制箱故障排除

1. 实训目的

(1)熟悉低压电气电路故障分析排除步骤;

(2)加深对Y—△降压起动电路工作原理的理解和应用;

(3)加深对时间继电器工作原理的理解和应用;

(4)熟练常用电工工具及仪表的使用。

2. 实训器材

(1)三相异步电动机Y—△降压起动控制箱(具有故障设置盒,可预置8种常见故障);

(2)电工工具及仪表组;

(3)鼠笼式异步电动机。

3. 电气原理图

Y—△降压起动电气原理图,如图4-6所示。

4. 实训内容和步骤

(1)根据电路的实际工作状态体会电路工作原理。

(2)认清保险、按钮、开关、接触器和继电器等电器的接线端子与原理图对应的位置;

(3)请老师打开故障设置盒,设置故障,根据故障现象,查找故障所产生的原因;

(4)用电阻法查找故障点:在切断电源情况下,用万用表电阻挡进行检测。

(5)用电压法查找故障点:在通电情况下,用万用表电压挡进行检测(教师应特别提醒安全用电及带电测量电压的方法)。

(6)找出故障原因后,报告老师恢复正常。故障码与设置开关对应关系见表4-4。

故障代码与设置开关的对应关系 表4-4

故障码	开关号	故障原因	故障码	开关号	故障原因
1	K_1	主电路熔断丝断	5	K_5	热继电器动作
2	K_2	电源指示灯不亮	6	K_6	主接触器线圈断
3	K_3	时间继电器线圈断	7	K_7	控制电源熔断丝断
4	K_4	起动时不能自保持	8	K_8	KM_3 辅触头坏

5. 实训报告

(1)根据实际工作状态,对比电路的工作原理,分析电路故障并记录在表4-5中。

(2)Y—△降压起动电路的星形起动时间如何确定?

(3)详细描述电动机缺相运行的故障现象。

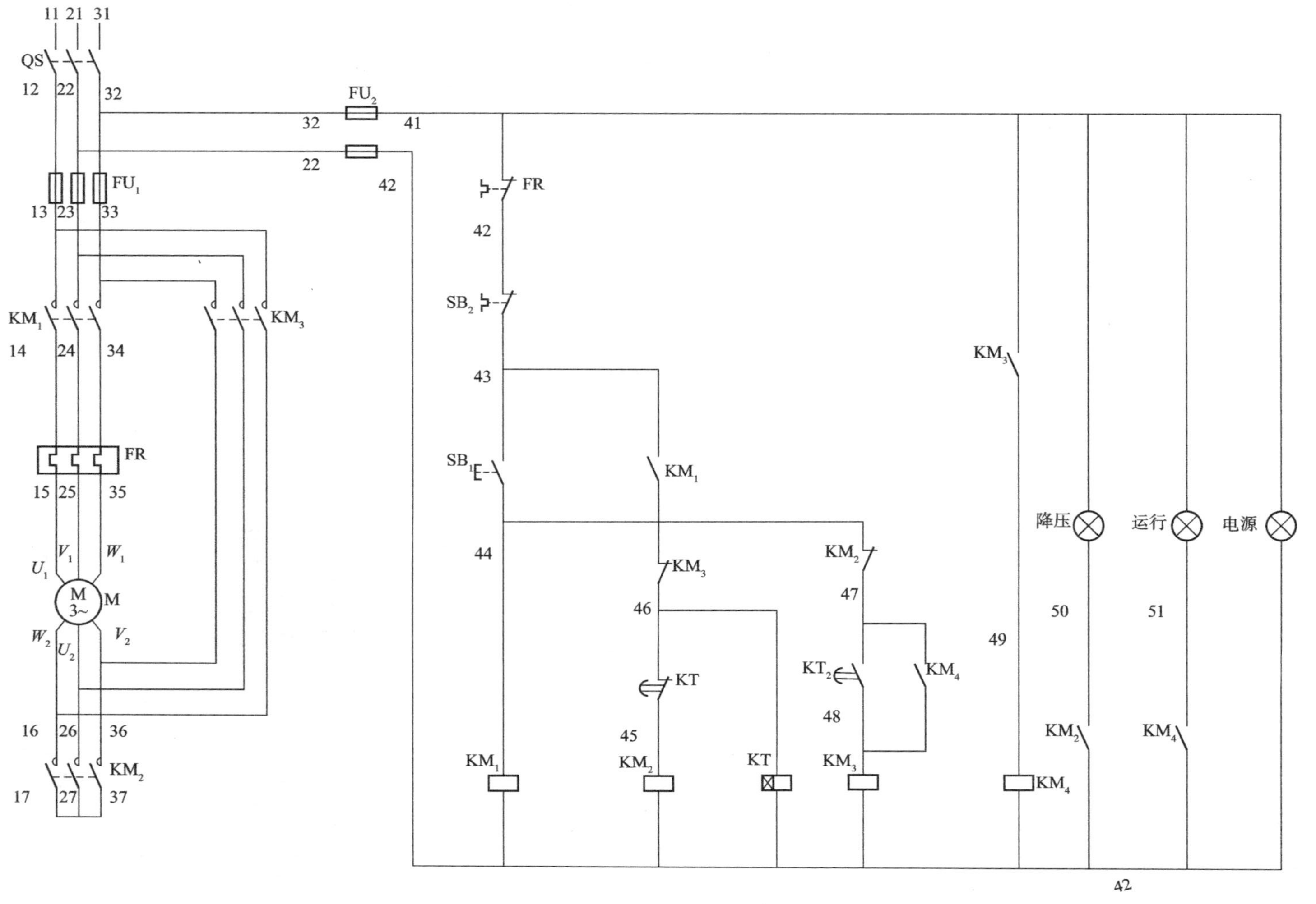

图4-6 三相异步电动机Y—△降压起动控制电气原理图

故障记录表　　表4-5

故障序号	观察到的故障现象	分析、检查后得出的故障原因 (写明故障点的位置,什么元件以及线号)
1		
2		
3		
4		
5		
6		
7		
8		

(五)绕线式电动机起动与调速控制

1. 实训目的

(1)熟悉绕线式异步电动机结构与工作原理;

(2)了解绕线式异步电动机起动注意事项和调速方式;

(3)掌握凸轮控制器的接线和使用;

(4)熟练常用电工工具及仪表的使用。

2. 实训器材

(1)凸轮控制器、控制箱;

(2)电工工具及仪表组;

(3)导线若干;

(4)绕线式异步电动机。

3. 实训内容和步骤

(1)根据所用的凸轮控制器,熟悉凸轮控制器各触头组及其接线柱;

(2)根据图4-7所示连接控制电路;

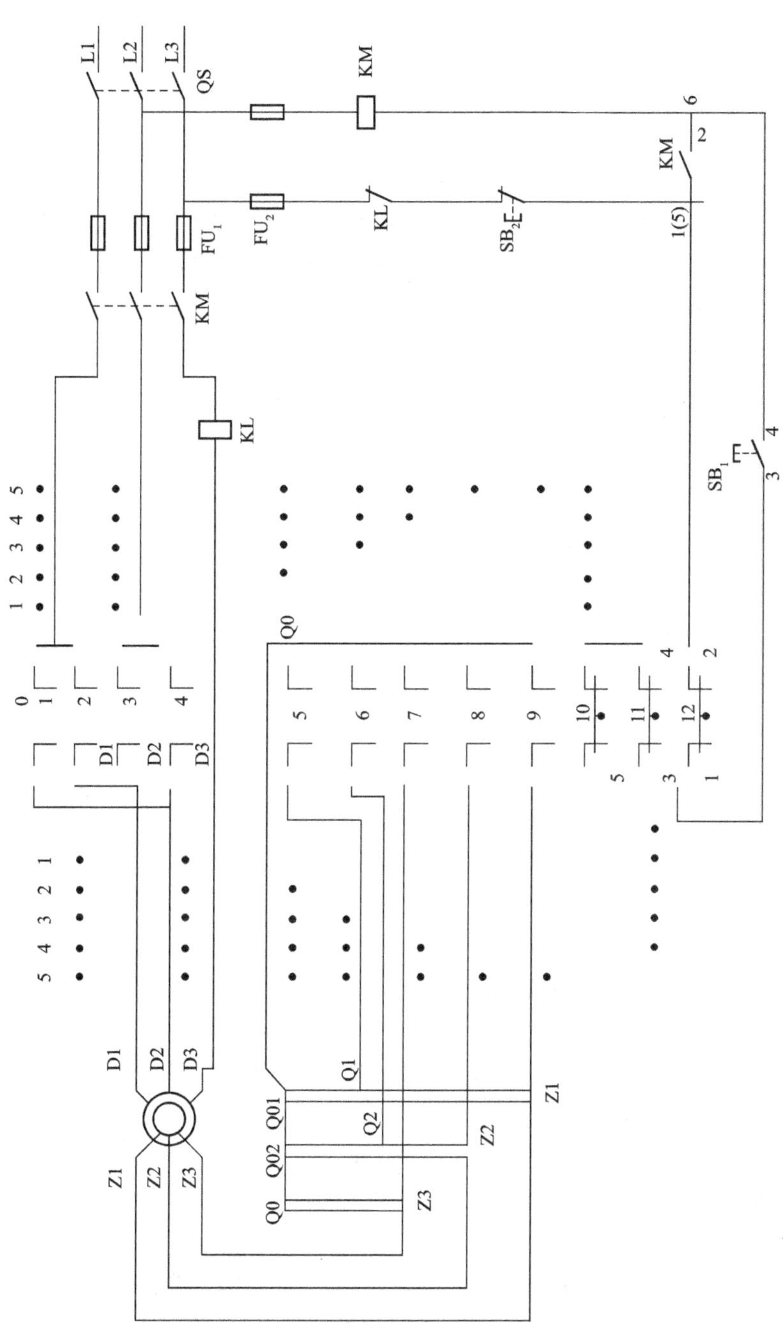

图 4-7 控制电路图

(3)接线完毕经反复检查无误后,通电运行;

(4)排除可能出现的故障为:

①接线完成后控制箱不能起动工作。

②调速挡位动作后没有速度变化或调速不明显。

③起动或调速时过流继电器保护。

(5)在电动机起动过程中测量每个挡位的转子绕组感应电压和串接的电阻值,并记录。

4. 实训报告

(1)分析故障产生的原因;

(2)记录测量数据,总结分析电动机起动过程中转速、电阻和感应电压的关系;

(3)根据学习和实训内容总结分析凸轮控制器和主令控制器的区别。

(六)变频器基本参数设置与控制

1. 实训目的

(1)熟悉 Altivar31 变频器参数设置的菜单结构;

(2)正确连接变频器的主电路和控制电路;

(3)掌握变频器的参数功能与参数设置;

(4)参照变频器说明书进行接线和工作环境组建;

(5)根据面板提示进行变频器工作状态识读。

2. 实训器材

(1)变频器实训台(变频器以施耐德 Altivar31 为例);

(2)连接线若干;

(3)电工工具及仪表组;

(4)鼠笼式异步电动机。

3. 实训内容和步骤(参照施耐德 Altivar31 使用说明书)

(1)连接主电路:主开关到变频器的输入端;变频器的输出端到电动机。

(2)连接控制电路:根据本次实训内容,选择面板上开关,连接变频器的控制端(变频器控制端已连接到实训台的单元面板,如图 4-8 所示)与面板开关,完成实训内容要求的接线。

按下列项目要求,正确接线,并设置各种参数。经认真检查,确认无误后,通电运行,实现项目的任务:

①3 线控制,正反转运行,模拟电压信号(取自实验台)经 AI1 端子给定,最高速为 40Hz,最低速为 10Hz。

②2 线控制,正转运行,用按钮升降速,升降速时间各为 10s,最低速为 10Hz。

③本机控制,本机给定,最高速为 45Hz,最低速为 15Hz,升速时间为 5s,降速时间为 5s,其他为默认值。

④线控制,正反转运行,模拟电压信号(电源取自变频器 +10V 端,使用电位器调节)经 AI1 端子给定,最低速为 10Hz,升速时间为 5s,其他为默认值。

4. 实训报告

(1)2 线控制,正转运行,用按钮升降速,升降速时间各为 10s,最低速为 10Hz,最高速为 40Hz,升速按钮接在 LI3。降速按钮接在 LI4。按上述要求设置变频器并接线,画出接线图,写出各参数设定值。

(2)2 线控制,正反转运行,模拟电压信号(电源取自变频器 +10V 端,使用电位器调节)经 AI1 端子给定,最高速为 40Hz,最低速为 10Hz,升速时间为 10s,降速时间为 5s。按上述要求设置变频器并接线,画出接线图,写出各参数设定值。

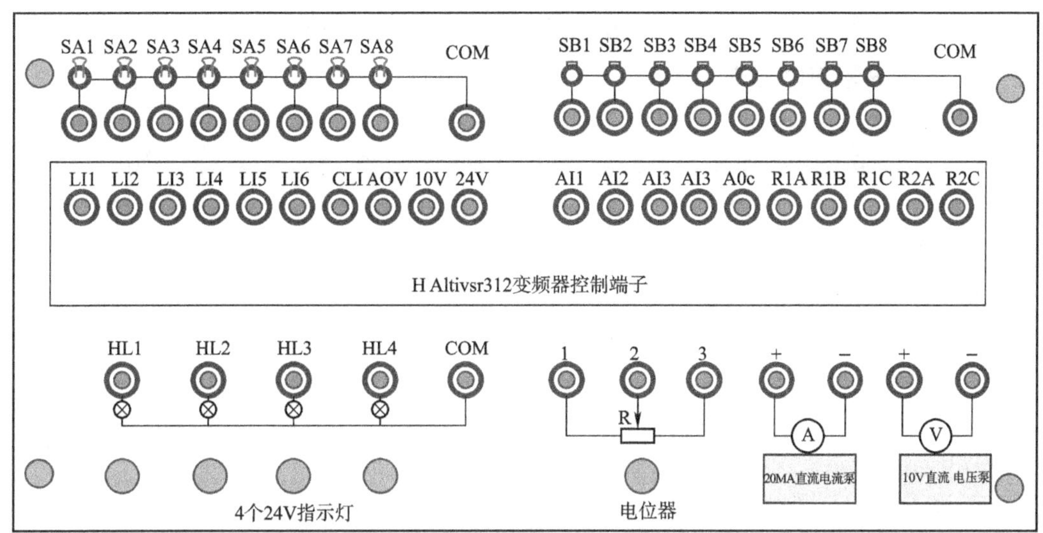

图 4-8 实训台上变频器控制端操作面板

(七)变频器多段速度控制

1. 实训目的

(1)熟悉变频器多段速控制接线;

(2)掌握变频器的参数功能与参数设置;

(3)利用手册参数列表进行参数的设置与优化;

(4)可以根据面板提示进行变频器工作状态识读。

2. 实训器材

(1)变频器实训台(变频器以施耐德 Altivar31 为例);

(2)连接线若干;

(3)电工工具及仪表组;

(4)鼠笼式异步电动机。

3. 实训内容和步骤(参照施耐德 Altivar31 使用说明书)

(1)连接主电路:主开关到变频器的输入端;变频器的输出端到电动机。

(2)连接控制电路:根据本次实训内容,选择面板上开关,连接变频器的控制端与面板开关,完成实训内容要求的接线。

请按下列项目要求,正确接线,并设置各种参数。经认真检查,确认无误后,通电运行,实现项目的任务。

①3 线控制,正反转运行,第一个速度由 AI1 给定,其他速度为 10Hz、20Hz、30Hz、40Hz、50Hz。

②2 线控制,正反转运行,第 1 个速度为模拟电压信号(电源取自变频器 +10V 端,使用

电位器调节)经 AI1 端子给定,其他速度为 20Hz、30Hz、40Hz。升降速时间各为 5s。

4. 实训报告

按下述要求设置变频器并接线,画出接线图,写出各参数设定值。

3 线控制,正转运行,第 1 个速度模拟电压信号(电源取自变频器 +10V 端,使用电位器调节)经 AI1 端子给定,其他速度为 10Hz、15Hz、20Hz、25Hz、30Hz、35Hz、40Hz、45Hz。

(八)港机常用传感器使用

1. 实训目的

(1)了解起重量限制器、高度限制器、起重机防碰撞装置、角度传感器和力矩限制器的结构与工作原理;

(2)了解传感器的接口和接线;

(3)了解传感器的基本参数和使用范围;

(4)了解传感器在港口机械控制系统中的作用和地位。

2. 实训器材

(1)传感器实训台(其上包括起重量限制器、高度限制器、起重机防碰撞装置、角度传感器和力矩限制器);

(2)电工工具及仪表组;

(3)连接线若干。

3. 实训内容和步骤

(1)认识起重量限制器、高度限制器、角度传感器和力矩限制器中的各种传感器的结构,安装方法(其中直压式传感器安装如图 4-9 所示)及注意事项,了解其的工作原理;

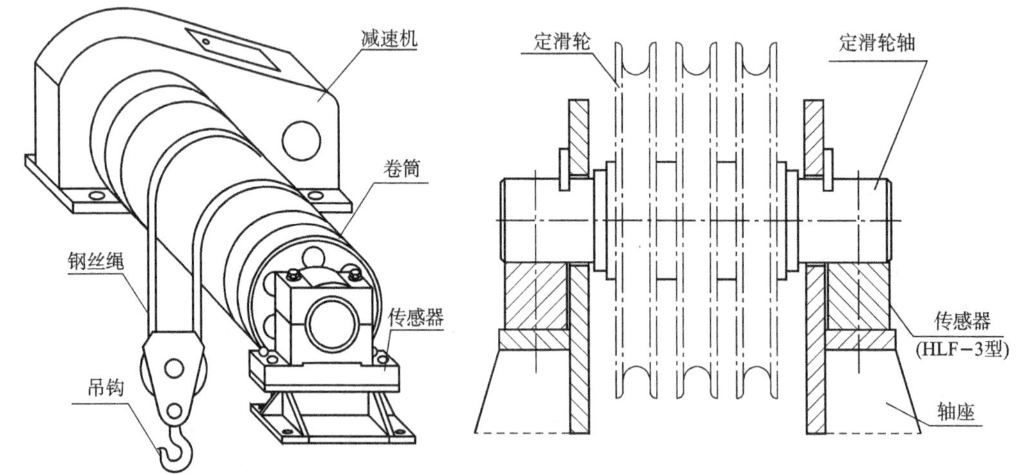

图 4-9 直压式传感器在桥吊、门机上使用

(2)在控制台上连接力矩限制器的工作电路;

设定报警范围,根据实际工作状态,对比电路的工作原理,记录显示数据到表 4-6 中。

数据记录表 表 4-6

幅度	
起升重量	
角度(角度显示仪)	

(3)用示波器、万用电表测量起重量限制器、高度限制器、角度传感器传感信号;

(4)检测防碰撞装置。

在港口码头上同时有两台或两台以上的起重机在运行,为了防止它们相互之间发生碰撞,安装使用防碰撞装置,防碰撞装置由光电传感器、反射板和控制仪表及电缆线等组成。图 4-10 为防碰撞装置组成图,图 4-11 为防碰撞装置工作原理图与接线图。

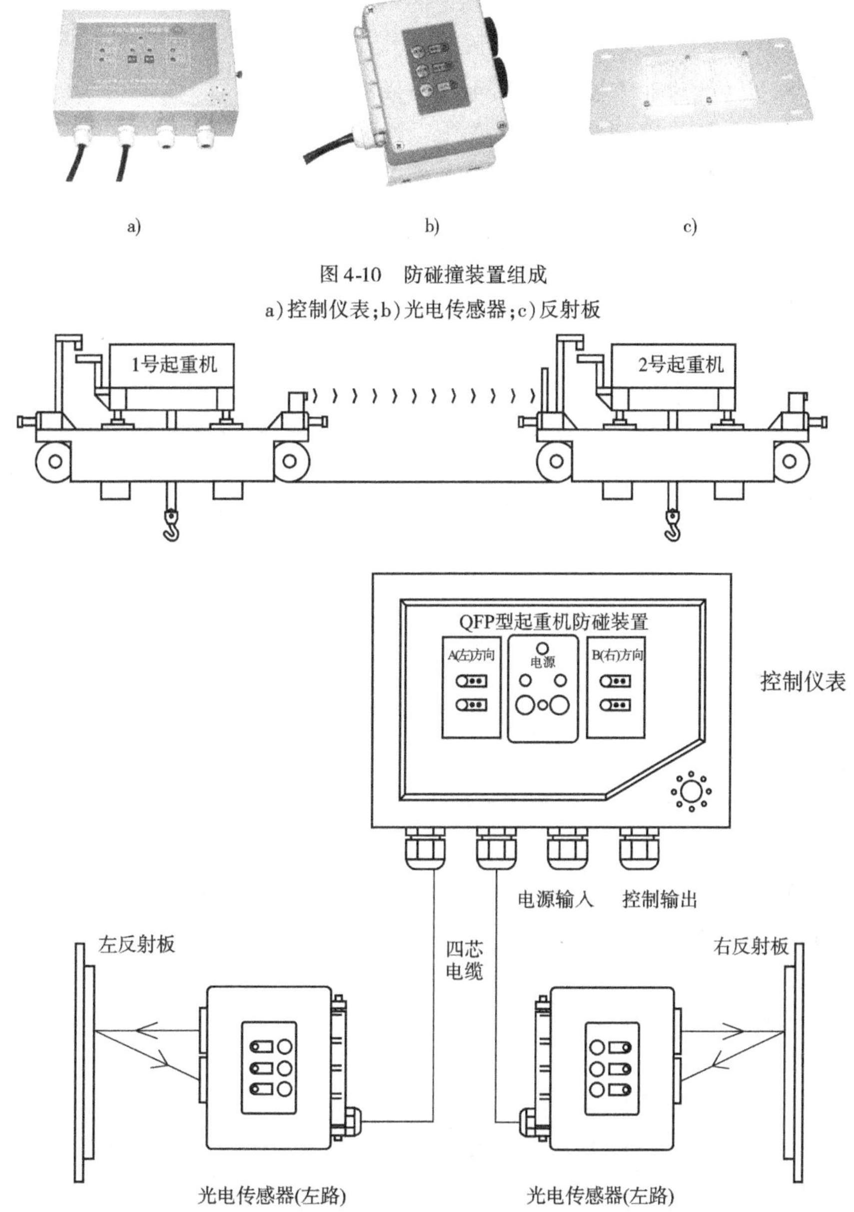

图 4-10 防碰撞装置组成

a)控制仪表;b)光电传感器;c)反射板

图 4-11 防碰撞装置工作原理图与接线图

按照图 4-11 接线,连接防碰撞装置,设定报警距离,移动反射板的位置,观察显示仪的工作状况。

4. 实训报告

(1)列表记录实训台所有传感器信号数据以及信号传输格式;

(2)防碰撞装置的基本原理。

课题二 港口机械电气控制实训

1. 看懂门机和桥吊的电气控制原理、电气接线图;
2. 分析门机四大机构的 PLC 控制程序;
3. 分析桥吊小车行走、起升和吊具倾转电机等 PLC 控制程序;
4. 掌握门机四大机构电气控制的特点;
5. 掌握桥吊小车行走、起升机构的电气控制特点;
6. 掌握变频调速控制系统中所采取的保护及防干扰措施。

一、课题引入

以 PLC 和变频器为核心的现代港口机械电气控制系统具有许多特殊性,用实际生产使用的门机或桥吊训练电气控制系统技能是不现实的。本课题是利用自主研究开发的现代门机电气控制模拟系统和桥吊电气控制模拟系统,来完成门机和桥吊的电气控制系统技能训练。

二、实训项目

(一)现代门机电气控制实训

1. 实训目的

(1)熟悉各电气元器件;

(2)熟悉 PLC 程序结构层次和调用关系;

(3)熟悉电气控制系统中器件的连接关系和通信连接关系;

(4)了解现代门机电气控制系统组成和工作概况;

(5)读懂门机电气控制系统原理图。

2. 实训设备

(1)现代门机电气控制模拟系统;

(2)电工仪表。

3. 现代门机电气控制模拟系统简介

现代门机电气控制模拟系统是南通航运职业技术学院以教学和培训为主要目的,和常州基腾电气有限公司联合开发研制的,主要模拟港口门座式起重机的四大机构电气控制系统。为了使学生更好地熟悉门机电气控制系统的原理和操作,本模拟系统配置了 ABB 变频器和施耐德的可编程控制器,并采用 PROFIBUS 和工业以太网通信协议,并配备了相应的模拟机械控制对象,构成了一个完整控制模拟系统。

1)模拟系统主要硬件

本模拟器控制系统仅电机和变频器的功率较小外,其余的所有功能均与真实的门机电气控制一致。具有7个电气控制柜和相应的模拟四大机构(如图4-12~图4-14所示),并采用真实的轨道和电动机对门机进行全方位模拟。

图4-12 门机电气控制柜

2)模拟系统控制方式

本模拟系统运用交流异步电机变频调速作为主要的电气传动调速方案,PLC控制系统作为门座式起重机的操作控制系统。

(1)起升机构

采用二台功率为1.5kW的电机,电压为380V,电机带风机,超速开关与脉冲编码器。该机构还设有凸轮限位开关、载荷传感器,以保证机构的安全正常运行。在抓斗工况下,变频器运行在50Hz,在吊钩工况下,根据重物负载,变频器运行在50Hz或100Hz。PLC实时读取变频器的参数,并通过主令给定输入给PLC挡位信号,PLC输出信号控制变频器的频率,从而控制电动机的转速,如图4-15与图4-16所示。

图4-13 门机模拟行走与起升机构

图4-14 门机模拟变幅与旋转机构

起升机构可以通过联动台上的转换开关进行起升单机、开闭单机、吊钩、手动抓斗、自动抓斗5种运行方式的操作。

起升机构的电气保护有短路及过电流保护,过载保护,失压、缺相及零位保护,超负荷保护,大风保护及超速等多种保护。当变频器出现故障信号时,必须通过联动台上的故障复位按钮进行复位。

超负荷限制器设定为90%额定负载时发出声光报警,110%额定负载则自动切断上升电路,使机构只能下降,超负荷限制器的显示器装在司机操作台的前方,具有重量,幅度等显示。

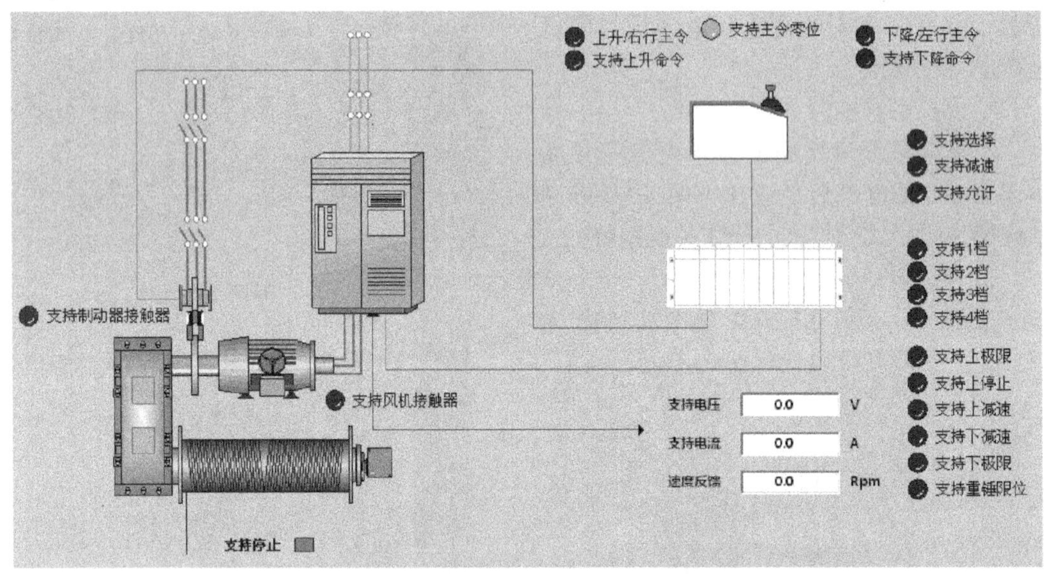

图4-15　支持电机电气控制系统组成

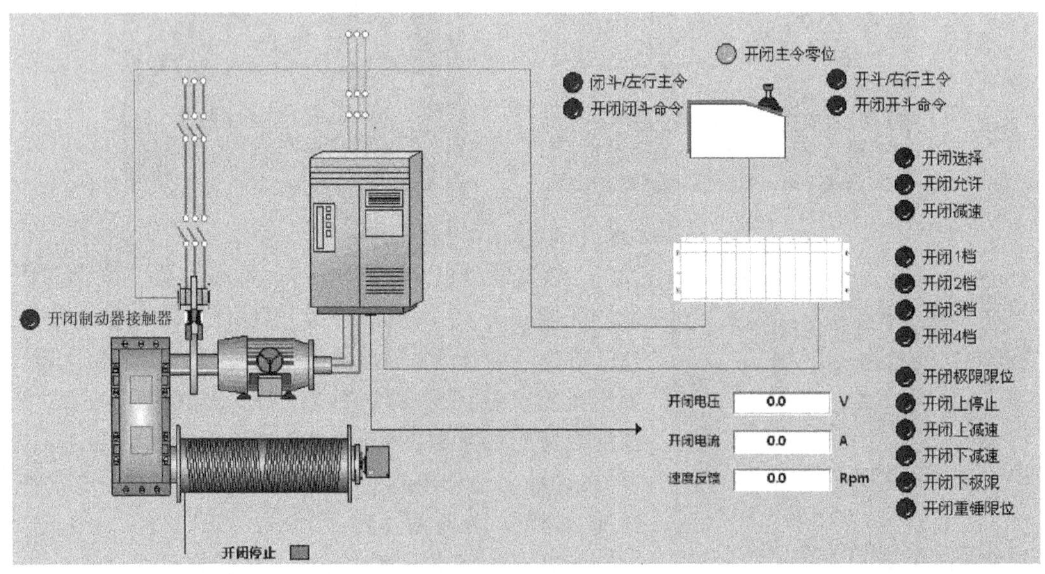

图4-16　开闭电机电气控制系统组成

起升机构设有三级限位保护开关,碰撞第一级限位后,机构自动进行减速,碰撞到第二级限位后,机构停止运行,当第二极限位失灵后,机构运行碰撞到第三极起升极限限位开关,机构停止运行,第三级限位动作程序作为故障自锁,起升正反向操作被禁止,若操作起升机构,必须按下极限退出按钮且同时操作主令手柄方可运行。

(2)变幅机构

变频电机一台,功率 1.5kW,电压为 380V。电机带风机,超速开关与脉冲编码器。另有凸轮限位开关、增减幅极限位置限位开关,对变幅机构实行双重保护。

采用带 PG 矢量控制模式。PLC 实时读取变频器的参数,并通过主令给定输入给 PLC 挡位信号,PLC 输出信号控制变频器的频率,从而控制电动机的转速。

变幅机构机械制动采用鼓式或盘式制动器形式,电控采用力矩控制和零速抱闸控制方式,减少抱闸闭合时的振动及抱闸磨损,确保机构起、停平稳。

变幅机构的电气保护有短路保护、过电流保护、过载保护、失压保护、缺相保护、零位保护、大风保护和超速等多种保护,当变频器出现故障时,必须通过左联动台上的故障复位按钮进行复位。

变幅机构设有三级限位保护开关,碰撞第一级限位后,机构自动进行减速,碰撞到第二级限位后,机构停止运行;当第二极限位失灵后,机构运行碰撞到第三极变幅极限限位开关,机构停止运行,第三级限位动作程序作为故障自锁,变幅正反向操作被禁止,若操作变幅机构,必须按下极限退出按钮且同时操作主令手柄方可运行。

操作手柄从零位推至所需挡位或由一个方向推至另一个方向 PLC 会控制变频器以设定的加、减速时间平稳加、减速至所需速度。

(3)旋转机构

变频电机两台,功率 1.5kW,电压为 380V。电机带风机。制动采用鼓式或盘式制动器形式,其制动力矩足以克服旋转力矩,使旋转机构平稳进行停车。

两台电机采用同一变频器控制,控制方式均采用 v/f 控制模式,保证两电机机构的动作协调,如图 4-17 所示。

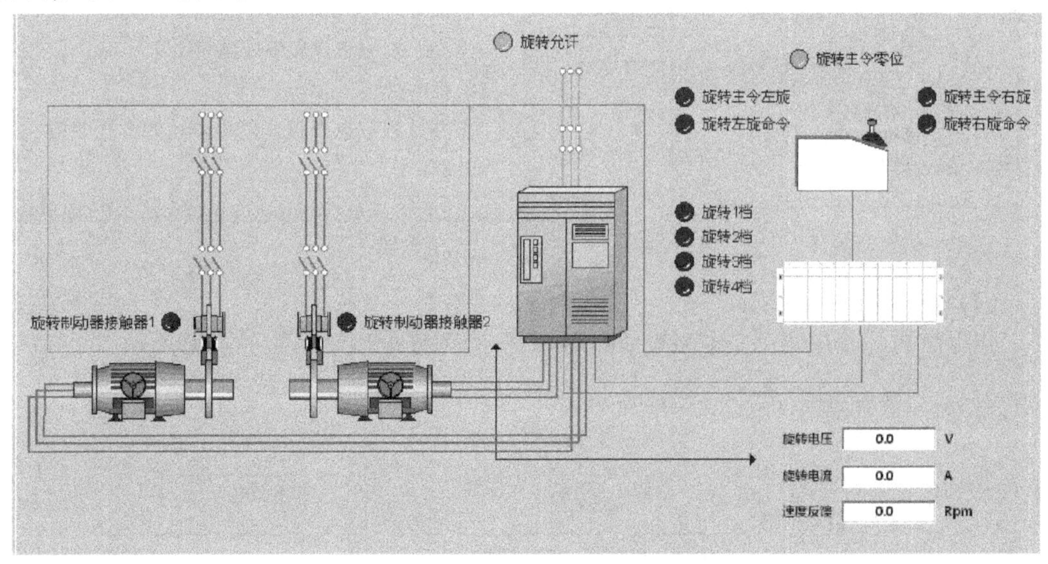

图 4-17 旋转机构电气结构图

(4)行走机构

采用变频电机两台,功率 1.5kW,电压为 380V。该机构还包括一台电缆卷筒、辅助制动器、锚定限位、防撞限位、声光报警器等。

3）PLC 程序结构与程序调用框图

（1）PLC 的程序结构

PLC 的程序结构如图 4-18 所示。

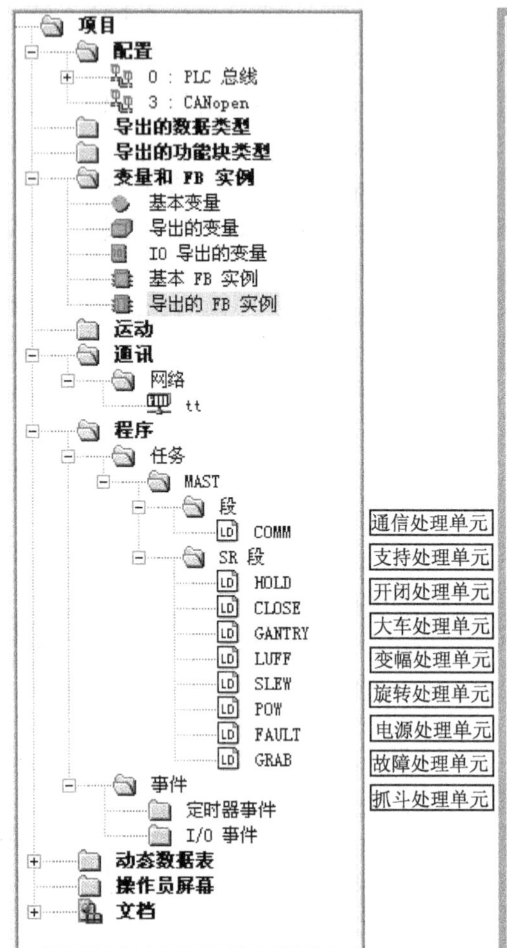

1. 通信处理单元

通过Modbus通信方式将PLC的频率和运行指令传送给变频器，进而驱动执行单元。

2. 支持处理单元

包含有关支持电机单机和双机操作相关指令。

3. 开闭处理单元

驱动条件、指令输出、运行状态反馈指令。

4. 变幅处理单元

驱动条件、指令输出、运行状态反馈指令。

5. 旋转处理单元

驱动条件、指令给定输出、运行状态模拟和上位机显示数据。

6. 电源处理单元

主要是点动控制指令和执行器的动作反馈信号的处理。

7. 故障处理单元

故障处理单元单独列出来目的是为上位机故障显示模块进行集中处理。

8. 抓斗处理单元

抓斗过程数据处理，双机联动的过程的数据计算。

图 4-18　PLC 程序结构

（2）程序调用关系框图

施耐德 PLC 程序调用基本流程如图 4-19 所示，程序处理流程如图 4-20 所示。

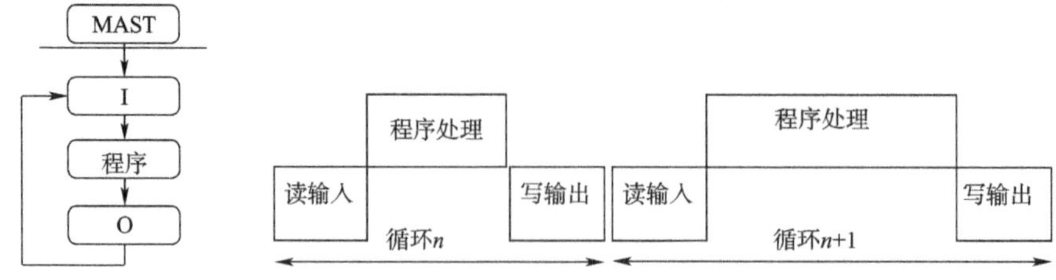

图 4-19　调用流程图

图 4-20　程序处理流程

程序具体运行程序框图如图 4-21 所示。

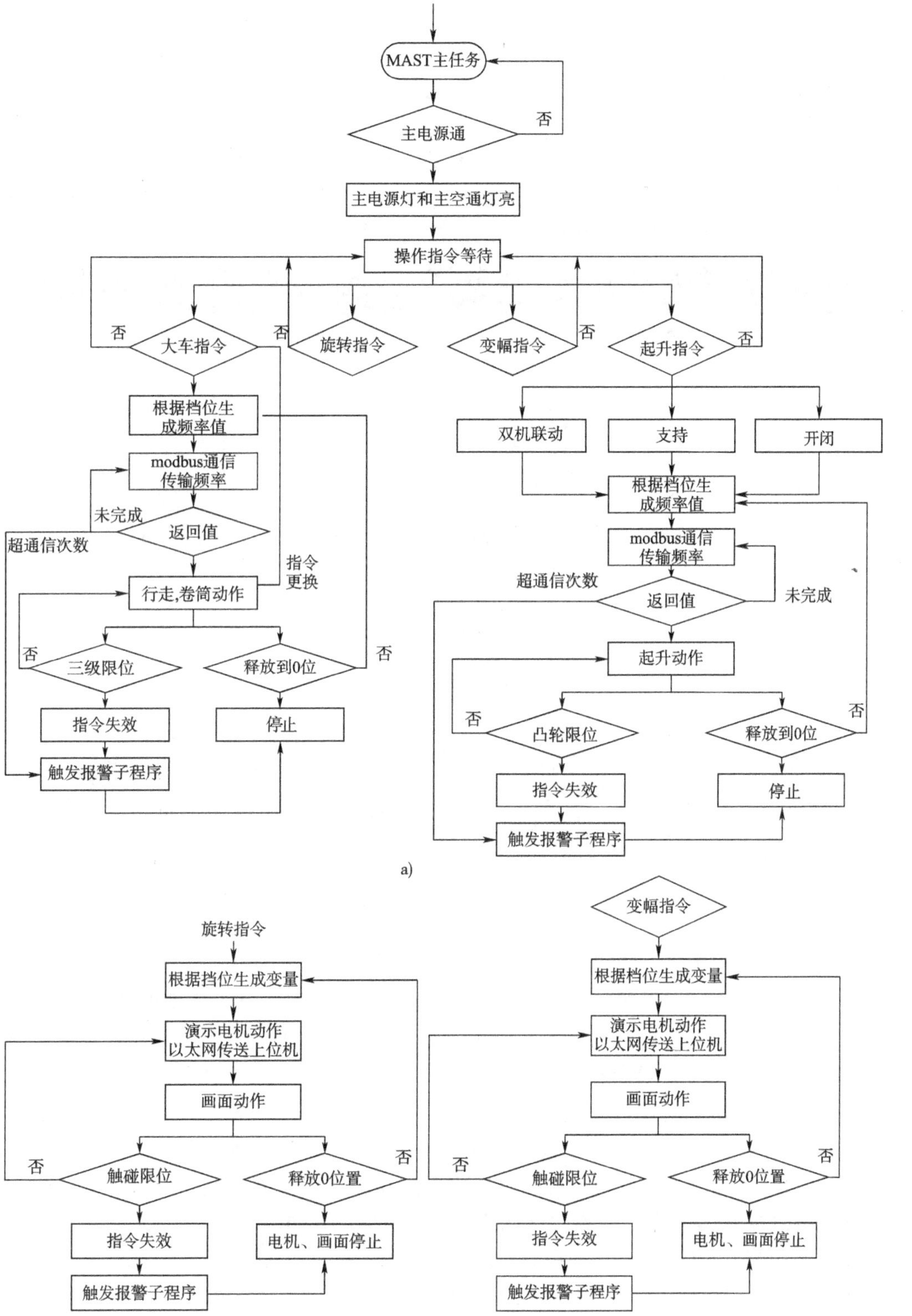

MAST主任务
主电源通
否
主电源灯和主空通灯亮
操作指令等待
大车指令
否
旋转指令
否
变幅指令
否
起升指令
否
根据档位生成频率值
modbus通信传输频率
未完成
超通信次数
返回值
指令更换
行走,卷筒动作
三级限位
否
释放到0位
否
指令失效
停止
触发报警子程序
双机联动
支持
开闭
根据档位生成频率值
modbus通信传输频率
超通信次数
返回值
未完成
起升动作
凸轮限位
否
释放到0位
否
指令失效
停止
触发报警子程序

a)

旋转指令
根据挡位生成变量
演示电机动作以太网传送上位机
画面动作
触碰限位
否
释放0位置
否
指令失效
电机、画面停止
触发报警子程序

b)

变幅指令
根据档位生成变量
演示电机动作以太网传送上位机
画面动作
触碰限位
否
释放0位置
否
指令失效
电机、画面停止
触发报警子程序

c)

图 4-21 运行程序框图

4)上位机监控简介

GE Fanuc 智能平台 Proficy HMI/SCADA CIMPLICITY 是当前港口机械电气控制系统流行的上位机监控开发平台。GEFanuc 是美国通用电气公司(GE)和日本 Fanuc 公司合资高新技术的企业,其中软件平台 Proficy 包括 CIMPLICITY、IFIX 以及 Historian、Portal、Control 等。

CIMPLICITY 是面向对象的分布式 C/S 体系结构的 HMI/SCADA 监控软件,提供过程可视化、数据采集和生产环境监控等功能,为数字化生产管理奠定了坚实而可靠的数据基础。

图 4-22 为门机电气控制系统制作好的模拟效果图。

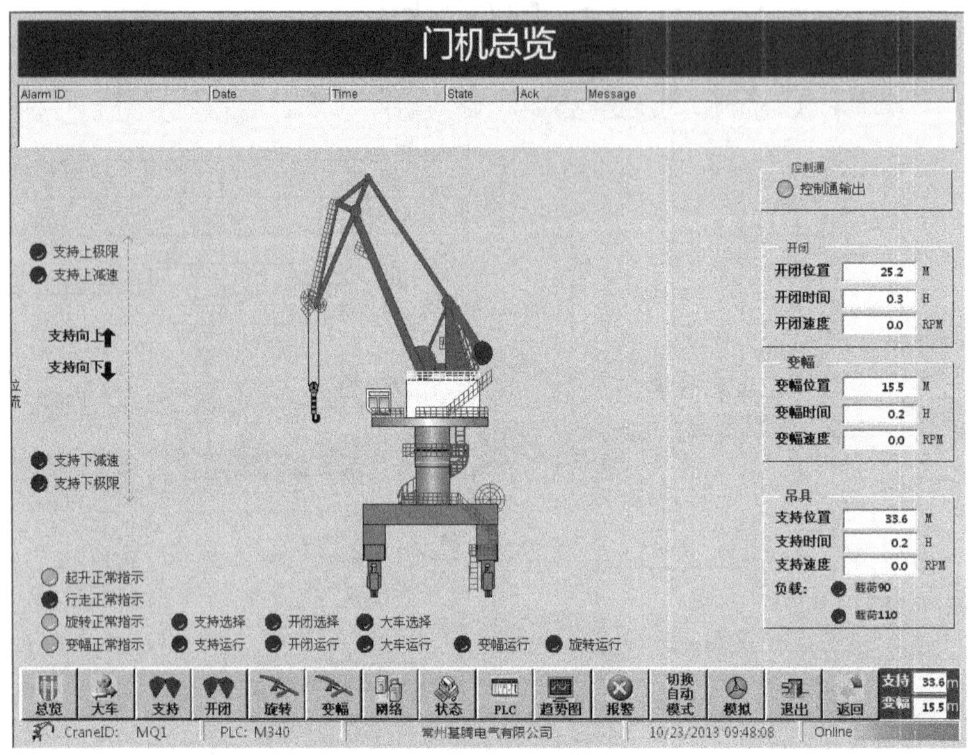

图 4-22 门机电气控制系统效果图

4. 实训内容和步骤(以下内容可参考本书课件)

(1)根据《门座式起重机电气控制原理图集》上电气原理图,认识各硬件电路连接关系。

(2)参照《门座式起重机电气控制原理图集》中图 H1 ~ H6,找出起升机构所用的变频器、电动机、接触器、制动器所在位置,并指出这些设备的型号及主要参数。

(3)参照《门座式起重机电气控制原理图集》中图 G1 ~ G4,找出行走机构所用的变频器、电动机、接触器、制动器所在位置,并指出这些设备的型号及主要参数。

(4)参照《门座式起重机电气控制原理图集》中图 L1 ~ L3,找出变频机构所用的变频器、电动机、接触器、制动器所在位置,并指出这些设备的型号及主要参数。

(5)参照《门座式起重机电气控制原理图集》中图 S1 ~ S3,找出旋转机构所用的变频器、电动机、接触器、制动器所在位置,并指出这些设备的型号及主要参数。

(6)将上位机打开调入 PLC 运行程序并监控,根据程序运行结构图,查看起升、行走、变幅和旋转机构控制程序的调用状态。

5. 实训报告内容

(1)根据《门座式起重机电气控制原理图集》结合电气控制实训系统,单独画出起升机构完整电气控制原理图。

(2)分析四大机构的 PLC 程序控制控制流程。

(二)集装箱装卸桥电气控制实训

1. 实训目的

(1)熟悉电气控制系统中器件的连接关系和通信连接关系;

(2)了解集装箱装卸桥电气控制系统组成和工作概况;

(3)熟悉 PLC 程序结构层次和调用关系;

(4)了解上位机界面的组态形式和监控状态;

(5)读懂桥吊电气控制系统原理图。

2. 实训设备

(1)集装箱装卸桥电气控制模拟系统;

(2)电工仪表。

3. 集装箱装卸桥电气控制模拟系统简介

集装箱装卸桥电气控制模拟系统以半仿真(机械部分)半实物(电气部分)为原则而设计的模拟港口集装箱装卸桥的电气控制系统。为了使学生更好地熟悉集装箱装卸桥电气控制系统的原理和操作,本模拟系统配置了日本安川 H1000 重载高性能专用变频器和西门子 S7 400 系列可编程控制器,并采用 PROFIBUS 和工业以太网通信协议,主要模拟了集装箱装卸桥的起升、小车、吊具等机构电气控制系统。

1)模拟系统有组成

本模拟器控制系统仅电机和变频器的功率较小外,其余的所有功能均与桥吊的电气控制一致。有 5 个电气控制柜和相应和模拟机械控制对象组成(如图 4-23、图 4-24 所示),并采用真实的轨道和电动机对桥吊的小车、起升机构、吊具倾转机构进行模拟。

图 4-23 桥吊电气控制系统柜

图 4-24 桥吊起升、小车和吊具机构

2)PLC 程序结构与程序调用框图

(1)PLC 的程序结构

程序块组成如图 4-25 所示。程序块功能说明见表 4-7。程序块间的调用关系如图 4-26 所示。

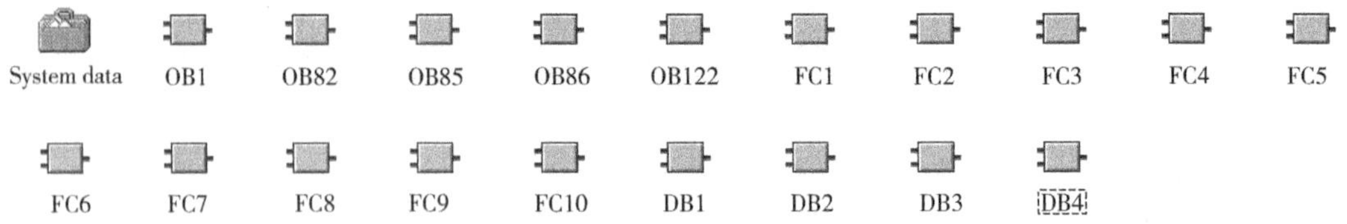

System data
OB1
OB82
OB85
OB86
OB122
FC1
FC2
FC3
FC4
FC5
FC6
FC7
FC8
FC9
FC10
DB1
DB2
DB3
DB4

图 4-25　PLC 程序结构

程 序 块 说 明　　表 4-7

块名称	功　　能
OB1	系统起动,周期循环,所有的功能块都由它来调用
OB82	错误诊断(电源错误,模块设置错误,硬件错误)自动触发
OB85	程序错误(地址,映像区,通信程序)自动触发
OB86	扩展机架、DP 主站系统和用于分布式 I/O 的站故障
OB122	I/O 访问错误,用于程序调试阶段
FC1	通信校验码数据处理,与或运算
FC2	吊具控制程序
FC3	起升机构控制程序
FC4	变频器状态检测
FC5	小车控制程序
FC6	联动台信号给定,控制箱信号给定,延时保护程序,故障复位信号给定
FC7	主令控制器动作,给定频率生成
FC8	吊具倾转控制程序
FC9	吊具导板控制程序
FC10	控制系统器件动作反馈信号检测程序
DB1	起升小车控制程序 FC5/FC3 共享数据块
DB2	变频器状态检测 FC4 共享数据块
DB3	吊具程序控制数据区
DB4	故障信号数据区

FC8
FC2
FC9
FC3
FC4
OB1
FC5
FC6
FC7
FC1

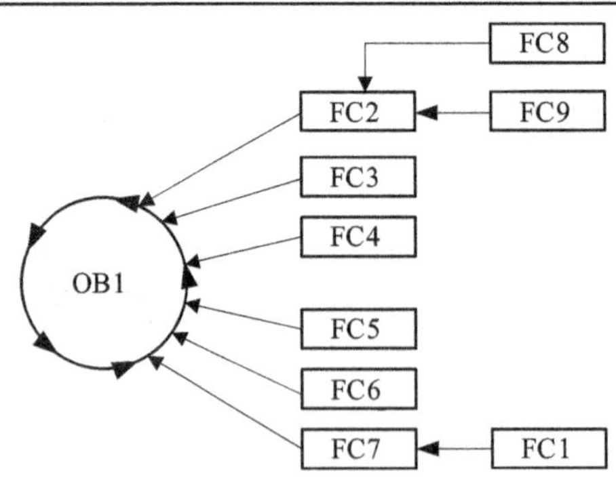

图 4-26　程序块间的调用关系

(2)程序调用关系框图

程序具体运行程序框图如图 4-27 所示。

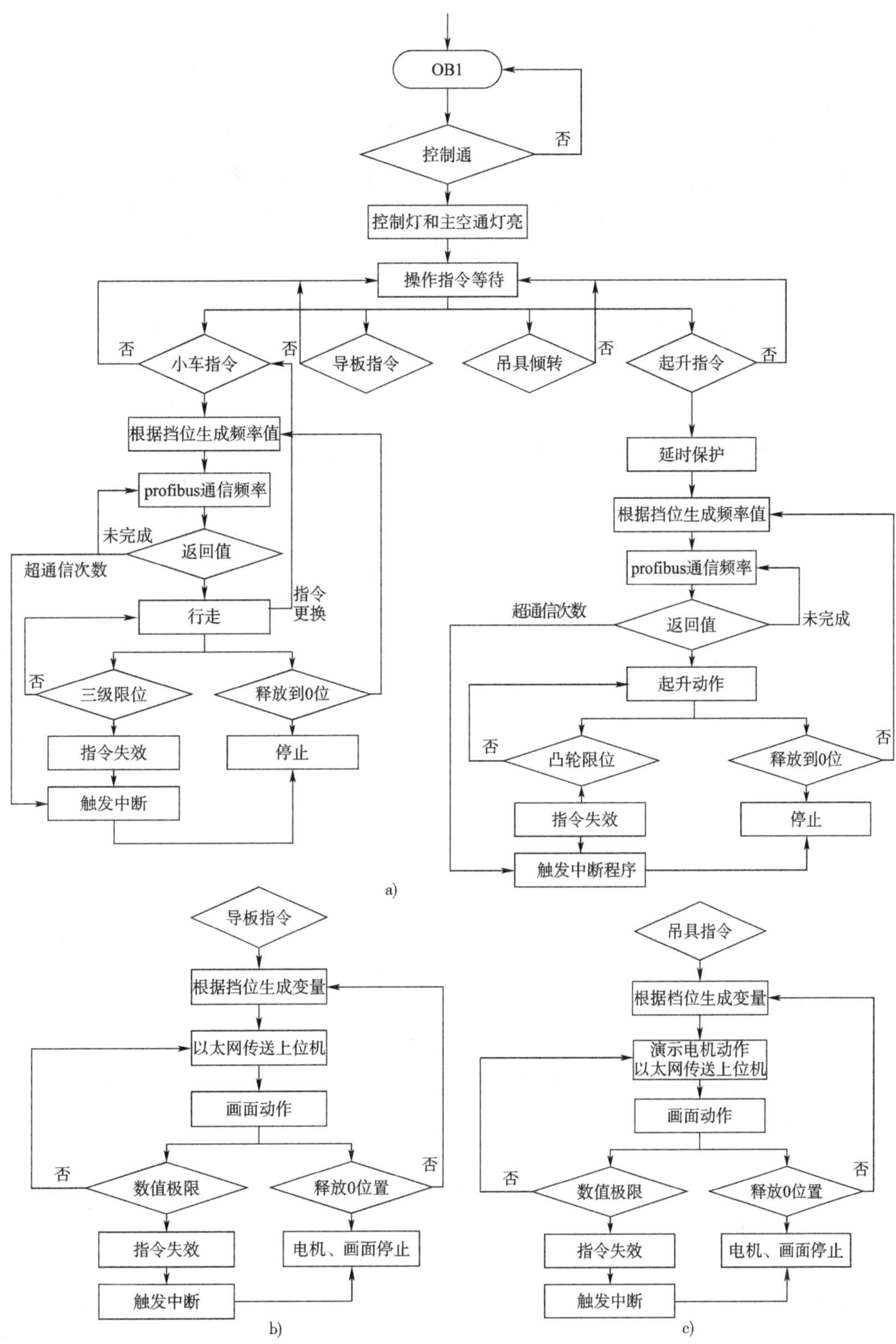

图 4-27 程序具体运行程序框图

3）上位机监控简介

在桥吊模拟电气控制系统中仍采用 GE Fanuc 智能平台 Proficy HMI/SCADA CIMPLICITY 作为上位机监控开发平台。

图 4-28 为门机电气控制系统制作好的模拟效果图。

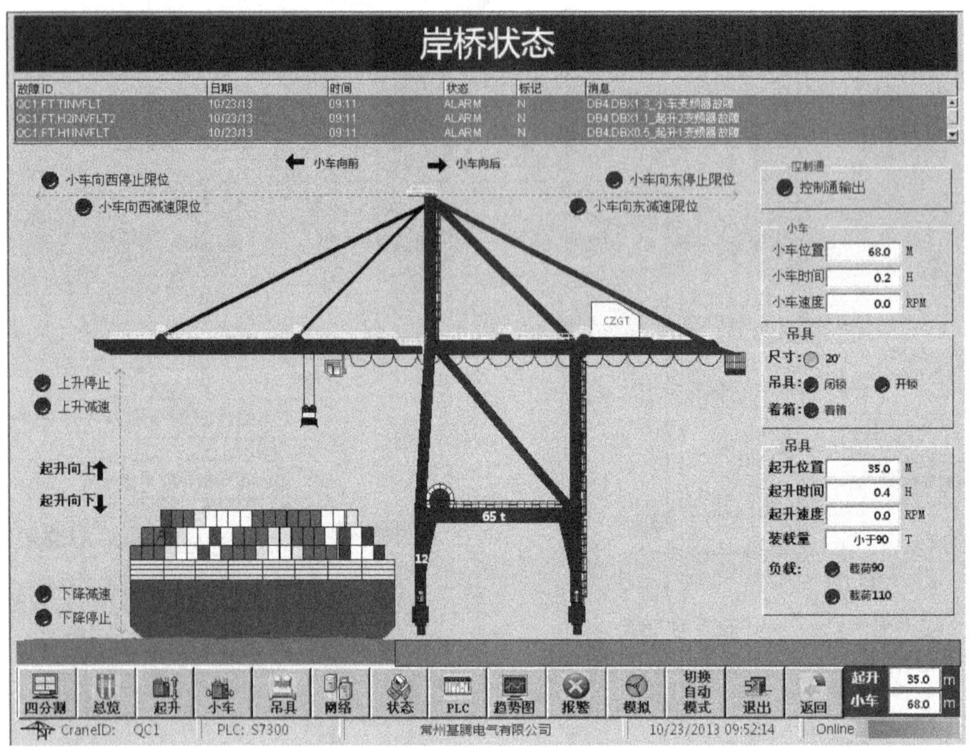

图 4-28 门机电气控制系统效果图

4. 实训步骤（以下内容可参考本书课件）

（1）根据《集装箱装卸桥电气控制原理图集》中电气原理图，认识各硬件电路连接关系。

（2）参照《集装箱装卸桥电气控制原理图集》中的图 H1 ~ H8，找出起升机构所用的变频器、电动机、接触器、制动器所在位置，并指出这些设备的型号及主要参数。

（3）参照《集装箱装卸桥电气控制原理图》中的图 T1 ~ T4，找出小车机构所用的变频器、电动机、接触器、制动器所在位置，并指出这些设备的型号及主要参数。

（4）将上位机打开调入 PLC 运行程序并监控，根据程序运行结构图，查看起升、小车行走、吊具倾转电机控制程序的调用状态。

5. 实训报告内容

（1）根据《集装箱装卸桥电气控制原理图集》结合电气控制实训系统，单独画出起升机构完整电气控制原理图。

（2）根据《集装箱装卸桥电气控制原理图集》结合电气控制实训系统，单独画出小车完整电气控制原理图。

参考文献

[1] 季本山.港口电气设备[M].北京:人民交通出版社,2006.

[2] 孙洪昌.港口机械电气控制技术[M].北京:中国电力出版社,2011.

[3] 陈淑珍.港口装卸机械电气控制技术[M].北京:人民交通出版社,2010.

[4] 李方园.变频器自动化工程实践[M].北京:电子工业出版社,2007.

[5] 肖朋生.变频器及其控制技术[M].北京:机械工业出版社,2008.

[6] 龚仲华.S7-200/300/400PLC 应用技术[M].北京:人民邮电出版社,2007.

[7] 蒋国仁.岸边集装箱起重机[M].武汉:湖北科学技术出版社,2001.